社会工作与社会治理丛书

朱红文　宣兆凯　总主编

U0730209

社会工作导论

宣兆凯　魏永娟　主　编
夏延芳　张　薇　副主编

教育科学出版社
·北　京·

出版人 李 东

责任编辑 殷 欢

版式设计 沈晓萌

责任校对 贾静芳

责任印制 叶小峰

图书在版编目（CIP）数据

社会工作导论 / 宣兆凯，魏永娟主编 . —北京：
教育科学出版社，2016.6
（社会工作与社会治理丛书 / 朱红文，宣兆凯主编）
ISBN 978－7－5191－0534－1

Ⅰ.①社… Ⅱ.①宣… ②魏… Ⅲ.①社会工作
Ⅳ.①C916

中国版本图书馆 CIP 数据核字（2016）第 127575 号

社会工作与社会治理丛书
社会工作导论
SHEHUI GONGZUO DAOLUN

出版发行	教育科学出版社		
社　　址	北京·朝阳区安慧北里安园甲 9 号	市场部电话	010-64989009
邮　　编	100101	编辑部电话	010-64981269
传　　真	010-64891796	网　　址	http://www.esph.com.cn
经　　销	各地新华书店		
制　　作	北京大有图文信息有限公司		
印　　刷	保定市中画美凯印刷有限公司		
开　　本	184 毫米×260 毫米　16 开	版　　次	2016 年 7 月第 1 版
印　　张	19.25	印　　次	2016 年 7 月第 1 次印刷
字　　数	401 千	定　　价	36.00 元

如有印装质量问题，请到所购图书销售部门联系调换。

本书编委会

（按所著专题次序排名）

主　编

宣兆凯　北京师范大学社会学院　教授

魏永娟　山东青年政治学院政法学院　副教授

编　委

夏延芳　西南石油大学法学院　副教授

张　薇　首都师范大学马克思主义学院　讲师

周　霞　西南科技大学政治学院　讲师

王　芳　北京信息技术职业学院通用能力教学部　讲师

魏志明　西南石油大学法学院　副教授

杨世箐　西南石油大学法学院　副教授

黄春梅　桂林理工大学人文社会科学学院　讲师

石燕捷　中原工学院社会工作系　讲师

总　序

　　社会工作在中国是一个正在迅速崛起的职业和学科体系。据统计，截至目前，已有 12 万人获得助理社会工作师资格，有 3.86 万人获得社会工作师资格。全国民办社会工作专业服务机构有 2400 多家，全国社会工作岗位总量已达 8 万多个。全国已有 70 多所专科学校开设社会工作专业，310 所普通高等学校开设社会工作本科专业，104 所高校和科研机构开展社会工作硕士教育。

　　社会工作是一种专业的助人工作和社会事业。社会工作旨在以人道的精神、科学的知识和方法，推进社会的治理和文明。社会工作的职业化和专业化是社会现代化的内在要求，也是社会整体进步和文明水平提高的表现。

　　伴随改革开放和现代化事业的推进，我国社会结构出现了前所未有的变化。广大的农业劳动者从传统村落走向城市，进入现代工业和市场经济体系，极大地激发了我国的经济和技术活力，迅速提升了我国的经济和物质文明的水准。但是，由此也涌现出许多新的社会问题，一方面是农民工对新的劳动过程和城市生活方式的适应和融入问题、不断扩大的城市社区的治理问题；另一方面是不断空心化的农村社会中留守儿童的照顾问题、空巢老人的养老问题，以及农村社区和公共服务体系的建构问题等。此外，伴随社会整体文明水平的提升，如何加强对社会中少数贫弱群体和个人的关怀，也成为社会公共服务事业发展的关键组成部分。这些新的社会问题的解决，的确需要理性的"再嵌入"，需要建立和发展社会工作这种专业的知识和职业体系。专业社会工作的大力发展是实现政府职能转变、提升社会治理和文明水平、促进社会公平和社会和谐的根本途径。

　　社会工作职业化以及社会工作教育在我国经历了 20 世纪 80 年代中后期的恢复重建和 21 世纪之后的迅猛发展两个阶段。党的十八届三中全会决议明确提出"完善和发展中国特色社会主义制度，推进国家治理体系和治理能力现代化"这一"全面深化改革总目标"，之后，社会工作实现和推进"国家治理体系和治理能力现代化"的社会功能开始逐渐显现出来。经过二三十年的发展，社会工作职业化和专业化的意义进一步得到彰显和重视。按 2012 年 2 月中央组织部、民政部等 19 个部委联合印发的《社会工作专业人才队伍建设中长期规划（2011—2020 年）》中的目标，到 2015 年，社会工作专业人才总量将达到 50 万人，到 2020 年，达到 145 万人。这种人才需求形势带给社会工作教育的压力，可以说在中外社会工作发展史上都是空前的。

与社会治理对社会工作人才客观而巨大的需求相比较，我国社会工作教育和社会工作教材建设工作虽然处在稳步推进和发展的过程中，但是，在某种意义上可以说存在相当大的差距。近些年，社会工作领域中的一个重要的话题是本土化，或者说是国际化视野中的本土化。这一问题的确值得引起高度重视。我国社会工作教材建设经历了最初的翻译推介国外和港台地区相关著作，在此基础上编写专业教材的初创、奠基阶段。今天，我们的确有必要、也有可能重新思考和探索如何面向中国波澜壮阔的社会现实，总结中国本土的社会工作实务和教学经验，形成多样的、有中国本土特色的社会工作教育和教材体系。本丛书的编写和出版，正是基于这样一种社会需要和学术逻辑，希望在已有相关著述的基础上，进一步深入总结学界的教学科研成果，为中国社会工作教材建设和社会工作事业的发展贡献一分力量。这是我们北京师范大学社会工作学术队伍的一个良好的心愿和追求。

北京师范大学社会学学科和社会工作学术队伍的发展与全国兄弟院校基本同步，之后选择了单兵独进的方式，重点发展社会工作本科专业。2012 年，在全国有关的评估中，北京师范大学社会工作本科专业排名全国第一位。在这个专业中，有专职教师 12 人，其中教授 7 人、博士生导师 4 人，8 位教师有 1 年以上国外一流大学的专业学术经历，3 位在国外一流大学获得博士学位，目前在职的教师全部拥有博士学位。2009 年北京师范大学又成为全国首批社会工作硕士培养单位。目前北京师范大学正在着力提升学科学术能力，按照一级学科的体制进行学术机构的建设。2015 年 3 月，北京师范大学社会学学科已独立建立学院，今后，社会学学科的规模和学术能力将会得到更大的提升。这也为本丛书的顺利出版提供了坚实的保证。

本丛书首批出版的几本教材属于社会工作专业的基础学科，主要涉及社会工作的基本概念、理论和方法，以及社会工作的价值和伦理等。有关社会工作不同部门和领域的教材，以及社会工作专题课程的教材也将陆续出版。

丛书总主编：朱红文、宣兆凯

目　录

导　言 ……………………………………………………………………………………… 1

专题一　社会工作：专业的助人活动 ………………………………………… 8

　　一、社会工作是利他性的专业助人活动 ……………………………… 9

　　二、社会工作与其他"助人"活动的异同 ……………………………… 16

　　三、社会工作的对象 ……………………………………………………… 19

　　四、社会工作的主要领域 ………………………………………………… 20

　　五、社会工作的岗位分布 ………………………………………………… 31

　　六、社会工作的功能 ……………………………………………………… 33

专题二　社会工作的萌发与专业化过程：历史渊源与现实发展 ……… 37

　　一、西方社会工作的发展历程 …………………………………………… 38

　　二、我国社会工作的发展历程 …………………………………………… 51

专题三　社会工作的精神支柱：价值、伦理与理论 …………………… 71

　　一、社会工作专业价值与伦理 …………………………………………… 72

　　二、社会工作理论 ………………………………………………………… 93

专题四　社会工作探索的基本问题：环境中的人类行为规律 ………… 108

　　一、人类行为与社会环境的关系 ………………………………………… 109

　　二、影响人类行为的三个层面 …………………………………………… 116

　　三、生命周期中的人类行为 ……………………………………………… 127

专题五   社会工作者：助人服务过程的主体 ···················· 144

一、社会工作者的界定 ·· 145

二、社会工作者的素质要求 ···································· 152

三、社会工作者在专业服务中的角色 ······················ 156

四、中国大陆社会工作者队伍建设 ························· 167

专题六   社会工作的介入方法：影响和改变服务对象的手段 ········· 174

一、社会工作介入方法概述 ···································· 175

二、直接介入方法 ·· 177

三、间接介入方法中的社会工作行政 ······················ 195

专题七   社会工作过程：工作要素和介入方法 ·················· 198

一、社会工作是一个过程 ······································ 198

二、接案 ··· 203

三、预估 ··· 210

四、行动 ··· 219

五、评估 ··· 226

六、结案 ··· 233

专题八   社会工作督导与咨询：教育、支持与发展 ·············· 237

一、社会工作督导的含义 ······································ 238

二、社会工作督导的功能 ······································ 242

三、社会工作督导的模式 ······································ 246

四、社会工作督导的过程与技巧 ···························· 251

五、中国大陆的社会工作督导 ······························ 254

六、社会工作咨询 ·· 257

专题九   社会工作研究：理论发展与实务提升 ·················· 262

一、社会工作研究的含义与内容 ···························· 263

二、社会工作研究的特性与功能 ···························· 264

三、社会工作研究中的伦理议题 ···························· 268

四、社会工作研究的方法 ······································ 270

五、社会工作研究的一般过程 ······························ 286

后   记 ·· 298

导言

一

　　当前，社会工作在世界范围内蓬勃发展。之所以如此，是因为它在现代社会发展中具有不可估量的价值。社会工作应社会发展的需要而诞生，随着社会的发展日趋学科化、专业化、职业化。西方社会工作发展的历史表明，越是高度工业化，相伴而生的社会问题越多，越需要专业的社会工作者参与预防和解决。随着社会工作专业的发展，社会工作研究也取得了长足的进步，这为我们全面总结和深入探索这门学科的基本问题提供了丰富的实践经验和理论成果。

　　在中国，随着改革开放的不断深入，社会工作及其教育经历了从20世纪80年代中后期的恢复重建到2000年之后的迅猛发展两个阶段。党的十八届三中全会决议明确提出"完善和发展中国特色社会主义制度，推进国家治理体系和治理能力现代化"这一"全面深化改革总目标"之后，社会工作实现"国家治理体系和治理能力现代化"的社会功能日益凸显出来，在中国社会发展中的地位和作用也随之跃升，社会对社会工作专业人才需求越来越大。按2012年4月中央组织部、中央政法委、中央编办等19个部委和群团组织联合发布的《社会工作专业人才队伍建设中长期规划（2011—2020年）》的目标，到2015年，一线社会工作专业人才总量增加到50万人，到2020年，一线社会工作专业人才总量达到145万人。这种人才需求形势带给社会工作教育及人才培养的压力无疑是巨大的，对社会工作教材编写工作的要求及挑战在中外社会工作发展史上也是空前的。

　　压力可以变成动力，挑战会带来机遇。迅猛发展的人才需求形势要求社会工作教材的建设达到新的高度，由最初的翻译、推介国外、港台相关著作，并在此基础上编写适合我国大陆特点的专业教材的初创、奠基阶段，推升到百家争鸣、推陈出新并日益贴近中国现实，向更深、更广方向的快速发展阶段。在这样的大背景下，本书试图在已有相关著述的基础上，进一步深入总结学界的教学、科研和实践成果，为中国社会工作教材建设贡献一份力量。

二

社会工作导论是社会工作专业的主干课程之一，是每个初学者必须学习的课程，这一点，每个教师、学生、社会工作者在教学实践和社会实践中都深有体会。然而要全面、系统地掌握这门课程的专业知识，认识作为专业的社会工作者的重要意义，必不可少的工具就是一本优秀的教材。好的教材应该既有内容的思想性、广博性和深刻性，又有形式的条理性和通俗性，这样才能深入浅出，获得读者的喜爱。

为达此目的，本书在编写上突出了以下几点。

首先，作为社会工作的"启蒙教本"，本书在内容上突出了全面性和系统性，涵盖了社会工作的基本问题，清晰地勾画了社会工作的知识体系及内在联系，明确了各部分知识之间的逻辑关系及其在体系中的地位，着力于引导读者理解、内化社会工作最本质的助人精神实质和伦理原则，掌握改善服务对象生活环境，提升他们适应社会、解决问题能力的一系列专业方法。

其次，在编写理念上，我们注重普及社会工作知识，弘扬尊重人、关爱人的社会工作精神。这对提升人的道德素养、改善社会风气具有积极意义。社会工作是"助人自助"的事业，我们把这一价值理念作为全书的思想内核，使读者接受公平、正义、平等、博爱的精神，并在心灵上受到触动，能够主动、自觉地投身于这项崇高的事业。

再次，本书综合了社会工作领域中理论、方法和实务的最新成果，并在此基础上提出了自己的观点。我们希望把编写这本教材的过程作为学术研究与创新的过程，作为近年来我国社会工作学界的科研创新成果的总结过程。

三

本书的内容体系、特点及写作方法概述如下。

一般来讲，社会工作学科知识体系包括基本知识、理论基础的导论，社会工作方法和社会工作实务三部分。"社会工作导论"是这个体系的基础部分。

作为专业入门必读的《社会工作导论》一书，其内容包括社会工作的对象、范围、内容、构成要素；社会工作产生、发展的历史；社会工作的价值、伦理、理论基础；社会工作探究的基本问题及其规律等。本书对这些内容都做了较详尽的阐释。方法本不属导论的内容，但由于它在社会工作学科体系中占有重要的地位，是社会工作学科化、专业化、职业化的必备条件，是社会工作者必须了解、掌握的专业知识，也是运用于实务活动中的专业技能，因此，本书将它综合在一个专题中，对其主要内容做概括性介绍。本书没有专列"社会工作实务"专题，是因为这部分虽然很重要，是社会工作学科体系的重要组成部分，但由于社会工作是服务人群、服务社会的实践性很强的学科，涉及的问题多、对象广、领域宽，本书无法展开做详细、具体的分析。尽管如此，各部分内容也多有涉及实务的相关知识。

本书按"专题式"结构分为九个部分，涵盖了社会工作导论知识体系中核心的、应用性强的、切合初学者需要的知识体系。这种结构，既可以摆脱体系框框的约束，克服以往教材事无巨细、面面俱到的编写方法，又可以使教材生动、活泼，可读性强。此外，我们还设计了与读者互动的"对话框"，针对正文中的知识点提出引发读者深入思考的问题。同时，根据社会工作的实践性特点，我们在正文中穿插了"专栏"，设置了一定数量的案例、资料等，便于读者联系社会实际深化认识。

九个专题分别对导论的几个关键性问题做了较为深入的探讨，提出了我们的观点。

1. "助人自助"是社会工作的本质属性

如何科学定义"社会工作"，是《社会工作导论》一书要阐释的首要问题，因为只有明确定义，才能使读者深刻认识这一学科的本质特征。"助人"是多种社会工作定义都强调的本质属性。毫无疑问，社会工作的本质和根本目的是助人，是要帮助人们预防和解决因缺乏社会生活适应能力或社会关系失调而导致的各种问题、困难，提升其福利。但仅此还没有把社会工作的本质特征完全揭示出来，不能将它与其他助人活动区别开来，也无法体现它的专业性。我们认为，应该特别强调"助人自助"，这才是社会工作的核心理念。只有强调"助人自助"，才可体现出社会工作尊重人，相信人都有潜力，都有自我改变、成长和不断进步的能力的价值理念，体现社会工作者通过个案、小组、社区等专业助人方法，从旁协助服务对象自己解决个人问题的专业特征。

2. 从实践与专业两个方面追溯社会工作的发展历程

读者仅从抽象定义的辨析上难以具体、清晰地认识社会工作，还必须从历史的角度，在其发展历程中去把握。如此，也能使读者从中发现社会工作产生、发展的一般规律，认识推动社会工作发展的社会条件和精神资源。与以往教材不同，本书将西方社会工作历史发展过程分为实践与专业两个方面来探讨。这是因为，社会工作不同于哲学等学科，它既是建立在多学科科学知识、思想理论与方法基础上的学科，又是由社会实践发展而来的一种社会事业。这两个方面在发展过程中紧密相联，互相支持、互相推动，难以分割，因此学者们在阐述社会工作发展历史时，并不倾向于把它们分开。但我们认为，实践与专业分开探讨，有助于读者清晰地认识社会工作发展的过程，认识社会工作的性质、特点，认识社会工作在其历史发展过程中的规律性。

对于西方社会工作实践发展阶段，本书根据社会工作作为社会化的事业、职业活动的成熟水平，将其划分为1601年英国颁布《济贫法》之前的慈善事业阶段，之后的政府主办的制度化的救济事业阶段和完善的社会福利、保障制度体系的建立三个阶段。至于专业化过程，本书参考我国台湾学者李增禄教授等学者意见，将其划分为非专业化阶段、初步专业化阶段、高度专业化阶段和专业整合阶段四个阶段。

尽管中国社会工作由西方传入，本土发展的历史比较短，且经历了曲曲折折的道路，但其背后支撑它得以生存的深厚的文化底蕴和社会条件，却是我们不能不探究的，从中我们可以获取支持中国社会工作今后迅速、健康发展的丰富资源，获取在中国社会历史条件下，本土化的社会工作如何获得发展的强大动力及走什么道路的规律性。

3. "通才角色""专精能力""改变意识" 是当代社会对社会工作者的素养要求

社会工作最基本的构成要素有两个：一是服务对象（案主）及其需要解决的具体问题，二是从事助人活动的社会工作者。由于社会工作者是具有专业知识与技能的职业者，担负着直接帮助服务对象解决问题、摆脱困境的职责，在助人过程中起着关键性的作用，因此，他们所要遵循的职业守则应是非常明确和严格的。社会工作者必须是受过专业教育的人员，必须具备社会工作专业素养，必须掌握卓有成效的科学助人、解决问题的专业方法。由于社会工作服务范围广泛，所面对的各种服务对象的问题各不相同，所需要提供帮助的差异性也很大，因此，社会工作者在助人服务的介入过程中，扮演的角色也不同。很多情况下，社会工作者甚至要同时承担诸如照顾者、劝告者、治疗者、支持者、研究者、行政者、咨询者、教育者、协调者、调解者、倡导者、经纪人、增能者等多重角色，这就要求他们应该成为"通才角色"的职业者。此外，社会的飞速发展、社会生活的日新月异、社会问题的错综复杂以及社会工作方法的多样，又要求社会工作者具有"专精能力"和"改变意识"，如同医生、律师那样，能用自己的专业知识、技能为某类服务对象或某类问题的服务对象提供专业服务，实现改变人、完善人的目的，以适应当前不断变革、改变的时代。

4. 专业的价值、伦理和坚实的理论基础是社会工作得以存在和发展的精神支柱

社会工作者在专业实践过程中，既要秉持专业道德信念与职业操守，又需掌握专业理论，它们是社会工作得以发展的不可缺少的两大精神支柱。社会工作者必须具有较高的道德素养，这是由社会工作的性质和使命决定的。社会工作是实践人类所追求的公平、正义、人道、博爱、自由、平等、幸福等价值、伦理的专业助人活动。社会工作要体现自身的价值，践行自身的使命，就必然要求社会工作者将社会工作价值、伦理内化为自身素养，成为"充满价值的人"，对服务对象承担应有的道德责任。社会工作的价值和伦理为社会工作者提供了精神动力和实践指引，对保障服务对象的权益、维系社会工作的社会形象、延续社会工作者的职业生涯都有非常重要的意义。除内化社会工作的价值、伦理外，社会工作者还必须掌握社会工作专业理论。这是因为社会工作的助人行为是一项高度专业化的科学实践活动，它的大部分实践过程和工作技巧是建立在心理学、社会学、哲学等学科基础上发展起来的社会工作专业的系统理论和方法，而非仅仅依赖于社会工作者个人的经验与悟性。社会工作研究的基本问题，如人的行为特征与环境的关系、服务对象面临的问题的性质与成因、对问题界定的角度、设定解决问题目标的依据、解决问题的方法模式，等等，都需要社会工作理

论从更高、更广的视域，给出原则性的、更具指导意义的答案。

5. "人在情境中" 是社会工作的基本理念之一

探究特定环境中人类行为的规律是社会工作理论、方法与实务都要关注的基本问题。"人在情境中"是对这一规律的高度概括，是社会工作的基本理念之一。按照这一理念，人不是完全独立自存的个体，环境对人的生活有非常重要的影响，个人的许多问题是由社会环境带来的，解决个人问题也必须从分析和干预其生活环境入手。本书在阐释这一理念时，明确指出社会工作者在诊断、分析具体案例时，应把视角放到个人与环境的相互作用上，即依据生命历程的相关理论，分析在生理、心理和社会文化因素的影响下，人在生命历程各个阶段的行为特征以及面临的问题，并提出解决问题的对策。这一理念之所以重要，不仅是因为它提出了社会工作理论研究的基本课题，而且提出了将相关要素放到一个大的系统中研究人的行为的生态研究方法。

6. 多种专业化的服务方法和技术是社会工作最具特色的表现

由于社会工作服务对象是人，是在生理、心理、思想观念、生活方式、行为方式、生活环境等方面存在着各种各样问题或面临各种各样困难的人，社会工作者要解决这些人的困难，必然会涉及困难的方方面面，因此，在方法、手段上就需要综合心理学、社会学、哲学、人类学等学科的理论、方法，在此基础上发展出自己独立的方法体系。

社会工作方法即实务方法，又称服务方法、介入方法。学界一般根据社会工作服务这一基本职能，将社会工作方法分为直接服务方法和间接服务方法两大类。

直接服务方法即社会工作者为服务对象提供直接服务的方法，从微观到中观再到宏观分别有个案工作、小组工作和社区工作三种方法，被学界称为社会工作的三大基本方法。个案工作以单个的人或个别家庭为服务对象，旨在找出并解除他们所遇到的问题，帮助他们摆脱困境。这是最早产生的、基础性的社会工作方法，其中蕴含着社会工作的基本理念，如助人自助，尊重人，人的尊严、独立、潜能、责任，个别化等。小组工作以团体为服务对象，根据人是社会中的人、人的问题可以通过一定形式的群体互动得以解决的理念，通过从有目的的小组活动中获取经验，提高个人的社会适应能力，以更好地处理个人、群体、社区问题。社区工作是以社区为服务对象的社会工作方法，具体内容包括社区组织、社区服务与社区发展，其目标是推动社区居民参与社区管理与建设，在参与的过程中，激发居民的社区归属感，培养自助、互助与自决的精神，调动社区内外资源，争取各方面的配合、协作与支持，共同解决社区面临的困难与问题，促进社区的发展。

间接服务方法是不与服务对象直接接触、产生直接影响，仅为社会工作服务提供保障和支持的社会工作方法，包括社会工作行政、社会工作督导与咨询、社会工作研究等。社会工作行政又称社会福利行政或社会行政，是推行社会工作的方法之一。它研究政府的社会工作机构、社会的福利保障组织如何对社会福利工作进行有效的行政管理，如何将社会政策转化为社会服务，提高服务机构的工作效率及服务品质，以最大限度地满足公众各类福利需求的方法。本书列专题对社会工作研究、社会工作督导与咨询进行了探讨，是因为它们虽不涉及直接服务的方法，却直接关系到社会工作者的服务能力、水平、质量的高低。

7. 接案、预估、行动、评估、结案是社会工作者运用各种方法实现"改变"目标所遵循的基本程序

社会工作方法既然是科学的，那么它的运用就要遵循一定的科学程序。这种过程的根本目的是"改变"。它表达了社会工作的基本理念，即人是可以改变的，人的处境、困难是可以改变的。而改变是需要条件的，需要社会工作者及其所服务的机构、服务对象及其所要解决的问题、资源条件、社会工作方法手段等多种要素的共同作用。多种要素的共同作用构成一个"改变的系统"。在这个系统中，服务对象主动参与，"自我决定"，与他人、周围环境合作解决问题；社会工作者则从旁协助，帮助他们了解周围环境，挖掘自身的内在动力和自身优势，将所要解决的问题与可能的资源链接起来，学会寻找资源、改善外部环境，并实现自我成长。在改变过程中，社会工作者会根据服务对象及其面临问题的不同而采取不同的方法。经过长期的实践与科学化过程，各种社会工作方法都会遵循有计划、有步骤的一般程序过程。这种科学的一般过程即社会工作实务的通用模式，从接案、预估、行动、评估到结案，每一个阶段都有其特定的工作目标、内容与相应的工作方法、技巧，体现了社会工作过程自身所具有的内在逻辑结构。社会工作者掌握这一过程的规律和各环节步骤，对科学地从事实务工作会起到引导的作用。

8. 发展功能是社会工作督导不可忽视的重要功能

社会工作督导作为专门的社会工作方法、程序，是由机构内资深的社会工作者对新进的工作人员、实习生或志愿者，通过一种定期和持续的督导程序，进行行政监测和服务评估，传授专业服务的知识和技术，增强他们的专业技能，促进他们专业成熟，以保证服务质量的活动。关于社会工作督导的功能，一般教材都提出行政、教育和支持三大功能，本书增加了"发展功能"。这是因为，社会工作服务对象及所要解决问题的复杂性、艰巨性，要求社会工作者必须具有服务特困人群、解决社会问题的坚定的道德信念，坚实的理论与方法基础，熟练乃至创造性地运用专业方法和技巧的能力，善于透过现象把握现实生活与人的内心世界本质的洞察力。社会工作者只有在不断地实践过程中，经过有经验的督导者的"督"和"导"，才能逐渐适应社会工作，成长为合格的社会工作者。

咨询与督导的意义相近，都是社会工作专家向青年工作者或业外人士提供他们所需要的社会工作专业知识和经验的活动和方法。但是，二者有诸多重要的差异。在对象上，咨询的范围更广，除社会工作者外，还包括医生、教师、司法工作者等业外人士；在业务关系上，咨询者与受咨询者之间的关系是自愿的、地位对等的，咨询者对行动及后果不负有责任，而督导者与被督导者之间的关系是义务性、强制性的，有上、下级之别，双方对行动及后果都负有责任；在内容上，督导的侧重点是社会工作过程中目标的实现、方案的落实、效果及社会工作者与服务对象问题的解决，而咨询则偏重于整体性的个案管理、政策的制定与执行、方案的计划与实施等。

9. 社会工作研究的关注点应集中于服务对象所面临的问题及需要的解决，目的是探索提升方法效能、改善服务质量的规律

社会工作研究方法是社会研究方法在社会工作研究中的具体应用。尽管在研究程序上遵循了社会研究的一般程序，但在研究对象、研究问题上社会工作研究有自己的特殊性，研究内容虽十分广泛，但有特定的范围，从专业价值、伦理、理论、方法的创新与应用，到服务对象的需要、面临的各种社会问题，以及服务方案的设计与优化、服务效率的提高、社会保障和福利政策的制定与推行，等等。社会工作研究关注点多集中在服务对象所面临的问题及需要的解决上，特别重视对具有实际意义的服务过程的研究，以从中探索提升方法效能、改善服务质量的规律。这也决定了它的研究一般都是具体的、微观的，而且有实际工作者的参与，研究与实务往往结合在一起。

综上所述，九个专题虽侧重从纵深方向选取社会工作导论知识体系中核心的、关键的即最重要的内容做深入探讨，但也注意了"以点带面"，涵盖了社会工作专业人员应掌握的基础知识中的绝大部分内容，具有基础性、完整性和整体性的特点。本书可以帮助初学者顺利步入社会工作领域，全面地掌握社会工作中的精髓，并初步建立起比较系统的社会工作知识体系。

我们真诚地希望，当读者阅读本书时，不仅会发现本书在体例上与其他教材的明显区别，而且还会感受到它在思想观点上的新意。若真如此，我们的心血没有白费，也算为我国的社会工作教材建设略尽绵薄之力。正如《国语·郑语》中史伯所说："夫和实生物，同则不继。以他平他谓之和，故能丰长而物归之；若以同裨同，尽乃弃矣。"

然而，因时间和水平所限，呈现在读者面前的这本《社会工作导论》距我们预期的目标仍有差距，但这也将成为我们今后坚持不懈地探索的巨大动力。

专题一 社会工作：专业的助人活动

内容概览

作为本书的开篇，本专题通过阐释社会工作的定义、内涵、服务对象和功能，彰显社会工作的专业助人品性，使读者对社会工作助人活动的目的、特点、对象、领域等基本问题有总体性的认识，从而为后面专题的深入展开提供基本的线索和框架。

学习目标

1. 理解社会工作的定义、特征和功能。

2. 比较社会工作与思想政治工作、志愿服务、心理咨询等助人活动的异同，掌握社会工作的专业特点。

3. 了解社会工作的主要领域、对象、岗位分布。

关键词：社会工作　专业助人　社会工作对象　社会工作领域　社会工作功能

专栏 1-1

【思考】

从案例中你了解社会工作者是做什么的吗？能否从中归纳出社会工作服务的对象都有哪些人？

案例

小王的工作

小王是某社会工作服务中心的社会工作者。他的工作是为某社区的老年人提供服务。他和同事们为社区的200多位老人建立了个人服务档案表。档案表中所列项目包括个人基本信息、兴趣爱好、饮食习惯、疾病状况、睡眠习惯、智力状况、精神状况、工作经历以及主要社会关系等。他们随时跟踪更新每位老人的服务档案，根据各自的特点和需求，提供有针对性的服务。除了个案服务外，小王和他的同事们还带领老人定期开展不同主题的康体娱乐小组活动，如"快乐同行"游戏小组、"老有所学"读报小组、"歌声忆往昔"唱歌小组、"智囊团"养生保健小组、"巧手汇"手工制作小组等。每次小组活动前，小王和他的同事们都会制订详细的活动计划书，内容包括活动主题、时间地点、预期目标、参与人员、所需资源、活动过程等。活动结束后，他们从组员表现、组员关系、目标达成、内容设计、社工感悟等方面对活动效果进行专业评估。

小王所在的机构还有其他社会工作者为青少年、留守儿童、妇女等群体提供服务。这些服务所需的活动经费和人员工资，除少部分来自于社会捐赠外，大都靠政府购买服务资金解决。

[资料来源] 本书作者根据媒体报道整理。

正如上述案例所提到的，近年来，有一群被称为"社会工作者"的人，活跃在社区、学校、企业、医院……他们通过各种各样的活动和服务，帮助服务对象摆脱困境、提升生活质量。在政策层面，社会工作也受到了越来越多的关注。2006 年 10 月，党的十六届六中全会明确提出"建设宏大的社会工作人才队伍"的战略任务；2011 年 11 月，中央组织部、民政部等 18 个部门和组织联合发布了《关于加强社会工作专业人才队伍建设的意见》，明确提出到 2015 年培养 200 万社会工作专业人才、到 2020 年培养 300 万社会工作专业人才的发展目标；2012 年 4 月，中央组织部、中央政法委、中央编办等 19 部委和群团组织又联合发布了《社会工作专业人才队伍建设中长期规划（2011—2020 年）》，针对社会工作专业人才队伍建设急需加强的薄弱环节，提出要实施好社会工作服务人才职业能力建设工程，社会工作管理人才综合素质提升工程，社会工作教育与研究人才培养引进工程，社会工作知识普及工程，社会工作专业人才服务社会主义新农村建设计划，社会工作专业人才服务边远贫困地区、边疆民族地区和革命老区计划，社会工作专业人才培训基地和教材建设工程，民办社会工作服务机构孵化基地建设工程，社会工作服务标准化建设示范工程和社会工作信息系统建设工程 10 项重点工程。

社会工作到底是一种怎样的"工作"？为什么会受到政府及民众如此重视？

一、社会工作是利他性的专业助人活动

（一）社会工作的定义

什么是社会工作？工作内容是什么？这几乎是每一个初次接触社会工作这一概念的人都要问的问题，也是一个很难说清的问题。从"社会工作"这一名称来看，"社会"是一个含义非常宽泛的概念，这一限定词并没有给"工作"提供更加明确的指向。因此，"社会工作"这一词语本身既没有明确工作对象，也没有明确工作领域，使人们很难"望文生义"。从社会工作实践来看，其服务对象广泛，服务方法多样。一切人群和个体都有可能成为它的服务对象，探访、游戏、面对面咨询等都有可能为社会工作者所用。因此，仅从服务对象和具体工作方法的

【小知识】

"社会工作"是由"social work"一词翻译而来，在有些国家，它还被称为"社会服务""社会福利"等。

角度，也难以清楚地解释和界定社会工作。正因如此，各国各派的学者对社会工作的理解存在差异。早在 1947 年，联合国教科文组织在进行各国社会工作教育概况调查时就发现，33 个国家提出了 33 种社会工作的定义，这些定义或者把社会工作看成助人活动，或者把社会工作看成助人方法、专业或助人过程等。

专栏 1-2

【思考】

社会工作的这些不同定义强调的共同内容是什么？

资料

社会工作的代表性定义

1. 美国社会工作者协会（National Association of Social Workers，NASW）：社会工作是一种专业活动，用以协助个人、群体、社区强化或恢复能力，以发挥其社会功能，并创造有助于达成其目标的社会条件。

2. 弗里兰德（Friedlander）：社会工作是一种专业服务，也是一种助人的过程。

3. 廖荣利：社会工作是一种艺术或学科，它通过提供助人的服务，以增强个人与群体的人际关系和社会生活功能。这种助人的专业方法注重人们和其所处环境的交互关系。

4. 威特默尔（Witmer）：社会工作是有组织的机构或团体为解决个人所遭遇的困难而实施的一种援助，是为协助个人调整其社会关系而实施的各种服务。

5. 史坡林（Siporin）：社会工作是一种协助人们去预防和解决社会问题，恢复并增强他们社会生活功能的社会制度化方法。

6. 斯基摩尔（Skidmore）：社会工作是一种艺术、一种科学，也是一种专业，其目的在于协助人们解决其个人、群体（尤其是家庭）、社区的问题，以及运用个案工作、群体工作、社区工作、行政和研究等方法，促使个人、群体和社区之间的关系达到满意的状态。

[**资料来源**] 王思斌. 社会工作概论 [M]. 北京：高等教育出版社，1999：12.

上述对社会工作的解释，虽然具体描述各不相同，但都强调了它的助人功能，把它看成一种对个人、家庭和社区的协助。然而，除了社会工作以外，诸如好人好事、心理咨询甚至许多市场化的服务都可以称作助人工作。因此，只强调社会工作的助人功能，无法把它与其他助人工作区别开来。只有深入社会工作活动内部，探求它的助人服务活动的内部机理，才能给它以明确的界定。

综合各种关于社会工作定义及各国社会工作服务实践，我们发现，社会工作的服务对象虽然千差万别，介入方法各异，但都遵循一定的专业价值和伦理，都有一套关于如何助人的科学知识和方法。因此，社会工作是一种专业性的助人服务，它以一定的价值观和职业伦理为指导，以个案、小组、社区、行政等为助人方法，旨在协助社会适应能力缺乏、社会功能失调的个人、群体和社区，预防和解决问题、发展潜能。

理解上述定义，需要注意以下几点。

其一，社会工作的本质和根本目的是助人，具体来说，就是帮助人们预防和解决因社会生活适应能力缺乏或社会关系失调而导致的各种问题、困难，提高其福利。

其二，与一般的行善活动不同，社会工作是以科学的价值观、理念为指导，以科学的方法进行的助人服务的活动。

其三，社会工作是一种职业活动，与志愿活动有本质的不同。

（二）社会工作专业助人的特征

专栏1-3

案例

张某于2009年被确诊为肝癌晚期。社会工作者在接案时，张某病情已非常严重，日夜遭受癌痛的折磨，曾有过服食安眠药的自杀行为。照顾张某的是他的父亲和妻子。张某家中经济状况非常差，自确诊以来的所有治疗费用都是由父亲东借西凑得来的。

［**资料来源**］唐咏，魏惠兰. 个案管理模式兴起及其在医务社会工作中的启示：以癌末病患照顾者为例［J］. 社会工作（学术版），2011（6）：48. 本文稍作删改。

针对张某的上述困境，社会工作者对其进行了如下帮助：首先，社会工作者通过生态系统分析和问题评估，对张某的困境和资源有了一定的了解；其次，社会工作者对张某开展了多种服务，进行药物镇痛、在心理上消除他的自杀念头、帮助寻找经济资助、解决张某父亲的身体和心理问题、化解家庭内部矛盾、协助张某妻子申请低保、对张某妻子进行就业培训等。在这一系列服务的过程中，社会工作体现出了诸多与其他助人方法不同的特质，具体表现在以下八个方面。

1. 以满足服务对象的需求为目的

社会工作服务不是不考虑服务对象的现实需要、内心意愿和接受能力的配给式帮助，其服务的内容和方式会根据服务对象的内心意愿和现实需要不断调整和变动。为此，需求评估往往是社会工作服务的第一步。针对专栏1-3的案例，为病人送上鼓励、为家人送去安慰或给予一定的金钱救助，都是通常意义上的帮助措施。这些措施虽然足以彰显助人者的爱心，也能在一定意义上对张某一家起到帮助作用，但往往很难解决服务对象面临的多重困难。社会工作者不是不加区别地给予帮助，而是首先对服务对象进行需求分析和问题评估。经过需求评估，社会工作者了解到张某及其家庭需要解决的问题有：癌痛的折磨、不良情绪及自杀念头、家庭经济困难、张某父亲作为主要照顾者的心理压力和身体疾病、家庭内部的矛盾、张某妻女的未来生计。在其后的服务中，社会工作者正是基于对张某及其家庭的需要和问题的评估才对张某及其家庭采取了一系列干预行动。

2. 以"助人自助"为核心理念

"助人自助"是指社会工作者相信每个人都拥有潜力，都有自我解决问题的能力，因此社会工作过程不是靠社会工作者的力量为服务对象解决问题，而是通过社会工作的引导，使服务对象具备解决问题的意识和能力。换句话说，社会工作者不是为服务对象工作（work for client），而是与服务对象一起工作（work with client）。社会工作者在助人过程中，主要是协助服务对象"自我决定"，而不是代替服务对象做决定，社会工作者鼓励服务对象参与思考和发现自身问题、寻求解决办法，与他人、周围环境合力解决问题。

3. 以人与环境的互动为干预焦点

"人在情境中"是社会工作的重要理念之一。这一理念认为，人不是完全独立自存的个体，环境对人的生活有非常重要的影响。个人的许多问题是由社会环境带来的，解决个人问题也必须由分析和干预其生活环境入手。例如，许多青少年之所以有网瘾、逃学、打架等行为，与其父母离婚、亲子关系不良、父母疏于管教或溺爱、学习压力过大等有直接的关系。在社会工作实务中，要使这些青少年得到改变和成长，就必须着手改善其周围环境。

4. 秉持专业价值和伦理

专业价值和伦理是在专业或职业范围内形成和发展起来的一整套对人、事和专业的总体判断与核心理念。社会工作的价值观包括接纳、尊重、个别化、服务对象自决、知情同意等；社会工作的伦理则涉及社会工作者、服务对象、专业、同事、机构、社会六个方面。社会工作的价值和伦理，为社会工作者提供了精神动力和实践指引，对保障服务对象的权益、维系社会工作者的社会形象、延续社会工作者的职业生涯都有非常重要的意义。

5. 以多学科理论为指导

社会工作服务是在优势视角、社会生态系统论、社会资本理论等众多专业理论指导下开展的服务，来自社会学、心理学、人类学等众多学科的专业理论为社会工作服务提供了丰富的服务框架和思维方向，使社会工作服务能够更有针对性和全面性。

6. 多种服务方法的运用

社会工作是一个包括个案、小组、社区、社会行政和社会政策等不同层面的服务系统，能够为服务对象的发展提供微观、中观和宏观的服务支持。社会工作的服务方法可以分为直接服务方法和间接服务方法两大类。直接服务是服务过程中，社会工作者与服务对象直接接触，对服

【思考】
面对张某的困境，人们可能会以什么方法来帮助解决？社会工作者对张某开展的这些服务与人们一般所采用的帮助方式有哪些不同？

务对象产生直接影响的服务，通常包括个案工作、小组工作和社区工作。专栏 1-1 的案例中，小王和同事为老人们开展的"快乐同行"游戏小组、"老有所学"读报小组、"歌声忆往昔"唱歌小组、"智囊团"养生保健小组、"巧手汇"手工制作小组等属于直接服务的范畴。间接服务指不需要与服务对象直接接触，为助人活动的开展提供保障和支持的服务，通常包括社会工作行政、社会工作督导、社会工作咨询和社会工作研究等。

7. 注重社会资源的运用

服务对象问题的解决，往往不是服务对象与社会工作者体系单独处理，而是以社会工作者与服务对象及其所处的社会环境为最基本的自助单位。社会工作者在服务中需要评估服务对象的资源系统，挖掘和整合服务对象周围的资源来帮助服务对象解决问题。前面我们提到，专栏 1-3 中的张某接受了社会工作者的一系列服务，整个服务过程便涉及医院工作人员、慈善机构、社工机构、社区以及义工等组织和多种资源的运用。如为了缓解服务对象的经济困难，社会工作者协助张某的父亲向相关部门申请经济支持；为了解决张某的身体和心理问题，社会工作者介绍张某的父亲参加了宁养院举办的有关癌末病患主要照顾者的教育支持小组活动，并请有相同经历的佛教人士对张某进行死亡教育，为张某联系医疗机构进行身体检查等。

8. 注重团队合作

服务对象的需求往往是多方面的，其问题也是由多种原因导致。服务对象需求的满足和问题的解决需要拥有不同专长的社会工作者（也包括其他领域的专家）共同完成。为克服片面化服务的弊端，为服务对象提供更全面、更完整的服务，20 世纪 80 年代以来，在英美等国家兴起了个案管理，即由个案管理者为需要多重服务的对象安排、协调、监督、评鉴及倡导一套包含多种服务项目的服务。可以说，个案管理的兴起正是社会工作服务注重团队合作的体现。专栏 1-4 中的案例就是一个由多个团体、多方面人士组成的老年服务团队。

📚 **专栏 1-4**

案例

"家和邻乐"社区养老项目

"家和邻乐"项目是济南市甸柳一居 2005 年推出的社区养老项目，项目由社区妈妈团、社区邻里团和社区社工团三个团体共同构成。社区妈妈团就是由社区里的中年妇女组成，她们担起家政服务员的职能，为社区里的老人提供全方位的家政服务。社区妈妈团提供的服务跟家政公司不一样，她们不光给老人做家务，还陪老人聊天、看电视，给老人唱歌。妈妈团的成员大部分是甸柳一居的居民，跟老人本来就认识，是老邻居，照顾起来也更加

【思考】

在专栏 1-4 的案例中，社会工作者调动了哪些资源来为老年人服务？

上心。除了社区妈妈团，社区邻里团也是社区的一大特色。社会工作者发动辖区内身体健康的老人加入到志愿者队伍中，发挥特长，为社区居民提供一些免费的服务。老人们参与到社会活动中来，一方面能够给社区居民提供帮助，另一方面自身得到很大的成就感。现在，社区已经有免费理发、免费修水电等多项服务，都是由社区邻里团的老年志愿者提供的。作为"家和邻乐"项目的主要操作者，济南市基爱社会工作服务中心的社工团发挥着很大的作用。社会工作者主要负责这个项目的运作和监督工作，包括每周一次的妈妈团例会都由社会工作者来负责。社工团除了有3名专职社会工作者，来自某学院的20多个志愿者也在帮社会工作者做相关工作。

　　[资料来源] 本书作者根据媒体报道整理。

　　总之，作为一种专业的助人活动，社会工作者更加注重挖掘服务对象的内在动力和自身优势，注重服务对象外部环境的改善与自我发展的协同，从而使服务对象得以成长。

（三）社会工作是一门一体多面的学科

　　政府、民间组织、宗教团体、个人开展助人活动和慈善服务古已有之，19世纪末20世纪初，这种个人化的、分散的活动和服务，逐渐成为一种职业、一门专业。其后，随着世界各国社会福利制度的建立和运行，社会工作成为社会福利系统的重要组成部分。可以说，社会工作在其一百多年的发展过程中，获得了越来越丰富的内涵，具备了一体多面的特性。一体，是指社会工作本质上是一种助人活动；多面，是指社会工作既是一种利他性和科学性的助人活动，又是一种职业和专业、一种制度。

1. 社会工作是利他性、科学性的助人活动

　　在现代社会，人们通过家庭、工作单位、市场、宗教、互助机构、政府等多种途径来满足个人的物质和精神需要。从是否营利的角度，可以把这些服务分为营利性服务和非营利性服务。营利性服务以谋取利润为服务的直接动力和根本目的，是服务供需双方的互惠行为。社会工作服务与之不同，它的直接目的不是通过服务取得报酬和利润，而是协助服务对象发展潜能、预防和解决问题、满足生存和发展需要。所以说，社会工作是一种利他性的助人活动。进一步讲，"现代社会工作作为一种助人利他的社会行动，既不是奉献型的，也非完全互惠型的，而是表现出制度化利他主义的基本特征"①。这是因为：其一，社会工作者的利他行为不是个人行为而是社会行为。社会工作者是代表一定"社会"来行使救助工作的，人们求助的不是社会工作者个人，而是制度的帮助与支持。其二，社会工作者与服务对象之间客观上存在着一种制度性的相互依赖，即双方都需要依赖制度才能解决问题。社会工作者靠它获得职业的报

【思考】
　　如何区分营利性服务和非营利性服务？试指出日常生活中的一些营利性服务。

① 郭景萍. 中国社会工作发展的三重境界 [J]. 探求，2006 (6)：16.

酬，服务对象靠它获得脱困的资源。

作为应用社会学或应用社会科学的社会工作，其科学特征具体表现为：其一，社会工作对服务对象问题和需求的科学把握。社会工作对服务对象问题和需求的预估，不是出于工作者的经验和臆测，而是以良好的专业关系的建立为前提，以社会学、心理学等众多学科的理论为指导，以社会调查和数据统计分析技术为手段而进行的。其二，助人方法的科学性。社会工作的方法包括个案工作、小组工作、社区工作等直接工作方法和社会工作行政、督导、咨询等间接工作方法，这些方法是建立在社会科学、自然科学的科学知识基础之上的，是经过无数次实践提炼而成的，反映了社会工作者与服务对象之间相互作用以达到助人目标的基本规律。其三，助人过程的科学性。无论是前面提及的哪一种工作方法的开展，都不是率性而为，都有一套严格的活动程序——与服务对象专业关系的建立，对服务对象需求的了解，工作目标的制定及服务方案的设计、实施和评估。以在社区成立老人合唱队为例，合唱队成立前期社会工作者要到社区开展情况调查和信息收集，了解有多少老人有参加合唱队的意愿、有没有合适的场所、什么时间开展合唱活动比较好，等等；在合唱队成立初期，队员们不太熟悉，社会工作者会用击鼓传花、大风吹、卡片配对等游戏促进成员彼此熟识；待小组成员有团体归属感时，就要选举队长、副队长，便于日后实现平等共商团体事务、自行组织团队活动的良性循环；在合唱团成立的中后期，社会工作者还要应对可能出现的权利竞争，处理队员的离别情绪等。由此可见，社会工作者的助人活动的开展有其严格的程序和专业的方法，以保证活动过程的科学性。

2. 社会工作是一种职业和专业

把社会工作称为一种职业，即认为社会工作这一助人活动是社会分工体系的一个组成部分，其从业者能够通过这一活动取得报酬。判断一项活动是否可以称为一种职业，一般要看其是否具有独特的职业领域、职业标准、证照制度和薪酬体系。在世界上许多国家，社会工作的上述几个方面早已具备。例如，20 世纪 60 年代，美国开始探索建立社会工作行业执照制度，设立了"持证社会工作者""合格临床社会工作者""临床社会工作者证书"等不同的头衔；英国对社会工作头衔实行严格的法律保护，规定只有取得英国社会工作教育与训练中央委员会认可院校的社会工作文凭才能被称为社会工作者。在中国大陆，由于社会工作的发展只有短短二十几年的时间，在职业领域的开拓、职业标准的建立、薪酬体系的完善等方面仍需不断探索。因此，我们往往用"职业化"这一概念来描述社会工作在中国大陆成为一种职业的过程。

【思考】
有人说，社会工作者是拿工资的雷锋。你的看法是什么？

W. E. 莫尔（Wilbert E. Moore）、B. R. 康普顿（Beulah R. Compton）、格林伍德（Ernest Greenwood）等学者都曾对专业的属性和标准进行过讨论。其中，以格林伍德在其《专业的属性》一文中提出的专业的判定标准影响最为广泛。他认为，系统理论、专业权威、社会认可、伦理守则和专业文化是构成专业的五项基本要素，并认为20 世纪 50 年代美国的社会工作已具备了上述要素。时至今日，社会工作的专业性表现得更加明显，如社会工作者有系统化的知识体系、伦理标准和服务受助者的各种技巧，有地方性、国家性、国际性的行业协会以及成员共同遵守的伦理守则，社会工作作为一个职业已为社会公众所认可和接受，社会工作已拥有自己的专业权威。因此可以说，社会工作既是一种职业，又是一个专业。

3. 社会工作是一种社会制度

社会制度是为了满足人类基本的社会需要，在社会中具有普遍性，且在相当一个历史时期里具有稳定性的社会规范体系。随着社会工作职业化、专业化的发展和各国社会政策的建立和实施，社会工作成为现代社会的一种制度。

"社会工作是一种制度"这一判断有两方面的含义。一是社会工作具备了社会制度的基本特征，具体表现为：①社会工作有一套明确的助人理论、理念和价值观；②社会工作有科学的工作模式和严格的行为规则；③各国大多发展出了一套社会工作者岗位开发、职业准入、岗位考核、职业评价、资源支持体系建设等方面的规范，保证助人活动科学、有效地进行；④工作方法和工作技巧的规范化；⑤工作过程的规范化，无论采用哪种工作方法，社会工作大多遵循"接案—预估—行动—评估—结案"这一"通用过程"。

"社会工作是一种制度"的另一个含义是社会工作是现代社会福利体系的重要组成部分，因为：①社会工作专业团体和个人通过社会倡导、政策分析等活动，能够推动相关政策议程的建立；②在社会福利制度的制定过程中，社会工作专业团体和个人通过积极参与政策咨询和决策过程，贡献专业意见；③在社会福利服务的传递方面，社会工作者通过其专业服务，实现社会福利的输送。

二、社会工作与其他"助人"活动的异同

在当前我国社会生活中，存在着各种不同的助人活动。作为刚接触社会工作的初学者，将它们与专业的社会工作区分开来，是认清社会工作本质的关键。

（一）专业社会工作与社会性工作

日常生活中，我们常把一个人本职工作之外承担的事务称为"社会工作"（社会性工作），如一个学生可能当班委为同学服务。这种"社会工作"与专业社会工作既有某些共同之处（如它们都是为工作对象排忧解难的工作，都是助人行为等），又存在着明显的不同，见表1-1。

表1-1 专业社会工作与社会性工作的区别

不同点	专业社会工作	社会性工作
助人出发点	协调个人与集体的关系	服务对象需求的满足
工作方法专业程度	专业方法	缺乏制度化的专业方法

续表

不同点	专业社会工作	社会性工作
职能	服务	服务、管理
工作性质	全职专业活动	兼职或行政性全职（如工青妇残）

如表 1-1 所示，专业社会工作与社会性工作的区别表现为：第一，助人活动的出发点不同。专业社会工作有明确的以帮助服务对象为中心的指导思想，社会性工作常将协调个人与集体的关系置于中心地位。第二，工作方法的专业程度不同。专业社会工作强调科学、专业的工作方法与技巧，社会性工作缺乏制度化的专业方法。第三，工作的职能不同。专业社会工作强调服务，而社会性工作兼有服务与管理两种职能。第四，工作性质不同。专业社会工作属于专业活动、专门化的社会事业，而社会性工作指专职工作以外的兼职，工会、共青团、妇联虽具有专职社工性质，但属行政管理，也不属于专业社会工作。

（二）社会工作与民政工作

雷洁琼先生曾说过："民政工作就是具有中国特色的社会工作。"民政工作与社会工作确有相似之处，但又不完全相同。

【思考】
怎样理解"民政工作就是具有中国特色的社会工作"？

1. 相似之处

其一，在工作内容上，社会工作的公共救助、儿童服务、老人服务等与民政工作的社会救济、孤儿社会保障、老人社会保障等类似；其二，在服务对象上，儿童、青少年、老人、残障人士、贫民等既是社会工作的服务对象，也是民政工作中的社会救济、社会保障对象；其三，在工作方法上，我国民政工作的许多工作方法与社会工作的工作方法相似，如社会工作的个案工作、小组工作、社区工作、社会工作行政，与民政工作的以户为对象工作、以单位为对象工作存在相似之处；其四，在工作目的上，社会工作是一种以满足服务对象需求为目标的助人工作，民政工作中同样也具有解决社会问题、助人的工作部分。

2. 不同之处

社会工作与民政工作在工作对象、工作内容等方面也存在着不同。在工作对象上，社会工作主要以社会弱势群体、特殊人群为服务对象，民政工作面对的则是全体社会公众；在工作内容上，尽管社会工作的具体内容看似非常繁杂，但大多属于社会福利服务的范畴，相比之下，我国的民政工作的内容更加广泛，包含政权建设、社会福利保障、社会管理三大类。

（三）社会工作与心理咨询

心理咨询是指运用心理学以及相关学科的专业知识，遵循心理学原则，通过心理咨询的技术与方法，帮助求助者解除心理问题的活动。同为助人专业，社会工作与心理咨询既有许多相似之处，又存在着颇多差异。

1. 相似之处

【思考】
分别查找一个心理咨询和社会工作的案例，体会二者的异同。

其一，个别化，社会工作和心理咨询都具有个别化的视角，强调受助者或来访者的具体介入策略。其二，它们都从心理因素理解和分析受助者的问题。其三，社会工作在助人的过程中，常常采用心理咨询的原则、技巧和方法；心理咨询以受助者为中心、非评价、非指导和保密的专业原则与社会工作注重尊重人的需要、相信人的潜能、受助者自决等价值观念有相通之处，其尊重、共情、同理等技巧更是为社会工作所用。

社会工作和心理咨询有如此多的相似之处，以至于在社会工作诞生之初，人们把社会工作等同于个案工作。时至今日，北美等许多国家和地区仍把家庭治疗与心理咨询看作社会工作主要任务。早在 20 世纪 70 年代初期，海伦·帕尔曼（Helen Perlman）就曾呼吁要把 social case work（个案工作）中的 social（社会性）重新带回个案工作中。哈利·史拜希特（Harry Spech）和马克·考特尼（Mark Courtney）也表达过社会工作在北美已沦为心理咨询的附庸的忧虑。[①]

2. 不同之处

虽然社会工作和心理咨询有很多相似之处，但二者还是存在着明显的区别。

（1）服务的目标即关注点不同

正如前文中提到的那样，社会工作的目标在于促进个人与社会环境的良好互动，而心理咨询的目标是通过治疗"心病"，实现心理健康。

（2）工作取向不同

心理咨询致力于消除实际发生的不良情绪、认知和行为，而社会工作包含预防、矫正和发展三种取向。也就是说，社会工作既会对某一个体的"问题"进行干预，也会采取措施预防其产生其他方面的问题，促进其潜能的发展；社会工作者既关注某一群体中已经处于危机的个体，也会对暂未出现危机的群体开展预防性和发展性服务。例如，在对某机构的服刑人员未成年子女关爱项目中，社会工作者根据服刑人员的未成年子女的心理和行为状况，将其区分为红色、蓝色和绿色服务对象（这里的不同颜色只是服务的区分，不是"标签"），分别对其开展矫正、预防和发展性服务。对于心理咨询而言，其更可能对红色服务进行干预，而一般不关注蓝色和绿色的那部分青少年。

（3）知识基础不同

基于目标和工作取向的不同，心理咨询更多地以生理学、精神医学和心理学为知识基础，社会工作除了上述知识以外，还包括哲学、伦理学、社会学、心理学、法学等学科中关于人与社会的关系、人类行为与人际关系调整等方面的知识。

（4）工作方法不同

心理咨询的工作对象是当事人本身，并以认知重建、行为训练、情感纾解等方式促使当事人在情绪、认知、行为方面发生改变；社会工作除了采用心理咨询的技术和

---

① 黄耀明. 略论社会工作与心理咨询的关系［J］. 长春理工大学学报（社会科学版），2007（3）：11.

技巧促使服务对象本身发生改变以外，还致力于服务对象周围环境的改善。例如，对于专栏1-3中的张某，心理咨询师可能仅仅帮助其消除自杀念头，而社会工作者进行了药物镇痛、在心理上消除他的自杀念头、寻找经济资助、解决张某父亲的身体和心理问题、化解家庭内部矛盾、协助张某妻子申请低保、对张某妻子进行就业培训等多方面的服务。

（5）工作者角色不同

对于心理咨询来说，工作者往往充当专家的角色；而社会工作者既是专家，同时又是同行者、使能者、教育者等。

表1-2　心理咨询与社会工作的区别

不同点	心理咨询	社会工作
目标	解决"心病"，目标是心理健康	解决个人的社会性问题，目标是人与环境的良好互动状态
工作取向	问题取向，治疗为主	预防、矫正和发展等多元化取向
知识基础	生理学、精神医学和心理学	哲学、伦理学、社会学、心理学、法学等学科中关于人和社会的关系、人类行为与人际关系调整等方面的知识
工作方法	个人的认知重建、行为训练、情感纾解等	强调环境对人的影响，从改善环境和挖掘资源的角度出发，追求人与环境的和谐
工作者角色	专家	专家、同行者、使能者、教育者等

三、社会工作的对象

社会工作的对象又称服务对象、受助者（案主）（client），指的是直接接受社会工作服务的个人或群体。社会工作的对象可以分为基本对象和扩展对象。

（一）社会工作的基本对象

社会工作起源于扶贫济弱的慈善行为，贫民、失业者、无家可归者和战争中的负伤者等是社会工作最初的服务对象。在各国社会工作发展的初期，往往也以社会中最困难、最边缘的群体作为服务对象。因此，可以说，社会工作的基本对象是因为某种原因而在社会中处于弱势地位的群体。具体来说，这些群体主要包括：①贫困群体，主要指因为某种生理、社会、自然原因而导致缺乏基本物质保障的群体；②因生理机能不足或受损而陷入困境的孤儿、无依无靠的老人和残疾人；③精神病患者;等等。

【思考】

你在生活和社会实践经历中，接触过哪些服务对象？他们属于基本对象还是扩展对象？

（二）社会工作的扩展对象

社会工作对象的扩展表现在两个方面。

（1）社区成为社会工作的对象

社区成为社会工作对象是基于两方面的原因。一方面，人们认识到个人的问题往往与其生存的环境有关，如果不改变人们生存的社会环境，有些问题很难从个人层面得到彻底的解决；另一方面，由于某一类或某一个社区中除了存在个人化的需求之外，还存在许多共同的需求，从社区层面来满足这些共同需求，比微观层面的介入有更好的效率和效果。正是基于这样的认识，社会工作在关注个人和家庭的基础上，将解决社区的、综合的经济—社会问题作为自己的任务。

（2）一般社会公众成为社会工作的服务对象

随着社会的发展，人们逐渐认识到，个人除了物质、生理等基本需要之外，还有生存、身体健康、自主等多方面的需要。这些需要的满足，既是一个人的基本权利，也需要社会的协助。于是，社会工作不再仅以满足弱势人群的基本需要为目标，而是将一般公众也纳入其服务对象。社会工作的服务内容，既有以满足物质需要为基本目标的援助行动，也有以精神健康为目标的行动；既有旨在解决问题、补救性的行动，也有预防问题产生、促进人的潜能发展的行动。

基本对象与扩展对象的需要和问题的性质不同，前者面临的首要问题属于生存和物质层面，后者面临的首要问题属于发展和精神层面；基本对象和扩展对象所面临的困难的急迫程度也不同，前者的需求较后者更为急迫。从社会工作的发展历程来看，社会工作最初仅为基本对象提供服务，后来才将扩展对象纳入其服务范围。

四、社会工作的主要领域

专栏 1-5

【思考】

在这篇趣文中，哪些服务属于社会工作的服务内容？

趣文

......

小伙子也不理会女孩的回答，看着远方娓娓道来。

如果我们相处得不错，两情相悦，我们会步入婚姻的殿堂。但蜜月期很快会过去，结婚以后，我们可能因为柴米油盐、娘家婆家的琐事而吵架，有可能会越闹越僵，这个时候社工出现了。社工经过与我们双方的交流，了解到我们双方的问题所在，就会在我们之间游说、调解。这就是家庭社会工作。

"婚后一两年，你怀孕了。临产时，第一次做父母的我们都紧张。这时，社工在你的床前嘘寒问暖，给予你情感和心理方面的鼓励和支持。在社工的鼓励下，你终于鼓足勇气、信心十足地生下了一个儿子。在医院休养了几天，我们准备办理出院手续。你一看住院费，哇，怎么花了这么多钱？你一气之下就到医院那里去闹。社工知道情况后，一方面安慰你的情绪，另一方面去院方那里了解情况，积极协商你与院方之间的矛盾。这就是医务社会工作。

"几年后，我们的孩子到了上学的年龄。你和我都是上班族，朝九晚五，孩子每天下午四点放学，可这个时候我们都在上班，社工就组织我们的孩子和其他孩子一起玩游戏，给孩子们做一些课业辅导，当孩子们的课下老师。如果我们的孩子很调皮，社工还会进行一些引导，使孩子更加健康地成长；如果我们的孩子很不合群，社工还会通过小组合作的方式让孩子融入群体；若孩子有些笨，社工也不会责备他，而是不断鼓励他。总之，社工充当了孩子的邻家大哥哥或大姐姐，帮我们照看孩子，目标就是发掘孩子的潜力，促进孩子的健康成长。这就是儿童社会工作。

"再过个十年，我们的孩子也长成青年了。突然有一天，你发现他闷闷不乐，把自己关在屋里，你问他，他还说不用你管。后来你还在他的枕头底下发现了色情杂志。你可能会大发雷霆，心想小小年纪竟不学好，将来犯罪怎么办。其实你严重了，男孩子在青春期难免有一些'错误'行为，大人们关键是做好引导和疏导，让他建立起正确的想法。我们和孩子有代沟，可以让社工和他多聊聊。社工会去沟通，了解我们的孩子心里在想什么，知道我们的孩子需要什么。这就是青少年社会工作。

"再等几年，孩子结了婚，搬出家过自己的小日子了，我们老两口就得自己找乐子，过好晚年生活了。弄不好老头子我走得比你早，孩子又不在身边，你一个人多孤单啊。你想找个人陪你唠嗑容易吗？不容易。谁愿意陪你唠啊，当然是社工。社工会用最人文的关怀，最贴心的照顾，让你的晚年快快乐乐。这就是老年社会工作。

"上面说的这些只是社会工作的一小部分。其实社会工作实务的领域涉及很多方面，我刚才说到的社工所做的事也只是其中的一部分，要知道社工可以做很多方面的工作。"

[资料来源] 任明席. 一名社工小伙的恋爱经历 [J]. 高校招生，2009 (4)：55.

社会工作的实施领域是指社会工作者可以在哪些方面向服务对象提供服务，或是社会工作者可以提供哪些服务。社会工作的领域是由社会工作者对人的需要、社会问题的认识和理解及有意识地干预确定的，正如前面提及的，近年来，人们对社会工作的认识不断深入，社会工作的对象不断扩大，社会工作的领域也不断扩大。在专栏1-5的趣文中，提到了社会工作在服务家庭、医疗、儿童、青少年、老人等诸多领域的运用。事实上，社会工作的领域比这些方面还要广泛，它们已经延伸到了人们社会生活的各个方面。我们可以根据不同的标准对这些工作领域进行划分，较为常见的几种划分方法有按服务对象的需要和问题分类、按工作场所分类、按服务对象的生理特征分类等。

（一）按服务对象的需要和问题分类

【思考】

查找一个社会工作介入社会救助方面的案例，思考社会工作在社会救助中的作用。

中央组织部、中央政法委、民政部等 18 个部门和组织联合发布的《关于加强社会工作专业人才队伍建设的意见》指出，社会工作可以在社会福利、社会救助、慈善事业、社区建设、婚姻家庭、精神卫生、残障康复、教育辅导、就业援助、职工帮扶、犯罪预防、禁毒戒毒、矫治帮教、人口计生、纠纷调解、应急处置等领域提供直接社会服务。在这些领域中，社会工作与市场、政府、家庭一起，使个人需要得到满足，社会秩序得以和谐。下面，我们选取诸多社会服务领域的一部分，说明社会工作在这些领域的介入。

1. 社会救助

社会救助是指国家和其他社会主体对无法满足自身基本生活需求的群体提供物质帮助或精神救助，以维持其基本生活需求，保障其最低生活水平的各种措施。它包括最低生活保障、特困人员供养、受灾人员救助、医疗救助、教育救助、住房救助、就业救助、临时救助等具体措施。

社会救助主要由政府承担责任，但社会工作作为一种以助人为宗旨、运用各种专业知识和方法解决社会问题的专门职业，在社会救助中有其独特的优势。例如，在贫困救助方面：其一，社会工作可以针对贫困问题本身和贫困问题背后的深层根源以及贫困引发的问题，在宏观与微观层面共同开展工作。宏观层面，社会工作者可以通过积极的社会行动推动政府制定合理完善的扶贫制度，从而减小由于贫困引发其他社会问题的风险；微观层面，社会工作者可以通过个案工作、个案管理、小组工作等专业方法提供个别化、专业化服务。其二，社会工作丰富了贫困救助的内容和方法。在服务内容上，社会工作者不仅为服务对象提供物质帮助，更为服务对象提供精神层面的支持；在服务方法上，社会工作者会在"尊重""平等"等理念的指导下开展服务，会通过共情、理解、倾听等技术，使服务对象的情绪和压力得以缓解。在贫困救助中，借鉴社会工作的上述内容与方法，可以使贫困救助的内涵得以丰富。其三，社会工作的"助人自助"理念有助于提升服务对象的自我意识和能力。服务对象在经济贫困的同时，往往对自身的优势和能力缺乏科学的认识，在"助人自助"理念的指导下，社会工作可以提升服务对象的自我意识，帮助其自身能力的发展。

在受灾人员的救助方面，社会工作可以起到的作用包括：①心理援助。社会工作者可以对被困人员进行施救过程中的陪伴和获救后的心理辅导，对受灾群众、救护人员、幸存者、志愿者等个体提供心理援助，为救援组织者提供处理紧急群体心理事件的预警及解决方法，促进灾后社区心理社会干预支持网络的形成等。②维持灾区社会秩序。社会工作者可以通过告知灾民准确灾情、提供物质帮助、传播自救意识等方式稳定受灾群众情绪，并合理引导幸存者积极协助救援。③物资和志愿者的募集、管理，包括汇总和发布救灾物资的募捐信息、根据需要向社会和社会机构征集志愿者并对其进行统一调度和管理等。④灾民安置、就学和就业辅导。社会工作者可以帮助受灾民众传达亲属的平安消息，帮忙照顾子女，进行就学和就业辅导，引导受灾民众重新就业和重新找回自信等。⑤家庭和社区重建。社会工作者可以为受灾的民众提供孤儿认养、婚姻介绍等服务，并帮助受灾民众适应重建环境，进行社区文化建设。⑥对地震中产生的孤儿、残疾人和孤寡老人等弱势群体提供就学、就业和生活方面的照顾和救助，重建其社会支持网络，增强其对未来生活的信心，促进其社会融合。

2. 慈善事业

现代社会，慈善行动呈现出内容增多、方式创新的特点。然而，慈善行动也存在着慈善组织行政化、慈善项目非专业化的弊端。因此，社会工作方法在慈善行动中的运用变得十分必要。汪晓雪曾在硕士论文《社会工作介入慈善组织项目运作的实务与探索：以"向日葵的微笑"慈善项目为例》中分析了社会工作在"向日葵的微笑"慈善项目中的使用成效。"项目于2010年5月正式启动，为全区72名困境儿童开展了专业援助服务，累计完成个案项目1100次，团体工作22次，收到了很好的社会效果"，在项目竞标成功后筹建了专业的社工项目组，负责"向日葵的微笑"。[1] "在社会工作者介入'向日葵的微笑'慈善项目的过程中，我们以优势视角为基础，关注服务对象自身的内在力量，充分挖掘服务对象的潜力，通过心理—社会服务模式介入，建立与服务对象的专业关系。在项目化管理的过程中，除了借鉴专业的项目化管理方法，项目社工将社会工作的三大专业方法融入项目的实施过程中，对于项目最终顺利完成有着重要意义。"[2] 总体上看，社会工作在慈善行动中的作用体现在：①社会工作的专业价值观和理念有利于推动慈善项目的观念更新；②社会工作整合资源的优势有利于增强慈善项目的社会效果；③社会工作的专业方法和项目管理模式有利于促进慈善项目的规范化。

3. 心理健康服务

心理健康服务是对心理压力过大而影响了正常生活和患有精神疾病的人开展的服务。社会工作者通过心理辅导帮助他们舒缓心理压力，使他们正常地投入工作和生活。对于那些有较严重精神疾病的人，社会工作者可以参与对他们精神健康方面的服务和治疗，帮助他们恢复正常的心理和精神状态。

4. 就业服务

就业服务是为了提升服务对象的就业能力而提供的各种服务。社会工作者在就业

①② 汪晓雪. 社会工作介入慈善组织项目运作的实务与探索：以"向日葵的微笑"慈善项目为例 [D]. 郑州：郑州大学，2012：12, 13.

服务方面的服务内容包括个人职业生涯规划、就业观念和就业方法指导、信息提供、就业能力培训、心理减压等，服务方法包括个案工作、小组工作和社区工作等。通过这些服务，社会工作者可以帮助求职者获得较好的职业定位、就业技巧和就业能力。

5. 矫治帮教

矫治帮教是社会工作者对犯罪者在服刑、缓刑和假释期间提供的各种专业服务。矫治帮教的内容主要有：对缓刑和假释人员的日常状况进行观察，监督"服务社会令"的执行，对服务对象进行心理辅导和行为纠正，帮助服务对象解决生活困难，提升服务对象的自信和自尊，提高服务对象的就业能力，为服务对象的社区矫治争取友好的社会环境，开展犯罪预防宣传等。在社区矫治领域，多年来，社会工作者进行了积极的探索。2002年8月，上海市在徐汇、普陀、闸北三个区的部分街道进行了社区矫治的试点工作，并且成立了专职的"司法社会工作者"队伍。2003年10月，上海市成立了新航社区服务总站、阳光社区青少年事务中心和上海市自强社会服务总社，分别负责社区中有刑事记录人员、边缘青少年和吸毒人员的社区矫治。时至今日，社会工作在矫治帮教方面发挥着越来越重要的作用。此后，各地司法部门以政府购买服务方式引入司法社会工作者，矫治社会工作在全国各地得以发展。以广州市为例，截至2014年，广州两级法院审理的544名未成年被告人接受了社会工作者服务，由社会工作者跟踪帮教的未成年人能遵守缓刑期间的各项规定，脱管率为零，接受帮教的未成年人个人自控能力和沟通能力明显提高。

6. 禁毒戒毒服务

禁毒戒毒服务是社会工作者在毒品预防宣传和药物滥用者戒毒康复方面提供的专业支援服务。在禁毒、戒毒领域，社会工作者通常提供的服务有：为学校社工、社区社工、义工开展禁毒宣传提供支持；为戒毒者提供戒毒资讯并帮助其链接戒毒资源；帮助戒毒者形成健康的生活方式，防止复吸；帮助戒毒者链接资源，解决其生活难题；改善戒毒者的家庭关系，提升其自尊与自信等。2003年12月，中国首家专门从事禁毒社会工作的社会组织——上海市自强社会服务总社成立，该机构社会工作者深入街镇社区，面对面地为药物滥用人员开展专业化服务工作。2012年2月14日，《浙江省专职禁毒社会工作者管理办法（试行）》颁布，对禁毒社会工作者的管理、待遇、职责等做了规定。可以说，社会工作者是禁毒戒毒工作中不可或缺的新生力量。

专栏 1-6

【思考】
在专栏1-6的案例中，社会工作者进行了哪些方面的服务？

案例

禁毒是深圳温馨社工机构的主要服务内容之一。该机构配备了20名禁毒社工，服务于罗湖、南山、光明新区三个区域，包含了社区服务、学校服务、企业服务、美沙酮服务、监所服务五个方面。深圳市春雨社会工作服务社则主要与强制隔离戒毒所合作，将服务对象分为新入所学员、常规大队学员、临出所学员、学员家属，从戒毒人员新入所到临出所，摸索出一套循序渐进、有针对性的工作流程。

深圳市龙岗区彩虹社会工作服务中心社工刘传龙创建了深圳戒毒网，为戒毒者和家人提供网络支援服务平台。他还针对戒毒人员的需要，带领团队设计出"健康快车"计划，推广美沙酮维持治疗计划项目运行经验，尝试构建一个渐进式的戒毒辅导方法，为需要前往美沙酮门诊的戒毒人员提供车辆接送，并在服药后对他们进行活动拓展、心理辅导等服务。

美沙酮可以解决海洛因成瘾者的身体依赖，但无法解决其心理障碍。针对这种需要，"健康快车"计划组社工利用自己所掌握的心理辅导技巧，开展各种活动，协助成瘾者建立自信。"健康快车"计划组共有8名社工负责项目的具体实施，他们拥有社会工作、戒毒康复、心理学等相关专业背景，能够为项目服务对象提供生活关怀、心理辅导、行为干预及康复辅导等服务。

刘传龙介绍说："我们服务的对象90%以上为中年人，年龄在40岁以上，平均吸毒在10年以上，有的人甚至长达20年，多次的戒毒、复吸、戒毒经历，让服务对象自身非常疲惫、缺乏信心，因此，渐进式的戒毒辅导方法比较容易为他们接受。"为了推广美沙酮维持治疗计划，"健康快车"计划组还整合了深圳市禁毒办、深圳市福彩公益金、宝安区禁毒办、沙井街道办的资源，倡导有关部门能够保证服药人员途中的安全，克服了距离、时间及安全问题，为美沙酮服用者创造了良好的条件。

按照渐进式方案，戒毒者在申请加入"健康快车"计划时，禁毒社工就会对其各方面进行评估，如生理状况、心理状况、家庭关系、社会关系、美沙酮服用情况等，做到一人一档案，并在后续服务中做出相对应的辅导支持计划。入组的每一名美沙酮服用者都会有社工跟进辅导，定期访谈，并在每日接送过程中注意观察，随时发现问题、解决问题。社工也会介入戒毒人员家庭，与其家属建立专业关系，对其家庭关系进行辅导。"健康快车"计划自2011年启动至今，有20多名戒毒者每天乘车到治疗所服用美沙酮。

[资料来源] 王会贤. 禁毒社工的深圳实践 [N]. 公益时报，2014-07-08 (6).

（二）按社会工作的工作场所分类

按社会工作的工作场所不同，社会工作可分为学校社会工作、家庭社会工作、医务社会工作、企业社会工作、司法社会工作和社区社会工作。

1. 学校社会工作

学校社会工作是以帮助学生正常学习和健康成长为目的的专业服务。学校社会工作的工作范围包括学生的学业困难、学校生活适应问

【思考】

举实例，谈谈社会工作者在学校层面可以开展哪些专业服务。

题、人际关系、情绪问题、潜能开发等；学校社会工作的干预对象包括学生、父母、教师及同辈群体。在英美等发达国家，学校社会工作是社会工作的重要分支和领域。[①] 在我国香港地区，明爱社会工作服务部等机构从 1971 年就开始在中小学推行学校社会工作，香港政府在 1991 年发表的《跨越九十年代香港社会福利白皮书》中承诺，1995—1996 年度要达到为每 2000 个学生提供 1 名学校社工服务的目标。到了2000 年，全港已完全实行了"一校一社工"。近年来，中国大陆学校社会工作也以"一校一社工"模式为目标，且在有些地区已经实现了"一校一社工"全覆盖。

2. 家庭社会工作

【思考】

　你认为社会工作者在家庭层面可以开展哪些服务？

家庭社会工作是社会工作者为改善家庭成员关系、促进家庭生活有序运转、改善家庭与周围环境的互动、帮助解决家庭生活困境而提供的支持性服务。家庭社会工作的干预焦点不在于某个家庭成员，而在于整个家庭系统的功能完善。家庭社会工作的主要内容包括物质救助、法律和心理援助、婚姻咨询和辅导、家庭生活教育、亲子关系辅导、家庭生活知识普及等服务。随着社会变迁的加剧，传统的家庭制度和家庭生活模式面临强烈的冲击。为了回应这一变化，许多城市在家庭社会工作领域进行了积极的探索。

3. 医务社会工作

【思考】

　结合当下的社会背景和自己的观察，谈谈社会工作者可以为病患及其家属提供哪些服务。

医务社会工作是在医疗机构内从事的社会工作专业服务。医务社会工作的主要内容有帮助患者有效链接医疗资源，协助医生和病人建立良好的医患关系，促进医生与患者之间的相互理解、合作，建立患者与社区之间的良好关系。医务社会工作的主要工作对象包括综合医院、儿童医院、慢性病医院、残疾人康复机构、精神病医院或精神卫生中心的患者、照顾者及家庭。香港的公立医院每百张床位必须配备一名医务社工，他们均具有本科以上学历；台湾平均每百张病床也有一名医疗社工师。相对而言，中国大陆的医务社会工作发展要滞后得多。截至 2012 年 12 月，大陆只有 21 家医院成立了社工部，而全国三级医院就有将近 2000 家。

4. 企业社会工作

企业社会工作是社会工作者在专业理念和方法的指导下进行的维持企业内外和谐、促进员工心理适应等方面的工作。企业社会工作的工作对象为企业、企业员工、员工家庭及其子女，主要的工作内容包括员工情绪调适和心理减压、家庭关系及亲子关系辅导、员工权益维护、劳动关系改善、员工职业生涯规划、团队凝聚力培养、企业文化和企业社会责任建设等。2013 年 7 月，民政部发出《民政部关于开展企业社会工作试点工作的通知》，开始在全国推行企业社会工作服务。之后，又确定河北省衡水市等 18 个地区和北京市北灯汽车灯具有限公司等 80 个单位为民政部首批企业社会工作试点地区和单位。目前，这类服务只局限在少数地区和企业，总体上尚处于起步阶段。

---

① 宣兆凯. 学校社会工作学 [M]. 北京：北京师范大学出版社，2000：29-34.

📚 **专栏 1-7**

案例

　　2011 年 5 月 3 日，东莞市正阳社会工作服务中心的社工正式进驻公司，成立龙昌社工站。目前，社工站的 2 名企业社会工作者 1 名由政府购买、1 名由企业购买。龙昌也是东莞市最早自行购买社工服务的企业。

　　持续 4 年的社工服务，让员工从抗拒到逐渐接纳。社会工作者自进驻企业后，起到了一些正面的、微妙的作用。社工胡迎春说："80 后、90 后员工背井离乡来到东莞，在情绪上需要舒缓。"他主动走进生产车间和员工的日常生活中，和员工打成一片。活动方式也很多，如在中午吃饭时，社会工作者会通过企业的广播站播放一些生活小故事与心灵鸡汤。

　　胡迎春更看重社会工作者的第三方角色："厂里有工会、互助会，但它们还是从工厂角度出发；而社会工作者则是第三方身份，这种身份会让员工更加信任，且在一定程度上润滑了员工与企业之间的关系。"比如，员工会主动向社会工作者说出自己的真实想法，社会工作者也会收集员工的合理意见反馈给企业，以便企业更好地了解员工的想法，及时做出相应的调整，提高员工对企业的满意度和归属感。

　　有时候工厂管理者认为某位员工工作态度散漫，请他去谈话，但员工觉得自己有理。后来管理者与社会工作者一起去跟员工谈，社会工作者做出客观、中肯的分析，对员工、企业都有好处，这样问题处理起来就会快很多。社会工作者还开展了许多康娱类的活动，员工下班后可以参加，丰富了他们的工余生活。

　　胡迎春说，企业在购买社工服务的 4 年时间里，与其说员工是最大的受益者，不如说企业是最大的受益者。社工服务的引进，在彰显企业文化、增强企业社会责任感方面，起到了巨大的助力作用。"我们会继续做社工的同行者，向更多的企业同人宣传社工服务。"

　　[资料来源] 本书作者根据媒体报道整理。

【思考】
专栏 1-7 案例中的社会工作者对企业开展了哪些方面的服务？这些服务起到了什么作用？

5. 司法社会工作

　　司法社会工作是指社会工作者运用社会工作专业知识和方法，为服刑人员、社区矫正对象、边缘青少年等提供各种专业服务的过程。司法社会工作的服务方法包括个案访谈、小组工作、外展服务等，服务内容包括帮助其未成年子女克服成长困境和心

【小知识】

诉前考察是指检察机关在审查起诉阶段，对犯罪情节轻微的未成年犯罪嫌疑人，委托专业社工组织对其进行考察，如确有认罪、悔罪表现，不致再危害社会，可在考察期满后做出不起诉决定，否则检察机关将对未成年犯罪嫌疑人提起公诉。

理问题，使其子女获得更多的社会支持和更好的发展，对"失学、失业、失管"的边缘青少年的服务包括就业能力的提升、家庭关系的改善、自信和自尊的增强等。此外，在近年来的司法实践中，相关机构还推行了对未成年人的诉前考察制度，社工组织的意见在检察机关的最终处置中具有极其重要的作用。

6. 社区社会工作

社区社会工作既是一种工作方法，也是一种工作领域。作为工作领域的社区工作，社会工作者在了解社区居民需要、选择社区发展项目、组织动员社区力量、促进社区能力发展等方面发挥着重要作用。在我国，城市社区的社区社会工作队伍初具规模，服务组织逐步培育，社区社会工作服务也逐步开展。社区服务中心、社会服务站、家庭综合服务中心等服务平台的建立，更使社会工作在回应社区需要、解决社区问题等方面发挥了积极作用。在农村社会工作的探索中，香港理工大学和云南大学开展的平寨农村社会工作项目是较有代表性的项目之一。该项目用"能力建设"的模式帮助当地村民发展经济，以探求一个适合中国国情及本土文化的农村社区脱贫能力建造（capacity building）模式，项目内容包括沼气建设、成立壮族手工艺小组、村小学建设、活动中心建设、公平贸易平台的建立等。从总体上看，农村社会工作无论是服务内容的丰富性还是服务对象的全面性都明显不及城市社会工作。

（三）按服务对象的生理特征分类

按服务对象的生理特征不同，社会工作可以分为儿童、青少年社会工作，老年社会工作，妇女社会工作，残疾人社会工作等。

1. 儿童、青少年社会工作

《儿童权利公约》把儿童的年龄范围界定为 0~18 周岁，因此，在国际上，儿童服务指的是对幼儿、少年和青年的服务。在我国，一般把 3~14 岁称为儿童阶段，把 14~25 岁称为青年阶段。儿童、青少年社会工作是指在儿童、青少年的保育保健、照顾教育、救助保护方面的社会工作服务。儿童、青少年社会工作主要方式包括宏观和微观两个层面。宏观层面，社会工作者倡导和参与儿童、青少年方面的政策制定，向政府提交调研报告、提供专业建议。微观层面，社会工作者可以对儿童和青少年提供发展性、预防性、支持性、保护性、补偿性和替代性等不同类型的服务。发展性服务是根据儿童、青少年的身心发育特点，组织活动来促进其潜能的开发；预防性服务是通过服务预防儿童、青少年成长中可能遇到的各种风险；支持性服务是指通过改善儿童、青少年所处环境的功能来促进其发展；保护性服务是指社会工作者为避免儿童、青少年遭受虐待、忽视和剥削等侵害而提供的服务；补偿性服务是指针对儿童、青少年成长过程中的薄弱环节，为其提供某些服务以弥补家庭功能的不足（如对留守儿童的服务）；替代性服务是指为缺少家庭照顾的儿童、青少年提供的照顾和服务（如对流浪儿童的救助、孤儿弃儿的机构养育等）。

专栏 1-8

资料

香港协青社成立于 1992 年，是致力于为前来寻求协助的青少年提供服务的青少年服务机构。它通过提供专业服务，协助青少年处理危机事件。2010—2013 年，协青社将 13100 名深宵街头青少年带回协青社安顿，协助 7037 名青少年加强学习或工作动机，建立良好的兴趣或工作技能，减少黑文化行为。

协青社的主要服务包括以下几个方面：（1）深宵外展服务，目的是带年轻人尽早离开街头，不要让他们落入黑社会及毒贩手中。机构中的 8 名外展工作者，每晚 10 点至次日早晨 6 点驾驶汽车在香港岛、九龙岛及新界各区的街上搜寻年龄在 18 岁以下离家出走或无家可归的年轻人，并为他们提供短期住宿、危机介入及转介服务。外展队员首先用亲切的笑容及关怀的问候与青少年建立关系，然后视不同情况，或者邀请年轻人前往危机介入中心或蒲吧，或者直接护送他们回家，然后再交由不同部门全面跟进。此外，年轻人也可以在晚上 10 点以后拨打机构的 24 小时热线电话进行求助，然后由机构的服务人员驾车将其接回机构。（2）蒲吧，这是一个由街头青年人负责管理日常运作的 24 小时开放的青年潮流文化活动中心，为年轻人提供的设施包括室内运动场、跳舞 Teen 地、桌球室、Band 房、多用途房间、温习室等。蒲吧为青年人提供了一个既多元化又安全、健康的活动空间；同时，蒲吧作为协青社与青年人接触的平台，为社工创造了更多机会及空间去接触、了解青年人，并提供协助。蒲吧有 24 小时当值的专业社工，以危机介入法让深夜不归的青少年在享受正当的娱乐之余，得到所需要的协助和辅导。（3）男女危机介入中心，主要为 8~18 岁青年提供紧急住宿、个人及家庭辅导、稳定学业（工作）、治疗性及发展身心活动、日常生活技能训练等服务。（4）自立堂，主要为 15~21 岁正接受感化者提供辅导、住宿服务及就业培训。服务对象白天外出工作或上学，夜间返回自立堂休息或温习。服务对象能享受到的服务有就业计划、家务训练及治疗性活动。同时，个案社会工作者会为服务对象提供个人及家庭面谈辅导，帮助青年改善家庭及人际关系，学习管理自己的情绪及改善个人行为。（5）城市之峰，主要为青少年提供拓展服务，如攀爬、缘绳下降、高结构挑战网阵、低结构挑战网阵。（6）嘻哈学校，

【思考】

香港协青社的服务分别属于发展性、预防性、支持性、保护性、补偿性和替代性服务中的哪一类型？

这是 2004 年正式成立的专业街舞学校，为学习和交流街舞文化，协助青少年建立良好品格、提升自信、增加朋辈间的凝聚力提供平台。（7）协青就业服务，是为 15~24 岁青年稳定工作和训练、培养他们对工作产生兴趣和毅力的工作训练平台。该服务可以把表现优秀的服务对象转介到其他机构或公司工作，使他们最后达至自力更生的地步。（8）香港青年学研究中心，主要是对香港的青年工作议题提供研究，为亚洲华人社区的社会工作者及青年工作人员提供专业培训机会。（9）清聆心理服务，由社会工作者、临床心理学家、资深辅导员、医生等专业人士向青少年提供心理健康服务。

［资料来源］本书作者根据香港协青社网站（http://www.yo.org.hk）资料整理。

2. 老年社会工作

老年社会工作是以社会工作理念和方法解决老年人所面临的问题，帮助老年人发展潜能的服务。总体来说，老年社会工作的任务和职能包括增强老年人解决所面临问题的能力，帮助老年人获得所需资源，争取老年人所拥有的权益，协助老年人积极参与社区活动，为老年人及其家属提供咨询等。

老年社会工作者可以在院舍服务和社区照顾中发挥作用。在院舍服务（日间照顾中心、老年公寓、养老院、护老院、护理院）中，社会工作者可以通过个案工作来帮助老年人消除负面情绪、适应院舍生活、改善与子女的关系；可以用小组工作的方法增进老年人之间的了解，提升老年人对院舍机构的归属感；可以通过社区工作的方法增进社区居民和老年人的相互了解和尊重，为老年人的院舍生活提供更好的外部支持。在社区照顾中，社会工作者要评估老年人在生活服务和医疗服务等方面的需要，为他们设计服务方案，并联络社区资源来满足他们的需要，以保证他们有质量的晚年生活。

3. 妇女社会工作

妇女社会工作又称女性社会工作，是社会工作者为解决女性面临的特殊困难和问题，促进女性的正常生活和发展而进行的专业服务。妇女社会工作既有预防性和发展性的内容，又有问题解决性的内容。前者主要包括女性发展、自我保护意识和就业能力提升、家庭关系（夫妻关系、婆媳关系、亲子关系等）调适、家庭教育辅导、妇女权益维护、健康保健服务、优生优育服务、自强精神教育；后者包括单身母亲、流动妇女面临问题的解决，家庭暴力、性骚扰和性侵害问题的解决，推进性别平等的工作等。

4. 残疾人社会工作

残疾人社会工作是社会工作者运用社会工作理念和方法开展的以增强残疾人生理和社会功能为目的的服务工作。残疾人社会工作的范围非常广泛，涉及残疾人的生活、康复、教育、劳动就业、发展等各方面，残疾人社会工作的方法包括倡导、个案工作、个案管理、小组工作、社区工作等多种方法。其中，倡导是指社会工作者为残疾人生活和发展争取政策方面的支持，推动和参与有关残疾人的政策制定。个案工作主要是社会工作者针对残疾人的心理健康、婚姻家庭等方面的个别辅导。个案管理是为了确保残疾人机构在照顾服务中运用最完善的方式来满足服务对象被照顾的需求，社会工作者安排、协调、监督、评估和倡导一套包含多种项目的服务的活动，由社会工作者对服务对象的情况进行预估，帮助其制订照顾计划，并在服务过程中对由医生、康复治疗师、生活护理员等组成的服务团队进行协调、监督和评估。小组工作也是残疾人社会工作的常用方法，社会工作者可以针对残疾人的需求成立残疾人成长小组、残疾人照顾者小组等。此外，社会工作者还可以动员社区资源以促进残疾人社区康复，帮助残疾人寻求更适宜的劳动岗位，维护他们的合法权益。

以上列举和分类虽然繁杂，但仍然没有穷尽社会工作的所有领域。同时，在不同的分类标准下，社会工作服务存在一定的交叉关系。例如，因为学校是以儿童、青少年为主，所以，学校社会工作与儿童、青少年社会工作有一定的交叉和重叠；家庭社会工作则包含着妇女社会工作，儿童、青少年社会工作等内容。有鉴于此，有学者采取综合分类的方法把社会工作分为九类：儿童社会工作、青少年社会工作、老年社会工作、妇女社会工作、残疾人社会工作、家庭社会工作、学校社会工作、医务社会工作和矫治社会工作。

五、社会工作的岗位分布

社会工作的岗位分布指的是社会工作者在哪些机构中进行服务工作。根据我国社会工作发展的实际情况，社会工作岗位主要分布于民办社会工作机构、企事业单位的社工部、社区层面的服务组织和院舍机构。

（一）民办社会工作机构

民办社会工作机构是以社会工作专业人才为主体，坚持"助人自助"宗旨，遵循社会工作专业伦理规范，综合运用社会工作专业知识、方法和技能，开展各种福利服务的民办非企业单位，一般由企业、个人、高校社会工作专业教师或地方社会工作委员会开办。2014年4月，民政部发布的《民政部关于进一步加快推进民办社会工作服务机构发展的意见》规定："成立民办社会工作服务机构，应当符合《民办非企业单位登记管理暂行条例》规定的条件，专职工作人员中应有三分之一以上取得社会工作者职业水平证书或社会工作专业本科及以上学历。"由此可见，社会工作者是民办社会工作机构最重要的人力资源。他们由社会工作机构聘用，根据机构的宗旨、目标和战略规划，为不同群体开展各种专业服务。由于资金来源、服务需求等方面的不同，社会工作者的实际工作场所会有所差别：有的在社会工作机构内开展服务，有的需要深入服务对象的生活环境中（如学校、家庭等）开展服务，有的则被派遣到企事业单位的社工部开展服务。无论社会工作者处于哪类具体工作场所，其招聘、培训、考核、激励、薪酬管理等工作仍由社会工作机构完成。

（二）企事业单位嵌入

所谓企事业单位嵌入，就是社会工作者深入到企业或事业单位，利用企事业单位原有的平台和路径开展服务。例如，在青少年服务领域，2014 年 1 月，共青团中央、中央综治办、民政部等多个部门联合发布的《关于加强青少年事务社会工作专业人才队伍建设的意见》中指出："重点在各级团组织特别是基层团组织以及 12355 青少年服务台、青少年宫、青年志愿者协会、少年司法机构、青少年维权岗、维权类组织、青年中心、社区青年汇、青年家园等青少年服务组织和机构开发设置社会工作岗位，纳入专业技术岗位管理范围。"在企业社会工作中，某社会工作机构将社会工作者派驻于市、镇总工会，利用工会的 12351 职工服务热线、工会社工站、康复医院等平台，为企业员工尤其是困难职工提供专业社会工作服务。还有的社会工作者被派驻到单个的企业，在企业内部为企业的职工提供专业社会工作服务，与企业内的人力资源部、行政部或者企业工会合作开展社会工作服务。这种岗位社会工作者的人数往往并不是很多，服务活动的开展多采用"社工+义工"的模式，由社会工作者组织和带动志愿者开展服务。

这种嵌入模式的优势表现在：第一，企事业单位原有的平台和路径使社会工作服务更具权威和效率；第二，社会工作者能够真正了解服务对象的需求。这种嵌入模式的劣势在于社会工作者的服务受企事业单位管理层（特别是决策者）态度的影响比较大，管理层是否认同社会工作者的理念，直接影响社会工作者服务的方式、进程、专业化程度和服务效果。

（三）社区嵌入

居民委员会和社区公共服务平台是社会工作者在社区层面的重要服务平台。居民委员会是居民自我管理、自我教育、自我服务的基层群众性自治组织，《中华人民共和国城市居民委员会组织法》规定，居民委员会具有的职能包括："（一）宣传宪法、法律、法规和国家的政策，维护居民的合法权益，教育居民履行依法应尽的义务，爱护公共财产，开展多种形式的社会主义精神文明建设活动；（二）办理本居住地区居民的公共事务和公益事业；（三）调解民间纠纷；（四）协助维护社会治安；（五）协助人民政府或者它的派出机关做好与居民利益有关的公共卫生、计划生育、优抚救济、青少年教育等项工作；（六）向人民政府或者它的派出机关反映居民的意见、要求和提出建议"。通过这一规定可以看出，为居民提供福利服务，满足居民的物质和文化需求是居民委员会的重要工作职责之一。为了做好对居民的服务，许多居民委员会设立社会工作部来承担某些服务职能。

近年来，许多城市在社区设立社区公共服务平台（社区服务中心、社区服务站或家庭综合服务中心等），这些服务平台往往通过政府购买社会服务的方式，由民办社会服务机构承接运营，根据区域服务需求的实际情况，以家庭、青少年、老人等重点群体的服务为核心，科学设置服务项目，面向全体社区居民提供专业、综合、优质的社会服务。其开展的服务一般包括家庭服务、青少年服务、义工培育服务、伤残人士服务、老年服务以及劳动就业服务、社区矫正戒毒服务、外来工服务等，如广州市推行的家庭综合服务中心正是由政府购买社会服务的方式，由民办社会工作服务机构承接运营。"承接运营的民办社会工作服务机构，需根据服务项目设置及购买服务经费情况配备相应的工作人员，原则上每 10 万元购买服务经费配备一名工作人员，工作人员总数的 2/3 以上为社会服务领域相关专业人员，1/2 以上为社会工作专业人员。"①

　　社会工作岗位的社区嵌入模式的优点在于：其一，服务对象更加多元，包括居住在社区内的所有居民和社会组织；其二，服务内容更加丰富，针对多元的服务对象，社会工作者提供的服务内容更加丰富多彩，涉及员工心理关怀、家庭就业指导帮扶、学习培训、娱乐休闲等多个方面。

（四）院舍机构嵌入

　　所谓院舍机构，就是对老人、残疾人、孤残儿童、流浪儿童等弱势群体提供安置和照料的机构。在传统的院舍机构中，工作人员多为从事护理、康复、食宿照顾的人员。随着社会工作的发展，老人院、儿童福利院、流浪儿童的社会救助和保护中心等许多院舍机构开始配备社会工作者。

六、社会工作的功能

专栏 1-9

案例	【思考】
2014 年 7 月 5 日，湖南省武冈市稠树塘镇功德村发生一起悲剧，两名留守儿童被捂死在柜子中。警方证实，两名儿童的身体没有外伤，初步判断为窒息死亡。家属猜测，两名儿童可能是模仿魔术，一起藏身于柜子里嬉戏。木制的老式板柜，待两名儿童钻进去，锁栓突然自动挂上。被发现时，两名儿童的头发衣服全湿透了。 　　据了解，这两名儿童的父母在外打工 10 年，只有逢年过节才能回老家看看。8 岁的男孩和 5 岁的女孩留守在家，由姥姥、姥	专栏 1-9 的案例中，两名儿童身处什么样的困境？对类似情况，社会工作者可以开展哪些服务？为什么要开展这些服务？

---

　　① 详见《关于加快街道家庭综合服务中心的建设实施办法》（穗办〔2011〕22 号）。

爷照顾。出事的那天早上，两名儿童和妈妈通电话。电话那头，两名儿童一个劲地喊着："妈妈快点回家，我们想你了。"

村民说，因地处偏远山区，长期的贫困让青壮年不得不抛下年迈的老人和年幼的孩子外出务工。"悲剧在所难免，类似意外事故，村里频频发生。"

[资料来源] 向帅. 5 天后就能见到妈妈了，两个孩子没能等到这一天[N]. 潇湘晨报，2014-07-05（A05）. 本书有改动。

在专栏 1-9 的案例中，正是家长和社会对留守儿童的监护不够、疏于照顾、缺乏抚慰导致了悲剧的发生。现实生活中，留守儿童往往还存在学习习惯不良和内向、自卑、孤独、怨恨父母等负面心理，如果对这些情况不加干预，势必会影响留守儿童的身心健康、家庭的和谐、社会的稳定。在目前对留守儿童的介入项目中，社会工作者以优势视角、家庭为本等理念，以留守儿童及其照顾者、父母、学校为干预对象，以个案工作、小组工作、社区工作、社会行政和社会政策为介入方法，为留守儿童成长链接资源。就个体而言，社会工作对留守儿童提供的这种多层次、多角度的服务，能更好地恢复留守儿童的社会功能，缓解留守儿童及其家庭的生存压力；就长远发展和社会整体而言，这种服务既是公平、正义的价值观的体现，又可以避免各种社会问题的出现。因此，可以说，社会工作具有个人和社会两个层面的功能。

（一）对个人的功能

从总体上看，社会工作提供的服务可以分为预防性、治疗性（恢复性）和发展性三种。预防性服务是针对某一人群或领域内的潜在风险和可能发生的问题提供的服务；治疗性服务是针对已经出现的问题提供的矫正性服务；发展性服务是为促进服务对象更好地发展提供的发掘服务对象潜能的服务。就个人而言，社会工作可以在三个层面上发挥作用：预防问题发生、恢复社会功能、发展潜能。

1. 预防功能

社会工作在社会学、心理学等学科知识的指导下，通过对社会发展趋势的科学分析、对人的生命发展各阶段特点的把握及具体情况的调查分析，能及时发现某一人群或领域的可能风险。在发现问题和风险的基础上，社会工作者会分析问题产生的原因，对相关人群采取预防性服务，从而对个人起到预防问题发生、避免风险的作用。因此，社会工作具有预防功能。

2. 恢复功能

对于被某种问题困扰或已经处在困境中的个体，社会工作者会为其提供物质帮助、心理援助和社会支持，解决其困难，增强其能力，帮助服务对象恢复受损的社会功能。因此，社会工作具有恢复功能。

3. 发展功能

除了针对风险和问题的各种服务，社会工作者还会根据对不同人群和人的不同生命阶段的成长任务的把握，在对个体的环境、性格、能力等全面分析的基础上，通过各种活动，挖掘人的潜能，促进个体各方面能力的发展。因此，社会工作具有发展功能。

（二）对社会的功能

社会工作作为一种社会制度，不但对个人具有预防、恢复和发展功能，而且对社会的整体运行发挥着积极作用。这是因为，个人需求得不到满足，不仅会影响到个体的生存状态，而且会影响社会秩序和社会稳定。社会工作者通过其服务活动，可以对社会整体起到如下作用。

1. 维持社会秩序

社会秩序是指社会各部分的有序平衡状态，它是任何社会都极力追求的。社会工作作为一种专业的助人实践活动，通过满足人们的需要、解决个人成长中的问题和困难，可以防止因个人问题累积而形成社会问题，从而起到预防和解决社会问题、维持社会秩序的作用。

2. 促进社会和谐

社会和谐是社会各构成要素之间良性互动，社会成员之间相互接纳、平等相处的生活状态，是健康社会的重要表现。社会工作坚持以人为本、参与等理念，通过小组工作、社区工作等工作方法，致力于社会成员之间良性支持关系的建构。相比于一般的行政方法，社会工作人性化的服务在化解矛盾冲突、促进社会和谐方面具有不可替代的独特作用。

重要结论与启示

1. 社会工作具有"一体多面"的特点。"一体"是指社会工作在本质上是一种助人活动。它以利他主义价值观为指导，以关于人和社会的科学知识为理论基础，运用科学、专业的方法、技术来帮助人们摆脱困境。这种助人活动有诸多不同于一般助人活动的特点。"多面"是指一百多年的助人活动及科学研究实践，使社会工作这一助人活动同时成为一门专业，一种职业，一种有着健全规范体系的制度化助人事业。

2. 社会工作以弱势群体为基本服务对象，以社区和全体公民为扩展的服务对象。

3. 社会工作的服务领域非常广泛，已经涵盖了人们社会生活的各个方面。较为常见的几种划分方法有按服务对象的需要和问题分类、按工作场所分类、按服务对象的生理特征分类等。

4. 社会工作岗位主要分布于民办社会工作机构、企事业单位的社工部、社区层面的服务组织和院舍机构。

5. 对个人而言，社会工作具有预防功能、恢复功能和发展功能；对社会而言，社会工作具有维持社会秩序、促进社会和谐的作用。

参考文献

1. 王思斌. 社会工作导论 [M]. 2 版. 北京：北京大学出版社，2011.

2. 顾东辉. 社会工作概论［M］. 上海：复旦大学出版社，2008.

3. 宣兆凯. 学校社会工作学［M］. 北京：北京师范大学出版社，2000.

4. 孙志丽，张昱. 社会工作本质研究述评［J］. 前沿，2011（17）.

5. 马志强. 从熟人关系到专业关系：社会工作求助模式的转向［J］. 西北师大学报（社会科学版），2014（1）.

6. 张和清，杨锡聪，古学斌. 优势视角下的农村社会工作：以能力建设和资产建立为核心的农村社会工作实践模式［J］. 社会学研究，2008（6）.

7. 窦影. 中国老年社会工作的历史与发展［J］. 社会工作，2014（1）.

8. 王莹，谭晓东. 近十年我国医务社会工作研究进展：基于 CNKI 的统计分析（2004—2013）［J］. 社会工作，2014（2）.

9. 徐选国."国家—社会"关系范式下灾害社会工作的生成机制研究：以四川社会工作实践为例［J］. 天府新论，2014（2）.

拓展阅读

1. O. W. Farley，L. L. Smith，Scott W. Boyle. Introduction to Social Work［M］. 10 版. 上海：华东理工大学出版社，2005.

2. 曾家达，等. 微光处处：28 位社会工作者的心路历程［M］. 北京：中国社会出版社，2009.

3. 王思斌. 走向承认：中国专业社会工作的发展方向［J］. 河北学刊，2013（6）.

4. 与社会工作有关的电影、电视剧：《流浪汉世界杯》《何必有我》《癫佬正传》《生命因爱动听》《怒火街头》《边缘故事》等。

专题二 社会工作的萌发与专业化过程：历史渊源与现实发展

内容概览

要洞悉社会工作的本质并清醒认识社会工作的现状及发展态势，就必须了解它的历史及发展过程。本专题通过阐释《济贫法》、慈善组织会社、睦邻组织运动等社会工作发展历史中的重大事件，分析西方社会工作产生的背景及专业方法萌发过程，厘清西方社会工作专业化历程；从社会工作教育的恢复与发展及各地社会工作制度的探索两方面，梳理社会工作在中国内地的发展，使读者深入了解社会工作的历史，认识社会工作的发展阶段及将来的发展趋势。

学习目标

1. 了解社会工作发展中的重大事件。
2. 掌握西方社会工作的专业化历程。
3. 清楚中西方社会工作专业化历程的异同。
4. 认识社会工作在中国内地的发展状况及趋势。

关键词： 西方社会工作实践　社会工作发展历程　社会工作专业化

要深刻理解一个学科的本质，首先应了解它的历史及发展过程，并在此基础上理解其现状并推测其发展态势。社会工作自产生、发展至今，有其演变的历史。作为一门学科、一种专业，社会工作起源于西方国家。本专题把西方社会工作历史分为"实践"与"专业化"两个方面进行阐述，是根据社会工作的性质，遵循社会工作自身发展的本来过程。我们知道，社会工作与哲学等学科不同，它既是由社会实践发展而来的一种职业，又是建立在多学科知识、思想理论与方法基础上的一门学科。由于两个方面在发展过程中紧密联系，你中有我、我中有你，互相支持、互相推动，因此，许多学者并不倾向于把它们分开阐释。但我们认为，将"实践"与"专业化"两个方面分开探讨，有助于读者更清晰地认识社会工作发展的过程及其规律性。在我国，专业社会工作早已存在，但由于多种原因，新中国成立后曾中断了三十多年，自20世纪80年代后期才开始恢复发展，目前发展前景良好。

一、西方社会工作的发展历程

（一）西方社会工作实践的发展历程

参考中外社会工作学者的意见，我们将西方社会工作实践的发展划分为三个阶段：1601 年英国颁布《济贫法》之前局部的、非政府组织的零散的慈善救济活动阶段；1601 年英国颁布《济贫法》之后的由政府主办的制度化的救济事业阶段；完善的社会福利、保障制度体系的建立阶段。其中，思想理论体系的成熟、专业的助人活动的广泛开展、正式制度和组织的逐渐完善，是推动社会工作实践不断迈向新阶段的前提条件。

1. 局部的、非政府组织的零散的慈善救济活动

（1）思想渊源

西方社会工作最早的思想来源是古希腊、古罗马时期的助人思想及基督教的博爱思想、平等观念，以及人本主义思想等。这些思想为社会工作的兴起和发展奠定了思想基础。

第一，古希腊、古罗马时期的"黄金世界"传说及"幸福论"等助人思想。

人类自古以来就一直向往并追求着"公平""正义"的社会。古希腊时期流传的"黄金世界"传说认为，这个世界的人们拥有丰富的物质生活，人与人之间是自由而平等的，不需要因为资源的稀缺性而斗争，因此也不存在私有制和剥削压迫，人人都过着幸福的生活。

对于社会正义的向往和追求，催发了古希腊、古罗马时期"幸福论"的出现。"幸福论"认为，人生的幸福在于分享，而不是占有。幸福来源于与别人分享财富，富人要想得到别人的喜爱与赞美从而感到愉悦，就应该履行提供一些财富给穷人并为他们解除痛苦的道德责任。可见，古罗马时期的幸福观包含了一种责任观念，它成为当时社会的主流价值观。特别值得一提的是，"幸福论"认为，富人在帮助穷人时，要照顾到被帮助穷人的尊严，应该把穷人看作平等的人来对待，而不能把穷人视为怜悯和施舍的对象，也就是说，只有使穷人不失去尊严，才能更显出富人的尊贵。显然，这种"幸福论"观念影响着富人对穷人的帮助，影响着人们对帮助他人的看法。

【思考】
古希腊、古罗马时期的助人思想及基督教的博爱思想与社会工作的兴起和发展有什么关系？

古希腊、古罗马时期，关于公平、正义以及幸福的社会价值观是人们之间互助的思想依据，是社会工作关于助人自助、平等、尊重等核心价值观的重要来源。

第二，基督教的博爱思想和平等观念。

在基督教、犹太教盛行的西方社会，宗教教义中有许多关于利他、

奉献、救人济世、扶贫助弱、与人为善等仁爱思想。如基督教的基本教义就包含了"从善即是利己"的思想，它告诫信徒"当爱你的邻居"。这里的"邻居"，既包括朋友、亲戚，也包括陌生人乃至敌人。为了死后能升入天堂，抚育幼小、照顾鳏寡、济贫扶弱就成了宗教信徒们的人生义务。这种博爱思想促使一些贵族等上层阶级的信徒去从事慈善事业，教会则成为推动慈善事业的重要力量。

另外，基督教新教主张个人与神的交往应该是直接的，不必经由教士传达。这种"在上帝面前人人平等"的思想，破除了宗教等级制度。这种平等观念为社会工作关于人与人之间平等互助观念提供了思想基础。

第三，人本主义思想。

中世纪，神权高于人权，人性遭到了极大压抑。随着文艺复兴运动的兴起，另一种完全不同于宗教教义的人本主义思想兴起并深入人心。人本主义思想承认人的生存权、发展权等一切权利与生俱来①；承认人生而自由，每一个人不论年龄、身份以及生活环境怎样，不论何时何地，不论是富人还是穷人，均享有尊严，而且这种尊严要受到尊重；承认每个人都有追求自由平等、自我发展、自我决定和获得幸福生活的权利。人本主义思想把人的权利、价值和尊严放在首位，强调人的尊严，重视人的价值和平等权利，重新将人置于世俗社会之中来加以认识。②

第四，社会福利观念从"个人责任观"向"社会责任观"的转变。

工业革命导致了大量社会弱势群体出现生存问题。但在一个较长的历史时期，贫穷主要被归结为个人原因，人们认为个人应该对自己的贫困负责，社会提供救济会使贫穷者丧失自尊，只有在个人及其亲属都无能为力的情况下社会才介入。自19世纪后期以来，人们开始认识到贫穷有着不可抵御的社会根源，个人摆脱贫困的力量是有限的，为解决工业化带来的诸如贫穷等社会问题，政府应负起创建组织、创新制度、发展慈善事业等责任，政府在社会福利中开始扮演越来越重要的角色。

（2）社会背景

社会工作产生的社会背景，是工业化在欧美的推进带来的各种社会问题。工业化带来的影响主要表现在以下三个方面：首先，农业社会向工业社会转型，削弱乃至破坏了农业社会传统家庭保障与邻里互助的传统，带来传统社会福利模式的解体。为适应新的社会服务需求，由国家和社会提供服务的社会工作方式应运而生。其次，工业化导致了收入分配的两极分化。为缓解尖锐的社会矛盾，国家和社会需要对社会底层弱势群体给予更多的关注。再次，工业革命改变了传统的社会关系，将以血缘、地缘关系等为主的社会变成了以业缘关系为主的社会，造成社会关系的理性化与异质化。工业化导致的上述变化带来各种社会问题，使得社会中的弱势群体难以适应，社会工作的出现有助于缓解他们的生存困境。可以说，19世纪末20世纪初的西方社会现实状况为社会工作实践的产生提出了客观要求。

---

① 王思斌. 社会工作导论［M］. 北京：北京大学出版社，1998：27-28.
② 隋玉杰. 社会工作：理论、方法与实务［M］. 北京：中国社会科学出版社，1996：25.

2. 政府主办的制度化的救济事业

中世纪，从简单的宗教信仰和宗教义务出发，老人、残疾人、病人等需要帮助的人会被宗教性质的收容所和医院收留。这种社会救济行为并不能从根本上增强被帮助者自我救助的能力，而且，由于宗教改革导致教会权力下降及其拥有的社会资源逐步萎缩，宗教性质的救助也逐渐衰弱。因此，随着世俗社会权力逐步上升及民族国家格局的形成，国家的社会责任占据了主体，社会救济的责任逐渐从教会转移到国家政府身上。在欧美社会工作的发展历程中，英国伊丽莎白《济贫法》（1601 年）、德国汉堡制（1788 年）与爱尔伯福制（1852 年）、慈善组织会社（1869 年）、睦邻组织运动（1884 年）等实践，都为专业社会工作的产生提供了直接前提。①

（1）伊丽莎白《济贫法》

面对失业和贫困等社会问题，英国颁布了《劳工法》《亨利济贫法》《技工法》《教区贫民救济税》《济贫法》等。其中，《教区贫民救济税》明确规定政府有进行社会救济的责任，并开始以税收的形式作为济贫基金的来源。最完备、执行时间最长且对社会工作的发展影响最大的是 1601 年英国伊丽莎白女王颁布的《济贫法》，一直到 1948 年《国民扶助法》（根据《贝弗里奇报告》制定）实施后，它才被宣告废止。

《济贫法》是英国伊丽莎白女王时期颁布的伊丽莎白 43 号法令，这部法令是在综合以往贫民救济法令基础上形成的系统法案，它标志着政府正式承担起救济贫民的责任，奠定了政府主持公共救济事业的方式。《济贫法》以及后来的修正法案迅速地被复制到英国在全世界范围内的殖民地统治中，同时欧洲大陆各国也纷纷仿效建立相应的社会救济制度。

《济贫法》对其后社会工作的产生、发展具有重要意义。其一，《济贫法》的颁布和实施开启了社会救助的制度化、社会化，确立了"助人自助"的原则和观念，推动了志愿助人活动的广泛开展，确立了院外救助的服务形式，使社会救济呈现出与以往救济完全不同的特点。其二，《济贫法》规定的教区需为所在地居民提供救济经费、为不能工作者及儿童提供粮食、为体力健全者提供工作的原则表明，政府接受了对无力供养自己的人的救济义务，成为后来各国公共救助的依据。其三，在政府参与、专人负责、院外救济的实施中，《济贫法》已经隐含了社会工作的观念与方法。总之，《济贫法》使社会上的救济工作具体化、制度化和法律化，对各国社会福利事业的制度化发展产生了深远的影响，对于专业社会工作的兴起有着非常重要的意义，从而成为西方社会救济立法和贫民救济事业史上的一块重要里程碑。

---

① 张乐天. 社会工作概论［M］. 3 版. 上海：华东理工大学出版社，2007：18.

📚 **专栏 2-1**

资料

《济贫法》内容

（1）每一个教区每周都要向地主征收济贫税。（2）贫民救济应该由地方教区举办，每一个教区设立若干名监察员，同时中央政府也设立监察员。（3）凡是有劳动能力的贫民都必须参加工作，用工作来换取救济；教区设立贫民习艺所，为男女儿童提供学习各种技艺的场所和机会，教区也有义务替他们介绍工作，或者为他们提供原料和工具，强迫他们进行生产自救。（4）禁止无家可归的以及无业游民行乞游荡，设立救济收容所，强迫他们在救济所内工作；有家的人给予家庭补助，使其仍然可以在家中居住，同时将救济工作分为院内救济和院外救济两种形式。（5）每一个公民对那些贫穷的家人或者亲戚都有进行救济的义务，教区，即公共救济机构，只有在贫民不能从其家人或者亲戚那里获得救济的时候才予以救助，而且教区进行救助的对象只局限于那些在本教区出生或者在本教区居住时间已达三年以上的人。（6）将贫民分成三类：①体力健全的贫民，需强迫他们入"感化所"或"习艺所"工作；②丧失工作能力的贫民，包括患病者、老人、盲人、痴呆傻者及需抚育幼小子女的母亲们，令其入"救济院"或施以"院外补助"；③无依无靠的儿童，包括孤儿、弃婴、被父母遗弃或因父母贫困无力抚养的儿童等，设法予以领养或寄养。

[**资料来源**] 李增禄. 社会工作概论 [M]. 台北：巨流图书公司，1986：21.

（2）汉堡制和爱尔伯福制

德国是工业化较早的国家之一，为了应付工业化过程中诸如贫穷等社会问题，布希（Busch）教授在 1788 年起草了一份名为"汉堡制"的济贫制度。该制度的特点：组织有序，制度明确，助人自助，根据具体情况分别处理。"汉堡制"规定在汉堡市内设立中心办事处，在中心办事处的综合管理下分区助人，处理全市的救济业务。全市划分为若干个区，每个区设立监察员一名、救济员若干名。救济方法上，根据救济对象采取不同的救济措施，如向失业者介绍工作，把贫苦儿童送往职业学校学习技艺，把患病者送往医院就诊，不准向沿街乞讨者施舍，并且不使贫民养成依赖心理。"汉堡制"施行了 13 年，取得了显著的成效，后来随着市民逐渐增多、流动人口的膨胀以及救济人员的不足而逐渐衰落。

德国另一小城市爱尔伯福在 1852 年仿照"汉堡制"并对此加以修正改良，提出了"爱尔伯福制"。该制度组织完善，职责明确，既对贫民全面负责，使需要救助的人都能得到帮助，又避免了救助对象的依赖。这种制度规定，将全市划分为 564 段，每段约有居民 300 人，其中贫民不得超过 4 人。每段设赈济员一人，综合管理全段济贫工作。求助者都必须与赈济员接洽，赈济员要先到求助者家中做家境调查，查明确有需要才给予补助，之后仍需每两个星期前往调查一次。发给赈济款必须是法律规定的最低标准，不许养成贫民的依赖心理。赈济员还负责办理段内有关贫穷的预防工作，如介绍职业、训练与管理游民等。赈济员由政府委派地方热心人士担任，为荣誉职务。全市每14段为一个赈济区，每区设监察员一人，领导区内各段赈济员，并由区内14段联合组成一个赈济委员会，每两星期开一次会，由区监察员任会议主席，讨论有关全区赈济工作并制成报告或提案，提交给由全市各区联合组织组成的中央委员会。中央委员会为全市最高救济机关，总体支配管理全市济贫所、医院及院外救济事项，每两个星期开一次会。

从出发点和内容来看，德国的"汉堡制"和"爱尔伯福制"基本上承袭了英国《济贫法》中分级管理、对救助对象进行分类救助、救人自救、以工代赈等思想和方法。其精神与做法为许多国家所采纳，并影响了后来的社会工作制度与方法，特别是设立作为一种荣誉职务的赈济员的做法，更是符合社会工作中志愿服务的精神。这两种制度和《济贫法》最大的区别在于，其在管理设计上更为细致明确。这些实践方法都为社会工作中的个案工作法的形成和完善提供了实践经验。

（3）慈善组织会社

19世纪后期，伴随工业化的迅速发展，失业和贫困等社会问题突出，国家和民间社会给予高度关注，为了应对失业和贫困人口的增加，各种志愿机构和慈善组织纷纷成立。成立于1817年的纽约预防贫困协会（New York Social for the Prevention of Pauperism）是最早的志愿机构。该协会建立了一套地区访问员制度，以考察贫困的原因。另外，成立于1843年的纽约穷人条件促进会（New York Association for Improving the Condition of the Poor）还第一次明确阐述了社会工作最主要的原则之一，即救济应该建立在申请者需要的基础之上，而这些需要必须通过调查核实。

【思考】
对照慈善组织会社的救济制度，思考我国某些地区的社会福利行业协会在推进我国社会工作专业发展方面的作用。

由于《济贫法》的实施并非尽如人意，具有各种不同目标的慈善组织在英国纷纷建立。各慈善组织之间由于缺乏交流和协调，出现了相互冲突和重复浪费等现象，这就急需一个协调政府与民间各种慈善组织的机构。在此背景下，英国于1869年成立了第一个慈善组织会社（Charity Organization Social，COS）。该会社的目标是要使英国，尤其是伦敦的慈善事业组织起来，相互协调，合理发挥作用。之后，英国的其他城市纷纷效仿伦敦慈善会社，成立相应的慈善组织会社。此后，这种组织也传到了美国。1877年，美国牧师莱沃伦德·S. H. 格廷在布法罗（Buffalo）市成立了美国第一个慈善组织会社。其后的6年中，美国的慈善组织会社迅速扩展到其他城市，在布法罗慈善组织会社成立之后的15年时间里，美国有92座城市成立了慈善组织会社，形成了一个慈善组织会社运动。

在长期的实践过程中，慈善组织会社发展了一套专业化的工作方法，现代专业社会工作的许多基本原则都直接来自慈善组织会社，这对社会工作的产生及发展有很大贡献。慈善组织会社对专业社会工作产生的影响主要体现在三个方面。

第一，促使了个案工作的产生和专业化。慈善组织会社派"友善访问员"访问申请救济者，调查申请救济者有无受助的必要；道德上劝说，鼓励申请救济者自助；强调对每个申请救济者进行深入的调查，以了解其社会背景和确定应采取的措施；强调调查后按情况的不同，分别予以处理。这种强调"个别化"的做法，已经包含了个案工作方法，例如，详细的个案纪录，尊重服务对象，甚至还考虑到了服务对象情绪因素的影响，对服务对象的个人处境和状况进行评估，对原因进行分析而不是谴责其行为，重视社会工作者与服务对象之间的关系，等等。

第二，促进了社区社会工作的产生和发展。慈善组织会社在协调各地慈善救济组织和促使社区问题解决等方面做出了种种努力，为社区组织工作的产生和发展奠定了基础。

第三，推动了社会工作教育的发展。在各个慈善组织机构的继任社会工作者中，协会中的各种工作技巧传递的做法，保证了社会工作的连续性；另外，在职培训计划在一些协会中得到发展，如1898年纽约慈善组织协会组织的慈善工作者夏季学校开设了美国第一个训练课程，第一所社会工作学院即"纽约社会工作学院"（现在的哥伦比亚大学社会工作学院）就是由这个计划发展而成。与此同时，荷兰的阿姆斯特丹社会工作学院也宣告成立，并开设了两年制的社会工作教育课程。

📚 专栏 2-2

> **资料**
>
> ### 慈善组织会社工作方法
>
> （1）成立一个中央管理与联系机构，并将伦敦划分成若干个区，每个区成立一个分支机构，每个区设有志愿委员会主持救济工作。
>
> （2）各区办理本区内所有救济机构所受理的申请救济案件的总登记工作，设立咨询部，供《济贫法》监护人、各慈善组织以及个别的慈善家搜集有关救济申请人的资料，这种做法使得那些同时向多个救济机构申请救济的"职业乞丐"真相暴露。
>
> （3）各区派人对所有的申请案件进行详细的调查，包括申请人的住房、健康状况、教育以及工资等。
>
> （4）提高救济款物的配额，使其能够满足申请人的生活需要。
>
> ［资料来源］李增禄. 社会工作概论［M］. 台北：巨流图书公司，1986：21.

（4）睦邻组织运动

睦邻组织运动（the settlement movement，又称社区睦邻运动）是继慈善组织会社后在英美兴起的救助活动。所谓"睦邻组织运动"，是指社会工作志愿服务者走到贫民中，在与贫民共同生活中开展救助活动。睦邻组织运动起源于英国维多利亚女皇时代，一些宗教界人士和社会科学的研究者企图通过社会工作进行实地的调查研究，并希望从中找到解决贫富分化等社会问题的方法。他们认为，受过高等教育的知识分子深入贫民区与贫民共同生活，有利于加深对贫穷问题的了解和合理解决，增加贫民获得接受教育和享受文化生活的机会，改造社区环境，实现政治上的平等与民主。

睦邻组织运动由伦敦东区教区的牧师巴内特（Barnett）发起，他早年就读于牛津大学，毕业后到该教区任职。这个教区是伦敦最脏、乱、差的教区之一，居民由许多失业者、患病者，以及住在污秽拥挤住宅里的人构成。为了改善当地居民的生活环境，巴内特决定动员社会上的其他人来关注这个社区。他首先和家人一起搬进这个地区居住，然后又号召当时牛津大学和剑桥大学的学生到该教区了解贫民的生活，并一起研究解决对策。当时，一位牛津大学经济学讲师汤恩比非常支持巴内特的事业，两人志同道合，共同为改善当地社区环境奔走疾呼。但不幸的是，汤恩比于1883年因病去世，年仅30岁。为纪念亡友的伟大牺牲精神，1884年，巴内特号召知识青年为贫民服务，并在伦敦东区成立了第一个睦邻组织即社区睦邻服务中心，取名为"汤恩比馆"。

【想一想】
睦邻组织运动对于专业化的社会工作的产生有什么意义？

自汤恩比馆成立后，睦邻组织运动迅速传播到美国及许多其他国家。1886年，美国创立了第一个睦邻公社，至1939年，全国已有500余个睦邻公社。

睦邻组织运动的重点是改造社区环境，它实际上是一场社区改良运动。睦邻组织运动中的工作者不再把贫困等问题看作个人原因导致，而是把贫困者看成社会变迁的受害者，主张发动一切社会力量，从人与人的关系及人与社会的关系入手，全面改善贫困者的生存环境。睦邻组织运动除了馆内的活动之外，还进行一些非正式的协商和友好访问。

睦邻组织运动对于社会工作的重要意义主要有以下几个方面。

第一，进一步推动了社会工作的专业化进程。睦邻组织运动明确了社会工作的目的在于寻求个人与社会生活的改善，工作方式应从个人与社会双方同时入手，通过工作者与贫民共同生活，启发贫民自动、自发、互助合作地解决困难。

第二，进一步明确了社会工作的方向。睦邻组织运动认为应随时依据社区实际需要来安排工作，应发动、组织或配合社会力量共同工作。

第三，睦邻组织运动是一种全新的服务方式。睦邻组织运动主张在工作方法上应以整个社区为工作对象，由工作者深入社区，发现社区需要，了解社区居民，发动社区力量，为社区服务。工作者们除了继续拓展个案工作方法之外，还发展出了社会团体工作和社区组织工作两种工作方法，这对于现代社会团体工作和社区组织工作的发展有重大贡献。

专栏 2-3

资料

与"汤恩比馆"类似的睦邻服务中心的做法

（1）设立贫民区，建立宿舍，所有工作人员与贫民共同生活，他们的口号是"工作者与工作对象相亲相爱"。

（2）没有既定的工作计划，根据居民的需要开展相应的工作。

（3）尽量发动当地人力资源，培养他们自动自发的合作精神，为地方服务。

（4）除了使各地的社区睦邻中心成为当地的服务中心之外，还尽量将本国以及外国的文化向当地居民介绍，使这个服务中心成为当地的文化中心。

[**资料来源**] 李增禄. 社会工作概论 [M]. 台北：巨流图书公司，1986：23.

---

3. 完善的社会福利、保障制度体系的建立

随着资本主义工业化所产生的社会问题日趋严重，那些局部性、地方性、临时性的救济措施已不敷应用。为了稳定资本主义的社会秩序，西方国家在原有的社会福利事业基础上，创立了全国性的社会保障制度，为现代社会工作奠定了制度与组织基础。

在社会保障、社会工作史上，最早建立社会福利制度的国家是德国。第二次产业革命以后，整个世界的经济结构发生了巨大的变化，贫富不均现象日益悬殊，靠工资收入生活的工人阶级的处境尤为不利，出现了许多严重的劳工及社会问题，罢工事件层出不穷。当时各国都企图以武力严厉制裁劳工的越轨行为，加深了国民对政府的不满。德国首相俾斯麦审时度势，改严厉为温和手段，以保护劳工来代替镇压劳工，分别于 1883 年、1884 年和 1889 年创设了《疾病保险法》《意外事故保险法》《老年和残废保险法》职业灾害保险和残废与老年保险，采取危险分担的保险原则，集合工人、业主及政府的财力，保证劳工遇有疾病、伤害、老残、死亡时，支付保险给付。社会保险法案的施行，使工人情绪逐渐稳定、生活逐渐改善，社会渐趋安定。德国的社会保险法案是德国社会安全制度的先声和雏形。

继德国之后，英国也开始建立起社会福利制度。其中韦伯夫妇和贝弗里奇贡献最大。韦伯夫妇针对英国的社会与工业秩序问题，于 1909 年提出报告，主张社会福利与个人责任并重，并认为积极预防较消极救济更重要。报告以渐进改革方法实现社会主义的政治理论，对"福利国家"理念的形成有一定的影响。1911 年，国会通过了《国民保险法案》，建立了疾病与失业强制保险制度；1925 年，通过了《寡妇、孤儿及老年补助年金法案》；1934 年又通过了专门的《失业法案》，进一步扩大了社会保险的项目和内容。1942 年发表的《贝弗里奇报告》是西方社会福利事业发展史上另一个划时代的文献，它正式提出了普及性的从出生到死亡（即所谓从"摇篮到坟墓"或"从胚胎到坟墓"）的全面社会保障计划设想，成为现代"福利国家"模式的理

论基础。至 1948 年,《国民保险法》《工业灾害保险法》《国民健康服务法》《儿童家庭补助法》和《国民扶助法》五项法令在英国生效后,国民"从摇篮到坟墓"皆无须顾虑,英国遂成为一个实施最完备的全国性社会安全制度的国家。

美国从 1929 年纽约股票交易所破产引起经济大恐慌之后,失业人口一直有增无减,政府救济费用负担日趋沉重。当时,胡佛总统仍固守其信条,认为私人救济事业应继续为失业者解决问题。1933 年罗斯福就任总统后,推行"新政",开始由政府负责办理全国性的社会救济与社会福利事业。"新政"改变了过去救济事业只有地方和私人办理的旧传统,先后设立了各种联邦救济行政机构,并于 1933 年颁布《联邦紧急救济法案》,1935 年,又制定了美国历史上著名的《社会保障法案》。至此,美国正式建立起全面的社会保障制度。美国的社会保障制度的内容主要包括三个方案:《社会保险方案》,包括老年保险制度、失业保险制度;《公共救助方案》,以老人、贫苦穷人及孤儿为救助对象,后来增加一项对永久或完全丧失劳动能力的残疾人的救助;《卫生及福利方案》,包括妇幼卫生服务、残疾儿童服务、儿童福利服务、公共卫生服务和职业培训等。这些方案使美国社会保障有了永久性的立法和制度。

总之,西方国家社会福利的发展,为现代社会工作的出现提供了条件,并使它的范围逐步扩大,成为一种由政府、社团或私人举办的广泛的社会服务事业。

(二)西方社会工作的专业化历程

1."专业"的判定依据

社会工作在西方国家加强社会福利立法的同时快速发展起来,但对其是不是一个专业一直争论不休。人们自觉地要把社会工作建成一个专业的开端,源于弗莱克斯纳在美国慈善与矫治委员会 1915 年会议上发表的《社会工作是一个专业吗?》演讲。他明确质疑社会工作的专业地位,并提出了专业的六个标准,即要求伴随个人责任的智慧性操作;来自科学与学习获得的专业素材;专业素材发展出清晰明了的目标;拥有可教育的沟通技巧;朝向自我组织;逐渐形成动机上的利他性。弗莱克斯纳根据这六项专业标准来验证社会工作,认为在当时它还没有形成系统的科学知识作为实践的基础,因此,还没有形成一个专业。但他呼吁要把社会工作建成一个专业。弗莱克斯纳的主张促使许多社会工作者更加清醒地认识和评估社会工作的专业化水平,同时使社会工作的理论发展问题更加受到重视。

1947 年,林德曼在《社会工作在迷蒙中成长》(Social Work Matures in a Confuse World)一书中提出,社会工作作为一个专业的条件是:"当社会工作能从许多源泉中吸收知识和方法而不失去自己的独立地位时;它能使自己适应不同的管理和控制而不失其完整性时;它能将自己的方法与其他专业处理相关问题的方法结合在一起时;它能并且准备用非专业人士能够理解的语言解释它关于方法的概念时;它实现了目标和方法之间的一致性,并愿意使自己遵守自己所提出的行为准则时;它确认了它所应负责的社会领域时;在运行过程中,它能使自己适应社会动力系统时;它能逐渐形成能使经验和理论知识结合在一起的方法时；它能招收到高智力水平的考生时。"①

1950 年，E. 格林伍德在其发表的《专业的属性》一文中提出，任何专业都必须具备五个特质：系统化的理论体系、专业权威、社区认可、规定的伦理守则和专业的文化②。按照这五个特质，格林伍德认为社会工作已具备了专业的属性，成为一个专业。但他这种说法遭到许多人的反对，他们认为当时的社会工作最多只能算是一个准专业。例如，根据卡尔·桑德斯（Carr Saunders）提出的已建成专业、新专业、准专业和即将建成专业等标准划分，托伦（Toren）认为当时的社会工作属于准专业。托伦指出，缺少五个特质中的一种或多种，或者这些特质中的一种或多种没能得到充分发展，一个职业就只能被看作准专业。当时的社会工作由于在知识基础及特殊服务取向之间、理论知识和价值系统之间存在着不同步发展的现象，恰恰缺少专业权威和社区认可，因此，只能视为准专业。

20 世纪 90 年代，加文和特罗普曼提出专业的七条标准，即知识体系、理论基础、大学训练、产生收入、对实践者的专业控制、对专业活动的内在道德或伦理控制、可测量或可观察的结果。他们认为，社会工作正要获得完全的专业地位，但由于某些领域还未真正达到以上七条标准，因此它既是专业也是非专业。

经过几十年的探索，社会工作的理论与实践紧密结合，专业教育和专业组织的基础更为深厚，行业发展日臻规范，通过创办独立的协会和制定专业行为的伦理守则指导专业成长与发展，通过兴办以大学为基础的研究生层次的专业教育，成功地在一些国家中取得了社会工作实践的执照，引导着公共教育运动把社会工作传播给公众，实现了其在助人专业中的地位，并通过与日俱增的专门化和限制加入专业的机会而走上了专业的轨道。因此，虽然对社会工作的专业性存在诸多争论，但相当数量的学者倾向于认同社会工作已是一个专业的看法，除格林伍德外，20 世纪 60 年代以后，莫拉莱斯和谢弗也认为社会工作已经成为一个专业。

2. 社会工作专业发展过程

社会工作成为一门专业需要具备实践的发展、社会需求、相关的社会科学的发展、行为科学乃至自然科学的发展、社会工作研究者的提炼和归纳总结等条件。19世纪末 20 世纪初，这些条件逐渐具备，社会工作开始进入专业化轨道并逐步确立了专业地位。参考学者的意见③，我们认为，社会工作专业发展经历了从非专业化到初步专业化再到高度专业化达至专业整合的过程。

（1）社会工作从非专业化向初步专业化转变

19 世纪末至 20 世纪初，西方各个国家加快了工业化的进程。工业化在带来了更高的生产效率的同时，也带来了失业、犯罪、流浪、代际疏远等社会问题。在这种条件下，零散的、非专业化的、志愿性救助工作已远远不能满足社会需求。在这一社会

---

① 孙立亚. 社会工作导论 [M]. 北京：中国财政经济出版社，1999：6.
② E. Greenwood. Attributes of Profession [J]. Social Work, 1957 (7)：45-55.
③ 李增禄. 社会工作概论 [M]. 台北：巨流图书公司，1986：29-31.

背景和要求下，西方社会工作开始从非专业化向初步专业化转变。

在这一阶段，美国环境卫生委员会紧急救济署出现了第一个受薪的社会工作岗位。马萨诸塞州慈善委员会成立之后，由于社会问题需要受薪人员来解决，比如处理贫穷造成的问题需要有专门知识的受薪人员，在与穷人友好接触时，社会工作真正成为一个行业。行业性社会工作的发展和行业协会的成立，使得作为行业的社会工作与关心福利的志愿群体区分开来，这就促使社会工作在非专业化基础上完成了初步专业化，并为以后专业性社会工作的形成创造了条件。

（2）社会工作初步专业化

【思考】
社会工作教育在社会工作发展中发挥什么样的作用？

1904年，纽约社会工作学院成立。1905年，理查德·C. 卡波特开始在波士顿的马萨诸塞总医院介绍医疗社会工作。1910年，美国哥伦比亚大学和芝加哥大学等开始开设与社会工作有关的课程。1912年，美国波士顿社会工作学院开始开设医疗社会工作课程。随后不久，纽约社会工作学院和费城社会工作学院也开设了医疗社会工作的课程。截至1929年，美国已经有23家正规的社会工作学院。此时，西方社会，尤其是美国已经开始对社会工作的理论和方法进行有益的探索。

专业社会工作产生的标志是1917年玛丽·瑞奇蒙德（Mary Richmond）出版的《社会诊断》（*Social Diagnosis*）一书。这本著作是瑞奇蒙德20多年工作和思考的结晶，对社会工作的发展产生了不可估量的影响。为了使社会工作的技术成为一种可传递的技术，推动社会工作的方法成为一门独立的知识，瑞奇蒙德第一次将个案社会工作作为一个独立的社会工作方法与技巧进行研究。从对社会工作专业产生的影响来看，该书创立了一个专业化的个案工作社会诊断模式。瑞奇蒙德在书中提出了一系列原则来界定个案工作中社会工作者的特殊职责，从操作意义上把个案工作定义为由特殊过程构成，这些特殊过程通过有意识地在个人与个人、人与其社会环境之间产生调适来发展人格。此外，这本书还包含着另外两个重要思想：一是提出了一个系统地收集资料来理解个人行为的方法；二是认为社会工作基本上是一个用特殊方法来实现改变的过程。这本书由于具有较高的专业和学术水准，因而受到了人们的广泛欢迎，并"立刻成了社会工作做什么的标志"。1921年，瑞奇蒙德再度指出，社会工作需要一套伦理。1922年，瑞奇蒙德又发表了《什么是个案社会工作》，进一步探索个案社会工作的理论与方法。瑞奇蒙德的这两部著作被认为社会工作理论发展的开端。其后，各种社会工作专业方法相继提出，并逐步得到发展。

在此期间，社会工作的专业教育和专业组织也伴随着理论的发展而迅猛发展起来。1917年，美国专业社会工作训练学院协会成立。1919年，该协会更名为美国社会工作学院协会，积极致力于推动和落实硕士阶段的社会工作教育。1918年，医务社会工作者组建了美国医务社会工作者协会。1919年，美国学校社会工作者协会又宣告成立。同期，美国精神病理社会工作者协会、美国访问教师协会、美国群体工作研究会、美国社区组织研究协会、社会工作研究小组、美国家庭服务协会等一些专业领域的社会工作组织纷纷成立，《社会工作年刊》（*The Social Work Year Book*）等刊物也开始发行。

📚 专栏 2-4

> **资料**
>
> ### 社会工作的先驱者：玛丽·瑞奇蒙德
>
> 玛丽·瑞奇蒙德出生于 1861 年，她高中毕业后就不得不担负起家庭的经济重担。1889 年，受聘为美国巴尔的摩慈善组织协会的助理司库的她，全身心地投入于这份工作，成绩十分突出。因此，当执行干事离任之后，瑞奇蒙德就接替了这个位子。同年，她从巴尔的摩来到费城，又于 1909 年到了纽约。在纽约，她成为新成立的拉塞尔·希杰基金会下属的慈善组织部门的负责人。直到 1928 年去世，瑞奇蒙德把自己一生的精力都奉献给了社会工作事业，致力于分析和改善社会工作的方法。1917 年，瑞奇蒙德出版《社会诊断》一书。该书的出版通常被认为社会工作专业产生的标志。
>
> ［**资料来源**］李增禄. 社会工作概论［M］. 台北：巨流图书公司，1986：31.

（3）社会工作高度专业化阶段

社会工作高度专业化的突出表现是三大基本方法确立并得到完善。个案工作方法的基础是由瑞奇蒙德《社会诊断》一书奠定的。20 世纪 20 年代至 40 年代，个案工作仍是开展社会工作的主要方法。不过，在这一时期，弗洛伊德（Sigmund Freud）的精神分析理论对社会工作的理论发展有很大影响，如重视医疗模式的功能派个案社会工作。第一次世界大战之后，精神病医师把弗洛伊德的理论带到了美国，主要用来处理与战争有关的情绪问题。战争及战争后遗症，使社会工作者更加关注人类行为中潜意识的因素，加强了对精神病学的研究。相应的，社会工作方法也受到弗洛伊德精神分析心理学的较大影响。在弗洛伊德精神分析心理学不断向社会工作领域渗透的过程中，社会工作者开始研究服务对象早年生活经验对于他们当前行为的意义和价值。在这一阶段，服务对象的心理功能是个案工作的主要关注点，社会工作者注重调查和分析服务对象的生活史，尤其是早期经历，服务对象遇到的问题被看成精神冲突、不幸的生活经历以及过度的压力造成的结果。

从专业知识的发展来看，瑞奇蒙德的思想为个案工作诊断派提供了来源。瑞奇蒙德所采用的"诊断"一词虽然是医学意义上的，但它更关注个人问题（贫穷）的社会原因。为了使社会工作摆脱过去仅凭善心开展慈善救济工作的传统，进行科学的诊断成为一种"科学的慈善"，诊断派就需要详细收集服务对象的情境资料。因此，从实质上讲，这一派别更多地还是受到社会学的影响。此外，汉密尔顿（G. Hamilton）奠定了个案工作心理分析的学理基础。个案工作中颇具影响的功能派也在这一时期形成，另一重要派别即问题解决派的形成要晚一些。[①]

---

① 李迎生. 西方社会工作发展历程及其对我国的启示［J］. 学习与实践，2008（7）：125.

　　从以上关于个案工作方法形成的过程来看，社会工作者经历了由慈善布施者向社会医师的转变。一开始他们只是关心贫民的生存状况，后来逐渐发展到关注个人心理问题即心理病症，寻求解决问题的方法。

　　在个案社会工作繁荣发展的同时，自 20 世纪 20 年代开始，小组（团体）工作被纳入社会工作训练课程，研究者也开始从事小组（团体）工作理论的建构。20 世纪 30 年代，小组（团体）工作方法开始形成并受到重视。柯义尔（Grace L. Coyle）于 1930 年出版《群体的社会过程》一书，奠定了小组（团体）工作方法的学理基础。1939 年，小组（团体）工作在美国社会工作会议上成为其中一个独立的小组。到 40 年代中期，小组（团体）工作作为社会工作的专业方法之一被接受。1946 年，小组（团体）工作方法开始获得和个案工作同等的地位。

　　相对于个案工作方法和小组（团体）工作方法，社区工作方法的形成及获得社会工作专业方法的地位相对要晚一些。在 1939 年美国社会工作会议上，有关社区组织的方法已被提出讨论。莱恩领导的研究小组提出著名的《莱恩报告》，认为社区组织这一有着悠久历史发展背景的概念，代表着社会工作的一种基本形式。他们主张把社区工作当作社会工作的方法，认为应使其获得与个案工作和小组（团体）工作同等的地位。1944 年，社区方面的课程成为社会工作专业的核心课程之一。在 1946 年召开的美国社会工作会议上，"社区组织研究协会"成立。1950 年，美国社会工作会议召开，社区工作正式被列为社会工作的专业方法之一。①

　　社会工作专业方法的发展是社会工作知识和经验不断积累和发展的反映，也是社会工作的工作领域不断扩大和解决问题的方法不断增加的过程。20 世纪早期的社会工作不再局限于贫穷或物资救济等，社会工作关注的领域开始向多元化发展，如哥伦比亚大学重视社会学、心理学、人类学等行为主义方法，芝加哥大学注重社会服务与社会行政方面等。社会工作在不同维度、不同领域的探索，体现出社会工作的专业化水平正在向纵深方向快速发展。

　　（4）社会工作的专业整合

　　个案工作、小组工作、社区工作三大基本方法被分别确立之后，社会工作界曾出现了三者分立的局面。然而，在现代社会，某一问题的发生常常与许多社会因素相联系，解决问题必须使用多种方法。同时，服务对象的需要变得多元化，服务场景日益复杂化，使得单纯依靠某一种方法难以解决服务对象的问题，服务方法之间的分立局面并不利于实际问题的解决。因此，社会工作者开始运用系统理论，提出整合观点，探讨将不同的方法结合到一起解决问题的一体化新途径，从而使社会工作专业的发展进入一个新的阶段。

　　自 20 世纪 50 年代后期起，为了使社会工作专业方法更加适应社会及服务对象的现实需要，社会工作实务开始以服务对象的问题为中心，将社会工作的个案、小组和社区三大专业方法加以整合，全面、灵活地运用社会工作专业方法。同时，社会政策

①　李迎生. 西方社会工作发展历程及其对我国的启示［J］. 学习与实践，2008（7）：125.

与立法、社会保障制度、社会工作行政也得到了重视。20 世纪 60 年代末至 20 世纪 70 年代，赫恩（Hearn）和比斯诺（Bisno）等学者开始努力发展一套整合、统一的社会工作实施知识与技术。平克斯（Pincus）、米纳汉（Minahan）和史坡林（Siporin）等人则尝试探索出社会工作共同的特征与干预阶段，以打破个案工作、小组工作及社区工作相互独立的局面。1977 年，英美两国的社会工作专家集会商议社会工作方法的整合运用方向。从 1970 年至今，社会工作的方法整合已产生了比较重要的影响，并导致了社会工作教育的变革，很多学校的课程与出版物逐渐趋向这个方向，并努力使社会工作方法朝更整合、更广、更深的专业方向发展。在社会工作实务层面，社会工作者运用系统理论，着重考察服务对象与其周围环境的互动，并根据服务对象问题的具体情境决定采取相应的干预措施。社会工作的整合取向给社会工作者提出了更高的要求，他们必须具有广博的知识和技能，方能自如地选择合适的服务方式，以满足服务对象及其环境系统的需求。

【思考】
　西方社会工作的专业化历程对中国社会工作的专业化发展有何启示？

二、我国社会工作的发展历程

（一）港台地区社会工作的发展及其对大陆的启示

1. 香港地区社会工作的发展

"二战"以前，香港地区只有一些慈善事业，除了华民政务司以及医务署有一些专职社会工作人员外，慈善机构的社会工作人员大多是一些义工，即志愿者，香港模仿英国建立了早期的社会救济体系。

"二战"以后，香港随着移民的大量涌入，"失业、失学比比皆是，居住环境恶劣，社会问题成堆，人口快速膨胀更加剧了问题的严重性"①，社会工作的需求不断增大，专业化、系统化的现代社会工作逐步形成。

（1）香港社会工作的形成期（1945—1969 年）

其一，陆续成立的政府社会福利部门、社会工作专业协会，为香港社会工作的发展奠定了组织基础。1946 年，香港难民及福利会成立。1947 年，香港社会局成立。同年，香港社会工作人员协会正式成立。1958 年，香港社会局改为香港社会福利署，负责救灾和济贫工作，同时承担保护妇女、儿童，调解家庭和邻里纠纷，为残疾人提供社会救助等工作，拓展了香港社会福利服务的领域。

其二，逐渐走上正轨的社会工作教育，奠定了社会工作的人才基础。实现社会福利服务专业化的重要条件，是社会工作高等教育专业的设立，香港大学于 1950 年首次开办两年制的社会工作课程，开始培养专业社会工作者。

---

① 倪勇. 香港社会工作的发展路径及启示 [J]. 求索, 2013 (12)：245.

其三，政府提供资金、政策支持，为社会工作发展奠定了物质基础。为支持社会工作专业人员的培训，港英政府1961年设立社会工作训练基金。1965年，港英政府发表了《香港社会福利工作之目标与政策》的白皮书，确定了香港社会福利工作的发展方向和政策目标。同年，港英政府又制订了第一个社会福利服务五年计划。

其四，社会福利服务的广泛开展，为社会工作拓展领域奠定了社会基础。在社会福利署与社会工作人员协会的指导下，宗教和社会团体开展了多种多样的社会福利服务，积累了丰富的经验。

这一时期为以后香港社会工作的专业化发展打下了坚实的基础。

（2）香港社会工作专业化、职业化和本土化时期（1970—1997年）

20世纪70年代，港英政府财源充足，经济快速发展，港英政府力图将香港建设成为一个互助互爱的社会，提出了与社会工作的价值取向高度吻合的"社区建设"口号，在政府的支持下，青少年服务、学校社会工作、社区社会工作、老年服务等全面发展起来，香港社会工作步入兴盛期。80年代，香港经济持续发展，为社会工作提供了物质保障。伴随政府资助力度的加大，社会工作日益以服务为本位，社会工作领域扩展至普通民众。90年代，香港经济发展缓慢，社会工作资源缩减，面临诸多挑战。为应对挑战，香港社会工作界进行了艰辛的探索，努力发展创新性服务，强化专业能力，重塑专业形象和公信力，提高专业的社会地位。总体来看，香港社会工作在1970—1997年实现了专业化、职业化和本土化，形成了相对完整的社会工作制度和运作模式。

其一，香港社会福利署于1973年制定了《香港福利未来发展计划》和《社会福利五年计划》，规定社会福利机构从业人员实行岗位专业资格制度。未经专业训练的在岗人员需接受为期两年的在职培训，不参加培训者不得晋升；新入职的从事社会工作助理及以上岗位工作的人员必须是社会工作专业的毕业生。香港的社会工作成为一个具有职业等级、入职资格、薪酬规定的职业。社会工作者从此具有了稳定的职业与收入，社会工作逐步成为一种备受公众尊敬与信任的职业。

其二，港英政府于1973年陆续发表了《青少年个人辅导社会工作之发展绿皮书》《群策群力协助弱能人士更生白皮书》《老人服务绿皮书》，推动青少年、残疾人、老人等社会工作的多元化发展。

其三，20世纪80年代，香港社会工作开始注重管理体制的建设。1979年，港英政府发表了第三个社会福利白皮书，制定了跨越80年代的社会福利服务发展规划，着力推行社会福利服务的分区管理制度。

其四，1990年，港英政府发表了《跨越九十年代香港社会福利白皮书》，制定了90年代香港社会福利服务的发展规划。1993年，新的综合社会保障援助和公共福利金计划实施，扩大了社会保障的覆盖面。这些政策为社会工作的发展扩展了服务领域，指明了方向。

其五，香港社会工作界成立了多个小组，对社会工作发展历程进行专项调查研究，深刻反思社会工作专业化、职业化、本土化的成败得失，为进一步完善社会工作奠定了坚实的理论基础。

（3）香港社会工作规范化发展时期（1997年至今）

香港1997年7月1日回归祖国后，香港社会工作进入了更加规范化的发展时期。1997年，香港立法局通过了《社会工作者注册条例》；1998年，香港社会工作注册局成立，正式实行社会工作者注册制度，并颁布了《注册社会工作者工作守则》。只有社会工作注册局认可的正规大学社会工作专业的毕业生，才有资格注册；只有注册，人们才能以"执业社工"的名义从事活动，社会工作者必须秉持专业理念履行专业职责。从此，香港社会工作进入规范化发展的阶段，与此同时，社会工作教育制度建设也取得了长足进步。香港的社会工作教育，涵盖了专科、本科、研究生各个层次，专业性、职业性特色突出。回归祖国后，香港与中国内地的交流日益增多，迁入香港定居的内地人士逐年增多。近年来，社会工作界特别注重在社会工作的各个领域为新来港的居民提供服务，在各大学的社会工作系设置了普通话课程，以方便与内地的沟通与交流；并且给予内地社会工作诸多建议和帮助，以推动内地社会工作的发展。① 目前，香港的社会工作专业教育体系比较完善，既有初级的社会工作文凭课程，又有学士、硕士、博士等学历教育。

2. 台湾地区社会工作的发展

台湾地区的社会工作是从20世纪50年代开始发展的，大致包括三个发展阶段。

（1）专业起步阶段（20世纪50年代—70年代）

在这一时期的台湾整个建设目标中，社会保障虽然没有被列为最优先的考量，但还是出台了不少有关民众权益及社会福利方面的规定。如1965年制定的《民生主义现阶段社会政策》，设立了社会福利基金，专供办理本项政策所列出的社会保险、民众就业、社会救助、民众住宅、社会福利服务、社会教育以及社区发展七项社会福利措施。这个时期，台湾的社会工作带有传统志愿服务及慈善社会工作模式，主要以救济性社会服务为主。

随着台湾一些大专院校先后成立有关社会工作的科系，培养了不少的社会工作专业人才，台湾社会工作逐步迈进专业化的历程。社会工作开始尝试采用专业的方式来解决社会问题，逐步由一般救助服务转向职业性服务，如1966年天主教在台北成立"美满家庭服务中心"；1972年成立"未婚母亲之家"，同年，基督教成立"家庭协谈中心"；1974年高雄也设立"家庭协谈中心"，专门提供商谈、调解家庭纠纷以及家庭生活教育、家庭社会环境改善的咨询服务。20世纪70年，台湾开始了社会工作员实验计划，业务重点在于社区工作和贫户辅导，公、私立各大医院等均设立了社会工作部。1975年，台湾省卫生处在全省成立5个社区心理卫生中心，均配有社会工作员。同时，台北市卫生所也规定配备社会工作员。医务社会工作者的介入，缓解了医患纠纷，开发和活跃了医疗资源。这个时期台湾的社会保障和社会服务、社会救助主要依靠民政部门等主管部门实施。严格地说，这一时期算不上有专业助人手法与技术

① 倪勇. 香港社会工作的发展路径及启示 [J]. 求索，2013（12）：246.

的介入。

（2）全面发展阶段（20 世纪 80 年代—90 年代）

进入 20 世纪 80 年代，随着社会经济的进一步发展，台湾社会生活中的矛盾和问题不断涌现，台湾民众对社会福利的要求日益高涨，对社会工作专业化服务水准也提出更高的要求。由于社会认知度低，社会工作对于社会问题如生活安全感、贫困、社会秩序等问题介入还很有限。台湾当局与社会工作界人士都意识到应该通过建立社会工作制度来提升社会工作服务的品质及社会工作职业化与专业化水平，满足民众需求。在这种情况下，经济的繁荣为加快社会保障体系的建立和社会工作事业的发展创造了条件，同时产生了更多的需求。社会工作日益受到台湾当局和广大民众的认可与重视，台湾社会工作的专业化和职业化进入了重要的发展阶段。增加财政预算、加强管理和制度建设、激励民营机构的发展以及逐渐扩展服务领域是这一阶段的重要特征。在这个阶段，社会福利支出成倍增长，有力支持社会工作快速发展，制定了有关规定，制度建设得到加强。1980 年以后，《老人福利法》《社会救助法》《少年福利法》《农民健康保险条例》《残障福利法》《儿童福利法》《全民健康保险法》《身心障碍者保护法》《性侵害犯罪防治法》等有关规定相继颁布，加强社会工作管理，了解民众的服务需求，提高服务质量。台湾地区已有 13 个县市试行了《社会工作员制度》，一些地区先后成立"社会工作室"，招考聘雇社会工作员；同时，各公私立医院成立的服务部或社会工作组、各公立社会事业机构均任用受过专业训练的社会工作人员。1990 年，全岛性专业组织成立，即"台湾当局社会工作专业人员协会"。

社会发展和现实需求的多元化，使得台湾社会工作从早期的志愿服务和慈善社会工作模式，转向以针对不同群体和社会问题的多元化专业服务为主的工作模式，服务领域拓展到公共救助、家庭服务、心理疾病预防与治疗、矫治服务、就业服务、老人服务，等等，渗透到社会生活的许多层面。台湾社会工作良好运行与稳步发展，充分证明了社会工作作为一种满足人们需要的基础性职业的价值和适应社会发展的功能。社会工作在一定程度上也缓解和解决了社会矛盾和社会问题。这一阶段，台湾社会工作发展在资源规模的成长、服务对象的普及程度、福利范围的涵盖层面，以及政策的制度化方面都有显著的发展。

（3）成熟反思阶段（20 世纪 90 年代末至今）

1997 年，有关规定《社会工作师法》的颁布，标志着台湾社会工作确立了证照制度。《社会工作师法》实施后，不仅提高了社会工作者在台湾的专业形象，而且为社会工作的专业化和职业化提供了保障与支持，巩固了其专业地位与合法权利。1997年修订的《老人福利法》《身心障碍者保护法》《儿童福利法》《家庭暴力防治法》等有关规定的实施，使得老人服务与照顾、儿童抚养与关怀及家庭和谐等领域有了更充分的专业介入依据。2000 年台湾施行的民众年金制度，使得社会工作在实务中更讲求专业伦理、方法、知识与技术的应用，并发挥家庭和社区资源在社会工作中的重要作用。这个阶段，台湾社会工作教育有了较快的发展。①

3. 港台社会工作发展对大陆的启示

虽然也曾经历各种矛盾和问题，但港台社会工作的发展在总体上是成功的。两地在社会工作专业化与职业化过程中的经验与教训，对尚处于起步阶段的大陆社会工作有着积极的借鉴意义。综观港台社会工作的发展路径，不论什么模式，都离不开主管部门与社会的协调与支持。

（1）发挥主管部门的主导作用

港台社会工作发展的经验表明，推动社会工作发展的关键是主管部门及其制定的相关政策。只有社会福利政策发展了，才能有社会工作的专业化的发展。"港台社会工作的职业化与专业化过程，就是港台社会福利政策不断调整和前进的数十年，也是港台社会服务从最初的以社会救济、社会福利服务为主的变迁过程。除了社会政策与颁布有关规定外，主管部门的角色包括许多方面，如社会工作机构与民间机构的主要财政支持者、宏观的监督与规范者，以及民间的专业社会工作机构的培育与扶持者，等等，但它又不应直接干预专业化社会工作机构的服务工作，而应有合理的社会职能分工。"

（2）团结社会工作界与民间力量，共同推动社会工作的职业化与专业化

首先，我们应积极吸收香港在社会工作专业组织建设的经验。如前所述，各个专业团体的分工与配合得当，分别扮演着专业价值维护者、权益倡导者、专业服务提供者、资源开拓者和政策倡导者，以及专业行为维护者的角色。目前，我国大陆的社会工作专业组织的建设还不可能达到如此完善、分工明确协调的专业组织体系，但港台社会工作专业组织的建设，无疑为大陆社会工作的发展确立了方向与目标。

其次，大陆社会工作的现状与台湾社会工作发展的起步阶段有相似之处，即社会工作教育、社会工作专业发展与社会工作职业、社会处境相分离。因此，大陆社会工作应积极借鉴台湾社会工作教育界、社会工作者与相关机构和团体的做法，应发挥其政策倡导与动员能力。大陆社会工作教育界、社会工作组织也应与政府相互作用，形成正向的合力，以此来推动社会工作的发展进程。大陆社会工作界应从观念上正视大陆现行制度安排的现实，视政府为正面的推动力量，有信心和耐心去游说政府与社会重视社会工作的专业化；在策略和行动上，社会工作者应逐步加强团结意识，建立专业社会工作组织，促进各级政府重视和落实社会工作的发展。②

（3）发展社会工作专业教育

提高社会工作专业水平的重要途径是发展社会工作专业教育。就香港而言，香港社会工作比较规范，职业声望也比较高，原因很多，其中一条是社会工作者出色的专业素质和能力。香港社会工作者出色的专业素质和能力得益于科学合理的专业教育。香港社会工作专业教育分层合理，培养方式与社会需求紧密结合。专业课程的培训使

---

① 黄耀明. 台湾社会工作专业发展的经验与启示 [J]. 闽台文化交流, 2006 (4)：23.
② 吴丹. 港台社会工作发展路径的比较分析 [J]. 社会工作, 2008 (4)：39.

学生在校期间即可获得社会工作实践的能力与经验。另外，持续的教育培训推动着香港社会工作者不断地更新专业知识，与时俱进，从而保证了香港社会工作的专业水平。①

因此，大陆社会工作教育界还应发挥其专业教育培训的重要功能，致力于培养一批高素质的学生，并参与对在职人员的专业培训，以促进大陆社会工作专业化的发展。

（二）中国大陆社会工作的发展

1. 中国古代至近现代的社会救助事业

我国古代的社会救助制度在殷周时代已趋于完备，先后出现了各种救贫措施和救贫机构。前者如保息六政、九惠之教、社仓乡约等；后者如南朝的"六疾馆"和"孤独园"，北宋时期的"居养院"，明代的"养济院"，清代由寂荣和尚创办的"普济堂"以及"栖流所""育婴堂"、传教士办的"慈幼院"等。

民国初年的慈善事业，有张謇开办的育婴堂、养老院，熊希龄开办的慈幼院、感化院等。在现代中国社会事业发展史上，比较著名的是"乡村建设运动"。20世纪二三十年代，晏阳初、梁漱溟、陶行知、李景汉等一批教育家、社会学家，从改造中国社会的目的出发，以社会教育为中心，开展贫民教育，改造乡村，推动乡村建设的实践。这一运动对我国专业社会工作的发展有积极的贡献，是我国近代社会工作发展的先声。国民党统治时期，从社会工作行政方面来看，1921年成立的南京临时政府设有内务部，掌管民政事业；从社会工作实务方面来看，1928年以后，全国各级政府设立了民政机构，中央内务部民政司主管赈灾、济贫及慈善等事务，地方则根据内务部颁发的有关条例，成立各种救济机构及慈善团体。

2. 社会工作专业的恢复与发展

新中国成立以前，社会工作专业已传入我国。当时我国的一些院校已开设社会学或社会工作课程，培养了一批社会工作的专门人才。与此相应，社会工作专业在我国也有所开展，如北京协和医院在1925年成立了社会服务部，开展医务社会工作，并将其方法传到上海、广州、重庆等地的医疗机构和福利机构。至1931年，全国有11所院校设立社会学系，1947年增为20所，其中也包括社会工作专科。

在1952年的院系调整中，社会工作专业如同社会学、心理学等专业一样，被视作资产阶级学科加以取缔。与此同时，社会工作的教育和科研也被迫中断，从事社会工作教学、研究和实际工作的人员不得不转行。社会工作实务则被政治性和意识形态化的行政性工作取代。自此开始，社会工作教育在我国中断了将近30年之久。

改革开放以后，中国大陆社会工作才得以恢复、重建和发展。关于中国大陆社会工作教育恢复重建20余年进程的阶段划分，学术界有不同的看法。王思斌教授将其划分为三个阶段：恢复重建阶段（20世纪80年代中后期至1992年）、初步发展阶段（1993—1999年）、快速发展阶段（2000年以后）。将中国大陆社会工作教育发展界定为三个阶段似嫌牵强，其中第一、第二阶段的区别并不明显。鉴于此，李迎生教授

---

① 倪勇. 香港社会工作的发展路径及启示 [J]. 求索，2013（12）：247.

将改革开放以来中国大陆社会工作教育的发展进程划分为两大阶段，即恢复重建阶段（1987—1998 年）及快速发展阶段（1999 年至今）①。

（1）中国大陆社会工作的恢复重建阶段

十一届三中全会之后，我们实现了思想上的拨乱反正。1979 年，社会学在我国得到恢复和重建。20 世纪 80 年代，随着社会学学科的恢复重建，社会工作在社会学的带动下也逐步得以发展。中国大陆社会工作的发展主要有三方面的工作：社会工作教育、政府的政策推动和落实、民间力量下社会工作的发展②。

1984 年，民政部第一次派团赴香港考察社会福利制度及社会工作教育情况，1987 年，民政部又派团赴挪威、瑞典考察社会工作及其教育；同年，组织了社会工作教育论证会。1987 年，民政部社会工作教育研究中心成立，民政部和北京大学签订了联合办学的协定，决定在北京大学社会学系建立社会工作与管理专业，培养高级社会工作人才。1988 年，北京大学设立社会工作专业。此后，《社会工作研究》（于1995 年更名为《中国社会工作》）、《中国社会工作教育》等刊物创刊，许多院校设立了社会工作系，开始了重建社会工作专业教育的进程。1991 年，中国社会工作者协会成立，并于 1992 年正式加入国际社会工作者协会。1994 年 12 月，中国社会工作教育协会成立。此后，社会工作教育在我国有了较迅速的发展，除北京大学社会学系社会工作与管理专业外，又有中国人民大学、南开大学、北京师范大学、吉林大学、厦门大学、民政部管理干部学院、中国青年政治学院、中华女子学院等高等院校设立社会工作与管理专业。这一阶段，也出现了中国康复研究中心等一批较专业的社会工作机构。

（2）中国大陆社会工作的快速发展阶段

1999 年，全国有 20 多所院校设立社会工作专业；2006 年，全国有 170 余所院校设立本科层次的社会工作专业教育，还有 20 多所大专层次的教育学校。这期间及之后，社会工作在教育（见表 2-1）、学术研究（见表 2-2）和社会实践（见表 2-3）、政策措施（见表 2-4）等领域都有长足发展。

表 2-1　中国社会工作本科院校数量③

年 份	当年新增数	累计数	年 份	当年新增数	累计数
2000	27	55	2005	15	188
2001	36	91	2006	12	200
2002	35	126	2007	13	213
2003	26	152	2008	14	227
2004	21	173	2014		299

① 李迎生，韩文瑞，黄建忠. 中国社会工作教育的发展 [J]. 社会科学，2011（5）：84.
② 闫磊. 中国社会工作发展历程的三维框架分析 [J]. 创新，2012（5）：105-110.
③ 表 2-1 至表 2-4 参考闫磊. 中国社会工作发展历程的三维框架分析 [J]创新，2012（5）：106-108. 本书有部分修改。

表 2-2   中国社会工作发展起步阶段的主要学术会议

时　间	主　办　方	研讨会名称
1988 年	北京大学社会学系、亚洲与太平洋地区社会工作教育协会	亚洲及太平洋地区社会工作教育研讨会
1990 年	中国民政理论和社会福利研究会、香港社会服务联会	中国内地及香港迈进九十年代的社会福利发展研讨会
1992 年	中国社会工作者协会、民政部社会工作教育研究中心	九十年代的中国社会工作
1994 年	中国社会工作教育协会（筹）、亚洲及太平洋地区社会工作教育协会	华人社区社会工作教育发展研讨会
2002 年	中国社会工作协会	首届中国社会工作论坛
2006 年	中国社会工作协会、美国全国社会工作者协会代表团	中美社会工作论坛
2007 年	中国社会工作协会、中央党校《学习时报》社	中国社会工作与构建和谐社会高层论坛
2008 年	中国社会工作协会、中国社会工作教育协会	推动社会发展，促进人类福祉进步——2008 世界社会工作日暨中国社会工作教育发展二十年纪念研讨会
2008 年	中国社会工作教育协会，民政部社会工作研究中心，深圳市委组织部、民政局和香港理工大学等	2008 社会工作国际论坛
2008 年	中华人民共和国民政部人事司（社会工作司）	灾后恢复重建与社会工作研讨会
2009 年	中国社会工作教育协会	首届中国社会工作大学生论坛（改革开放以来首次全国范围内的社会工作学生论坛）
2009 年	中国社会工作教育协会、国际社会工作学校联会、美国社会工作教育委员会等	社会工作与灾后重建计划及管理国际研讨会

表 2-3   中国社会工作发展起步阶段的主要实践

时　间	地　点	事　件	意　义
1994 年	上海市	在全国率先开展了全面的社区建设实践（含社区服务、社区工作等）	社会工作随着社区建设走向实践

续表

时　间	地　点	事　件	意　义
1997 年	上海市浦东新区	在民政、教育等系统开始试点工作，招录了第一批社会工作专业毕业生	开始探索社工职业化建设
2001 年	上海市	东方医院社工部成立	国内第一家设置社会工作部门，配有专职社工的医院
2003 年	上海市	乐群社工服务社成立	内地第一家非政府的、专业社会工作服务机构
2004 年	上海市民政局	增设职业社会工作处	社会工作进入政府机构
2005 年	上海市	救助管理社工站成立	开始了社会福利机构设置社工岗位、推进社会工作专业服务
2007 年	深圳市南山区	面向全国招聘社工人才	首次全国招聘专业人才
2007 年	深圳市	市民政局登报招聘 10 名事业编制社会工作者	社会工作进入社会事业单位
2008 年	四川省	民政部组织北京大学、云南大学等高校和研究机构的社工参与汶川地震灾后救援行动	社会工作第一次大规模地参与灾后救援行动

表 2-4　中国社会工作发展进程中的政策措施

时　间	单　位	政策措施
2000 年	中华人民共和国民政部	向人事部提出建立社会工作者职业资格制度的建议
2001 年	中华人民共和国民政部	《老年人社会福利机构基本规范》《残疾人社会福利机构基本规范》《儿童社会福利机构基本规范》等，明确提出要引入社会工作专业制度，聘用社会工作专业人才。同类文件还有 2003 年《家庭寄养管理暂行办法》，2006 年《关于加强流浪未成年人工作的意见》《关于加强孤儿救助工作的意见》《救助管理机构基本规范》《流浪未成年人救助保护机构基本规范》
2003 年	中华人民共和国民政部	《关于加强社会工作队伍建设的通知》，倡导社会工作职业化制度的试点
2003 年	上海市人事局、民政局	《上海市社会工作者职业资格认证暂行办法》，同年，江苏、浙江、北京、天津等省市也进行了积极探索
2003 年	上海市民政局、人事局	内地首次社工职业资格考试

时　间	单　位	政策措施
2004 年	中华人民共和国劳动和社会保障部	《社会工作者国家职业标准》
2004 年	深圳市民政局、市社会工作者协会	《深圳市社会工作职业化"十五"期间（三年）工作方案》《关于推动深圳市社会工作职业化工作建议》
2006 年	中华人民共和国人事部、民政部	《社会工作师职业水平评价暂行规定》《助理社会工作师、社会工作师职业水平考试实施办法》
2006 年	中国共产党第十六届中央委员会第六次全体会议	《中共中央关于构建社会主义和谐社会若干重大问题的决定》，指出要"建设宏大的社会工作人才队伍"
2006 年	人民日报	《努力建设宏大的社会工作人才队伍———三论为构建社会主义和谐社会提供组织保证》
2007 年	深圳市	"1+7"文件、《中共深圳市委深圳市人民政府关于加强社会工作人才队伍建设推进社会工作发展的意见》
2008 年	中华人民共和国国家发展和改革委员会、财政部；人事部、民政部	国家发展和改革委员会、财政部《国家发展改革委、财政部关于助理社会工作师和社会工作师职业水平考试收费标准及有关问题的通知》；人事部办公厅、民政部办公厅《关于 2008 年度助理社会工作师、社会工作师职业水平考试有关问题的通知》
2008 年	中华人民共和国国务院	《民政部主要职责内设机构和人员编制规定》，民政部下设的人事司（社会工作司）增加了社会工作建设和管理的职能
2009 年	中华人民共和国民政部	《社会工作者继续教育办法》《关于促进民办社会工作机构发展的通知》
2011 年	中华人民共和国组织部等 18 部委	颁布了《关于加强社会工作专业人才队伍建设的意见》
2012 年	中华人民共和国组织部等 19 部委	颁布了《社会工作专业人才队伍建设中长期规划（2011—2020 年）》
2012 年	民政部、财政部	颁布了《民政部　财政部关于政府购买社会工作服务的指导意见》

审视和回顾中国大陆社会工作的发展历程，是为了明确当前社会工作的发展状态，思考未来的发展方向，更加科学地规划未来社会工作事业的道路。历经 20 多年的发展，中国内地社会工作在教育、研究和实践领域都取得了显著的成绩。伴随中央一些支持性政策和文件的出台，我们更有理由相信社会工作的春天即将到来。

专栏 2-5

资料

政府购买社工服务

政府购买社工服务是指政府将由自身承担的公共服务事项交给有资质的社会工作组织来完成，并按照一定标准相互建立合约，由社会工作组织提供公共服务，政府按照一定的标准进行评估并支付服务费用。政府购买社工服务有购买岗位和购买项目两种形式。相对而言，购买岗位较难保证服务的专业性。

---

3. 各地社会工作制度建设的探索

（1）上海——社会工作的职业化探索

上海是除香港、台湾外我国较早探索社会工作职业化发展的地区。2003 年，上海市民政局、人事局便开始了社会工作职业化的探索，将社会工作专业人才列入专业技术人才队伍，实施社会工作师及助理资格证考试制度，并对取得社会工作职业资格的人员实行注册管理。同年，上海诞生了我国大陆第一家民间社会工作服务机构——乐群社会工作服务社。时至今日，上海社会工作几乎涉及了所有的社会服务领域，其中，民政和司法领域最具影响力。在民政领域，上海把社会工作引入了社区、残疾人、老人、寄养儿童、困难家庭救助、流浪人员等方面；在司法领域，上海设有"自强"社会服务总社、"新航"社区服务总站、"阳光"青少年事务中心，构建了市、区、街道三级架构。

上海社会工作发展模式可以总结为"两级政府、三级管理、政府主导、民间配合"模式，两级政府指市政府和区政府，社会工作利用这两级政府的资源和公信力得到快速发展；三级管理是指社会工作的发展由市政府、区政府和街道办事处共同实施管理，街道办事处根据权力下放和属地管理原则管理本街道范围内的社会工作；政府主导指的是在推广和发展社会工作的过程中，强调政府的主导性，根据政府颁布的政策文件来设置社会工作；民间配合指的是在社会工作发展过程中，民间力量扮演配合角色，起辅助作用。

（2）深圳——社会工作的专业化发展探索

深圳社会工作的发展最具有专业化特色，得益于其紧邻香港的优势，深圳获得香港社会工作界的很多支持。一方面，在社会工作发展初期，深圳邀请了多位香港资深督导对深圳第一批社会工作者进行实务指导，并通过香港督导培养本土性督导助理、见习督导的方式，摆脱对香港督导的长期依赖。近几年，深圳社会工作迅猛发展，证明这些香港督导及其培养的本土督导已经在提升深圳社会工作专业化方面发挥了显著作用。另一方面，深圳市民政局及社会工作机构不定期地组织社会工作者赴香港考察，深入学习香港社会工作的专业化方法和运作模式。这种交流对深圳社会工作专业化起到了积极的推动作用。

深圳在政府购买服务方面不同于上海的依赖型、非竞争性的购买方式，而是采取竞争性原则。截至 2015 年 7 月，深圳一共注册了近七十家社会工作机构，这些机构都是通过公开竞标的方式获得政府的资金和项目支持。在竞争的原则下，深圳也以不断创新购买服务的形式，购买岗位、购买项目、承包社区服务中心。最初，各社会工作机构竞争购买各服务领域的岗位。机构根据竞争到的岗位数量，派遣相应的社会工作者前往这些服务岗位工作。这些服务岗位主要分布在社区、学校、企业、政府相关部门、医院、戒毒中心等公共服务领域。之后，政府发布社会服务项目向社会工作机构招标，机构中标后根据项目配备社会工作者。深圳于 2011 年开始大力发展社区服务中心，由中标机构向中心派遣社会工作者，提供居委会之外的专业化社会工作服务。近五年来，深圳加大了社会工作人才的培养力度，建成了一支规模化、专业化、职业化的社会工作人才队伍。至 2015 年，按照不低于常住人口 0.5‰的比例，深圳配置了约 6000 名社会工作者，探索培养了以"深圳督导"为骨干的社会工作人才梯队，实现"督导、督导助理、一线社工、社工员"梯级社会工作人才队伍建设的合理配置。同时，深圳扩大了社会工作服务范围，在重点领域全面推进社会工作服务，重点拓展了基层社区社会工作服务站点，同时鼓励和引导社会组织开发社会工作岗位和社会工作服务项目。2013 年，深圳已完成了社会工作机构从社会工作岗位型、中介型向项目化、实体型的转变。

（3）北京——构建社会工作管理体系

作为首都，北京的社会工作发展是最具行政化特色的。党的十七大以来，北京市委社会工作委员会成立，构建了一套社会工作领导体系。社会工作委员会一方面重组了社区服务组织，把原来的社区居委会分为社区党委、社区服务站、社区居委会三个部分，其中党委是社区服务体系的领导核心，街道下派的社区公共服务由社区服务站承接，居委会则主要发挥社区自治的功能。同时，社会工作委员会还尝试在一些有代表性的商业集中区和一些新的社会组织建立社会工作服务站，并以此为依托开展社会工作服务。

在构建社会工作领导体系和服务平台的同时，北京还通过多种方式提高社区工作者的专业化水平。一方面，自 2009 年开始，北京在全国率先实施了"大学生社工计划"，即连续三年，每年选聘 2000 名应届大学毕业生到社区工作。另一方面，为了弥补部分社区工作者的非社会工作专业及相关学科背景不足，北京市社会工作委员会鼓励招录的社区工作者参加全国社会工作者职业水平考试，同时，提高持证者的待遇水平。①

（4）江西万载——将社会工作推进到农村

2007 年 5 月，江西省万载县被确定为全国社会工作人才队伍建设试点县。经过几年的探索，万载形成了农村社会工作发展模式，即"党委统一领导、政府主导推

① 熊贵彬. 内地社会工作发展状况简评［J］. 前沿，2013（2）：87-89.

动、部门密切配合、整合现有资源、社工义工联动、公众广泛参与、广大群众受益"①，开创了一个在经济欠发达的农村地区推行社会工作的典范，在我国社会工作发展的起步阶段具有一定推广意义。

万载作为一个农业地区，其首先要解决的是社会工作人才严重缺乏的问题。江西省民政厅通过与省内高校社会工作专业建立实习基地的方式，把社会工作专业师生这一专业社会工作人才资源群体整合到试点中，由江西师范大学、南昌大学和江西财经大学在万载农村地区建立了 8 个实习基地。一方面，师生通过乡村考察，评估当地居民的需求并分析这些问题的深层次原因，在此基础上，制定合理的方案，链接相关资源，并组织开展了一些儿童、老人、妇女的小组和互助活动；另一方面，通过向民政干部、村居干部、志愿者等传播社会工作知识，鼓励和帮助他们参加全国社会工作者职业水平考试等形式，培养本土工作者。

【思考】
中国各地社会工作在发展中取得了哪些成绩？还存在哪些问题？

万载县社会工作的发展有浓重的政府主导色彩，"在县、乡、村及村落社区四个层面建立了社工网络。在县里成立了领导小组，相关单位设立了社会工作股、室；在乡镇（街道）设立了社会工作服务中心；在村（居）委会设立了社工服务所，在四院（敬老院、光荣院、福利院、卫生院）和中小学校设立了社工室；在村落社区设立了社工服务站"②。可以看出，万载县试点中的社会工作发展没有任何民间力量的参与，它是在政府完全主导下进行的。这种完全依赖政府支持的方式与当地经济不发达密切相关。

专栏 2-6

资料
《社会工作专业人才队伍建设中长期规划（2011—2020 年）》战略目标
到 2020 年，我国社会工作专业人才队伍建设的总体目标是：建立健全社会工作专业人才法规、政策和制度体系，造就一支结构合理、素质优良的社会工作专业人才队伍，使之适应构建社会主义和谐社会的要求，满足人民群众日益增长的社会服务需求。
——社会工作专业人才队伍规模不断壮大。到 2015 年，社会工作专业人才总量增加到 50 万人，其中具有社会工作师职业水平证书或达到同等能力素质的中级社会工作专业人才达到 5 万人，具有高级社会工作师职业水平证书或达到同等能力素质的高级社会工作专业人才达到 1 万人。到 2020 年，社会工作专业人才总量增加到 145 万人，其中中级社会工作专业人才达到 20 万人、高级社会工作专业人才达到 3 万人。
——社会工作专业人才队伍结构不断优化。根据统筹城乡发展、统筹区域

① 蒋国河. 社会工作在新农村建设中的需求、角色与功能 [J]. 中国农村经济, 2010 (5)：23-27.
② 周春雷. 万载农村社会工作的三重奏 [J]. 社会工作（实务版）, 2011 (2)：32.

发展、统筹经济社会发展的要求，逐步优化社会工作专业人才区域结构、城乡结构、领域结构、专业结构、能力结构和年龄结构，形成合理的初、中、高级人才梯次结构和人才布局，逐步实现社会工作服务在城乡、区域和领域的全覆盖。

——社会工作专业人才能力素质不断提升。未系统受过社会工作专业教育的社会服务人员普遍接受一定时数的社会工作专业培训。社会工作专业人才思想政治和职业道德水平不断提高，专业价值伦理不断强化，专业理论与知识不断丰富，专业方法与技术不断完善，专业实务能力不断增强，综合素质大幅度提升。

——社会工作专业人才效能不断增强。社会工作专业人才在提供社会服务、解决社会问题、化解社会矛盾、降低社会风险、维护社会稳定、增进公平正义、促进社会和谐等方面的专业作用得到充分发挥。

——社会工作专业人才发展环境不断改善。社会工作专业人才培养开发、评价发现、选拔使用、流动配置、激励保障方面的法规、政策与制度不断完善；社会工作服务与管理网络基本建立；社会工作服务组织数量更加充足，布局更加合理，覆盖更加全面，治理更加科学，作用更加明显，社会工作专业人才市场进一步发展；社会工作专业人才队伍建设体制机制更加健全。

[资料来源] 社会工作专业人才队伍建设中长期规划（2011—2020年）[EB/OL].（2012-04-26）[2015-06-24]. http://www.mca.gov.cn/article/zwgk/fvfg/shgz/201204/20120400302330.shtml.

专栏 2-7

资料

《民政部　财政部关于政府购买社会工作服务的指导意见》

民发〔2012〕196 号

各省、自治区、直辖市民政厅（局）、财政厅（局），各计划单列市民政局、财政局，新疆生产建设兵团民政局、财务局：

为建立健全政府购买社会工作服务制度，加快推进社会工作专业人才队伍建设，加强以保障和改善民生为重点的社会建设，根据《国家中长期人才发展规划纲要（2010—2020 年）》（中发〔2010〕6 号）、《国家基本公共服务体系"十二五"规划》（国发〔2012〕29 号）、《关于加强社会工作专业人才队伍建设的意见》（中组发〔2011〕25 号）和《中华人民共和国政府采购法》要求，现就政府购买社会工作服务提出如下意见：

一、充分认识政府购买社会工作服务的重要性与紧迫性

社会工作服务是社会工作专业人才运用专业方法为有需要的人群提供的包括困难救助、矛盾调处、人文关怀、心理疏导、行为矫治、关系调适、资源协调、社会功能修复和促进个人与环境适应等在内的专业服务，是现代社会服务体系的重要组成部分。政府购买社会工作服务，是政府利用财政资金，采取市场化、契约化方式，面向具有专业资质的社会组织和企事业单位购买社会工作服务的一项重要制度安排。建立健全政府购买社会工作服务制度，深入推进政府购买社会工作服务，是加强社会工作专业人才队伍建设、促进民办社会工作服务机构发展的内在要求；是创新公共财政投入方式、拓宽公共财政支持范围、提高公共财政投入效益的重要举措；是改进现代社会管理服务方式、丰富现代社会管理服务主体、完善现代社会管理服务体系的客观需要；对于加快政府职能转变、建设服务型政府、有效满足人民群众不断增长的个性化、多样化社会服务需求，具有十分重要的意义。

近年来，不少地方围绕政府购买社会工作服务政策制度、体制机制、方式方法等进行了一系列实践探索，在拓宽服务领域、深化服务内涵、提高服务质量、满足社会需求等方面取得了重要成果。但从整体上看，我国政府购买社会工作服务还存在着政策制度不健全、体制机制不完善、规模范围较小等问题，与中央加快构建现代社会服务体系、增强民生保障能力、加强和创新社会管理的目标要求和人民群众不断增长的社会服务需求相比尚有较大差距。各级民政和财政部门要切实增强责任感和紧迫感，充分总结借鉴国内外政府购买社会工作服务实践经验，以改革创新精神，采取更加有力措施，加快推进政府购买社会工作服务。

二、政府购买社会工作服务的指导思想、工作原则和主要目标

（一）指导思想。以中国特色社会主义理论体系为指导，大力推进公共财政改革，以满足人民群众服务需求、保障和改善基本民生为根本出发点，以建立健全政策制度、完善体制机制为着力点，以培养使用社会工作专业人才队伍、扶持发展民办社会工作服务机构为基础，深入推进政府购买社会工作服务，为进一步完善现代社会服务体系、深化公共财政体制改革、促进社会事业健康发展提供有力保障。

（二）工作原则。坚持立足需求、量力而为，从人民群众最基本、最紧迫的需求出发设计、实施社会工作服务项目，用人民群众社会服务需求是否得到有效满足作为检验政府购买社会工作服务的重要标准；通过以点带面、点上突破、面上推广方式，以城市流动人口、农村留守人员、困难群体、特殊人群和受灾群众为重点，有计划、有步骤地开展政府购买社会工

作服务，逐步拓展政府购买的领域和范围。坚持政府主导、突出公益，加强对政府购买社会工作服务的组织领导、政策支持、财政投入和监督管理，充分尊重市场主体地位，发挥市场机制在配置社会服务资源中的基础性作用，通过公开透明、竞争择优方式选择服务提供机构；引导服务提供机构按照公益导向原则组织实施社会工作服务项目。坚持鼓励创新、强化实效，立足各地经济社会发展实际，充分借鉴国内外有益经验，创新政府购买社会工作服务的体制机制，改进政府购买社会工作服务的方式方法，建立健全具有中国特色的政府购买社会工作服务制度；切实加强绩效管理，降低服务成本，提高服务效率，增强政府购买社会工作服务的针对性和有效性。

（三）主要目标。建立健全政府购买社会工作服务政策制度，建立完善的社会工作服务标准体系，形成协调有力的政府购买社会工作服务管理体制以及规范高效的工作机制；加大财政投入力度，逐步拓宽政府购买社会工作服务范围、扩大政府购买社会工作服务规模、提升政府购买社会工作服务质量；加快培养一支高素质的社会工作专业人才队伍，发展一批数量充足、治理科学、服务专业、作用明显的社会工作服务机构，提高其承接政府购买社会工作服务的能力，使社会工作服务的范围、数量、规模和质量适应经济社会发展要求，有效满足人民群众个性化、多样化、专业化服务需求。

三、政府购买社会工作服务的主体、对象、范围、程序与监督管理

（一）购买主体。各级政府是购买社会工作服务的主体。各级民政部门具体负责本级政府购买社会工作服务的统筹规划、组织实施和绩效评估；各级财政部门具体负责本级政府购买社会工作服务规划计划审核、经费安排与监督管理；各有关部门和群团组织负责本系统、本行业社会工作服务需求评估，向同级民政部门申报社会工作服务计划并具体实施。

（二）购买对象。政府购买社会工作服务的对象主要为具有独立法人资格，拥有一支能够熟练掌握和灵活运用社会工作知识、方法和技能的专业团队，具备完善的内部治理结构、健全的规章制度、良好的社会公信力以及较强的公益项目运营管理和社会工作专业服务能力的社会团体、民办非企业单位和基金会。具备相应能力和条件的企事业单位可承接政府购买社会工作服务。

（三）购买范围。按照"受益广泛、群众急需、服务专业"原则，重点围绕城市流动人口、农村留守人员、困难群体、特殊人群和受灾群众的个性化、多样化社会服务需求，组织开展政府购买社会工作服务。实施城市流动人口社会融入计划，为流动人口提供生活扶助、就业援助、生计发展、权益维护等服务，帮助其尽快融入城市生活，实现城市户籍居民与外来经商务工人员的和谐共处。实施农村留守人员社会保护计划，帮助农村留守儿童、妇女和老人缓解生活困难，构建完善的社会保护与支持网络。实施老年人、残疾人社会照顾计

划，为老年人和残疾人提供生活照料、精神慰藉、社会参与、代际沟通等服务，构建系统化、人性化、专业化的养老助残服务机制。实施特殊群体社会关爱计划，帮助药物滥用人员、有不良行为青少年、艾滋病患者、精神病患者、流浪乞讨人员、社区矫正人员、服刑人员、刑释解教人员等特殊人群纠正行为偏差、缓解生活困难、疏导心理情绪、改善家庭和社区关系、恢复和发展社会功能。实施受灾群众生活重建计划，围绕各类受灾群众的经济、社会、心理需要，开展生活救助、心理疏导、社区重建、资源链接、生计项目开发等社会工作专业服务，帮助受灾群众重树生活信心、修复社会关系、恢复生产生活。

（四）购买程序。一是编制预算。民政部门根据本地经济社会发展水平和财力状况，协调有关部门和群团组织切实做好人民群众尤其是困难群体、特殊人群社会服务需求的摸底调查与分析评估，核算服务成本，提出政府购买社会工作服务的数量、规模、质量与效果目标要求，科学编制年度社会工作服务项目预算并报同级财政部门审批。二是组织购买。购买社会工作服务，原则上应通过公开招标方式进行。对只能从有限范围服务机构购买，或因技术复杂、性质特殊而不能确定具体服务要求、不能事先计算出价格总额的社会工作服务项目，经同级财政部门批准，可以采用邀请招标、竞争性谈判方式购买。对只能从唯一服务提供机构购买的，向社会公示并经同级财政部门批准后，可以采取单一来源采购方式组织采购。政府购买社会工作服务的组织实施，必须符合《中华人民共和国政府采购法》以及相关法律法规和部门规章要求。三是签订合同。民政部门要按照合同管理要求，与服务提供机构订立购买服务合同，明确购买服务的范围、数量、质量要求以及服务期限、资金支付方式、违约责任等内容。四是指导实施。财政和民政部门要及时下拨购买经费，指导、督促服务承接机构严格履行合同义务，按时完成服务项目任务，保证服务数量、质量和效果。

（五）监督管理。建立健全政府购买社会工作服务监督管理制度，形成完善的社会工作服务项目购买文件档案，制定具体、翔实、严格的专业服务、资金管理及效果评价等方面指导标准。切实加强过程监管，按照政府购买社会工作服务合同要求，对专业服务过程、任务完成和资金使用情况等进行督促检查。建立由购买方、服务对象及第三方组成的综合性评审机制，及时组织对已完成社会工作服务项目的结项验收。积极推进第三方评估，发挥专业评估机构、行业管理组织、专家等方面作用，对服务机构承担的项目管理、服务成效、经费使用等内容进行综合考评。坚持过程评估与结果评估、短期效果评估与长远效果评估、社会效益评估与经济效益评估相结合，确保评估工作的全面性、客观性和科学性。将考评结果与后续政府购买服务挂钩，对考评合格者，继续支持开展购买服务合作；对考评不合格者，提出整改意见，并取消一定时期内承接政府购买社会工作服务资格；情节严重者，依法依约追究有关责任。建立社会工作服务提供机构征信管理制度。

四、加强对政府购买社会工作服务的组织领导

（一）建立健全领导体制和工作机制。各有关部门要将政府购买社会工作服务提上重要议事日程，纳入基本公共服务发展规划。适应社会工作分布广泛、高度分散的特点，建立健全以民政和财政部门为主导、各有关部门密切配合、社会力量广泛参与的工作机制。各省级民政和财政部门要根据本指导意见，抓紧制定具体实施办法。加强社会工作行业组织建设，发挥其在推动政府购买社会工作服务中的积极作用。

（二）建立健全政府购买社会工作服务制度。适时制定政府购买社会工作服务管理办法。将政府购买社会工作服务要求纳入社会工作专业人才队伍建设、民办社会工作服务机构发展以及政府采购、公共财政投入等方面法规政策和部门规章制修订范围。围绕社会工作服务流程、专业方法、质量控制、监督管理、需求评估、成本核算、招投标管理、绩效考核、能力建设等环节，加快相关标准研制步伐，逐步建立科学合理、协调配套的社会工作管理服务标准体系，为政府购买社会工作服务提供有力技术保障。

（三）培育发展社会工作服务载体。在充分发挥现有相关社会组织和企事业单位作用基础上，通过完善管理体制、适当放宽准入条件和简化登记程序等措施，鼓励社会工作专业人才创办民办社会工作服务机构。采取财政资助、落实税收优惠政策、提供办公场所等方式支持处于起步阶段、具有发展潜力的民办社会工作服务机构发展。引导民办社会工作服务机构完善内部治理结构，健全规章制度，加强管理服务队伍建设，提升资源整合、项目管理和社会工作服务水平，增强承接政府购买社会工作服务的能力。建立健全民办社会工作服务机构信息公开制度，着力提高其社会公信力。培育发展一批社会工作专业能力建设与评估咨询机构，为更好开展政府购买社会工作服务提供专业支持。

（四）加大政府购买社会工作服务经费投入。各级财政要将政府购买社会工作服务经费列入财政预算，逐步加大财政投入力度，扩大政府购买社会工作服务范围和规模，带动建立多元化社会工作服务投入机制。探索建立社会工作服务项目库，实现项目库管理与预算编制的有机衔接。从民政部门留用的彩票公益金中安排资金，用于购买社会工作服务。鼓励社会资金支持购买社会工作服务。严格资金管理，确保资金使用安全规范、科学有效。中央财政安排专项资金，支持社会组织参与社会工作服务，引导社会工作专业人才为困难群体、特殊人群以及中西部地区和老少边穷地区提供专业服务。

（五）加强政府购买社会工作服务宣传交流。积极发挥各类新闻媒体作用，加强对政府购买社会工作服务的宣传。定期组织开展优秀社会工作服务项目和

民办社会工作服务机构评选，调动社会力量参与社会工作服务的积极性，增强社会各界对政府购买社会工作服务的认同与支持。建立健全政府购买社会工作服务信息管理平台，依托信息网络技术，开展需求调查、计划发布、项目管理、政策宣传、信息公开等工作，提升政府购买社会工作服务管理水平。定期举办社会工作宣传周、项目推介会、展示会、公益创投等活动，为民办社会工作服务机构交流经验、推广项目、争取资源创造条件。

[资料来源] 民政部　财政部关于政府购买社会工作服务的指导意见[EB/OL].（2012-11-27）[2016-06-08]. http://www.mca.gov.cn/article/zwgk/tzl/201211/20121100383464.shtml.

重要结论与启示

1. 起源于西方国家的社会工作是伴随工业化引发的大量社会问题而产生的。在西方社会工作实践的发展历程中，英国伊丽莎白《济贫法》、德国"汉堡制"与"爱尔伯福制"、慈善组织会社、睦邻组织运动等都为社会工作专业方法的萌芽提供了直接前提；社会工作成为一门专业，社会需求、实践发展、相关科学基础的发展、社会工作研究者的提炼和归纳总结等是必备的条件。

2. 作为一门学科或一种专业，社会工作的产生和发展与西方社会具备了相应的思想体系、理论及实践准备、正式制度和组织方面的推动等分不开。相关的社会福利理念是支撑社会工作发展的重要思想基础；国家干预是推动社会工作发展特别是专业社会工作发展的关键力量；发展社会工作需要制度化的空间；发展专业社会工作是提升福利服务地位与效果的必然选择。

3. "本土化与创新"是中国社会工作未来发展的关键。在重要的社会工作领域寻求突破，恰当处理中外价值观的冲突，促进实践与理论的结合，才能推动中国社会工作的专业化与职业化进程。

参考文献

1. 张乐天. 社会工作概论 [M]. 3版. 上海：华东理工大学出版社，2007.
2. 王思斌. 社会工作导论 [M]. 2版. 北京：北京大学出版社，2011.
3. 顾东辉. 社会工作概论 [M]. 上海：复旦大学出版社，2008.
4. 孙立亚. 社会工作导论 [M]. 北京：中国财政经济出版社，1999.
5. 李迎生. 社会工作概论 [M]. 北京：中国人民大学出版社，2004.
6. 向德平. 社会工作概论 [M]. 北京：中国广播电视出版社，2004.
7. 方青，董根明，汪志国. 社会工作概论 [M]. 合肥：合肥工业大学出版社，2006.
8. 陈墈成，黄河. 社会工作概论 [M]. 厦门：厦门大学出版社，2000.
9. 李迎生. 构建本土化的社会工作理论及其路径 [J]. 社会科学，2008（5）.

10. 刘梦，张叶芳. 中国社会工作本土化过程分析 [J]. 中华女子学院学报，2001 (6).

拓展阅读

1. 刘梦. 中国社会工作与社会工作教育评述 [J]. 中华女子学院学报，2001 (3).

2. 李迎生. 西方社会工作发展历程及其对我国的启示 [J]. 学习与实践，2008 (7).

3. 郭伟和，郭丽强. 西方社会工作的专业化历程及对中国的启示 [J]. 广东工业大学学报（社会科学版），2013 (5).

4. 乐国林. 后现代的社会理论与后现代之下的社会工作 [J]. 社会科学辑刊，2002 (4).

5. 艾森斯塔德. 现代化：抗拒与变迁 [M]. 张旅平，等译. 北京：中国人民大学出版社，1988.

专题三　社会工作的精神支柱：价值、伦理与理论

内容概览

　　社会工作者在专业实践过程中，既应具有崇高的专业信念与职业操守，又需要掌握专业的理论和方法。社会工作价值、伦理与理论为这两方面素养提供精神支持。本专题分两部分对这两方面素养进行阐释。第一部分从价值、伦理的基本概念入手，阐述社会工作专业价值、伦理原则与道德操守的内涵；第二部分对社会工作专业主要理论的内容、思想渊源及其在社会工作中的应用、各种理论流派的分类等问题进行较为系统的阐释。

学习目标

　　1. 明晰价值和社会工作专业价值、伦理和社会工作专业伦理、伦理和价值的区别与联系。

　　2. 了解社会工作的基本价值及思想渊源。

　　3. 掌握社会工作专业伦理的基本原则。

　　4. 理解社会工作的价值、伦理在社会工作中的地位。

　　5. 了解社会工作的主要理论流派及其在社会工作中的地位。

　　关键词：社会工作基本价值　社会工作伦理守则　社会工作理论

专栏 3-1

案例

　　22 岁的张鹏患有精神病，母亲已逝，过去的三年中，他一直住在年迈的父亲家里。张鹏能够勉强维持最低限度的自我照顾，不愿与人接触，他大多时间坐在家里，呆呆地盯着屋中的某个角落。父亲不敢把他一个人留在家里，但又觉得自己无力照顾张鹏，于是找到社会工作者，要求把张鹏送进医院。社会工作者能够体会张鹏父亲的心情，但也知道张鹏只是给父亲带来压力，还没有对自己和他人构成威胁，送进医院对张鹏并不好。怎样处理更为妥当呢？社会工作者陷入两难的困境。

　　[**资料来源**] 陈钟林，黄晓燕. 社会工作价值与伦理 ［M］. 北京：高等教育出版社，2011：9.

[思考]

　　在专栏 3-1 的案例中，社会工作者应帮助张鹏父亲把张鹏送进医院吗？在什么情况下，社会工作者可以考虑安排张鹏的非自愿住院？面对张鹏的现实需要和他父亲的请求，社会工作者应该怎样抉择？给予张鹏的父亲和家庭怎样的实质性帮助？

在社会工作实践中，社会工作者经常会遇到与上述案例类似的抉择困境。这就需要专业的价值观和伦理守则为社会工作者提供行动的指南。

一、社会工作专业价值与伦理

从一般意义上讲，社会工作专业价值包含专业伦理的内容，但在社会工作中，二者经常被分开使用，前者主要指专业基本价值，后者主要指专业伦理原则和守则。

（一）社会工作专业价值

要清楚什么是"社会工作专业价值"，应先从它的种概念"价值"及它们之间的关系入手。

1. 价值与专业价值概念

"价值"是揭示外部客观世界对于满足人的需要的意义关系的范畴，是指具有特定属性的客体对于主体需要的意义。当客体能够满足主体需要时，客体对于主体就有价值，满足主体需要的程度越高，价值就越大。与"价值"概念经常一起使用的"价值观"概念，是指在人的行为、道德等领域中，对人以及事物的是非、善恶、美丑的一种判断以及评判标准，是主体看待客体即评价其重要性或社会意义所依据的观念系统。在用于表达特定的文化属性和主观取向时，"价值"与"价值观"是同一概念。① 社会工作领域，"价值"与"价值观"两个概念常常被混同使用。

通常，人们会认为"价值"是一个非常抽象，难以把握的概念。其实不然。它就在我们身边，就在我们生活中。

专栏 3-2

资料

当代青年价值观透视

习近平同志在五四重要讲话中指出，人类社会发展的历史表明，对一个民族、一个国家来说，最持久、最深层的力量是全社会共同认可的核心价值观。我国历经30多年改革发展，社会转型全面展开，人们的价值观也在变化。

青年价值观变化的特征之一就是价值取向日趋多样。在传统与当代、中国与西方之间，多样价值观给人们更多选择，也带给那个时期青年人诸多人生观矛盾、分化和价值困惑。随着经济社会的不断发展，与社会主义市场经济相适应的价值体系也逐渐构建清晰，多样的青年价值观也从纷繁复杂状态走向一元

---

① 高鉴国. 社会工作价值与伦理 [M]. 济南：山东人民出版社，2012：1.

引导下的多样发展。随着社会主义核心价值体系的构建，青年人的价值观由多样、分化走向主流整合，民主、法制、文明、和谐、责任、公平等成为当代青年认同的价值理念。与此同时，年轻人生活方式缤纷，信息时代的快速到来，使"时尚消费""网言网语""微观点"等青年文化现象层出不穷，青年人凭借信息技术，把他们的价值选择和自我文化在新媒介世界表达得淋漓尽致。这种局面不仅反映了价值取向的多样变化，也折射出转型中的我国社会越来越开放包容。

[资料来源] 莴晨虹. 当代青年价值观透视 [N]. 人民日报，2014-05-11 (6).

根据主体的不同，价值可分为社会价值、专业价值和个人价值，社会工作价值属于专业价值。专业价值通常指指导某种专业或职业全部服务实践的基本理念和准则。社会工作价值是指社会工作专业所追求的理想、目标，以及所秉持的信念、宗旨、原则。

2. 社会工作基本价值

（1）关于西方社会工作基本价值体系的几种观点

在西方，学界关于社会工作基本价值的理论很多，影响最大的有三种：第一种是由"美国社会工作实务操作定义"所代表的社会工作价值，第二种是由泰彻提出的社会工作价值，第三种是由比斯台克发展的社会工作价值。①

专栏 3-3

资料

西方社会工作三种基本价值体系

1. 操作定义的价值体系

"美国社会工作实务操作定义"包括六条价值叙述：（1）个人是这个社会首先要关心的对象。（2）在这个社会的个人之间存在着相互依存关系。（3）他们具有相互的社会责任。（4）尽管对每一个人来说，他们都具有共同的人类需要，但是每一个人从本质上来说是唯一的，与其他人是不同的。（5）民主社会的一个基本属性是通过积极地参与社会，实现每一个人的全部潜能和他的社会责任假设。（6）社会有责任提供各种方式，克服或阻止在个人和环境之间存在的自我实现的障碍。

2. 泰彻提出的价值体系

泰彻认为：（1）每一个人都有作为人的尊严和价值。（2）每

[思考]

阅读专栏 3-3 中三种社会工作价值体系的基本内容，比较它们的异同。

---

① 王思斌. 社会工作概论 [M]. 北京：高等教育出版社，2006：46.

一个人都应该受到尊敬和得到周到的对待。(3) 每一个人都应该参与有关他的决策。(4) 每一个人都应该自由发展他自己的能力和天赋。(5) 每一个人都应该公平地分享对物品和服务的控制。(6) 对于理性行为所必需的信息，每一个人都应该具有完全和自由获得的权利。

3. 比斯台克提出的价值体系

比斯台克在其 1961 年出版的《个案工作关系》一书中，提出了社会工作的价值体系。他认为：(1) 人的尊严和价值是至高无上的。(2) 人在生理、智力、情感、社会、审美和精神方面具有天赋的潜能和权利。(3) 人具有实现其潜能的天生的驱动力和义务。(4) 人具有选择的能力，并且由于其有自我实现的义务，因此具有自我决定的权利。(5) 每一个人都是一个个体，并且有作为个体被考虑的权利和需要。(6) 为了其潜能的实现，人有要求采用适宜的手段的权利。(7) 每一个人都需要得到社会提供的权利和保障的机会。(8) 人的社会活动在其自我实现的斗争中是重要的。(9) 社会有义务促进个人的自我实现。(10) 社会应保障成员通过自己的能力、贡献富裕起来。

[资料来源] 王思斌. 社会工作概论 [M]. 北京：高等教育出版社，2006：46.

在社会工作的实践中，不同国家和地区都制定了专门的工作守则，在很多守则中均有对专业基本价值的概括。比如，现行的美国社会工作者协会制定的《伦理守则》、我国香港社会工作注册局制定的《注册社会工作者工作守则》、我国台湾社会工作人员专业协会制定的《社会工作伦理守则》、中国社会工作者协会制定的《中国社会工作者守则》等，均对社会工作基本价值做了专门规定。

关于社会工作基本价值的各种概括，虽然表述方式不同，但是它们所代表的价值取向是基本相同的，大体可概括为七个方面[①]：第一，服务。为社会中有需要的人提供服务，这是社会工作的宗旨。第二，利他。社会工作者为他人提供服务应超越个人利益，其行为动机应该是利他的、非功利的。第三，社会公平与正义。社会工作者协助弱势群体争取平等的发展机会，协助困难群体预防和克服阻碍、走出困境。这都是社会公平与正义的要求与体现。第四，人的价值与尊严。社会中的每一个人，不论贫富贵贱都有与生俱来的价值与尊严，都有权利追求更加美满的生活以满足自己的需要；每个人都是独立的个体，既有与他人相近的生理和心理需求，也有自己独特的偏好，都有自我选择的能力和发展的潜质等。第五，平等与尊重。社会工作者在服务过程中，应从内心真诚接纳而不歧视服务对象，要以尊重和宽容的态度与服务对象建立平等的专业关系。第六，合作。无论是社会工作者之间还是专业服务机构之间，基于共同的服务宗旨和专业使命，彼此都是相互合作的关系。第七，敬业。社会工作者不仅要热爱所从事的专业，坚信专业在社会发展中的作用，而且要在实践中不断学习和

---

① 高鉴国. 社会工作价值与伦理 [M]. 济南：山东人民出版社，2012：31.

充实自己的专业理论，努力提高专业服务品质，积极促进专业发展。

这七个方面根据莫勒斯和诗意佛对社会工作价值体系的划分标准，可以分为：对人的价值、对社会的价值、对工作的价值三类。[①] 其中，人的价值与尊严、平等与尊重强调的是对人的价值，社会公平与正义强调的是对社会的价值，服务、利他、合作、敬业强调的是对工作的价值。观念来源于社会的实践，社会工作的价值理念随时代的发展而不断变化。社会工作界对于专业基本价值的认识还在不断地发展和完善中。作为一名社会工作者，需要不断更新自己的知识体系，调整自己的价值观念，使社会工作这项专业的助人行动更好地符合社会大众的期望。

专栏 3-4

案例

汶川地震发生后，来自全国各地的物资汇聚到地震灾区。但是受地域分布、交通状况、工作基础等因素的影响，灾区的不同地区、家庭获得的社会救助捐助物资存在着分配不平衡的现象。以灾后孤儿的资源获得为例，不同的孤儿家庭所得到的社会资助出现了很明显的不平衡，有的孤儿因为得到的社会救助多，出现了挑肥拣瘦的现象；有些孤儿却仅能获得政府给予的基本救助款，生活面临困境。交通便利的地方灾后重建速度快些，地域偏远的地区则慢得多。重点人和重点地区受到媒体关注的概率大些，资源也会相应多些。

[资料来源] 陈钟林，等. 2009. 灾后孤儿安置报告 [C] //民政部—联合国儿童基金会项目基线调查报告.

在专栏 3-4 的案例中，社会工作者在介入资源分配时，应该使孤儿的需要和社会的资助统筹协调起来，明确并统一分配的标准，做到资源分配合理，让最需要的人得到最及时的救助。

（2）社会工作基本价值的思想渊源

社会工作起源于西方，其基本价值必然根植于西方文化。以人为本、民主、自由、平等、博爱等是西方文化核心的价值观念，这些核心的社会价值观念很早就出现在宗教的教义中，此后经过宗教改革运动、文艺复兴运动进一步发扬光大。特别是新教伦理、人道主义和社会福利观念为西方社会工作价值奠定了深厚的基础。

【思考】
宗教伦理精神、人道主义价值观和社会福利理念是如何影响社会工作价值的？

古代西方思想中蕴含着丰富的社会工作基本价值观。古希腊罗马时期孕育了人类历史上的璀璨文明，开创了人类对精神世界探索的先河。在古希腊、古罗马、希伯来时期的社会救济、社会福利思想中，就蕴含着社会工作价值观。古希腊时期，有关"幸福论"的福利思想认为幸福是与别人共享得来的，富人要幸福，要

---

① Frederic G. Reamer. 社会工作价值与伦理 [M]. 包承恩，等译. 台北：洪叶文化事业有限公司，2000：36.

控制穷人，就要为穷人提供财富，如此，也使富人得到了获得幸福的机会。这种幸福观表明，个人拥有财富并不就是幸福，只有与他人分享才是幸福。这种价值观为富人帮助穷人以及人们之间的互助提供了思想依据。古罗马时期的宗教责任观认为，富人为穷人解除痛苦，是教义中包含的一种责任，而且应使受救济的穷人不能因此丧失尊严，使富人因此愈显尊贵。这种责任观表明，富人帮助穷人并不是可有可无的，而是一种宗教上的责任，而且在履行这种责任时必须尊重穷人的尊严，否则富人也没有什么尊贵可谈。这种责任观改变了人们对帮助他人的看法，促使富人帮助穷人。希伯来时期，人们主张正义，认为人应该公平地享有社会物质财富，是一种正义的观念。托马斯·阿奎那认为，公正即大同与分配。分配指个人依其贡献而享有，大同指每个人均能公平地享有财富。这种正义观表明，只有既考虑到个人贡献，又考虑到公平才是正义的。无疑，这一观点对后来社会工作强调社会公平产生了重要影响。

宗教教义也是社会工作基本价值的思想渊源。宗教教义中，有关社会工作价值观的思想常常是以"善举"，以及由此产生的"应当"的道德价值观表现出来的，其中包含了三种主要的价值理念，即爱、给予、人性。古埃及时，《死亡之书》中就包含有七个怜悯法令，即对饥者、渴者、裸者、囚犯、陌生人、病人和垂死的人的救济和帮助。犹太教中，犹太哲学家梅蒙尼兹（Maimonides）总结了八个层次的博爱行为，它们分别是：①勉强并后悔的施舍，这是手的而不是心的礼物。②高兴的施舍，但是施舍的数量与痛苦者的痛苦不相称。③高兴并相称的施舍，但是伴有贫困者的乞求。④高兴、相称，甚至是没有乞求的施舍，但是把它放在穷人的手里，引起他们的痛苦和羞耻感。⑤痛苦者接受捐赠品，并让他们知道谁是捐赠者，但是不让他们认识。⑥痛苦者接受捐赠品，但是不知道谁是捐赠者。⑦捐赠者和被救济的人彼此互不知晓。⑧预先提供捐赠，使一个身处逆境的人能过上一种充实的生活，使他不至于沦落到被人救济的地步。① 基督教扩大了早期的社会工作实践范围，在 12 个领域里从事慈善工作：照顾寡妇、孤儿、病人、穷人、残疾人、囚犯、俘虏、奴隶、难民，埋葬死亡穷人，提供就业服务和为需要者提供饭食。显而易见，早期社会工作实践在一定程度上把救助看作一种施舍，是对受助者的怜悯，它承认和容许受助者的羞耻感及不平等的意识。

新教伦理的核心概念是在上帝面前人人平等。信徒可以不必经过牧师和教会组织而与上帝建立关系，可以直接与上帝对话，直接接受上帝的指示。新教的这一信仰破除了宗教的等级制度，在神学领域里树立起个人的权威。这无疑会在世俗领域中产生同样的思想解放作用，诱发自由、民主、自立观念的产生。德国社会学家韦伯论证了这种新教伦理是和资本主义精神一脉相通的，他把新教伦理当作社会变迁的发动机。根据基斯-卢卡斯的研究，新教伦理所蕴含的价值观包括以下内容：①人要为他们自己的成功或失败负责。②人性基本上是罪恶的，但是它可以通过一种意志行动来克服。③人的主要目的是通过艰苦工作实现物质繁荣。④社会的主要目的是维持使物质繁荣成为可能的法律和秩序。⑤不成功或越轨的人不应受到帮助，虽然应该做出有限

---

① 王思斌. 社会工作概论［M］. 北京：高等教育出版社：2006：39.

度的努力，以便恢复或激发这些失意者为了他们自己更加努力工作。⑥对变迁的主要激励是在经济或物质方面发现奖赏和惩罚。① 基斯-卢卡斯在这里所阐述的自我负责、意志胜恶、艰苦工作和物质繁荣、法律和秩序、助人自助、奖赏和惩罚等新教的价值观念，至今仍是社会工作价值的组成部分。即使有些已经变化的价值，过去也曾是西方国家制定社会政策、社会工作实践的理念基础。

人文主义与人道主义价值观为社会工作的基本价值提供思想理论基础。人道主义起源于欧洲的文艺复兴运动。它的最初形态是"人文主义"。这场以复兴古希腊、古罗马文化，反对中世纪的宗教文化为目标的"人文主义"运动很快就发展成为一种人道主义运动。其实质就是反对神学，提倡人学；反对神权，提倡人权；反对神性，提倡人性；反对愚昧，提倡理性；反对迷信，提倡科学；反对神道，提倡人道。在当时的历史条件下，提倡人道主义显然是有进步意义的。

人道主义是以人为中心或为本位的哲学价值理念。概括起来，它有如下组成部分：第一，哲学上的人本主义，它是以人为本位的，而不是以神或别的什么为本位；第二，经济上的自由主义、人道主义是自由经济发展的思想基础；第三，政治上的民主主义是民主政治发展的理论基础；第四，伦理上的人道主义承认人与生俱来的一切权利，包括在经济、政治、社会、文化等方面的全部权利。

人道主义的历史功绩如下：第一，直接触发了 16 世纪的宗教改革，动摇了中世纪封建统治的基础；第二，人道主义和新教伦理为资本主义的发展奠定了思想基础；第三，弘扬了科学和理性的光辉，促进了科学和社会的进步；第四，以抽象的形式提出了"人""人权""人性"和"人道"等概念。这些不仅是反对封建宗教文化的锐利武器，而且构成了人类优秀文化的组成部分，是人类进一步推动文化发展和思想进步所必需的营养材料。

（3）中西方社会工作基本价值的差异与融合

社会工作起源于西方，它之所以能够在中国得到认同和发展，最根本的原因在于中国传统文化中也存在着与社会工作专业价值相通的要素。当然，由于社会发展水平和制度、文化上存在差异，西方国家的专业价值在中国社会工作者的实践中难免出现某些水土不服或价值与伦理冲突。因此，差异和融合是西方社会工作专业价值对中国社会工作实务产生影响的两个基本维度。

首先，西方社会工作专业价值与中国传统价值观念存在着差异。

差异一：西方强调个人价值、尊严至高无上，而中国传统的价值观念更重视社会、整体。

基督教伦理关于爱、关怀与责任的三个重要元素是社会工作专业实践的基本价值。社会工作基本价值源于西方宗教理念和工业主义文明的结果，它注重个人的价值与尊严，强调受助者个人价值的独立性和重要性，主张个人自我决定，具有强烈的个人主义色彩。中国传统价值观念则不同，中国传统社会从来就秉承社会与群体利益的

---

① 王思斌. 社会工作概论［M］. 北京：高等教育出版社，2006：45.

伦理价值取向，重视集体为本和强调以社会为中心，崇尚社会本位。"中国人对'人'下的定义，正好是将明确的自我疆界铲除的，而这个定义就是'仁者，人也'。'仁'是'人'字旁一个'二'字，亦即是说，只有在'二人'的对应关系中，才能对任何一方下定义。在传统中国，这类'二人'的对应关系包括：君臣、父子、夫妇、兄弟、朋友。这个对'人'的定义，现在被扩充为个体与集体的关系。"① 在中国传统文化中，个人从来都不是最重要的，人总是被视为家庭成员之一，或集体或社会的一分子，永远是社会的依附品，个人的权利一定要让步和服从于社会整体利益。就像在家庭中，所有的家庭成员都要以"家"为整体核心，无论个人受到多大的委屈，也必须以家庭利益为重，"家和万事兴"和"家丑不外扬"成为家庭关系中至高无上的伦理价值。这使得西方社会工作价值中强调的"尊重个体独立性"失去了思想土壤。受助者不仅主动求助的动机缺乏，而且个体的主体意识淡漠，依赖感强，在社会工作者介入问题解决时因主观动机不足而难度加大。

差异二：西方社会工作是专业助人的职业，而中国传统文化（如道家文化）却主张困境中的自恃自守，不寻求帮助。

道家与儒家相比，更关注个体，他教世人消极地漠视政治，逃避世事，追求自我精神的超脱。因而当人生处于失利时，如事业不顺、婚姻不幸等，人们往往以道家推崇的人生信念来安慰自己，获得暂时的心灵平静。总体来说，道家虽然关注个体，但仅是主张困境中的自恃自守，不寻求帮助，也没有针对社会上多数个体困境提出切实可行的解决方案。

差异三：西方强调助人行动的专业性，而在中国，从事志愿服务、助人服务和福利事业、社区发展的人员往往更重视以情感人。

西方非常重视助人行为与社区发展的专业性。西方社会早在 19 世纪末就开始了社会工作专业人才的培养，他们在社会工作专业教育、社会工作专业组织发展及行业自律、社会服务机构培育、社会政策框架设计等方面对社会工作的专业性进行了很好的探索与行动。在中国，人情是核心，社会工作实践往往侧重于以情感人，缺乏以理服人的专业性。比如，中国社区和街道的工作人员在调节婚姻家庭问题时，常常本着"大事化小、小事化了"的态度，劝解夫妻双方看在老人、孩子的情分上息事宁人、互相忍让，不要随便结束婚姻关系。这样的指导方法常常使得一些婚姻问题被一时的平静掩盖，其实问题并没有得到实质性的解决。而西方在处理婚姻问题时，则比较倾向于用法律或者更加理性的形式来解决。

西方社会工作专业价值尽管与中国传统文化存在着一定的差异，但在研究差异的过程中我们应该看到，社会工作专业价值与中国传统文化在一定程度上或者某些领域中依然存在交集区，是可以在冲突中寻求融合的。

其次，西方社会工作专业价值与中国传统文化又存在着融合的基础。

融合基础一：西方社会工作基本价值中救助人的理念与中国传统文化中的仁爱与

---

① 阎韬. 孔子与儒家 [M]. 济南：山东教育出版社，1991：10.

慈善思想相通。

　　社会工作的专业出发点与使命就是"助人"，帮助那些需要被帮助的人，中国传统文化也十分强调人与人之间的爱和互助。"仁爱"学说在中国传统文化中占有核心地位。早在战国时期，思想家管仲就提出了"九惠之教"，即"入国四旬，五行九惠之教。一曰老老，二曰慈幼，三曰恤孤，四曰养疾，五曰合独，六曰问疾，七曰通穷，八曰赈困，九曰接绝"（《管子·入国》）。在孔子看来，仁爱之心是人之所以为人的根本。佛教在中国的传入和发展始于两汉，佛教思想对中国的影响亦是源远流长。佛教教义的核心内容之一是慈悲精神。慈悲就是对他人的不幸表示怜悯和同情，具体实践的途径就是布施，布施行为是没有功利心的。中国传统文化中体现的仁爱和慈善思想，与助人的社会工作专业价值是相通的。

　　融合基础二：和谐与发展理念是西方社会工作专业与中国传统文化追求的共同目标。

　　医生关注的是一个人的生理疾病，心理学关注的是一个人的精神健康，而社会工作关注的却是一个社会的和谐与发展。社会工作将社会的公平正义、社会康复与预防、社会建设与发展当成自己的专业使命与追求。中国传统文化对于社会和谐甚至天人和谐的重视程度与西方文化相比，可以说是有过之而无不及。不管是家庭之中强调的"家和万事兴"，还是儒家文化对于整个中国家庭伦理、社会秩序的规范，道家文化强调的人与自然之间的和谐论，都无不在诠释着中国传统文化对于和谐的追求。可以说，社会工作所强调的社会公平与正义、社会和谐与发展同中国传统文化追求的和谐目标是一致的。

　　融合基础三："以人为本"是西方社会工作专业与中国传统文化秉承的共同价值。

　　"以人为本"是社会工作价值的核心，也是社会工作之所以施行助人行为的出发点和主要依据。几乎大部分的社会工作价值都是从"以人为本"的核心理念衍生出来的。中国传统文化尽管更多地强调个人对于国家或家庭的单方面奉献，也就是小我对于大我的忠诚，但其核心也都是以人的存在和价值为出发点的。孔孟仁学中，核心讲的就是人，讲如何做人、如何尊重人。中国传统文化也非常重视人的生命存在，以生为乐，这实质上是对人的生命价值的充分肯定。近几十年的改革开放，努力促进生成的公民社会与倡导人民的政治参与、权利保护都显示出中国人对"以人为本"的强烈追求。党的十六届六中全会做出的关于构建社会主义和谐社会的重大决定，非常明确地提出了"以人为本"的重要性，强调"以人为本"是一切工作的出发点，也是检验一切工作的一个重要维度。因此，"以人为本"的社会工作专业价值可以在中国本土文化中找到很好的契合点。

　　以上分析可以看出，中西方文化也有众多相通之处，因此，促成西方社会工作价值与中国传统文化相互融合，进一步探索具有中国特色的社会工作专业价值的框架与操作性条文，是今后我们必须面对和重点关注的议题。

（二）社会工作专业伦理

1. 伦理与社会工作专业伦理概念

价值、伦理、道德三个概念经常被放在一起使用，它们确有相通之处，但彼此也存在着明显的差别。我们可以从伦理与价值、伦理与道德的关系中来理解伦理的概念。

（1）伦理与价值

《辞海》对伦理的解释是："事物的条理"和"人们相互关系所应遵循的行为准则"。价值与伦理之间既有区别又有联系：第一，价值告诉人们什么是好的，而伦理告诉人们怎么去做才是对的。第二，价值处于社会意识的较高层面，讲的是人的信仰，而伦理更具实践层面的意义，是把信仰和观念转化为行动的行为准则。第三，伦理与价值也是紧密相连的，伦理是从价值中推导出来的与价值相一致的行为规范与准则。例如，社会工作伦理原则中的隐私与保密原则就是来源于人的隐私权是好的、应该得到尊重的价值观。

（2）伦理与道德

在中国古代早期思想史中，尽管"道德"与"伦理"的概念、意义大致相同，没有明确将二者区分使用，但是却隐约包含了"道德"与"伦理"的内容区别。近来，随着考古学与古文献学的发展，人们对此有了更为清晰的认识。庞朴先生就根据新近发现的郭店楚简中的《六德》《五行》，对古代儒学学说体系及其内在逻辑框架，做了富有创见的阐释。根据庞先生的阐释，事实上古代儒学学说体系由两部分构成，即个体道德与社会伦理。道德强调个人在内心确立正直原则、端正心性修养的基础上，身体力行，使内心正直原则指导和约束自己的行为，而伦理则强调客观的社会规范。

在西方伦理思想史中，虽然"道德"与"伦理"两个概念也经常混同使用，意义大致相同，但一些学者还是倾向把它们做明确的区分，如黑格尔在《法哲学原理》一书中，对"道德"与"伦理"两个概念做了较为严格的区分：道德指个体的主观修养、品性与操守，而伦理则指客观的人际关系交往规则。伦理化为个人的自觉行为，变为内在操守即为道德，道德以伦理为内容。

综上，一般在指社会规范时，较常用"伦理"；而指称个人品行时，常用"道德"一词。但因二者都涉及行为准则与规范，所以在日常语境中常常被交叉使用。伦理也好，道德也好，都是人类所特有的，都是关于人如何生活在这个世界上，如何修养品性，追求完美人生的道理和规则。

（3）社会工作专业伦理的含义

专业伦理是指在专业活动中符合专业目标要求的核心价值及其行为准则的总和。也就是说，专业伦理"以协调职业关系为目的，所涉及的是对具体人群的特殊道德要求"①。社会工作专业伦理规范了助人关系中的服务对象、单位、同人和机构之间

---

① 于晶利. 社会工作概论［M］. 济南：山东人民出版社，2012：72.

的责权关系，从而对社会工作者的从业行为起到约束和规范作用，确保社会工作者服务的专业性和规范性。

2. 社会工作专业伦理的基本原则

社会工作专业伦理的基本原则建立在社会工作专业价值基础之上，是价值观的具体化。

根据国际有关社会工作专业价值的普遍原则，结合中国社会和文化的实际情况，我们认为，社会工作专业伦理的基本原则应包括以下几个方面。

（1）接纳原则

接纳既是一种价值、伦理原则，也是社会工作的重要方法，是建立专业关系的前提、基础、方法。从社会工作实践来讲，接纳是认可、接受、服务的意思；从价值的角度，接纳体现了理解、相信、尊重、服务、宽容的价值理念。接纳并不意味着一味地同意其他人的价值或放弃自己的价值去迎合其他人的价值。当服务对象的行为违反一般道德，或当服务对象的价值观与社会工作者的价值观相左时，接纳方面的问题便会产生。对于不同的价值观，社会工作者不一定都要接受，但不能因此而拒绝服务。拒绝接待，或在接待中用明确的道德判断或价值判断来标定服务对象，都是违反接纳原则的。

对于社会工作者来说，接纳在实践上有时是困难的。因为这要求社会工作者不能因服务对象生理、心理、精神的疾病或种族、民族、宗教信仰、地位等方面的差异而歧视他们，拒绝服务。

（2）自决原则

"自决"即自我决定。"自决"要求社会工作者尊重服务对象的自我选择和自我决定的权利，体现了社会工作的平等、自由选择、权利、尊严的价值理念，其中，"尊严"是基础的价值。服务对象自决的原则来自于"每一个人生来都是有尊严的"信念。正因为每一个人生来都是有尊严的，所以社会工作者应该尽可能地允许他们决定自己的行为与生活方式。自决原则并不是禁止或限制社会工作者提出意见或建议，实际上，社会工作者的知识、经验和意见不是对服务对象的命令或开给服务对象的处方，也不是用来直接指导服务对象做出最终决定的，而是作为一种补充的信息，供服务对象做决定时参考。

自决是有条件的。服务对象的自决必须有两个前提：第一，服务对象绝对清醒，有自决的意志和能力；第二，自决的方向和后果对服务对象绝对无害，也不会造成对他人、社会的危害。在这两个前提下，尊重服务对象的自决权，就是尊重服务对象的自由人权。不具备上述两个前提条件，社会工作者则要为服务对象负起一定的责任，即有条件地违背自决原则。

（3）个别化原则

个别化是一种分别逐一对待的方法，它体现了社会工作尊重服务对象的尊严与独特性，把每一个人看作唯一的、特殊的实体，应该受到不同对待的价值理念。

社会工作实践中如何坚持个别化原则？第一，社会工作者要了解每一个服务对象的特点，主要是心理特点，确定"这一个人"与"那一个人"的不同之处，然后有针对性地进行服务；第二，社会工作者要尊重每一个人的隐私权，尽可能地满足每一个人保守其隐私的需要；第三，社会工作者在处理问题时，要避免主观化、简单化的归类、贴标签，要根据每个服务对象的问题所在，制定切实可行的改变方案；第四，社会工作者要专注于与服务对象的交流，在与服务对象的交往中，应该让服务对象感觉到他是一个独特的人并且受到尊重；第五，由于服务对象的问题、需要、目标和价值不同，服务对象与社会工作者之间的专业关系不同，社会工作者帮助服务对象的方法也应不同。

（4）保密原则

保密是指社会工作者不得向任何人泄露服务对象的秘密，除非得到了服务对象书面形式的授权，或在某些情况下，法律要求社会工作者提供证明。根据保守秘密的原则，如果社会工作者泄露了服务对象的秘密并给服务对象带来损失或伤害，服务对象可以向法院起诉社会工作者。从价值角度看，保密原则体现了社会工作者与服务对象的相互信任、尊重的原则，尊重服务对象的人格，尊重他们的隐私权。

保密不仅是社会工作的伦理原则，也是它的重要工作方法，是开展社会工作的前提。只有当服务对象确信隐私不被泄露，才会信任社会工作者和机构，才会把问题暴露出来，社会工作者才可能发现问题所在。

在遵循保密原则时，需要正确处理一个问题，即保密是不是意味着绝对保密。如果社会工作者不以任何形式向任何人泄露服务对象讲述的任何信息，那么，这就是做到了绝对保密。但是，这种"绝对保密"是很难做到的。大多数社会工作者并非独自工作，而是在机构里工作，许多工作内容都必须写成报告，在工作过程中，也必须口头上与其他同事就工作内容做一些必要的交流。同时，社会工作者常常需要与其上司或专业督导讨论问题的细节，而且工作团队中的许多成员也希望或必须获得有关信息。因此，在社会工作实务中，绝对保密是难以做到的，所谓"保密"原则更经常地是指"相对保密"。

📚 专栏 3-5

案例

一名大学生告诉他的精神治疗师，他想杀死他的女朋友。精神治疗师把此事通知了学校警察，却没有通知大学生的女朋友及其父母。学校警察把这名大学生请来，问了他一些问题，然后就让他回家了。警察的结论是："他显得有些不理智。"不久，这名大学生真的杀死了他的女朋友。女孩的父母向法院起诉这名大学生的精神治疗师。法院做出了如下裁决："当医生或精神治疗师发现，为了阻止其病人某种危险行为而必须给予警告时，他（她）就负有法律的责任发出这个警告。"

[资料来源] Frederic G. Reamer. 社会工作价值与伦理 [M]. 包承恩，等译. 台北：洪叶文化事业有限公司，2000：36.

专栏 3-5 中的案例表明，如果一味地保密有可能让某些危险得以发生，那么阻止危险的发生就是第一重要的，而保密原则是第二位的。当某种危险即将发生时，保密原则就不再有效了。

什么情况下，社会工作人员被允许、希望或要求打破"保密"原则，向有关部门披露有关信息？这些情况包括：当服务对象正式授权社会工作者传递有关信息时；当社会工作者被要求在法庭上做证时；当服务对象向法庭起诉社会工作者时；当服务对象威胁要自杀，而社会工作者不得不泄露服务对象的秘密以保护服务对象生命时；当服务对象威胁会伤害其治疗者如医生、心理学家、精神治疗师、社会工作者时；当社会工作者发现青少年犯罪，当青少年作为从犯、帮凶，或者当青少年将成为犯罪对象时；当有明显的证据证明儿童被虐待或被忽视时；当服务对象的身体和精神状态使之成为对自己或他人的威胁时，例如，当社会工作者发现一名飞行员服务对象实际上是一个酗酒成性的人时。

（5）专业界限原则

所谓"专业界限原则"，是就社会工作者与服务对象之间的关系而言的，他们之间只能是一种专业关系，即围绕着治疗、解决问题而展开的关系，相互之间必须根据专业的要求，本着"公事公办""照章办事"的"事本主义"原则处理问题，不能把私人感情带到专业关系中。从价值角度看，这一原则体现了对社会工作者人格的尊重。

【思考】通过社会工作伦理原则的学习，你是否理解了社会工作专业价值与伦理原则之间的关系？

这一原则的基本要求：第一，社会工作者与服务对象之间要保持次级关系，不能发展成初级关系，特别是在经济、情感方面，要界限分明。社会工作者在与服务对象及其身边人交往时，不能过分地投入感情。如果经常把服务对象的问题带回家，思想经常停留在服务对象的问题上，并因此影响个人的生活，那么，显然就是感情过分投入了。当服务对象面临各种矛盾、纠纷时，社会工作者必须保持清醒的头脑——服务对象的矛盾不是你的矛盾。只有划清了这种专业界限，社会工作者才能给予服务对象最大的帮助。第二，社会工作者不能从服务对象身上谋取私利。

专栏 3-6

【思考】

小王作为一名社会工作者，可以接受老李夫妇的邀请吗？如果他接受了邀请，会给自己的工作带来怎样的影响？

案例

社工小王和妻子到商场购物时，遇到妻子的上司老李及其妻子张女士。小王发现张女士是自己的服务对象。张女士坦率地告诉丈夫自己正在接受小王的服务，并赞扬了其服务品质。老李向小王表示感谢，表达了对小王妻子工作能力的欣赏，并邀请他们夫妇有时间一起吃饭。小王的妻子接受了邀请。回到家中，妻子告诉小王，她正在公司里谋求一个更高的职位，这次的见面和接下来的聚餐一定会对她的晋升大有帮助。

[资料来源] 高鉴国. 社会工作价值与伦理 [M]. 济南：山东人民出版社，2012：10.

3. 社会工作专业伦理守则

社会工作专业伦理的基本原则强调平等和对人的尊重，体现了社会工作专业的特点和理念，满足社会实现公平和正义的要求。虽然各国（地区）社会、政治、经济和文化等方面的差异导致各国（地区）社会工作专业伦理在具体的标准上存在一些不同，但从总体上看，各国（地区）对社会工作专业伦理的基本标准还是存在共识的。参照美国、英国，中国香港、台湾和大陆制定的伦理守则，我们将社会工作专业伦理守则归纳为以下几个方面。

（1）社会工作者对服务对象的伦理守则

服务对象（案主），指的是在社会工作过程中，社会工作者的服务所指向的一方，是在正常的社会生活中遇到困难需要帮助和摆脱困难的个人和群体。社会工作者对服务对象的伦理守则是社会工作专业伦理的核心内容。主要包括：

第一，尊重服务对象的自我决定权。

第二，尊重服务对象的隐私权，对于所有从专业服务过程中所获得的消息予以保密。

第三，尊重服务对象的知情权。社会工作过程中涉及注意事项、服务方式、服务时间、收费标准等应向服务对象做明确说明。

第四，遵守其他与服务对象有关的义务。如撰写、管理与保存服务对象资料的义务；努力确保服务中断后的持续服务，及时转介的义务等。

（2）社会工作者对同事的伦理守则

社会工作者与同事的关系主要包括三个方面的内容，即社会工作者与其他社会工作者的关系、与同事的服务对象的关系以及与非专业人员的关系，社会工作者对同事的伦理守则一般也从这三个方面来界定。

第一，社会工作者应尊重同事，彼此支持、相互激励，与其他社会工作者及志愿者合作，共同增进服务对象的福利。

第二，在服务服务对象的过程中，如需与同事沟通或向同事咨询，应注意服务对象信息的保密，要在服务对象知情同意的前提下按照适当程序进行转介。

第三，当同事与服务对象发生争议时，社会工作者不应对同事的服务工作随意地加以评定或指责，更不应在不尊重同事的情况下招揽其服务对象。

第四，当遇到同事有个人问题或能力不足时，社会工作者应对其进行辅导，帮助其采取合理行动；当同事有不当行为时，社会工作者应劝阻、预防、揭露同事的专业不当行为，必要时提请专业协会或社会工作管理机构来采取行动。

专栏 3-7

案例

小刘与小李均是某社会工作机构的正式工作人员。前段时间，小刘发现小李与其服务对象之间存在着持续性关系。当小刘与小李探讨这个问题时，小李认为这是个人的私事，小刘是不应该干涉的；而且小李还认为，既然自己的服务对象对于这种关系并不反感也不拒绝，而且不会危害到任何人，就不是什么问题。

[**资料来源**] 参见高鉴国. 社会工作价值与伦理 [M]. 济南：山东人民出版社，2012：140.

【思考】

小李与其服务对象的不正当关系是个人私事吗？小李的行为违背了何种伦理守则？小刘作为小李的同事，应该承担何种伦理守则？应该怎样处理这件事？

（3）社会工作者对社会工作机构的伦理守则

社会工作者与社会工作机构之间关系密切，社会工作者大多依托专业机构开展服务工作。为保障社会工作者与社会工作机构之间良好关系的建立与延续，社会工作者对社会工作机构和雇主负有相应的伦理守则，主要包括：

第一，社会工作者应向其雇佣机构和雇主负责，必须遵守机构的相关规定，服从机构的决定，促进机构成长，推动机构在政策制定和服务质量等方面的进步。

第二，要合理整合机构资源。社会工作者应为机构发展和服务水平的提高谋求充足的资源，并为机构督导的开展、员工的继续教育和发展争取更多的资源和机会。

专栏 3-8

案例

吴刚是某社会服务机构派出的专业服务人员。在针对某市的一次关于流浪人员管理和救助的 NGO（非政府组织）服务沙龙上，吴刚发表了一系列关于社会服务和救助的看法，由于观点存在分歧，吴刚的供职单位表示这是其个人言论，和机构立场无关，

【思考】

美国社会工作者协会制定的《伦理守则》认为：社会工作者的言语和行为，应清楚地区分是代表个人自己，还是代表社会工作专业组织或社会工作者的受雇机构。你觉得专栏 3-8 的案例中的吴刚在出席活动发表言论时，应该怎样做才能不违反相关的伦理守则？

而吴刚出席沙龙是向机构申请批准后才参加的。这其中的矛盾让吴刚陷入困境，究竟在什么时候、哪些方面社会工作者可以代表身后的机构？什么时候、什么言行又是代表自己的看法？

[资料来源] 高鉴国. 社会工作价值与伦理 [M]. 济南：山东人民出版社，2012：147.

（4）社会工作者作为社会工作专业人员的伦理守则

专业的社会工作者一方面需要具有助人的信念、专业的知识和能力技巧，另一方面需要具备一定的自我约束能力，负起相应的伦理责任。社会工作者作为专业人员的伦理守则主要包括以下内容：

第一，对专业的忠诚。社会工作者应不断学习和钻研业务，以提高服务技能；通过参加专业培训和进修，提高工作效率和服务效能。

第二，保持诚实严谨的态度。社会工作者不得因个人行为影响到专业判断和表现；诚实，不欺诈、诱骗、诱导和操纵服务对象；不使言行超越自身的能力与机构授权的范围；不邀功等。

专栏 3-9

【思考】

面对好友李洋的请求，刘军应该怎样做？如果李洋加入，会带来什么样的后果和伦理问题？

案例

刘军是一名社会工作者，经验丰富，他的好朋友李洋目前正处于社会工作专业学习阶段，还未获得职业资格。为了加快学习进度、积累经验、拓展视野，李洋让刘军带他一起去为服务对象开展服务，并谎称是新来的实习生。

[资料来源] 高鉴国. 社会工作价值与伦理 [M]. 济南：山东人民出版社，2012：149.

（5）社会工作者对社会工作专业的伦理守则

社会工作者对于专业的生存和发展也要承担起相应的责任。

第一，社会工作者应积极开展专业研究，推进专业发展，不断增进自身的专业知识和技能，提升专业的水平和声誉。

第二，有经验的社会工作者应责无旁贷地协助新加入社会工作专业的同事，建立、增强与发展其价值观和专业上的知识与技能。

（6）社会工作者对社会的伦理守则

社会工作是一种系统的助人和解决社会问题的专业，社会工作者作为专业实践的主体，对社会也要承担起相应的伦理责任。

第一，社会工作者应促进社会福利的实现和发展。

第二，社会工作者在突发严重自然灾害和社会群体性危机事件时，应及时启动危机干预预案，有效地开展专业的社会工作。

第三，社会工作者应致力于防止及消除歧视，促进社会资源公平合理分配。

专栏 3-10

资料

参与公共紧急事件

2008 年的汶川特大地震所造成的社会影响是全方位的，如经济损失巨大、社会关系断裂、家庭结构改变、个体肌体伤害、内心精神创伤、社区空间失序等。面对这一公共突发危机事件，国内外共有 100 多家社会工作服务机构、20 多所高校组织了 1000 多名社会工作专业人员投身灾区一线进行介入，有效弥补了灾区社会服务力量的不足。

[**资料来源**] 柳拯. 社会工作介入抗震救灾和灾后恢复重建情况报告 [EB/OL]. 社会工作网. http://www.guangdongsw.com/html/shegongxuetang/fangfajiqiao/20101012/3809. html.

4. 社会工作中的伦理抉择

（1）伦理抉择的含义

伦理抉择是指分析和评估社会工作实务中涉及伦理方面的问题，以便形成恰当的、符合伦理的专业行为的过程。[①]

对于伦理抉择的原则和过程，存在伦理绝对主义和伦理相对主义的分歧。相对主义拒绝固定的道德法则，判断伦理抉择是否合理，是以具体的背景或者产生的后果为依据。绝对主义强调某些固定的道德原则具有超乎一切的重要性，认为不管结果如何，行动本身有正误之分。绝对主义坚持可以制定伦理原则，这些原则应该在任何情况下都要坚守。[②]如保密原则，绝对主义者认为这是在任何情况下都要遵守的伦理原则，而相对主义者则会先评估权衡保密和解密的后果，而后再决定所应遵循的伦理规范。在社会工作实践过程中，应将绝对主义和相对主义结合起来进行伦理抉择。

（2）社会工作实践中伦理抉择产生的原因

社会工作实践中的伦理抉择是指人们必须在社会工作实践过程中决定哪一种行为是好的或正确的，必须判断社会工作实践本身对服务对象的影响，以使之符合专业行为的道德要求。下面，我们通过案例，具体分析社会工作实践过程中的伦理抉择产生的原因。

---

①② 拉尔夫·多戈夫，弗兰克·M. 洛温伯格，唐纳·哈林顿. 社会工作伦理：实务工作指南 [M]. 隋玉杰，译. 7 版. 北京：中国人民大学出版社，2005：239，39.

📚 **专栏 3-11**

案例

　　格瓦拉一家正竭尽全力让日子能维持下去。格瓦拉先生和太太双双工作。

　　他们的 4 个孩子中,有 3 个正上小学,下午早早会放学回家。最大的孩子罗莎 13 岁,她要管弟弟、妹妹吃饭,并看管和照顾他们。她为照顾弟弟、妹妹做了很多事。有个邻居向儿童保护服务机构举报格瓦拉家,指责他们没有尽到照顾孩子的责任。社会工作者摩根娜·伊拉姆被指派接手这个个案。格瓦拉的太太告诉她,在他们的文化里都是这样对待孩子的。她和丈夫是想让孩子有更好的生活。他们找过各种儿童照顾场所,发现没有一个比现有的安排更好。如果他们夫妇中有一个人中断工作,一部分收入就没了,而且还不能保证能找到其他的工作。核实完情况后,伊拉姆发现她也提不出好办法。孩子们看起来都健康、快乐。

　　[**资料来源**] 拉尔夫·多戈夫,弗兰克·M. 洛温伯格,唐纳·哈林顿. 社会工作伦理:实务工作指南 [M]. 隋玉杰,译. 7 版. 北京:中国人民大学出版社,2005:39.

　　我们该对专栏 3-11 的案例中的格瓦拉夫妇的行为做怎样的道德评价?格瓦拉一家的确在尽力使自己生活得好一些。用任何客观标准来衡量,孩子们也没有照管不周的迹象。尽管如此,这一情况还是带来了几个伦理上的难题。这一情况呈现的伦理问题是什么?对这一在实践中出现的伦理问题,这位社会工作者从哪里可以寻求帮助?该如何处置这一问题?

　　我们简单分析一下这个案例涉及的伦理抉择发生的原因。

　　首先,社会工作机构及其工作者义务、责任的多重性,决定了伦理抉择的困难。在这个案例中,伦理问题的根本点在于每个社会工作者,包括伊拉姆在内,都有两个专业社会工作角色:助人者和社会控制代理人。两个角色间的冲突触发了一系列伦理上的难题。伦理决定对个案中的一方有利,对另一方未必很好;目前很好的,从长远来看未必好。在社会工作者介入前我们还要看看损害大到了何种地步。

　　在社会工作实践中,因社会工作机构及其工作者义务、责任的多重性而造成价值与伦理选择困难的不仅有案例所涉及的情况,还包括对服务对象个人的责任与对公共福利的责任之间如何协调的问题;几种相互关联的道德原则之间的选择,如"为服务对象保密"与另一相关对象的"知情权"之间的关系问题;等等。

　　其次,多重价值观不兼容。当事人自决、保护人的生命和增强生活质量是所有社会工作者都认可的价值观。但常常发生的情况是,像在专栏 3-11 的案例中一样,社会工作者不能同时推崇这三个价值观。如果这名社会工作者证实确实有举报的情况,这可能会对格瓦拉家的自决有不利的影响,可能会影响他们长远的生活质量。就目前家庭的情形看,每个人都有人身安全。而如果这名社会工作者不证实和报告格瓦拉家有疏于照管儿童的现象，总是会有风险，家中可能会出现罗莎处理不了的事。社会工作者要掂量这一风险和家长努力工作让家中日子过得更好些，二者孰轻孰重。可能有充足的理由优先考虑其中一个，而不是另一个。尽管如此，这仍是专业伦理中的一个问题，即社会工作者必须首先认识到这一情形下有伦理上的难题，然后通过让家人参与解决问题以及从督导和同事那里征询意见，来找到解决方案。

再次，多重当事人系统。一般来说，社会工作者会优先考虑自己的当事人的利益，尊重当事人的自决权，这些原则也适用于这一情形。然而，这一个案中的社会工作者除了对自己、社区和社会负责以外，对其他人也负有责任，包括父母、他们的孩子、儿童保护服务机构。这个社会工作者必须决定对谁负首要责任。随着事情的发展，她可能会遇到另外的伦理难题。

最后，价值选择依据上的困难。这一情形还让社会工作者遭遇了另外的价值观上的难题。在为当事人提供服务的时候，她不能完全肯定哪些专业价值观适用于这一情形。她不想损害这个家庭的自决权，也不想打击父母改善家庭的经济状况以使生活更好一些的愿望。她也不想把自己的价值观强加给这个家庭，损害他们的文化。若证实家庭存在疏于照管孩子的情况，以确保对孩子和家庭造成的伤害最小，则意味着家庭会失去一个重要的收入来源。

社会工作者在面对上述伦理困境时，到底应该怎样抉择呢？

（3）价值排序与伦理抉择原则

由以上分析我们可以看出，在伦理抉择过程中，一旦涉及两个或更多的价值、伦理标准时，就需要对价值进行排序。多戈夫1992年提出的伦理原则顺序图（图3-1）① 为我们提供了伦理抉择的参考框架和行为策略，我们可以借此思考做些什么可使各方权利利益的冲突减到最低，选择什么可能带来最少伤害，可以既有效率效果又合乎伦理。

图中金字塔内容，从上到下依次为：

1. 保护生命
2. 平等与差别平等
3. 自主和自由
4. 最小伤害
5. 生活质量
6. 隐私和保密
7. 真诚和毫无保留地公开信息

图3-1 多戈夫的伦理原则顺序图

---

① 拉尔夫·多戈夫，弗兰克·M. 洛温伯格，唐纳·哈林顿. 社会工作伦理：实务工作指南 [M]. 隋玉杰，译. 7版. 北京：中国人民大学出版社，2005：59-61.

这个顺序图很清楚地列出了优先顺序。下面我们根据这个顺序表，简要分析伦理抉择的顺序原则。

原则 1：保护生命

这一原则高于其他所有原则和义务。生命权是所有权利中最基本的权利，因为没有了生命，就不可能享有任何其他权利。在这一原则下，为了保护服务对象本人或他人免受严重的人身伤害而揭发服务对象的隐私和秘密是合理的抉择；将有限的资源分配给最需要的人比平均分配给所有人是更合理的抉择，如在灾害发生时应优先把食物分配给老弱者；防止人身伤害和公共权益优先于保护财产权益。因此，假若服务对象告诉社会工作者，他想杀害自己的妻子，此时社会工作者应该立刻报警或提醒服务对象的妻子以保护这名有生命危险的女子。虽然这样违反了为服务对象保密的原则，但却是必要和正确的抉择和行动。

原则 2：平等与差别平等

这一原则提出所有人在相同的条件下应该得到同样的对待；同时，如果不平等与有待解决的问题有关，不同情况的人应该有权得到区别对待。例如，洪水或火灾过后，几个家庭同时申请某项资源，分配庇护住所可能不会运用平等原则，而是运用区别对待原则，这是由于不同的家庭人数不一样。

这一原则由基奇纳提出。她指出，原则可以说是提出了应尽的义务，但是如果有特殊情况或者是有与之相冲突的义务和更重要的义务，应该永远遵循从更高层次的原则推导出来的义务行事。例如，当发生虐待儿童或老人的个案时，因为被虐待的儿童或老人与虐待者没有处于"平等"的位置上，即使没有生死存亡问题，施虐者的保密权和自主权要低于保护儿童或老人的义务。

原则 3：自主和自由

这个原则要求社会工作者在实际工作中要充分相信服务对象的潜能，帮助服务对象对当下情境做出分析，提高服务对象的自决能力，鼓励服务对象自我决定。尽管自主、自由高度重要，但是也不能超越个人或其他人的生命权或生存权。一个人无权基于自己有自主决定进而决定伤害自己或他人。当有人要这样做时，社会工作者有义务加以干涉，因为伦理原则中的"保护生命"原则要比这一原则有优先权。

原则 4：最小伤害

这一原则认为，当面临的困境有造成伤害的可能性，社会工作者应该避免或防止这样的伤害。当不可避免会伤害到与问题有牵连的一方时，社会工作者应该永远选择造成的伤害最小、带来的永久性伤害最少和伤害最容易弥补的方案。如果已经造成了伤害，社会工作者就应该尽一切可能弥补伤害。

原则 5：生活质量

社会工作者的所有服务出发点应该是有助于服务对象问题的解决和生活质量的提升，因此不仅要关注问题的解决，还要积极引导服务对象寻找问题产生的根源，寻求生活的方向和进一步发展的空间。

原则6：隐私和保密

这个原则要求社会工作者在与法律上的要求和当事人的意愿保持一致的情况下，保护当事人和工作对象群体的隐私。然而，保密不是神圣不可侵犯的原则，在特定情况下的泄密是正当的，例如，当服务对象威胁要自杀而社会工作者不得不泄露服务对象的秘密以保护服务对象生命安全时，当服务对象威胁要伤害其他人时，当法庭要求社会工作者提供证词时，在服务对象授权社会工作者披露其相关信息时。

原则7：真诚和毫无保留地公开信息

社会工作者的工作性质决定应该能让他讲实话，能向当事人和其他人充分披露所有相关信息。社会关系和专业关系要有信任才能保持良好状态。而信任反过来又以诚实待人、处事的方法为基础，它能让人把意想不到的风险降到最低限度，这样，相互的期许一般就都能实现。

让我们用上面价值排序和伦理抉择原则来分析专栏3-12中的案例。

专栏 3-12

案例

在一家私营企业，雇主与工人正在激烈地争吵。争吵的原因是工人的工作、生活条件十分恶劣，工人在平时经常超时工作，可到了年底，仍然拿不到工资。平时忍气吞声的工人们这一次准备同心协力，争取自己应得的权利，而雇主也做好了准备，纠集了一批人准备大打出手，眼看着一场流血事件即将发生。

［资料来源］http：//www. docin. com/p-466760873. html.

在这样的危急关头，社会工作者应该首先根据社会工作价值序列中的第一条价值做出迅速的反应——制止械斗，保护冲突双方人员的生命。这一行为虽然与自主、自由和生活质量等原则相违，但最高的指导原则是保护生命，在第一步目标达到之后，再按照价值序列的顺序，依次为工人们争取每周5天、每天8小时工作制，加班不得违背有关规定，按月发工资，基本的工作条件与生活条件等应得的权利。

社会工作伦理守则是社会工作实务中做决定时的指导思想，但是在情况复杂时，守则之间往往彼此冲突，这就需要具有一定专业素养的社会工作者根据上述伦理原则的排序慎重进行伦理抉择。

（三）专业价值与伦理在社会工作中的地位

社会工作价值与伦理是社会工作专业的根基，是社会工作者行为的指南。专业价值与伦理在社会工作中的重要性主要体现在以下几个方面。

1. 专业价值与伦理规定了社会工作的使命

专业价值与伦理规定了社会工作专业的使命是帮助生活遭遇困难的人群，以所有人都能过上幸福、体面的生活为己任，这样的工作目标使之与其他社会科学区别开来。社会工作并非纯技术性的，而是一种以价值、伦理为基础和激励的行动。社会工作的价值体现了一种集体责任，它隐含在整个社会对社会工作者的角色预期之中。

2. 专业价值与伦理规定了社会工作中一系列的专业关系

社会工作价值与伦理还规范了助人关系中社会工作者与服务对象、单位、同事和机构之间的权责关系，为社会工作者开展实务提供依据和指导，明确社会工作者应该遵守怎样的准则，并通过对社会工作者提供服务的规范和指导，将社会工作者的专业服务和一般性的助人行为相区别，从而确保了服务的专业性。

3. 专业价值与伦理决定了社会工作者所选择和运用的服务方法

毫无疑问，社会工作的方法产生于社会工作理论、实践所提供的科学知识，但价值对于方法的选择与运用同样起着重要的作用。价值给予服务方法以见识、眼光和辨别力，价值为方法的实施提供目的性、方向性的指引，指示社会工作者该如何把方法运用于社会工作服务活动中。社会工作者在不背离"服务对象利益至上""实现社会公正"的基本专业价值的前提下，往往根据各自的价值、伦理判断，做出方法的选择。例如，有些社会工作者偏好对行为偏差的青少年运用当面对质的方法，认为这是产生变化的最有效手段；有些社会工作者则批评这种方法缺少人性化，而强调服务对象的自决权及建立治疗关系。社会工作实践中的任何一项方法选择都不仅仅是技术性的，不但取决于社会工作者的专业知识，也取决于社会工作者的专业价值抉择。

4. 专业价值与伦理对社会工作者的影响和塑造

有学者把社会工作者描述为"价值注满的个人"，即由价值塑造的人。作为一个理想的社会工作者，价值是其生命意义的全部。在精神上，他是被价值所武装和充满的；在行为上，他是为价值所指导和驱动的。这就是说，在一个理想的社会工作者的意识和潜意识层次，都充满了社会工作的价值观念。

专业价值与伦理为社会工作者处理与服务对象、同事、社会的关系提供道德准则。专业价值与伦理帮助社会工作者减轻伦理抉择上的压力及两难，在社会工作实务中常常会遇到价值观对社会工作者的要求和义务发生冲突的情形，在这种情况下，专业价值与伦理为社会工作者提供了抉择的基本依据，能够帮助社会工作者厘清思路、做出果断的决定。专业价值与伦理还可以帮助社会工作者自我反思和价值澄清，社会工作者在开展服务中，会遇到对个人价值认定的问题，尤其是在面临服务中的挫折和不顺时，更容易产生沮丧、悲观和自我否定的情绪，专业价值与伦理反映社会工作的价值观念，引导社会工作者开展自我反思，积累服务经验，并从中寻求和树立与专业相一致的价值观念。

正是基于价值与伦理对于社会工作的重要作用，价值与伦理教育亦成为社会工作教育的核心之一，社会工作教育的质量要通过社会工作专业学生的专业价值观的培养和由此决定的实际工作态度来衡量。

二、社会工作理论

社会工作的助人行为是一项高度专业化的活动，它的基本特征之一，就是大部分实践过程和工作技巧是建立在系统理论知识基础之上，而非仅仅依赖于社会工作者个人的经验与悟性。这样的理论基础包括如何看待人和环境的关系、如何理解受助人和系统、如何理解助人者的角色、如何理解帮助的过程以及如何解读在这样的过程中更大的社会文化脉络是如何发挥影响的。学习和掌握社会工作理论，是现代社会工作者必须接受的专业训练项目之一。

（一）社会工作理论的界定及其功能

在界定社会工作理论之前，首先我们要澄清什么是理论。我国《现代汉语词典》中关于"理论"一词的定义是："人们由实践概括出来的关于自然界和社会的知识的有系统的结论。"理论具有如下几个方面的特征：理论来自于经验的实践；理论是一种抽象的、系统的认识；理论的目标是对经验现实做出解释、描述和预测。理论的功能是人类具体行动的指南，它指导人类了解自然以及总结人类自身活动的一些规律，帮助人类认识和解决实践中遇到的困难，使人类从自身实践的困境中摆脱出来。

> 【思考】
>
> 有人提出，社会工作更多地依赖于社会工作者个人的经验与悟性，而不是依赖于系统的理论知识。这种说法的问题在哪里？

社会工作理论则是社会工作实践经验的总结和概括，它在借鉴相关学科理论、知识的基础上，以更一般、抽象的形式描述和解释社会工作活动的过程和规律。

如果说，社会工作的实践是我们要建的房屋，那么理论就是蓝图，没有规划和设计的房屋建设是难以想象的。事实上，任何形态的助人过程都暗含了某种知识和理论。在社会工作过程中，理论至少具有以下功能。

（1）解释人的行为与社会过程，确定社会工作者将要协助解决的问题的性质与原因

社会工作的基本职能就是帮助人们（个人、家庭、社区和群体）解决他们在生存与发展过程中所遇到的各种问题。社会工作者确定将要帮助人们解决的问题到底属于何种性质，问题产生的原因是什么等，这是社会工作过程的首要环节。在这方面，理论具有重要的指导作用。社会工作中的许多理论（如心理分析理论、标签理论、系统理论等）都可以帮助我们了解人的行为与社会过程，了解各种行为问题和社会问题的性质与原因，从而使社会工作者对将要面临的问题有一个清楚的认识。

（2）根据理论对行为与社会问题的性质与成因做出解释，设定社会工作过程目标

大多数社会工作理论都会以对人的行为、社会过程以及行为和社会问题的看法为基础，明确或含蓄地告诉我们，社会工作过程的工作目标应该是什么。例如，心理分析学会告诉我们，人的行为问题是人格结构失衡所致，社会工作的基本目标就是要帮助服务对象重新恢复人格结构上的平衡；行为主义会告诉我们，有问题的行为源于个体对当前环境做出了不恰当的反应，社会工作的基本目标就是要帮助服务对象学习和掌握恰当的反应模式，等等。

（3）提出一套达到上述目标的实务工作方法、技巧及模式

一个"好用"的社会工作理论，会对如何解决社会工作者与服务对象所面临的各类问题提供一套行之有效的程序、方法与技巧模式。如心理分析学派的"疏导法"，行为主义学派的"系统减敏法"等。有一些社会工作理论，其内容主要就是为社会工作者提供一套实务工作程序、方法与技巧模式，如危机干预模式理论和任务中心模式理论等。这些程序、方法与技巧模式虽然不能为社会工作者提供一种处处灵验的"万应处方"，但却可以为他们提供许多宝贵的引导和启示。

（4）决定社会工作对问题的界定和设定目标、工作方式，并影响工作效果

在社会工作领域，有许多取向、观点不同的理论，如上面提及的心理分析学、行为主义、系统理论，等等。它们对大体相同的对象与问题做出了不同甚至截然相反的解释和说明，也提出了不同乃至相反的工作目标和工作模式。选择不同的理论，就意味着对同一类对象和问题做出不同的界定，设立不同的工作目标，采用不同的工作方式，因而也意味着产生不同的工作效果。因此，对于社会工作者来说，对各种社会工作理论进行研究、验证和选择，具有十分重要的意义。一个优秀的社会工作者，应该能将理论与实务有机地结合在一起，应用恰当的理论来指导实务，通过实务来检验、修正和选择理论，在理论与实务的相互结合、相互推动中，提高自己的工作能力。

（二）社会工作理论的历史发展

社会工作创立初期是以科学的慈善观为指导的，随后瑞奇蒙德（1917）在其划时代的著作《社会诊断》一书中指出，社会诊断是一个科学的过程，社会工作者在科学指导下为不同人群提供服务，自此开启了社会工作理论建构的起点。其后，社会工作一方面不断借鉴社会科学的知识进展以充实其理论框架，另一方面也在实践和知识整合的基础上提出了若干内生的实践理论。

大卫·豪（Howe）将社会工作理论的发展历程大体划为七个阶段。①

第一个阶段是"调查"阶段，时间是 20 世纪 20 年代以前，社会工作产生前后。在这个阶段，社会工作者主要关注的是他们所从事的实际工作，而很少对这些工作的本质、过程与方式方法等进行理论的思考。他们主要是实干家而不是思想家。对于大多数人来说，社会工作主要是一种"助人的艺术"，社会工作者对理论及理论的用途

---

① 大卫·豪. 社会工作理论导论［M］. 台北：五南图书出版公司，2011：83.

完全缺乏明确的认识。从理论发展史的角度来说，社会工作者在这一阶段上主要是起一个"调查者"的作用。他们通过自己的实际活动搜集和积累了大量的事实材料，为以后社会工作理论的形成与发展提供必要的资料基础。

第二个阶段是"精神分析学"阶段，时间是 20 世纪 20 至 30 年代。在这个阶段，一部分社会工作者开始意识到单以经验来指导自己的实践是不妥当的，他们开始采用一定的科学理论来指导自己的工作实践。然而这一时期唯一被社会工作者采用的理论是精神分析学理论，弗洛伊德成为社会工作理论模式的核心人物，一时间社会工作几乎就成为精神分析工作。Howe 称，社会工作经历了一个"精神病学的洪水期"。这一局势随后得到一定程度的纠偏。

第三个阶段是"诊断学派"与"功能主义学派"并立的阶段。社会工作的诊断学派是在精神分析学说基础之上建立起来的，旨在探索和解决案主的精神疾病。20 世纪 30 至 50 年代，发端于宾夕法尼亚大学的功能主义学派，在关于人的本质、社会工作的过程与方法等问题上与精神分析学都有着巨大的分歧。对精神分析学派来说，个体的行为被视为过去事件尤其是儿童时代人生经历的结果。只有洞察了一个人心理世界所经历的早年过程，才有可能将他从当前行为模式的羁绊中解救出来。社会工作的任务就是探寻和治疗服务对象的心理疾患。社会工作过程的中心是社会工作者，他们对问题进行诊断，对治疗方法做指示，对治疗过程做出计划安排。与此相反，功能主义者则认为个体的行为主要是他当前所处情境的结果。个体行为不是被过去事件决定的。给予一定的机会，在一种结构性和社会性的关系中，个体能够改变他自己。因此社会工作的任务不是对服务对象加以治疗，而是要与服务对象一道，建立一种有助于服务对象潜能发展的积极的、开放的相互关系，使服务对象的能力与行为发生变化。社会工作过程的中心也不再是社会工作者，而是服务对象本人。在 20 世纪 50 年代，这两个学派不断发生冲突，每一个学派都坚持自己的观点并依据自己的观点向服务对象提供相应的服务。

第四个阶段是"获得"阶段。20 世纪 60 年代，社会科学理论得到长足的进展，可应用于社会工作的理论在数量上获得了巨大的增长，包括心理动力论、认知理论、行为理论。社会工作的职业知识空间被迅速而非系统地充实起来。这是一个充满生机的时期。社会工作者对理论观念的竞逐被视为社会工作健康发展的一种标志。

第五个阶段是"盘点"（整理）阶段。20 世纪 60 年代末期以来，许多社会工作者感到有必要对已有的理论、模式和流派进行整理、评估和分类，以便对社会工作的"家底"有一个确切的把握。这一阶段的成果是产生了许多不同的理论清单。

第六个阶段是"理论统整"阶段。20 世纪 70 年代，尽管社会工作理论的迅速发展充实了社会工作的理论空间，但也使社会工作者们在理论选择方面感到无所适从。因此，一些社会工作理论的研究者致力于将理论整合于"同一个屋顶之下"，于是出现了若干具有包容性的理论视角，其中最时髦的是系统视角。这种理论视角试图用"社会功能"这个概念把各种理论与方法统合起来。然而，随着一批激进理论和人文主义理论的出现，系统理论很快便受到了人们的攻击和批评。一些人认为，由于不同的理论在观察世界的方式上是水火不相容的，因此社会工作理论的统一是不可能的。各种理论将在相互竞争中并存下去。这种多元化的社会工作理论观便将我们引导到社会工作理论发展的第七个阶段，即我们目前所处的阶段上。

第七个阶段是"理论归类"阶段。理论多元是这一阶段的重要特征。在这个阶段，社会工作者们不再去追求构造"统一"的理论框架，而是通过对纷繁复杂的各种理论进行整理、归类的方式来使理论空间有序化，其结果则是产生了许多不同的理论分类模式。迄今为止，这些理论分类模型仍然是西方社会工作者们把握社会工作理论世界的基本工具。

（三）社会工作理论的类型

正如上一问题所揭示的，当前阶段社会工作理论流派繁多，但其间互有借鉴，有分有合，为了整体把握这些理论，必须进行进一步的类型划分。

1. Payne 的三分模型

Payne（2005）将社会工作理论分为三类。

第一类，反思性—治疗性理论，包括心理动力理论、人本主义中心模式、危机干预模式等社会工作实践理论。该类理论认为社会工作的贡献在于帮助服务对象成长和自我实现，努力实现个人、团体和社会可能拥有的最大福利。通过服务对象与他人持续不断的互动、相互影响，从而改变服务对象的观念，起到治疗性作用。社会工作的治疗作用使得人们获得能力以控制自己的感觉和生活方式，能够克服或摆脱痛苦和不利情况。

第二类，社会主义—集体主义理论，包括激进模式、反压迫模式、赋权视角等社会工作实践理论。该类理论认为社会工作应致力于寻求社会合作与社会互助，从而让最受压迫和最弱势的人们可以获得控制自己生活的能力。精英们为自身利益获取并保有权力和资源，他们带来了压迫和不平等，社会工作要进行社会变革，代之以更为平等的社会关系。

第三类，个人主义—改良主义理论，包括社会发展视角、系统视角、认知行为理论、任务中心模式等社会工作实践理论。该类理论视社会工作为向社会中的个人提供福利服务的一个组成部分，它可以满足个人的需要从而提高整体福利服务的水平。努力进行社会变革使之更为平等是社会工作的宗旨。①

2. Howe 的四分模型

Howe（1987）从激进/非激进、客观/主观这两个维度出发将社会工作理论划分为四类：激进的、马克思主义的、阐释主义的和功能主义的。激进的理论范式下社会工作者承担的是启蒙者的角色，社会工作是从激进人本主义或女性主义的角度致力于寻求改变。马克思主义的理论范式下社会工作者承担的是革命者的角色，社会工作凸显的社会问题是阶级冲突、矛盾和斗争导致的，因而需要从赋权或社会运动的角度出发促进社会的变迁，从而提升人们的福利。阐释主义理论范式下社会工作者承担的是

① 何雪松. 社会工作理论［M］. 上海：上海人民出版社，2007：8.

意义寻求者的角色，包括标签理论、沟通理论和人本主义，该类理论强调互动和理解对于个人改变的重要性。功能主义的理论范式下社会工作者承担修补者的角色，社会工作强调对现有结构的纠偏，从而实现各个有机体的正常功能。

Howe 的类型分析明显在激进人本主义社会工作和马克思主义社会工作上有含糊性，因为二者似乎难以严格区分。Payne 对反思性—治疗性理论和个人主义—改良主义理论的区分也是不清晰的，有比较武断的成分，比如，认知行为理论完全可以放入治疗性—反思性理论。但是，Payne 和 Howe 这两个分类仍然具有重要的意义，它们找到了同类理论的相通之处，有助于社会工作者从整体上去把握众多的理论流派。①

（四）几种主要的社会工作理论

当前，国内外社会工作理论流派纷呈，有精神分析理论、认知行为理论、心理暨社会理论、标签理论、沟通理论、增权或倡导理论、社会系统理论、人本主义理论、激进的人本主义理论、马克思主义理论、女权主义理论、后现代主义理论，等等。这里介绍前六种理论，它们在社会工作理论中占有重要地位，影响广泛，具有较强的应用性。

1. 精神分析理论

精神分析理论是弗洛伊德创立的旨在分析人格的结构、形成及对人的个性及生活影响的理论。社会工作的精神分析理论是在弗洛伊德及其追随者们的著作、学说基础上形成和发展起来的一种社会工作理论，也是迄今为止历史最悠久、影响最广泛的一种社会工作理论，主要观点可以概括为以下方面。

其一，弗洛伊德认为，人的心灵由意识、前意识和潜意识三部分组成。意识是人在任何时候都可以察觉的想法与感受；前意识是很容易变成意识的潜意识，即透过思考可以察觉的部分；潜意识则是该理论的核心内容，指影响人们的思想和行为，却无从察觉的意识。潜意识是一种初级的心理过程，与理性思考不同，它对人的行为的影响无处不在。

其二，弗洛伊德认为，人格包括本我、自我和超我三部分。本我是人格中最原始的部分，与生俱来且与潜意识呼应。它由本能趋力（包括生的本能和死的本能）与欲望组成，按照快乐原则行事，是人活动的内驱力。自我是人格结构中的意识部分，负责与现实世界协调，支配、管理和控制着人格，控制本我的盲目和冲动。它遵循现实原则，能够遵循逻辑思考并制订相应的计划。超我是遵循社会规范、学习楷模而形成的部分，按至善原则行动。本我与超我处于永恒的冲突之中，自我则从中起调节作用。超我有两个层面，一是良心，控制不应当意识的部分；二是自我的理想，是应为的部分。当个人的意识、行为符合超我的要求时，会感到骄傲与自尊；反之，则感到罪恶与羞耻。当个人的自我、本我与超我之间能够持续维持和谐的状态，那么，他就具有完善的人格，能够与他人建立爱的关系，并且快乐地工作。

其三，弗洛伊德认为，人格发展经历连续的 5 个阶段：口腔期、肛门期、性器

---

① 何雪松. 社会工作理论 [M]. 上海：上海人民出版社，2007：10.

期、潜伏期、生殖器期。每个阶段的发展都有赖于前一个阶段心理冲突的适当解决。在任何一个阶段，自我、本我、超我之间的冲突在得不到解决的情况下就会出现焦虑、压抑或压力，都会影响本阶段人格的发展和后续各个阶段的发展。

其四，焦虑在弗洛伊德理论中是一个很重要的概念。焦虑是人精神上的一种紧张状态。焦虑是当个人的本我欲望违反超我的原则时，自我所发出的一种警告，表明内心有无法接受的冲动，包括现实焦虑、神经焦虑、道德焦虑。现实焦虑是对外在世界中危险的恐惧，神经焦虑和道德焦虑是个体内部的力量平衡的威胁所导致的。防卫机制是自我为了消除不愉快的情绪而采用的方法，包括抑制或掩饰不被允许或不被赞同的欲望以减少内心的冲突。防卫机制的使用是自我的调适措施，有正向的调适措施，也有负向的调适措施。逃避就是一种负向的、消极的防卫机制。采用精神分析观点的治疗者往往会了解服务对象在何种情况下使用哪种防卫机制，以挖掘隐藏的情感。下面是在社会工作中运用精神分析方法圆满解决问题的一个极好个案。

专栏 3-13

案例

　　某大学三年级女生，恋爱2年，身体发育状况良好，无家族与个人重大精神与躯体疾病史。该女孩自15岁起，总是怀疑自己曾经遭到家乡本地一男性的摧残伤害。此男性据传曾经伤害邻居家小女孩。该女孩五六岁时，一起玩耍的小朋友经常议论此男性及其恶事，导致害怕此人，在外见到此人，就飞跑回家、关门，即使家人叫门也不给开。这种曾经受到伤害的想法已经持续了近8年，该女生早就想寻求检验和了解，但是一直没有胆量，拖延至今。最近一段时期以来，这种怀疑和想法加剧，她总有一种冲动，想去医院检查处女膜，但是害怕医生嘲笑，犹豫再三，终于找到社会工作者寻求帮助。

　　[资料来源] http://www.doc88.com/p-286797129362.html.

下面，我们通过社会工作者和女孩的对话，体会精神分析法在社会工作中的运用。

社工：你的家长知道此事吗？

女孩：他们从未提及此事。

社工：你当年害怕此人，对你的父母讲过吗？

女孩：从未讲过。

社工：你还记得些什么？比如，他是如何伤害你的。

女孩：记不得了。

社工：一点印象都没有吗？放松些，我会为你保密的，你放心。

女孩：让我想想。好像是在一个大坑，很模糊，又好像他把我领到那个大坑，然后有什么东西进入我身体，我就什么都不知道了。

社工：后来呢？

女孩：记不得了。

社工：你家长一直都没有发现什么不对劲的吗？

女孩：没有。我只有一点点记忆，而且很模糊，很不清晰，其他的一概都没有印象。

社工：后来你的身体有什么反应？比如疼不疼，走路受不受影响？

女孩：没有，什么影响都没有。

社工：家长待你有什么异常吗？

女孩：其实我观察家长好多年了，特别是我妈妈，她应该关注女孩的问题。可是据我观察，好像她一点都不知道。我曾经多次试探把话题引到这件事上，他们也没有什么异样的反应。所以我就怀疑这事是不是真发生过。

社工：你来寻求帮助想达到什么目的？

女孩：其实我也不知道，我想知道事情真假，其实我也能自己检查出来。

社工：自我检查？

女孩：（脸红）嗯。

社工：检查过吗？

女孩：没有。

社工：你了解自己的生理结构吗？

女孩：其实我自己也不好检查，我有男朋友。

社工：男朋友学医的？

女孩：不是。

社工：你仔细想想，到底受到过侵害吗？为什么家长没有任何反应？如果你受到过侵害，他们会发现不了吗？当年你才6岁，想想。

女孩：你是说我没有受到过伤害，我可是好多年有这种怀疑了。

社工：我是说，也可能是对童年噩梦的记忆，或者是对童年想象的记忆，或者是对童年惧怕的记忆？或者是把别人受到的伤害错记成发生在自己身上了。

女孩：是吗？

社工：想想。

女孩：哎呀！你这么一说，我还真的是杞人忧天了。是不是我的担心没必要？

社工：你急于要检查，有什么其他目的吗？

女孩：没什么，就是想了却一个心结。

社工：现在了了吗？

女孩：我不需要检查吗？

社工：也许你在结婚前做个婚前检查更合适，现在有没有必要，你自己决定。

女孩：谢谢你！我心里亮堂多了，轻松多了，看来我的忧虑是多余的。现在想想，也是的，如果6岁我受到伤害，会很疼的，也会流血，但是我一点记忆都没有。再说我家长也不会发现不了，特别是我妈妈，根本就像没事人一样，看不出对我有什么担心。看来你的分析是正确的。

社工：不客气。有问题以后再来。还要提醒你，相当多的处女膜很薄，容易不经意损坏。如骑车、体育运动等，说不定何时就损坏了，这很正常。懂得科学的人是不会在意这个的。

这是一例典型的、需要运用精神分析理论和技术才能恰当解决问题的案例。来访女孩因为青春发育，萌发了性冲动，但是一直受到压抑，自己浑然无知。她把童年发生在其他小朋友身上的事情错记成发生在自己身上，特别是在谈恋爱时，这种要"检验"的想法更加突出，直接流露了想发生性行为的愿望。但女孩又害怕如果真受过伤害，已不是处女，被男友发现无法交代。经过咨询，多年笼罩在女孩心头的阴云消散了，女孩能正确认识与性有关的一些问题了，心情放松，愉快地投入到学习中。当然，这次咨询是暗用精神分析、明用逻辑推理进行说理引导，让女孩朝向消除疑问并健康发展的方向发展。

2. 认知行为理论

认知行为理论由行为主义和认知理论整合而来。与精神分析理论不同，这一理论认为，人的行为主要受制于理性思考，而不是潜意识中的本能，几乎所有人类的心理活动均与认知有关，或至少涉及认知的领域。如果人们有正确的认知，他的情绪和行为就是正常的；如果人们有错误的认知，则他的情绪和行为都可能是错误的。认知行为理论将认知用于行为修正，强调认知在解决问题过程中的重要性，认为外在环境的改变与内在的认知改变都会最终影响个人行为的改变。社会工作的主要任务就是帮助服务对象获得对世界的正确认知或完善理性思考的能力，从而使服务对象的行为能得到正确、理性的指引。

对专栏 3-14 案例中的求助者，社会工作者可以运用认知行为理论对其施行帮助。

专栏 3-14

案例

小王，男，14 岁，初中学生。父母较早离异，父亲残疾且聋哑。小王现和父亲、爷爷、奶奶居住在约十平米的一居室内，房屋条件简陋且周边卫生状况较差。家中经济来源只有爷爷的退休金和父亲的最低生活保障金。因为长期和爷爷、奶奶及聋哑的父亲生活，小王的日常交流遇到了障碍，他逐渐变得沉默寡言。据奶奶反映，小王经常彻夜不归和同学去网吧玩电子游戏，学习成绩不够理想，经常考试不及格。他最近一次彻夜不归是连续两天两夜没有回家，家人十分担心。由于爷爷奶奶年纪已大，小王的教育成为很大困难。无奈之下，小王的爷爷奶奶只好求助社会工作者。

[资料来源] http://www.docin.com/p-1237936270.html.

依据认知行为理论，针对专栏 3-14 中的案例，社会工作者的救助过程大致为：首先，了解服务对象的生活情境。在认知活动中，认知情境影响人的心理和行为，所以了解认知情境可以为社会工作者理解服务对象的行为提供相关的信息和线索。在本案例中，社会工作者首先要通过与服务对象、服务对象家庭成员、服务对象同辈群体等人的沟通，比较全面地掌握服务对象的基本生活情境，并由此寻求服务对象沉默寡言、沉迷游戏等行为的深层原因。其次，帮助服务对象重建认知。按照认知行为理论，错误的认知和观念是导致情绪和行为问题的根源，改变认知是社会工作者进行行为干预的重要步骤。在本案例中，社会工作者通过和小王深入的交谈，和小王建立了较好的工作关系。在分析了小王的情况后，社会工作者帮助小王认识到自身存在的问题，便和他一起确定需要解决的包括自信心不足、沟通能力缺乏和社会支持网络单一等问题。同时，社会工作者还积极帮助小王发现自身存在的优点和优势，并强调小王在这些方面的才能，让他感觉到自身的价值，从而克服自卑心理；还通过小组活动的形式来让小王展现自我，使小王重新认识自我、发现长处，形成正确的社会认知。再次，对服务对象行为进行干预。在本案例中，社会工作者鼓励小王和小组成员建立新的伙伴关系，并把不同小组成员的长处和爱好等基本情况向小王说明，使他有足够的信心去结交新的朋友；也可通过小组活动使他有机会接触到新的伙伴，并和他人合作交流。通过多次小组活动后，社会工作者对小王进行个别交谈，让他反思在小组活动中与人交往和合作的过程，引导他感受与人交往和合作的快乐与意义。社会工作者同小王一起回顾这些历程，帮助小王看到展现自身价值、客观面对困难、勇于交往的好处，并强调这些好处对他的重要性，帮助他积极地面对生活和困难，争取更好地融入社会。

3. 心理暨社会理论

人们的困难、问题，说到底不外乎源自内在心理与外在环境两方面。正是由于学者们认识到这一点，建构了心理暨社会理论，把心理分析与社会分析结合起来，并使之成为社会工作实务中运用最普遍的一种理论。具体观点包括以下几点。

第一，要了解和预测人的行为，就必须了解个人与整个社会形态中所有人的互动。

第二，人类生活的环境是一个系统，其中的成员彼此交互反应和相互影响，成为一个连锁反应的系统。

第三，个人行为反应来自他对环境的知觉、认知和内在心理感受。

第四，个人出生时即具有独特的本能驱力和攻击力，并与环境相互作用形成独特的行为方式，因此，个人人格与其社会生活功能息息相关。

第五，人对环境的认知是对环境的期望与事实两部分的整合。

第六，人之所以会发生适应问题，是因为社会适应失败，有三方面原因：婴儿时期的需要与内驱力未被满足，仍深藏在潜意识中，导致成年的不适当需求，影响适应力；目前所处环境压力过大，使早年的情绪问题被掀起而产生偏激的反应；人格结构中的"自我"和"超我"不能正常发挥作用，使个人自我认知曲解、现实感差、判断力弱、控制冲动力不足、不恰当地使用心理防卫，也使个人对他人的态度和行为产生问题，人际关系破裂，加剧环境压力。

第七，如果服务对象的人格成为一个开放的系统，能与环境交流互动，那么服务对象的自我是可以改变和成长的。

心理暨社会理论解决问题是建立在这样的认识基础上，即社会工作的目标是帮助一个人充分实现其社会功能，提高其适应社会与自身发展的能力。由此出发，心理暨社会治疗兼顾一个人成长过程中的生理面、心理面与社会面的因素，以及它们之间的相互作用。它的目标不仅解决当前问题，更重要的是促成人健康地成长，增进人们社会生活功能，以获得心理与社会适应的平衡与满足。

专栏 3-15

案例

　　林先生（我国台湾人）是独子，早年丧父，与母亲相依为命。由于是独子，母亲非常宠爱他。林先生读书期间成绩不好，只是念到高职毕业。毕业后，林先生在一家工厂工作，认识了小他三岁的太太，一年后结婚，母亲在他结婚两年后过世，只留下一点钱。目前林先生仍然在工厂工作，育有二女一男。因为太太娘家住得远，夫妻俩又无力负担保姆费用，孩子出生后无人照顾，林太太只好辞职在家照顾孩子。去年林家贷款 300 多万台币买了一栋房子，所以林先生被太太逼得利用晚上做兼职。最近因为经济不景气，三个月之前，公司裁员辞退了林先生，使林先生除了一方面找工作，且晚上兼职时间更长之外，另一方面也在别人的介绍下向政府申请社会救助。在接案会谈中，林先生夫妇给人的初步印象是木讷、无助、刻苦与忠厚老实。由于林先生夫妇有家产和工作能力，不符合社会救助条件，于是除转介他们申请失业救助和就业辅导之外，社会工作者评估他们家庭需要其他协助，并建议他们转介儿童机构申请与儿童相关的各种福利服务。期间社会工作者主动联系林先生夫妇好几次，他们对于社会工作者的协助表示非常感谢。

　　[**资料来源**] 宋丽玉，等. 社会工作理论：处遇模式与案例分析 [M]. 台北：洪叶文化事业有限公司，2002：146.

社会工作者在与林先生接触的过程中发现，他内心总会有许多焦虑和恐惧，比如害怕去陌生环境找工作，不愿向陌生人申请救济，在家中与太太沟通也是相当被动，与同事和邻居来往也很少，并认为自己被公司辞退是因为自己不会巴结主管而被同事排斥和欺负。社会工作者通过与林先生的进一步沟通，认为林先生之所以缺乏信心、自我贬低、与他人的社会互动不顺畅，根源是他成长过程中有很多伤害性体验。林先生早年丧父，记忆中与同辈交往时常受到耻笑和欺负，母亲也常告诫，家里经济条件不佳，少与人交往，以免被人看不起。此外，因与母亲相依为命，母亲给予相当大的保护与宠爱，林先生也非常依赖母亲，很少有直接面对压力的经验和能力。上学过程中，林先生学习成绩不好，又没钱补习，所以一直认为老师和同学都看不起他，不愿与人交往。

社会工作者在帮助林先生的过程中，首先通过积极倾听、交流和关心，帮助林先生宣泄内在的情绪压力，在情绪平稳之后，通过讨论，帮助林先生觉察个人内心感受和想法对行为表现的影响，以使其了解环境的压力与个人的关系。会谈数次之后，社会工作者再评估林先生准备改变的动机、自我认知。之后，社会工作者将改变的重点放在与林先生探讨内在心理动力来源与过去生活经验的关系，以及与行为固定反应模式的关系上，以使林先生明白问题的根源所在，并鼓励他采取不同的行为表现与社会工作者、同事、家庭成员互动，并用心感知他人反应与人际关系是否因此而有所不同，以增加主动与他人交往的自信。

心理暨社会理论强调个人社会生活功能是人格与外在环境影响下的复杂反应，其关注的重点是改善人际关系和生活情境。此理论对于具有社会心理性质方面问题的服务对象具有高度适用性。运用此理论处置问题是朝向治本的方向，强调要透过削弱服务对象早年生活经验对当前社会生活的影响，重视情绪经验和自我控制的影响，透过服务对象个人的知觉或洞察，来改善个人人格成长，增强自我功能和人际关系互动能力。

4. 标签理论

社会学的标签理论源于符号互动论，最早由弗兰克·塔尼鲍姆提出，之后，加利福尼亚大学艾德温·艾默系统地阐述了这一理论，霍华德·贝克尔对这一理论有重要贡献，在此基础上形成了社会工作的标签理论。这种理论认为，人的意识是在社会互动的过程中产生的，是根据别人对自己的反应来识别自己的。许多人之所以成为"有问题的人"，是与周围环境中的社会成员对他及其行为的定义过程或标定过程密切相关的。一个人一旦被"标定"，贴上"偏差"标签，将会导致人际关系的重组，将使他的生活机会受到相当限制，并促使他继续扮演偏差者角色。这一理论注重研究社会过程而不是结构，强调主观方面而不是客观方面，侧重研究偏差所产生的反应而不是起因和由来，探讨某一社会如何依据其价值体系对某事或某人"标定"的过程。因此，社会工作的一个重要任务就是要通过一种重新定义或标定的过程，使那些原来被认为是有问题的人恢复成为"正常人"。

专栏 3-16

案例

小安，男，26岁，大三时因精神疾病退学，退学后，在精神卫生中心接受了四周治疗后出院。出院后，同学和朋友开始疏远他，有些邻居也因偏见对他指指点点，这让原本就内向的小安备受情绪困扰，更加沉默寡言，越来越没有自信，整天不想出门。没多久，小安的精神病再次发作。小安在三年内多次出入精神卫生中心，无奈之下，父母将其送入精神病院。一年后，小安的病

【思考】

根据标签理论，小安出院后，他和家人最需要的是什么？如果你是医院社会工作者，根据标签理论，可以写一份怎样的"出院护理计划"？

情稳定，经诊断可以出院。小安的父母既高兴又焦虑，对照料好小安既没有信心也不懂技巧，于是找到了医院的社会工作者，医院的社会工作者准备为小安出院回家提供服务，并联络了社区的社会工作者。

[资料来源] http://www.shangxueba.com/ask/1325133.html.

根据标签理论，案例中的小安出院后，能否成为一个正常的人，很大程度上取决于周围的人能否把其当成正常人看待。基于此，社会工作者可以首先建议小安一家搬到一个环境幽静、没有熟人的社区居住，给小安营造一个平静、无歧视、无压力的生活氛围。其次，社会工作者可以为小安父母提供一些专业的康复治疗知识，帮助小安父母调整好心态，缓解其紧张的情绪和压力，使父母能够平等、从容地对待小安。再次，社会工作者还可以帮助小安联系职业教育和技能培训，为小安找一份力所能及的工作，使小安能够像正常人那样生活，逐渐建立起自信，很好地完成社会融入。

5. 沟通理论

这是以社会心理学、人类学和社会语言学中有关人际沟通的一些理论为基础形成的一种社会工作理论。它强调人际沟通在人际关系中的重要性，认为许多人的行为问题都出在人际沟通方面，如不能恰当地接受、选择与评估信息，不能很好地给予或接受信息反馈等。社会工作的一个基本任务，就是帮助人们消除这些沟通过程中的障碍，使人们的相互沟通得以顺利完成。

专栏 3-17 是社会工作者帮助一个曾因与同学沟通不畅而自卑、封闭的女孩建立良好人际关系，并使其重拾自信的案例。

专栏 3-17

案例

女孩 A 出生在边远农村，花费很大力气才考上了北京的一所大学。该大学不是最好的大学，女孩学习的专业也比较偏门。入学后，女孩由于自卑，加上对前途比较失望，于是性格更加内向，不爱和同学说话，很少和大家一起出去玩。长期如此，她发现自己更加孤立了，上课时别人不愿意和她坐在一起，业余时间都是一个人度过。她很苦恼，变得更加自卑，觉得别人都看不起自己，心里更加孤单，开始对周围环境产生不满，尤其是同班同学。恶性循环下去，她非常苦恼，于是寻找社会工作者帮助。

[资料来源] http://wenku.baidu.com/view/6817bd4c2e3f5727a5e96227.html.

针对专栏 3-17 中的案例，社会工作者可以依据沟通理论，和女孩 A 做有效交流，确定她的主要问题是在人际沟通和交往方面，然后帮助她制订改善人际关系的行动计划：第 1~4 周，女孩主动和身边最近的同学（同宿舍同专业的女生）谈话聊天；

到了第 5 周，两个女生相处融洽。同宿舍女生发现原来 A 并不像平时大家认为的那样刻板，而是有理想、乐观、进取的人。她们可以通过一起吃饭、K 歌进一步密切关系。第 7 周之后，女孩 A 开始组织多次同学聚会，包括专业聚会和班级聚会。通过她的自我表现，很多人对 A 的看法已经转变过来，A 感受环境的压力变小，于是表现得更加自然、自信。第 10 周，开始有男生主动邀请 A 去聚餐、聚会。以此为标志，A 获得了学校女生、男生的认同，逐渐融入了群体，开始了更加自信的新生活。

6. 增权或倡导理论

这是从马克思主义变通而来的一种社会工作理论。马克思主义主张通过大规模的社会变革解决现存的各种社会问题。然而，现实中，许多可行的社会工作却与个体、家庭、群体或小型社区有关。为了能给这些小规模的社会工作实践以指导，将这些小规模的社会工作实践与社会变革的大目标协调起来，一些倾向马克思主义的社会工作者提出了增权或倡导理论。这种理论主张在宏观的社会变革发生之前，社会工作者应协助服务对象为了他们的利益向现存的社会结构争取权利，使之做出一些有利于服务对象的制度或政策安排。

在专栏 3-18 的案例中，在增权理论的指导下，专业社会工作者该如何帮助农民工改变他们事实上的权益和权力状况呢？

专栏 3-18

案例

2004 年的最后一天，记者接到重庆市綦江县石壕镇白果村刘天会打来的电话，反映该村 136 名农民工历时 8 年的讨薪艰辛……

2004 年 12 月 27 日，北京西站候车厅，记者见到了来京讨薪的重庆市綦江县石壕镇白果村农民刘天会一行。刘天会向记者讲述了自己的遭遇。1995 年，刘天会与邻近村的农民工在北京市房山区某砖厂打工期间，认识了北京市房管局的于欢乐。于称北京市房管局下属有一砖厂，正缺人干活。当年的 10 月 26 日，经过双方协商，刘天会代表这些农民工与北京市房管局集体经济管理办公室和河北省定兴县景安砖厂签订了合同。1996 年 2 月 18 日，136 名民工带着"在北京打工可以看天安门"的憧憬，离开家乡，来到景安砖厂打工。在这个砖厂，刘天会一行干了近一年。1996 年 12 月，刘天会找到砖厂负责人于欢乐，准备结账回家，却被对方以种种理由拒绝。刘天会跪在于欢乐面前，求厂里给农民工一条活路，但于欢乐不予理睬。刘天会听说于欢乐是北京市房管局的人，便辗转来到北京市房管局。北京市房管局集体经济管理办公室主任潘耀明承认，砖厂是他们下属的企业，也承认签订的合同上有北京市房管局的公章，按合同规定农民工应得到工钱，但他认为于欢乐是房管局聘用的砖厂负责人，具体情况只能找于欢乐解决。无奈，刘天会只好沿路乞讨回到重庆老家。由于农民工大多是刘天会叫到砖厂干活的，回家后，他们纷纷找上门向刘天会要工钱，特别是在砖厂打工致残的袁光强，生活无着落，经常到刘天会家中，一住就是十天半月。为了讨还血汗钱，刘天会与100多名农民工开始了漫长而又艰辛的讨薪之路。1997年，刘天会借了路费，带着妻子儿女再次来到北京，一边打工，一边去北京市房管局找有关领导。此后的几年，刘天会一次次地往返于重庆与北京之间，找北京市房管局、北京市劳动局等部门，希望讨回他们应得的工钱。可时至今日，仍无任何结果。（注：2005年元旦过后，北京市总工会维权热线电话了解情况后表示：将尽快向有关领导汇报，并争取让此事及早得到解决。）

　　[**资料来源**]李国，张晓凤. 重庆民工回首8年讨薪路：从北京沿路乞讨回老家 [N]，2005-01-13，有改动。

　　如果社会工作者介入这一案例，该选择何种模式及如何操作？第一，针对初次讨薪的下跪行为和隐藏于这一行为下的奴性心理，社会工作者应进行积极的纠正并加以引导，从而改变农民工的权利与权力观念。在具体的操作细节上，社会工作者应首先介入农民工的心理和观念，利用明白易懂的话语给他们植入现代的权利和权力观念。第二，社会工作者应帮助农民工加强内部团结，不能把责任仅推卸在刘天会一人身上，如此可以塑造农民工的利益共同体，提高他们的权利意识（团结本身就是群体维护权利的一种策略）。第三，在行为策略上，社会工作者要引导农民工利用法律手段和合法途径去借助公共权利，从而增强自身的权利。同时，应该充分发挥外力推动的作用。社会工作者应该充分调动资源，借助有效的中间性的外部力量，从而达到增强农民工权利的目的。比如，联系当地劳动保护部门（北京市总工会维权热线是一个有效的外力途径），帮助他们设计维权计划，必要时可以给他们提供一定的法律援助等。

重要结论与启示

　　1. 社会工作价值属于专业价值。专业价值通常指指导某种专业或职业全部服务实践的基本理念和准则。社会工作价值是指社会工作专业所追求的理想、目标，以及所秉持的信念、宗旨、原则。

　　2. 社会工作专业伦理即规范了助人关系中的社会工作者与服务对象、单位、同人和机构之间的责权关系，从而对社会工作者的从业行为起到约束和规范作用，确保社会工作者服务的专业性和规范性。

　　3. 根据国际有关社会工作专业价值的普遍原则，结合中国社会和文化的实际情况，本书认为，社会工作专业伦理的基本原则应包括以下几个方面：接纳原则、自决原则、个别化原则、保密原则、专业界限原则。

　　4. 参照美国、英国，中国香港、台湾和大陆制定的伦理守则，本书将社会工作的伦理守则归纳为以下几个方面：社会工作者对服务对象的伦理守则、社会工作者对同事的伦理守则、社会工作者对机构的伦理守则、社会工作者作为社会工作专业人员的伦理守则、社会工作者对社会工作专业的伦理守则、社会工作者对社会的伦理守则。

5. 伦理抉择是指分析和评估社会工作实务中涉及伦理方面的问题，以便形成恰当的、符合伦理的专业行为的过程。伦理抉择发生的原因是多方面的，如社会工作机构及其工作者义务、责任的多重性，多重价值观不兼容，多重当事人系统，价值选择依据上的困难等。

6. 社会工作者面对伦理困境进行伦理抉择依据的原则排序依次是：保护生命原则、平等与差别平等原则、自主和自由原则、最小伤害原则、生活质量原则、隐私和保密原则、真诚和毫无保留地公开信息原则。

7. 社会工作理论是社会工作实践经验的总结和概括，它在借鉴相关学科理论、知识的基础上，以更一般、抽象的形式描述和解释社会工作活动的过程和规律。当前，国内外社会工作理论流派较多，有精神分析理论、认知行为理论、心理暨社会理论、标签理论、沟通理论、增权或倡导理论、社会系统理论、人本主义理论、激进的人本主义理论、马克思主义理论、女权主义理论、后现代主义理论，等等。

参考文献

1. 王思斌. 社会工作概论 ［M］. 北京：高等教育出版社，2006.

2. 罗肖泉. 践行社会正义：社会工作价值与伦理研究 ［M］. 北京：社会科学文献出版社，2005.

3. 拉尔夫·多戈夫，弗兰克·M. 洛温伯格，唐纳·哈林顿. 社会工作伦理：实务工作指南 ［M］. 隋玉杰，译. 7 版. 北京：中国人民大学出版社，2005.

4. Frederic G. Reamer. 社会工作价值与伦理 ［M］. 包承恩，等译. 台北：洪叶文化事业有限公司，2000.

5. 陈钟林，黄晓燕. 社会工作价值与伦理 ［M］. 北京：高等教育出版社，2011.

6. 高鉴国. 社会工作价值与伦理 ［M］. 济南：山东人民出版社，2012.

7. 宣兆凯. 中国社会价值观现状及演变趋势 ［M］. 北京：人民出版社，2011.

8. 宣兆凯. 道德社会学理论、方法和应用研究 ［M］. 北京：北京师范大学出版社，1994.

9. 何雪松. 社会工作理论 ［M］. 上海：上海人民出版社，2007.

10. 宋丽玉，等. 社会工作理论：处遇模式与案例分析 ［M］. 台北：洪叶文化事业有限公司，2002.

拓展阅读

1. 马丁·科恩. 101 个道德难题 ［M］. 陆丁，译. 北京：新华出版社，2005.

2. 罗伯特·F. 里瓦斯，小格拉夫顿·H. 赫尔. 社会工作实务案例分析 ［M］. 李江英，译. 3 版. 北京：中国人民大学出版社，2006.

专题四　社会工作探索的基本问题：环境中的人类行为规律

内容概览

　　社会工作是一门融价值、知识和方法于一体的专业。如果我们把社会工作比作一座大厦，那么利他主义取向的社会工作价值、伦理就是这座大厦的灵魂，而环境中的人类行为规律则是这座大厦的基石。探究环境中人类行为的规律，既可为社会工作的开展提供科学依据，也可为社会工作者诊断、分析具体案例提供基本线索，因而成为社会工作研究的基本问题。本专题紧扣影响人类行为的生物、心理、社会三方面环境因素，依据生命历程相关理论，把人生发展分为胎儿期、婴儿期、儿童早期、儿童中期、青春期、成年早期、中年期和老年期八个阶段，探索在一定环境影响下，各个阶段行为的主要特征、面临的主要问题及社会工作的应对方略。

学习目标

　　1. 了解人类行为和社会环境的含义及其相互关系。

　　2. 认识影响人类行为的生理层面、心理层面和社会层面间的关联。

　　3. 能从人类行为三个层面特征出发分析人生不同阶段所面临的问题及社会工作应对方略。

　　关键词：人类行为　社会环境　生命历程

专栏 4-1

案例

印度电影《流浪者》

　　被称为印度电影史上经典之作的《流浪者》，通过一个复杂的故事昭示了印度社会由血统造成的阶级对立问题。大法官拉贡纳特信奉这样一种哲学："罪犯的儿子必定追随其父。"在这种根深蒂固的血统等级观念支配下，他错将强盗的儿子扎卡判了重罪。具有讽刺意味的是，若干年后，大法官的儿子拉兹在扎卡实施了一系列阴谋诡计后成为过着流浪和偷窃生活的贼、流浪者。当拉兹因罪被捕面对作为大法官的亲生父亲时，"好人的儿子一定是好人，贼的儿子一定是贼"的血统论让父子二人的心灵受到致命的打击。

　　[资料来源] 本案例由作者根据电影《流浪者》故事情节编写。

影片《流浪者》生动形象地讲述了被"上流社会"家庭抛弃的拉兹从降生到成人的坎坷人生，深刻地批判了印度社会存在的"好人的儿子一定是好人，贼的儿子一定是贼"的"血统论"，同时也向我们提出了一个发人深省的问题：一个人的成长及其个性特征、行为特征主要受哪些因素影响？是先天的遗传因素、心理因素，还是社会环境因素？

【思考】
　　以电影《流浪者》为背景，阐述人的行为主要受什么因素影响。

这一问题是教育学、心理学、社会学等学科共同关注的问题，只不过关注的目的、出发点不同，要解决的问题不同，研究的侧重点和方法不同罢了。社会工作者关注的主要目的不是人的个性、行为特征如何形成，而是探索个体的问题和困境与社会环境、人的个性、行为特征等因素的关系，以及如何通过对上述因素的干预达成个体生存状态的改变。

依据社会工作理论，"人类行为发生在生理、心理和社会因素交织起来的具有多样性的背景中。在这些背景中，人们面临着需要有效回应的生物、心理和社会需求。这种对个体、家庭和群体的需求做出有效反应的能力被称为适应"[1]。社会工作者要理解一个人的适应能力，就必须理解"环境中的人"，要在特定的环境当中理解特定的人的行为。这就要求社会工作者在对服务对象开展介入、诊断和分析等具体活动之前，必须掌握环境中的人类行为规律的相关知识。所以说，环境中的人类行为规律是社会工作探索的基本问题。

一、人类行为与社会环境的关系

社会工作者要卓有成效地助人解决问题，必须科学地理解人类行为及其与社会环境之间的关系，明确人们为什么会产生某些行为。

（一）人类行为概念

1. 人类行为的界定

人是作为一个系统的存在。这个系统可以划分为两个子系统：第一个子系统是作为个体而存在的人，其中包括生理、心理、认知、情感、行为等要素；第二个子系统是作为社会性存在的人，其中包括家庭、同辈群体、工作单位、社区、制度等要素。这两个子系统之间并非割裂，而是相互影响。

人类行为既是社会工作的重要议题，也是其他学科的议题，但不同学科和领域的学者对它的研究角度、方法又各不相同。心理学中的行为主义学派把人的行为看成是由外界环境因素刺激，机械地直接引起的。如德国社会心理学家库尔特·勒温（Kurt

---

① 乔斯·B. 阿什福德，克雷格·温斯顿·雷克劳尔，凯西·L. 洛蒂. 人类行为与社会环境：生物学、心理学与社会学视角［M］. 王宏亮，李艳红，林虹，译. 王宏亮，校译. 2版. 北京：中国人民大学出版社，2005：9.

【思考】
举具体事例，阐述人的行为是怎样形成的。

Lewin）在 1951 年提出著名的人类行为公式："$B=f(P \cdot E)$。其中，B 表示行为，f 表示函数关系，P 表示个人，E 表示环境。"[1] 这个函数关系表达了他对人类行为的理解：人的行为是个体与环境相互作用的结果。精神分析学派则提出，理解人类行为必须探索人的潜意识系统，行为在很大程度上由本能左右。社会学家则认为，外在行为是其价值观和态度的体现。这些观点都解释了人类行为的某个方面的特征，但都没有为人的行为的发生机制做出准确的说明。

社会工作理论从整合观点出发，将人的行为一般界定为"个体为求适应环境和满足需要所表现出的活动或反应，它是遗传、生理、心理、社会过程等内外要素综合性相互作用的结果"[2]。

2. 人类行为的分类

人类行为（human behavior）也称人的行为，有狭义和广义之分。广义的人类行为是指由客观刺激通过人的心理活动而引起的内部与外部的反应，包含外显行为（overt behavior）和内隐行为（covert behavior）。外显行为指所有可观察到或可测量的个体活动，如吃饭、踢球、看电影等；内隐行为则指那些内在的、无法被直接观察到，只能通过自我报告等方式间接推断的活动。[3] 狭义的人类行为仅指外显的行为，也是我们通常所认为的人类行为。

人类行为有正常和异常之分，尤其在精神健康领域，对社会工作者来说，做这样的区分也是非常必要的。人类行为的正常与异常，常常体现在生理、心理和社会认知等方面。譬如体重与身高比值过大被视为肥胖、智商低于 70 常被划为弱智、中年丧子而产生抑郁症、虐待老人和儿童等都被社会视为异常行为。一般来讲，划分人类行为正常和异常的常用标准包含以下几种。

（1）统计规律

如果某人行为与大多数人相似，在统计上一般就可以视为常态，其行为就属于正常行为；反之，则被认为是异常行为。人到学龄期要上学读书，如果某孩子到了该年龄还不去上学读书，就会被视为一种异常行为。

【思考】
日常生活中，我们怎样界定人们的行为是正常行为还是异常行为？

（2）社会规范与价值标准

如果个人行为符合当时当地的社会规矩，该行为就是正常的；否则就是有偏差的。人类学家鲁思·本尼迪克特（Ruth Benedict）在研究北美印第安人的祖尼部落时发现，该部落重视中庸、抑制与和平，反对过度的战争。因此，好竞争而不合作就被当地人视为偏差行为。

（3）行为适应性

如果某人无法适应社会环境，就会出现社会化不足，进而体现为异常行为。如一

---

① 李玉杰. 心理学 [M]. 沈阳：辽宁教育出版社，2009：194.

② 王思斌. 社会工作导论 [M]. 2 版. 北京：北京大学出版社，2011：132.

③ 韩晓燕，朱晨海. 人类行为与社会环境 [M]. 上海：格致出版社，2009：2.

位缺乏抚养和教养孩子能力的母亲，会被认为是不称职的。

（4）个人主观体验

个人的主观体验也可以判断自身行为是否正常。以个体主观体验为依据，当某些行为超过特定的界限，就会被视为异常行为。比如，"5·12"地震中失去孩子的母亲，整日魂不守舍，寝食难安，出现幻觉和妄想，这类过度的情绪反应就是异常的表现。

需要说明的是，上述标准是相对的，是以具体社会情景为条件和背景的，也会随着社会的变迁、认识的深入而发生变化。因此，在社会工作实践中采用单一标准去判定人的行为之正常或异常，有时会失之片面，最好综合使用上述几个标准，并留意相关的伦理和价值问题。

专栏 4-2

资料

关于人类行为的其他分类法

1. 按照人类行为起源划分：人类行为可以分为本能行为和习得行为。本能行为来自遗传，也称遗传性行为，这类行为不需要学习即可出现定型和行为模式，往往具有指向性，如喝水、哭泣、饮食等。习得行为是人类在后天与环境的互动中逐渐学习而形成的，又称学习行为。人类绝大多数行为都是先天本能行为与后天学习行为共同作用的结果。

2. 按照人类行为对社会的作用划分：人类行为可以分为亲社会行为和反社会行为。亲社会行为是指任何自发地帮助他人或者有意图地帮助他人的行为，包括利他行为和助人行为。反社会行为是一种对社会产生消极作用的行为。其中最有代表性的行为就是侵犯行为，试图伤害或危害他人，如暴力行为、侵犯或攻击行为和破坏社会秩序等。

3. 按照人生发展阶段划分：人类行为可以分为胎儿期发展、婴幼儿行为、儿童期行为、青春期行为、成年期行为和老年期行为。联合国世界卫生组织提出新的年龄分段：44岁以下为青年人，45岁至59岁为中年人，60岁至74岁为年轻老年人，75岁至89岁为老年人，90岁以上为长寿老人。这5个年龄段的划分，把人的衰老期推迟10年，对人们的心理健康和抗衰老意志将产生积极影响。

[**资料来源**] 韩晓燕，朱晨海. 人类行为与社会环境 [M]. 上海：格致出版社，2009：2.

【思考】

你认为专栏4-2中哪种行为分类方法在社会工作研究中更有意义？

（二）社会环境概念

对于人类行为而言，社会环境具有双重意义。一方面，受本能驱使，人类适应环境并不断进化；另一方面，人作为社会的组成部分，时刻都与社会环境进行互动，在互动中，人类行为既被型塑，也影响环境的变化。

1. 社会环境的界定

人类的生存环境通常可以划分为自然环境和社会环境。自然环境包括土地、资源、气候、动植物等；社会环境是人类在自然环境基础上通过长期有意识的社会劳动所形成的环境体系。社会环境是极其复杂的庞大系统，涉及日常活动的互动系统和影响社会功能的环境系统等各层次领域。具体来讲，社会环境"包括人以及他们如何组织单位的方式，这些单位包括家庭、学校、政府、国家，等等"①。社会环境本身也不是孤立的，它与影响人类行为的生理、心理等因素交织在一起。因而，我们可以把社会环境界定为：与人类生物（生理）、心理状态及社会过程相互作用的社会系统，家庭、学校、组织、社区、社会、文化等都是其重要组成部分。

2. 社会环境的主要构成要素

社会环境是与人的生存和发展有关的所有的外部社会因素的总和。社会环境的主要构成要素包括以下几个方面。

（1）家庭

【思考】
家庭环境对你的行为有哪些影响？

家庭是建立在婚姻、血缘或收养关系基础上，以直接面对面的互动方式结合的初级群体。对人类个体来说，家庭是最直接、最密切的环境。家庭环境因素对个人的观念、心理和行为习惯会发生潜移默化的深刻影响，其在种族、阶层、宗教等方面的社会特征以及父母的经济收入、生活方式和文化教养等，都通过日常的家庭生活和交往活动影响个体的行为规范、心理特征、价值观念、生活习惯。

目前在关于家庭环境对个体影响的研究中，学界关注较多的是家庭成员间的互动方式（尤其是家庭教养模式）如何影响个体的成长。家庭教养模式对个体的影响既有纵向的，也有横向的。纵向的影响主要表现为来自家庭背景和家庭中的以往事件（如出身富贵或贫贱），其影响多在宏观层面展开（如社会分层）。横向影响主要是微观层面，关注家庭中个体成员间互动怎样影响他们的行为和发展，其中最受关注的是不同家庭教养模式如何影响个体的成长。

专栏 4-3

资料

西蒙兹关于父母的教养方式研究

美国心理学家西蒙兹（P. M. Symonds）从接受—拒绝和支配—服从两个维

---

① 沙依仁. 人类行为与社会环境 [M]. 台北：五南图书出版公司，1986：5.

度区分父母的教养方式。接受—拒绝和支配—服从这两种教养方式都不同程度地存在于父母与孩子的相互作用中，可以组成二维坐标系统，由此说明教养方式对孩子的影响。

```
                    支配
           残忍  │  溺爱
                 │
    拒绝 ─────────┼───────── 接受
                 O
           无视  │  放任
                 │
                    服从
```

坐标上的 O 点是最理想的亲子关系，这样的父母既不特别娇惯孩子，也不过于严厉；既不随心所欲支配孩子，也不完全听凭孩子的支配。

西蒙兹比较了被父母喜欢和不被父母喜欢的孩子，结果发现，被父母喜欢的孩子大多表现出符合社会需要的理想行为，如情绪稳定、兴趣广泛、富有同情心；而不被父母喜欢的孩子则表现为情绪不稳定、冷漠、倔强并具有逆反心理倾向。

西蒙兹也比较了被父母支配的孩子和支配父母的孩子，结果发现，受父母支配的孩子比较被动、顺从，有依赖心理，缺乏自信心；使父母服从自己的孩子则表现出一定的独立性、反抗性，并具有较强的攻击性。

[**资料来源**] 张敦福. 现代社会学教程 [M]. 2 版. 北京：高等教育出版社，2010：217.

（2）朋辈群体

朋辈群体，也称同龄群体，"指那些在年龄、兴趣爱好、家庭背景等方面比较接近的人们所自发形成的社会群体"[1]。朋辈群体对个体发展的影响可以从两个层面理解：一是个人的内部层面，即朋辈群体对个体的认知发展、行为塑造、情绪表达、精神追求及支持系统产生影响；二是个人的社会系统层面，即朋辈群体在不同社会系统中扮演不同的角色。在不同年龄阶段，朋辈群体的影响力也各不相同。如何利用朋辈群体的正功能来开展社会工作，是非常值得关注的课题。

（3）学校与职业组织

对于进入学校的儿童和青少年，学校和教师的教育作用是毋庸置疑的。学校是儿童和青少年社会化最重要的社会环境因素。学校教育具有系统性，它既能传授各种科学知识和技能，又能帮助学生掌握社会价值规范和伦理准则，培养良好的行为习惯。学校作为一个有组织的机构，要求学生必须遵守学校的行为规范和准则，按照规范去扮演学生角色，

【思考】
　　学校在对你的行为、性格塑造中起着什么样的作用？

---

[1]　宣兆凯. 社会学概论新编 [M]. 北京：中国人事出版社，2000：132.

理解学校组织中的人际交往。

当个人结束学校生活，走入社会，职业组织便成为个体社会化中新的社会环境。在职业组织中，个人通过职业活动和职业成就来确立自己的人生目标，实现人生理想，并在这一过程中发展个人的能力、品格、气质、性格等。可见，职业组织对个体成长同样有巨大影响。

（4）社会系统

社会系统指人们在社会生活中形成的社会关系的体系。一般来说，社会系统包含家庭、经济、教育、医疗、社会福利、政治、法律和军事八个子系统。每一个子系统在不同层面上各司其职，满足个体在不同层面的需要，使社会成员得以在有规范和有秩序的系统中展开互动。人的行为也是在社会系统中展开的，社会系统是人们活动的重要的、不可隔离的外部环境。

下面，我们以社会分层体系为例，分析社会系统对个体行为的影响。

专栏 4-4

案例

《人生七年》与社会分层

英国导演迈克尔·艾普特（Michael Apted）跨越大半个世纪，给世人带来一部被译作《人生七年》的纪录片。本部纪录片从 1964 年开始拍摄，每 7 年拍一部，主角们是来自英国不同地区、不同家庭背景、不同阶层、不同成长环境的 14 个孩子。从 7 岁到 56 岁，7 年一个轮回，主角们一次次地回到镜头前，讲述自己的故事。

艾普特曾说，拍摄该片是因为对英国社会分层很好奇，他想知道，富人的孩子长大后是否仍是富人，穷人的孩子长大后又会如何。相隔 50 年后回头看，几个来自精英阶层孩子的人生依旧相对光鲜——他们过着优渥的生活，婚姻稳定。在来自底层的孩子中，只有两三个算是依靠自己的努力奋斗，跻身中产或准精英阶层。结果似乎印证了导演的猜测：社会阶层的那道沟，或许真的很难逾越。人们常说的"富二代""官二代""农二代""贫二代"，反映的也都是社会阶层固化和社会向上流动受阻的现状。

［**资料来源**］本书作者根据媒体报道整理。

【思考】
大学生群体中存在社会分层现象吗？如果有，具体表现是怎样的？

《人生七年》中，处于不同阶层的人其人生发展轨迹是完全不同的，这一不同显示了社会分层体系对社会成员一生产生的影响。社会分层体系指的是"产生明显不平等的社会制度体系"[1]。社会学家用社会分层来指存在于人类社会的个人与群体之间的不平等，即要根据人们的社会地位（如年龄、性别、教育程度、职业和种族等）把财富、权力

① 戴维·格伦斯基. 社会分层［M］. 王俊，译. 2 版. 北京：华夏出版社，2005：2.

和声望不平等地、有系统地分配给社会成员，地位不同的个人和群体获得报酬的机会是不平等的。英国社会学家安东尼·吉登斯（Anthony Giddens）给分层下了一个最简单的定义："分层是不同人群间的结构性不平等。"[①] 他认为，社会可以视为由等级体系中的"层"构成，特权较多的人在顶层，没有特权的人则接近底层。社会分层虽然对个体发展提供了多种选择，增加了个体发展空间，但是不合理的社会分层体系给处于边缘阶层的个体和群体产生不利影响。

在现实社会生活中，一方面，不同阶层的人可以通过后天努力实现代际的阶层流动；另一方面，社会分层体系依然会在某种程度上带来个体发展机会的不同。这种不同既是不同阶层所掌握的资源不同导致的，也是不同阶层的观念不同导致的。当前中国改革进入深水区，中国出现了社会分层"凝固化"的新趋势。"富二代""官二代"是这种"凝固化"的具体表现。所以，社会应构建合理的社会阶层结构，尽可能减少阶级出身、种族等先赋性条件对个体后天努力的影响。

（5）文化

文化是由知识、价值观念、行为规范、法律、风俗等形成的体系。文化通过语言、文字、艺术作品及其他文化载体，向人们提供行为指导、规范约束、生存资源和保障。社会的风俗习惯、价值观念和制度就成为人们生活的基础和背景，成为人们生存发展的重要环境。文化通过对个体潜移默化地产生影响，最终通过人的行为体现出来。

> 【思考】
> 　中国传统文化在你的行为中有哪些体现？

首先，文化影响着人们的交往行为和交往方式。人们在相互交往中，都带有各自的文化印记。交往方式中的文化影响，有的取决于价值观念，有的源于风俗习惯、文化程度等。人们交往方式的差异，见诸交往时使用的语言、器物、符号等，也见诸交际过程中的行为举止。其次，文化影响人们的实践活动、认识活动和思维方式。不同的文化环境、不同的知识素养、不同的价值观念，都会影响人们认识事物的角度以及认识事物的深度和广度，影响人们在实践中目标的确定和行为的选择，影响不同的思维方式的形成。

总之，社会环境的构成，小到家庭、群体、学校、组织，大到社会乃至文化，涵盖了微观系统、中观系统和宏观系统的方方面面。

（三）人类行为与社会环境的关系

人类行为与社会环境的关系涉及遗传学、社会学、心理学等多个学科的知识。如何看待和把握人类行为与社会环境的关系对社会工作有重要影响。社会工作的基本思想是人生存于环境中，并与环境持续地发生相互作用。这种作用对人的行为有着巨大影响，而社会工作的目的就是通过改善人与环境的相互作用，解决人所面临的各种问题。

1."人在情境中"

"人在情境中"（person in situation）或"人在环境中"是社会工作中用来描述人

---

① 安东尼·吉登斯. 社会学［M］. 李康，译. 4 版. 北京：北京大学出版社，2005：270.

类行为与社会环境关系的重要观点。这一观点认为，人不是完全独立自存的个体。研究一个人，必须将其放到他所处的环境（家庭、学校、工作场所等）中，并注重研究其与社会环境间各要素的关系。人受到环境压力和人们彼此冲突的影响和困扰，因此要用系统的方法去分析情境中服务对象的行为，包括关于服务对象的人际关系、环境、精神和生理健康等方面信息。这对帮助社会工作者正确理解服务对象的困境具有很大的作用。因此，"人在情境中"已被视为社会工作领域特殊而重要的概念，也成为社会工作者研究服务对象的个性、行为特征的出发点。

2. 人类行为与社会环境的关系

"人在情境中"所内含的人类行为与社会环境的关系具体体现在以下几个方面。

第一，个体必须适应环境。处于一定社会环境中的人需要改变自己的行为以符合社会期待，并学习社会环境所赞许的行为。

第二，社会环境影响人类行为。不同的社会环境塑造人类的不同行为方式；相同的社会环境塑造人们相似的行为和人格特征。社会环境在不同的人生阶段对人的行为的影响程度不同。一般而言，人格未充分定型者，如儿童和青少年受社会环境的影响较大；人格定型者，如中年人受社会环境的影响较小。社会环境所导致的童年期创伤会影响个体健康人格的形成，即使成年后社会环境较好，也会对其一生的发展造成负面影响。

第三，人类行为对社会环境的能动作用。面对社会环境，人并不是被动的，个人在受环境影响的同时也会对自然环境进行利用。

第四，人类行为与社会环境交互影响的不对等性。相对而言，社会环境对人类行为的影响更为巨大、更为直接、更为长远、更为深刻，个人很难在短时期内明显改变社会环境，而主要是适应社会环境。

人类行为与社会环境的知识是社会工作理论和实践的基础。社会工作强调个体的独特性和个体行为的社会整合性，强调从整合的角度看待人类行为，而不是简单机械地认定人的困境来自个人还是环境，或把人的困境归结为人与环境不成功的互动。因此，在社会工作实务中，社会工作者应该运用专业价值、知识和技巧，通过改变个人、环境及二者互动的专业方法来帮助人们解决问题，改善局面。

二、影响人类行为的三个层面

在社会工作中，研究人类行为与社会环境之间关系的最终目的，是希望准确地评估人类行为，为制定社会工作方案提供依据。尽管"人在环境中"的理念已经成为认识行为特征的基本出发点，但如何进行更具体的分析，不同学者根据自己的理论特点提供了不同的分析框架。比如杰美因和布鲁姆（Carel B. Germain&Martin Bloom）依据社会生态学理论，阐述了人类行为与社会环境之间的关系，但这是一种描述性的宏观理论，并未提供一个清晰的、操作性的行为评估框架。阿什福德（Jose B. Ashford）等人提出的分析框架，主要采取两个维度：横向的生物—心理—社会维度和纵向的生命周期维度。横向维度分析了人类行为的三个层面——生理的、心理的和社会的，纵向维度分析了人类行为在整个生命过程中的演化。运用这两条轴线交叉而成的坐标系，人类行为与社会环境之间的关系就能得到比较完整的分析。下面我们对评估体系的第一个维度——人类行为的三个层面进行分析。

（一）生理（生物）层面

专栏 4-5

资料

高尔顿的"名人研究"

法兰西斯·高尔顿（Francis Galton），英国人类学家、心理学家和遗传学家。他通过谱系调查，论证遗传因素与个体差异的关系。他研究了 1768—1868 年这 100 年间英国的 977 名（这些人在一般老百姓中 4000 人中才会产生一个）将军、首相、文学家、科学家的家谱后，发现共有 332 名杰出人士。因此做出论断认为天才是遗传的。在调查 30 个有艺术能力的家庭中，他发现这些家庭中的子女也有艺术能力的占 64%；而 150 个无艺术能力的家庭，其子女中只有 21% 有艺术能力，因此断言艺术能力——"特殊能力"也是遗传的。他发现，随着遗传亲属关系程度的降低，杰出亲属的比例也显著地下降。他还用 80 对双生子的资料，以双生子比其他亲兄弟、亲姐妹在心理特点上更为相像的事例，证明人的心理完全是遗传的。高尔顿根据遗传与个体差异的关系倡导善择配偶，改良人种，并在 1883 年《人类才能及其发展的研究》一书中首创"优生学"这一术语。总之，在高尔顿看来，个体心理的发展主要取决于先天的遗传。高尔顿的理论被称为遗传决定论。

[资料来源] 高觉敷. 西方近代心理学史 [M]. 2 版. 北京：人民教育出版社，2001：188-189.

【思考】

遗传因素对人类行为的影响具体表现在哪些方面？请举例说明。

高尔顿认为，个体发展以及个性品质早在生殖细胞的基因中决定了，人的发展过程只不过是这些内在的遗传因素自我展开的过程，环境的作用仅仅只是引发、促进或延缓这种过程的实现。其实在中国也有同样的说法，古语"龙生龙，凤生凤，老鼠的儿子会打洞"与高尔顿的观点如出一辙。虽然高尔顿走向了遗传决定论的极端，但是我们不能否定生理因素，特别是遗传因素给人类行为带来的影响。

生理系统主要包括身高、体重、健康状况、年龄、疾病、死亡等因素，侧重于人在生理机能上的发展变化。生理系统对人类行为的影响主要表现在以下几个方面。

首先，人的生理状况为其社会发展奠定了基础。如果个体身体健康或者具有某种生理特长，个体的社会发展就会比较有利；相反，如果个体的身体衰弱或者具有某种生理缺陷，个体的社会发展就会比较不利。例如，高位截肢的残疾人不可能实现当短跑运动员的梦想。其次，不同阶段的人生理发育不同，直接影响人类不同时期的成长特征。比如，婴幼儿、儿童、青少年、中年、老年，各阶段的行为差别很大程度上源于生理上的差异。再次，遗传对人类成长的影响也是不可忽视的。正如高尔顿的"名人研究"证实了遗传的力量，现代遗传学更是把遗传的研究推进到了分子水平，特别是运用 DNA（遗传物质）理论解释人类的生物性状，揭示人类生老病死的发展规律。

需要注意的是，尽管生理因素对人类行为及其发展有重要作用，但生理因素不能单独发生作用，它往往是与心理和社会因素共同发生作用。例如，唐氏综合征是一种染色体病，但它往往是由产妇生育过晚造成的，而高龄产妇的大量出现又与整个社会的制度安排和文化变迁有关。

我们在社会工作中往往会遇到由于生物、生理因素而陷入困境的服务对象。这就要求我们必须了解有关的生物、生理和医学知识，以便为服务对象提供更好的服务。但是，仅重视生理知识，忽视人类生理背后的心理、社会因素也是片面的。

（二）心理层面

心理系统包括人的潜意识、感觉、认知、情绪、需要、态度、意志等心理活动，也是影响人类行为的重要动力。心理学家站在不同的角度，围绕心理因素对人类行为的影响展开了深刻的分析，其中最具有代表性的理论学派是精神分析理论、认知心理学、行为主义心理学和人本心理学。

1. 精神分析理论

精神分析理论的创立者是奥地利精神病医生弗洛伊德（Freud）。弗洛伊德的精神分析理论的主要内容包括以下几个方面。

（1）人的心理是由意识和潜意识两个部分组成

如图 4-1 所示，意识和潜意识就像一座海水中的冰山，在海面上的是意识，在

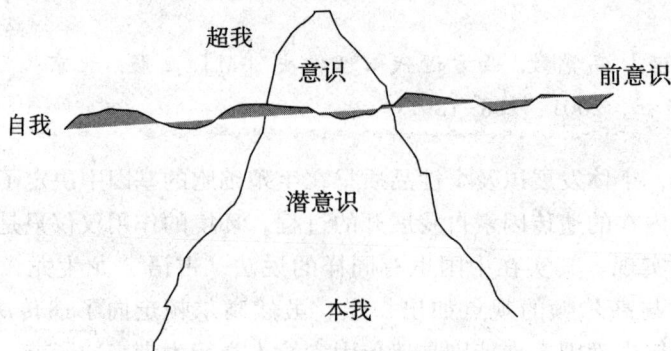

图 4-1 弗洛伊德的冰山模型

海面下的是潜意识。（海面上的）意识只是心理结构中的一小部分，而（海面下）潜意识则是一个相当大的构造。在意识与潜意识之间还存在一个前意识，前意识"就像位于潜意识和意识之间的屏幕"，是潜意识心理活动中在必要时可召回的部分，人们能够回忆起来的经验。

（2）本我、自我和超我

弗洛伊德把人格结构分为本我、自我和超我。本我——本能自我，类似于潜意识，处于心灵最底层，是一种与生俱来的动物性的本能冲动，它遵循快乐原则。自我——理性自我，遵循现实与安全原则，努力寻求本我的冲动与现实要求之间的平衡。超我——理想自我，遵循道德和理想原则，包括良心和自我理想两个部分，以利他、禁欲、奉献和牺牲等作为其表现形式。本我、自我和超我三者的理想结构是：本我传布着本能的冲动和需要；自我控制着本能的冲动，同时又寻找现实的途径来满足这些需要；超我则决定自我的问题以及解决的策略是否符合社会标准。

> 【思考】
> 请举例说明本我、自我和超我之间的关系。

（3）人格也是意识和潜意识冲突与斗争的结果

本我、自我和超我只有和谐一致，人格才会正常发展；如果失衡或冲突，人格发展将会非常困难，个体就会出现不同程度的心理疾病。

专栏 4-6

案例

《心灵捕手》与精神分析理论

电影《心灵捕手》是一部经典的心理电影，主要讲述一个狂妄天才威尔获得救赎的故事。威尔是个孤儿，曾住在几个寄养家庭中，并在连续遭到养父的虐待后从三个家庭里搬出。童年生活使他的肉体与心灵遭受折磨，长大后的他处处表现得桀骜不驯。实际上，他是在幻想用桀骜不驯来保护自己，以掩饰童年时笼罩心灵的恐惧。所以说威尔是个"被吓傻的狂妄天才"。他爱上了哈佛女孩史凯兰，但由于内心的恐惧与自卑而不敢接受史凯兰的爱：他在雨夜打通了史凯兰的电话却不敢说话，他跟史凯兰撒谎说自己有12个哥哥，最终他在自以为史凯兰要抛弃他之前抛弃了史凯兰……我们看到的是威尔在聪明叛逆之下的脆弱与敏感。

[**资料来源**] 本书作者根据电影故事情节编写。

在精神分析理论看来，潜藏于威尔内心深深的自卑和矛盾跟童年的经历有很大关系。个体如果童年时期的某种心理欲望没有得到满足，就会产生严重的心理冲突，这种心理冲突往往会被压抑在潜意识之中。案例中，威尔的心理医生西恩运用精神分析理论，帮助并鼓励威尔正视早期经历的挫折，并不断地告诉他"这不是你的错"。西恩默默的关怀和支持，给予威尔充足的安全感和温暖。威尔终于走出阴霾，开始了全新的人生。

精神分析理论给社会工作治疗的基本思路是：个人的问题源自内在的精神冲突，这种冲突与早期经验有关，并潜藏于潜意识中。解决问题就要分析潜意识，调解本我、自我与超我的冲突。在个案工作法中，心理社会治疗服务模式的理论基础正是弗洛伊德的精神分析理论。

2. 认知心理学

认知心理学是以人的认知过程为主要研究对象的一个心理学分支。精神分析学侧重于研究潜意识对人类行为的影响，认知心理学则主要研究注意、知觉、记忆、思维和语言等内部心理过程对人类行为的影响。

瑞士心理学家皮亚杰（Piaget）的认知发展理论提出人类认知发展四阶段理论，即感知运动阶段（0~2岁）、前运算阶段（2~7岁）、具体运算阶段（7~11岁）和形式运算阶段（11岁以上）。

📚 **专栏 4-7**

资料

皮亚杰的认知发展四阶段

1. 感知运动阶段（0~2岁）：婴儿的大部分行为都是以天生的有限图式为基础，如吮吸、观看、抓握和推。在生命的最初几个月中，婴儿用眼光追随物体，当物体在视野中消失时，他们移开目光。在3个月大时，他们开始盯着物体消失的地方看。在8~12个月大时，婴儿开始搜索消失的物体。到2岁时，婴儿肯定"消失"的物体继续存在着。

2. 前运算阶段（2~7岁）：认知上最大的进步就是对不在眼前的物体有了更好的心理表征。前运算阶段的思维特点是自我中心，即他们不能从别人的角度来思考。

3. 具体运算阶段（7~11岁）：这个阶段的儿童开始了心理运算，即在心灵中产生逻辑思维活动，儿童可以用心理活动代替物理活动。

4. 形式运算阶段（11岁以上）：这是认知发展的最后一个阶段，在这一阶段思维变得抽象了。青少年开始思考真理、公平和存在等深刻的问题，开始系统地寻找问题的答案。一旦进入形式运算阶段，青少年开始担当科学家的角色，以细致的方式尝试每一系列可能性。

[**资料来源**] 理查德·格里格，菲利普·津巴多. 心理学与生活 [M]. 王垒，王甦，等译. 北京：人民邮电出版社，2003：295.

在以皮亚杰为代表的认知心理学者看来，人类行为主要不是受制于潜意识的本能，而是受制于理性思考，人类行为过程中的各种困境主要是理性认知方面的缺陷造成的。根据这一理论，社会工作的主要任务是帮助服务对象培养认知能力，建立对自然和社会的正确认知。社会工作实务中的"认知行为介入"就是建立在这种理论基础上的。

专栏 4-8

> **案例**
>
> ### 社交恐惧症与认知行为疗法
>
> 　　小亮，17 岁，高中二年级学生，学习成绩一般；个头中等，皮肤较白；性格善良，单纯，内向，胆小；家庭成员有父母，双胞胎哥哥；家族无精神病史。
>
> 　　小亮从小就比较喜欢独来独往，不太爱说话，说话时声音比较小、习惯低头，不敢与对方目光接触；平时走路总低着头，羞于与人交流，从来不敢在公共场所讲话；特别是在与陌生人交谈时会紧张，出现心跳加速、出汗、发抖等症状。父母发现后，将其送到心理卫生中心，经医生诊断，小亮患有社交恐惧症。
>
> ［资料来源］孙金明. 人本疗法与认知行为疗法相结合的探讨：社会工作介入社交恐惧症的案例报告 [J]. 社会工作（学术版），2011（12）：42.

　　在这一案例中，整个治疗过程的核心是认知行为调整阶段。这个阶段的主要任务是社会工作者利用认知疗法、场景再现、放松训练等方法和技术，帮助服务对象分析和解决问题，对服务对象社交恐惧的主要问题进行实质性的矫正和干预，改变其不适应的认知、情绪和行为，培养服务对象自身处理解决问题的能力。在整个治疗过程中，社会工作者坚持"以服务对象为本"的价值观，运用认知行为疗法，改变服务对象错误的认知和行为系统；同时，注重激发服务对象自身潜能，促进服务对象自我成长。

　　3. 行为主义心理学

　　行为主义是美国现代心理学的主要流派之一，也是对西方心理学影响最大的流派之一。按照行为主义的发展顺序，可以将其划分为早期行为主义（即经典行为主义）、新行为主义（即操作行为主义）和新的新行为主义（即社会认知行为主义）。早期行为主义的代表人物是华生（John Broadus Watson），新行为主义的主要代表人物是斯金纳（Burrhus Frederic Skinner），新的新行为主义则以班杜拉（Albert Bandura）为代表。

　　（1）华生的行为主义观点

　　美国心理学家华生于 1919 年发表的《一个行为主义者眼中的心理学》一文中阐释了他的行为主义观点。华生认为，那些可以被观察到的、可预见的，最终可以被科学工作者控制的行为是心理学研究的主题。因为人的心智过程是难以观察、难以验证的，传统意识心理学以心智过程为主要研究对象，使心理学陷入哲学思辨和神秘主义的境地。要使心理学成为真正的科学，必须摒弃对心智过程的研究，以可观察的外在行为作为唯一的研究对象。他提出，"人类行为发生的公式是'刺激（S）—反应

（R）'的过程"①。人类行为都是后天习得的，环境决定了个人的行为模式。

（2）新行为主义者的观点

以斯金纳为代表的新行为主义者修正了华生的极端观点。他们指出在个体所受刺激与行为反应之间存在着中间变量，这个中间变量包括需求变量和认知变量。需求变量本质上就是动机，它们包括性、饥饿以及面临危险时对安全的要求。认知变量就是能力，它们包括对象知觉、运动技能，等等。它们决定了个体当时的生理和心理状态，是行为的实际决定因子。

（3）班杜拉的观点

代表"新的新行为主义"的班杜拉组合了行为主义和认知理论的优点，提出了独树一帜的"社会学习理论"。根据这一理论，"人既不是由内部因素驱动的，也不是完全受环境所左右的。他提出了一个由个体因素、行为和环境刺激三者构成的复杂的互动系统"②。班杜拉的学习理论强调人的行为是内部过程和外界影响交互作用的产物，他既承认环境是决定行为的潜在因素，又承认个人的认知因素、自我调节在学习过程中的关键作用。因此，人类的社会行为是通过"模仿学习、观察学习和自我调节学习"③而形成的。这更符合人类学习的实际情况，也更能说明许多复杂的人类行为（如道德行为）的学习过程。

> 【思考】
> 　早期行为主义、新行为主义和新的新行为主义各自的主要观点是什么？

行为主义的基本取向是强调外部环境的刺激模式对人类行为的影响，这一理论构架特别适用于婴幼儿行为的学习和青少年的行为矫治领域。根据这一理论，社会工作的主要任务是通过一定的方法对服务对象的行为反应模式进行训练和矫正。

专栏 4-9

> **案例**
>
> 　李励，男，10 岁，在某小学读书。李励讲话口齿不清楚，容易冲动，一不顺心就会发脾气，并且常有攻击他人的行为，每当遇到不如意的事情就开始哭闹。他明知自己有错，仍然大吼大叫地发脾气。周围的同学都认为李励是一个难以相处的同学，都不喜欢他。小组长收作业时，李励就捶打小组长，骂脏话，最后还把作业本扔掉。上课时，李励和前后左右的同学争抢文具，急了就打人、抓人，闹得别的同学没有办法专心上课。当然，李励由于上课不专心，学习成绩很差。

---

① 王瑞鸿. 人类行为与社会环境 [M]. 2 版. 上海：华东理工大学出版社，2007：34.

② 理查德·格里格，菲利普·津巴多. 心理学与生活 [M]. 王垒，王甦，等译. 北京：人民邮电出版社，2003：402.

③ 罗伯特·斯莱文. 教育心理学：理论与实践 [M]. 姚梅林，等译. 7 版. 北京：人民邮电出版社，2004：117-118.

［资料来源］陆士桢，王方，陈颖．中国儿童社会工作实务案例精选［M］．上海：华东理工大学出版社，2010：22．

社会工作者接案以后，与李励建立了良好的信任关系。在对李励的家庭环境、个人经历大致了解的基础上，社会工作者认为行为增强物对矫正李励的行为会起到很好的作用。对于李励来说，这些增强物包括口头赞赏、当众表扬、同学鼓励等。社会工作者力图通过增强物的使用来刺激服务对象做出正面行为，并推动服务对象行为方面的转变。具体来说，社会工作者请求教师上课时多给予服务对象表现成就的机会，鼓励同学与服务对象一起做功课、讨论问题，促使服务对象拥有更多的和同伴交流的机会，主动联络服务对象家长，要求家长一起努力掌握服务对象的行为取向，努力矫正服务对象的偏差行为。

4. 人本主义心理学

人本主义心理学强调人类行为的意识性、目的性和创造性；它重视人类行为的特殊性（有别于动物）和价值（人类的尊严）。该理论的主要代表是美国马斯洛创立的需要层次理论。

【思考】

"人生梦想"在马斯洛的需要层次理论中属于哪个层次？

马斯洛（Abraham Maslow）认为，每个个体都有五个层次的需要，即生理需要、安全需要、爱与归属需要、尊重需要和自我实现需要（见图4-2）。五种需要呈梯次排列，当低层次的需要得到基本满足后，高层次的需要会取代它成为推动行为的主要原因。研究人类需要的主要目的就是要充分挖掘人的潜能，满足自我实现的需要。

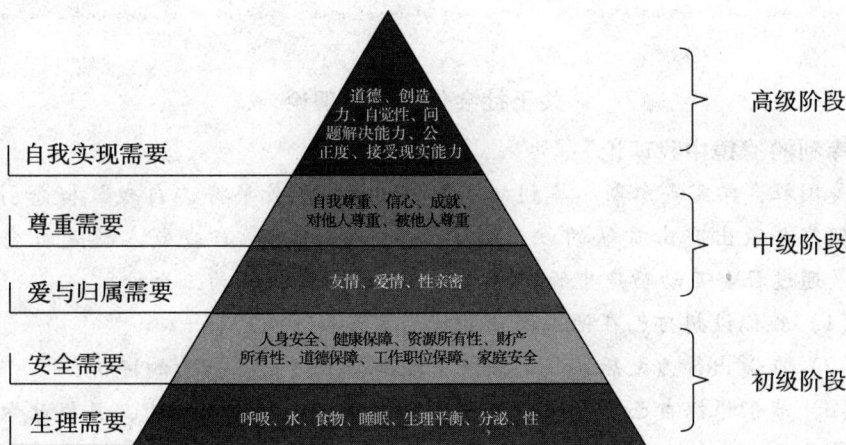

自我实现需要：道德、创造力、自觉性、问题解决能力、公正度、接受现实能力——高级阶段

尊重需要：自我尊重、信心、成就、对他人尊重、被他人尊重——中级阶段

爱与归属需要：友情、爱情、性亲密——中级阶段

安全需要：人身安全、健康保障、资源所有性、财产所有性、道德保障、工作职位保障、家庭安全——初级阶段

生理需要：呼吸、水、食物、睡眠、生理平衡、分泌、性——初级阶段

图4-2 马斯洛的需要层次理论

人本主义心理学理论在社会工作实务中得到广泛认可和运用，它使社会工作者意识到每个人都有自己独特的"意义世界"。社会工作者的主要任务就是去理解服务对象的"意义世界"及其内在矛盾，并帮助服务对象恢复或重建自己的"意义世界"。

【思考】
　　四种心理学理论各自的优缺点是什么？

从总体来看，上述四种有代表性的心理学理论都从不同角度出发证实了心理系统在人类行为发展中所起的作用。精神分析理论从人的生物内驱性出发思考问题，认知理论从人的理性认知思考问题，行为主义理论从环境对人的影响和塑造角度思考问题，人本主义心理学理论从人存在的本身挖掘意义，促进人的改变。

（三）社会层面

如果说生理和心理因素构成了人类行为的内部环境，那么社会因素构成了人类行为的外部环境。社会系统中的文化、价值、意识形态、规范等要素通过家庭、朋辈群体、学校、组织等多种载体、途径对人类行为发挥影响力。

1. 促使个体行为社会化

社会化是"个体在与社会进行互动的过程中，逐渐养成独特的个性和人格，从生物人变成社会人，并通过社会文化的内化和角色知识的学习，适应社会生活"[①]。个体仅凭生而俱有的自然属性和生物本能是不能在社会中生存的，人类个体只有通过社会化过程，才能在社会中立足，才能成为一个合格的社会成员。在印度和世界其他地区曾经陆续发现一些"狼孩""熊孩"，在我国辽宁也曾发现过"猪孩"。他们作为人类个体，在出生后不久因特定原因落入动物群体的生活环境中，被动物哺养长大，与动物一起生活，失去了作为一个正常人的条件和机会。简言之，社会化是一个社会性的互动过程，通过这一过程，个体获得了某种价值、规范、技能和知识，从而适应社会生活。

专栏 4-10

资料

关于社会化的相关理论

库利的"镜中我理论"：

美国社会学家查尔斯·库利（C. H. Cooly）是最早将"自我"概念引入社会化研究并做出突出贡献的社会学家之一。他认为，自我或人格是社会的产物，是通过社会互动而产生的。他将自我意识的形成分为三个阶段：

（1）我们设想自己在他人面前的行为方式；

（2）在做出行为之后，我们设想或理解他人对自己行为的评价；

（3）我们根据自己对他人的评价的想象来评价自己的行为，并据此做出下一步的反应。

在这样一个循环往复的过程中，逐渐形成个体的自我意识和人格，即每个人的"自我"观念其实是他人这面"镜子"的反射。

---

① 宣兆凯. 社会学概论新编 ［M］. 北京：中国人事出版社，2000：82.

米德的"角色扮演理论"：

美国社会学家乔治·赫伯特·米德（G. H. Mead）认为，自我意识是随着符号使用能力的发展而发展起来的。他将"自我"分为"主我"（i）和"客我"（me）两个部分。"主我"是自发的、能动的，为自我和人格的发展提供动力；"客我"是内化了的社会要求和期待，是在社会互动过程中形成和发展起来的。

米德认为，社会化的实质是"角色扮演"，即学会理解他人对于角色的期待，并按照这种期待从事角色行为的能力。他把社会化过程分为三个阶段：模仿阶段、嬉戏阶段和博弈阶段。每个阶段的角色扮演能力是不同的，"客我"涵盖的内容和范围也是不同的。

[**资料来源**] 宣兆凯. 社会学概论新编 [M]. 北京：中国人事出版社，2000：104.

2. 为个体生存与发展提供社会支持

社会中个体的生存与发展离不开社会，必须依赖社会环境提供的各种资源（物质资源和精神资源）的支持。社会各个系统提供的衣食住行等物质资源为个体得以成长提供基础，社会提供家庭、邻里、学校、组织等载体搭建的社会关系网，为个体发展提供精神支持。

对于同一社会环境，人们的反应能力是不同的。那些自治能力强的个体、群体不但可以利用社会环境中的资源，还可以扩展资源；自治能力弱的个体则难以获得和利用这些资源。这样，以促进人的发展和社会公平为己任的社会工作者就要致力于建构对不同人来说基本平等的社会环境。在影响和改善社会环境方面，社会工作者需要做的工作包括：强化社会支持网络，增强对人的支持能力，改善社会结构和社会制度，调整资源分配格局，改造不相适应的社会文化，等等。

3. 为个体行为提供参照标准

美国社会学家默顿（R. K. Merton）提出参照群体理论，指出参照群体是个人推崇并渴望加入的群体。他把参照群体分为两种类型：一类是"规范型"，它为个体建立和保持行为标准，提供价值和规范的源泉；另一类是"比较型"，它提供了个体用来评价自己和他人的比较框架，为个体评价自己与他人的相关位置提供参考。

伴随参照群体而产生的"相对剥夺"和"相对满意"两个概念，是相对于某种参照群体而形成的剥夺感或满足感。相对剥夺指与参照群体相比，个体对自身不利地位的感知。相对满意则是与参照群体相比，个体对自身有利地位的感知。通过参照和比较，对个体而言，人们会产生对自己满意或不满意的评价，会产生成就感、满足感或自卑感；对社会而言，人们会产生社会公平感或相对剥夺感。通过参照和比较而产生的满意的评价将鼓励人们照常规去处理自己的行为，不满意的评价或者激励人们竞争、奋斗以至反抗，或者压抑个人的积极情绪而形成心理忧郁，影响心理健康。

📚 **专栏 4-11**

资料

相对剥夺与群体性事件

从 1978 年至 2007 年，我国的人均国内生产总值从 1978 年的 381 元跃至 2007 年的 18934 元；形成鲜明对比的基尼系数（国际上用来综合考察居民内部收入分配差异状况的一个重要分析指标）从 1978 年的 0.212 上升到 2007 年 0.469，2013 年达到 0.473，超过了国际公认的警戒线 0.4。

中国社会科学院每年一度对外发布的《社会蓝皮书》对群体性事件的调查数据不容乐观：1993—2003 年间，中国群体性事件数量由 1 万起增加到 6 万起，参与人数也由约 73 万人增加到约 307 万人。2007 年群体性事件数量增加到 8 万余起。2013 年《社会蓝皮书》指出，每年中国发生的群体性事件可达十余万起。

在整个社会生活水平提高的今天，这种对社会不满情绪释放的群体性事件用参照群体和相对剥夺来解释是比较合理的。

[**资料来源**] 本书作者根据《中国统计年鉴 2008》《社会蓝皮书 2005》《社会蓝皮书 2007》《社会蓝皮书 2013》改写。

---

4. 影响个体社会功能的发挥

个体通过社会化机制，从生物人转变为社会人。个体社会功能发挥好坏受两方面的影响：一是内在身心发展的特性，如人格、心理、性格等；二是社会环境因素。相比较，社会环境对个体的社会功能的影响力大一些。

📚 **专栏 4-12**

资料

印度种姓制度对个体行为的影响

印度种姓制度把人分为四个不同等级：婆罗门、刹帝利、吠舍和首陀罗。婆罗门即僧侣贵族等，为第一种姓，地位最高，从事文化教育和祭祀；刹帝利即武士等，为第二种姓，从事行政管理和军事活动；吠舍即平民，为第三种姓，经营商业贸易；首陀罗为第四种姓，地位最低，从事农业及各种体力和手工业劳动等。后来，随着生产的发展，各种姓又派生出许多副种姓（或称亚种姓、次种姓），各种姓都有自己的道德法规和风俗习惯。

此外，还有一种被排除在种姓之外的人，即所谓"不可接触的贱民"，又名"哈里真"。他们的社会地位最低，最受歧视。他们的工作是扫地、扫厕所、处理动物的尸体等。在农村，他们只准住在村外或某一指定地域，不能和其他种姓的人使用同一口水井，无权进庙拜神等。种姓世袭，不易更改。各种种姓有自己传统的职业，只许在种姓内部通婚。社会地位高低、经济状况好坏，大多与种姓有关。尽管印度自独立以来，已废除种姓制度，但几千年来种姓制度造成的种姓歧视在印度不少地区，尤其是农村仍相当严重。

[**资料来源**] 王树英. 什么是印度的种姓制度 [N]. 中国民族报，2001-07-31（8）.

美国著名社会学家、结构功能主义大师帕森斯在《社会行动的结构》中提出，社会行动的四要素是：行动者（个体）、行动者为之奋斗的目标、行动者在追求目标时可供选择的手段、社会价值观和规范。制约手段选择和目标实现的因素除了来自生物条件的情境制约外，还有引导个体选择手段和目标的一系列价值观和规范。每个个体都有能力做出自己的行为选择，但是这些选择既受到生物条件和环境条件的限制，又受到支配社会结构的各种规范和价值观的限制。因此，要使个体的社会功能得到正常发挥，社会工作者要探究人与其环境间的社会互动的模式、方向、质量及结果，关注社会互动过程中阻碍个人社会功能发挥的那些因素，其中包括个人在扮演社会角色时处理与社会环境相互关系的潜在能力，以及为满足自我实现的需要所利用的社会资源。

社会工作不是把人与环境看作两个分离的实体，而是关注二者之间的相互作用，关注人类行为的社会层面，甚至社会工作的批判、激进取向的实务模式把工作焦点置于社会环境的改变上，而不是个体的改变上。例如，在反贫困社会工作的实践中，这一模式把贫困归因为社会制度的不合理，认为社会工作的介入主要是修正与弥合扶贫政策的不足。可以说，社会工作的一个重要任务就是恢复或重建个体所生活的社会环境。

总之，人的行为包括生理、心理和社会三个层面，其中，生理层面是人类行为的生物基础，心理层面是人类行为的动机和动力，社会层面是人类行为的决定性影响因素。三个层面相互影响、相互作用，共同对人类行为起作用。

三、生命周期中的人类行为

评估人类行为除了从横向的生物—心理—社会维度进行外，还应从纵向的生命周期维度进行，即从生命周期的角度，讨论人类个体在每一个发展阶段上的行为与环境之间的关系。在探讨生命周期中的人类行为之前，我们有必要先了解美国心理学家埃里克森（E. H. Erikson）提出的心理社会发展阶段理论模型，这一模型被广泛用来理解人的一生的各个发展阶段的特点和面临的危机。

（一）埃里克森心理社会发展阶段理论

埃里克森引入社会文化因素，强调社会环境在自我发展中的重要作用。他认为，人在成长的每个阶段，都有普遍的心理和社会矛盾需要解决，在每一个阶段，个体均需进行自我调整，以适应其中的心理社会冲突和危机。每个个体都需成功地度过某一阶段的危机，才能在其人格发展中获得积极的自我人格特征；反之，就会出现"认同危机"，给下一个阶段的发展留下隐患。根据个体在各个时期的心理反应，埃里克森把人类的发展划分为八个心理社会阶段："信任对不信任、自主对羞怯、主动对内疚、勤奋对自卑、同一性对角色混乱、亲密对孤独、繁衍对停滞和完美对绝望"①。

1. 信任对不信任（婴儿期，0~1.5 岁）

这一时期，婴儿如果能得到父母或他人的良好照顾，各种需求得到充分满足，就能建立对周围环境的信任感；反之，则会对他人和环境产生不信任，这种不信任感会影响个体以后的人际交往。在这一阶段，如果婴儿的信任感超过不信任感，婴儿就会获得一种"希望"的积极品质。一个具有"希望"的积极品质的人敢于冒险，不怕挫折和失败，对未来怀有热切的渴望和期待。

2. 自主对羞怯（幼儿期，1.5~3 岁）

儿童在这一阶段开始学习对自己的肢体活动加以自主控制，用自己的感官去熟悉周围的环境。这些控制能力的发展和智力能力的增强，使儿童产生了一种自主感。同时，儿童在这一阶段也存在着因对父母的依赖而产生害羞和怀疑。儿童这种自主与害羞相对立的心理特点，使这一阶段父母与子女的冲突很激烈。一方面，父母需要承担控制儿童行为使之符合社会规范的任务，即让儿童养成良好的习惯；另一方面，儿童有了自主感，如果父母听之任之，不利于儿童社会化，过多的责怪或限制，又会使儿童产生羞耻感，并对自身的能力和周围环境产生疑虑，不利于培养独立自主的个性。所以，在这一阶段，父母在帮助儿童养成良好的生活习惯的同时，还要使儿童树立良好的自信，形成活泼开朗的性格。当儿童顺利度过这一阶段时，会获得"意志"的品质。在以后的生活中，拥有"意志"品质的儿童会表现出自主选择的决心，愿意掌握自己的命运，并能向困难挑战。

3. 主动对内疚（学前期，3~6 岁）

儿童获得一定程度的有意识的自我控制能力后，开始怀着极大的好奇心探索更加广阔的外在空间领域，开始表现出与他人交谈和一起从事游戏活动的主动性。如果儿童表现出的主动性行为受到鼓励，他将来会成为一个有责任感和创造力的人；如果父母对儿童的要求不予理睬或管束太多，取笑或惩罚儿童一些带有创造性甚至有些荒诞的做法，就可能使他产生内疚感，影响儿童的想象力和创造力的发展。因此，儿童能否战胜内疚感顺利向下一阶段发展，很大程度上取决于成人对他的行动的反应。在此阶段儿童发展了较多的主动性，就会形成"目标感"，拥有正视和追求有价值的目标的勇气。

---

① 罗伯特·斯莱文. 教育心理学：理论与实践 [M]. 姚梅林，等译. 7 版. 北京：人民邮电出版社，2004：38-40.

4. 勤奋对自卑（学龄期，6~12岁）

这一阶段儿童的生活重心由家庭转向学校，与教师和同伴的关系成为儿童的主要生活压力。他们必须勤奋学习，才能取得成功。勤奋感的获得使他们在今后的独立生活和承担工作任务中充满信心，反之就会产生自卑感。当勤奋感大于自卑感时，儿童就会获得"能力"的品质。这是一种运用自如的聪明才智，不会为自卑所损伤，是今后承担社会工作的基础。

5. 同一性对角色混乱（12~18岁）

青少年在这一时期特别注意观察和认识各种社会角色的意义，学会扮演各种角色，实现角色的自我认同。如果个体在这一时期的社会交往活动缺乏主动和自信，就不能正确理解各种社会角色的意义，在活动中会出现角色混淆不清的现象。埃里克森认为，几乎所有的青少年都会经历某种程度上的身份混乱。

6. 亲密对孤独（成年早期）

在这一阶段，个体将经历爱情和婚姻等事件。个体要顺利完成这些活动，需要学会与异性交往并建立亲密关系的能力。如果活动失败，会使个体陷入难以自拔的孤独感。若亲密感胜过孤独感，就会使青年人获得"爱"的品质。在埃里克森看来，爱是奉献，是相互献身，是与他人的感情共鸣。

7. 繁衍对停滞（成年中期或中年期）

这一阶段，个体的社会成就已相对达到顶峰，子女已逐渐长大，个体开始关注下一代的繁衍和成长。一个人即使没有孩子，只要能关心、教育、指导儿童，也可以具有生育感；反之，没有生育感的人是一个关注自我的人，他们沉溺于对自我、对自己的事业和生活的关注之中。这一时期，人们不仅生育孩子，还要承担社会性工作。所以，这是个体对下一代的关心和创造力最旺盛的时期，人们将获得"关心和创造力"的品质。

8. 完美对绝望（成年晚期或老年期）

在人生的最后阶段，个体会经常回顾和总结自己一生的活动，力图给自己的一生做出满意的解释，并给它画上完满的句号。如果对自己的行为不能找到完满的解释，个体将陷入追悔和绝望的情绪中。面对这样的冲突，老人要学会自我调整，接受自我，承认现实。如果老人的自我调整大于绝望，他将获得"智慧"的品质，以超然的态度对待生活和死亡。

埃里克森的上述理论描述了人在不同阶段所具有的成长和克服困难的能力。他认为，在每一个心理、社会发展阶段中，度过"危机"都会产生积极和消极两方面的品质。如果每个阶段都保持向积极品质发展，个体将会建立健全的人格，否则就会产生心理、社会危机，形成不健全的人格。

> 【思考】
> 试结合埃里克森的心理社会发展阶段理论，回顾、评价自己的成长经历。

（二）生命周期中的人类行为

正如埃里克森的心理社会发展阶段理论所提出的，人的个体发展要经历不同的发展阶段，在每个发展阶段都会面临一些需要解决的问题。个体如果不能很好地解决这些问题，就会社会功能不足，甚至陷入危机。社会工作者只有了解个体各个阶段的行为发展特征、面临的主要危机以及社会环境对各阶段的影响，才能了解服务对象的需求，理解服务对象问题产生的个人层面的原因并找到科学的应对方法，更好地为服务对象提供服务。

1. 胎儿期

胎儿期是从受精卵开始到胎儿出生这段时期，约40周。研究发现，人类行为的发展从胎儿期已经开始。个体在母亲子宫的成长对人的一生的成长和发展都有重要作用。

（1）行为特征

一月胚，二月胎，三月血脉生，四月形体成，五月能动，六月诸骨具，七月毛发生，八月脏腑全，九月谷气入胃，十月百神备，则生矣。

——孙思邈《千金方》

孙思邈对胎儿的发育阶段以及各阶段的生物特性的概括虽未尽精确，但在当时已很先进。现代生物学将胎儿期的发展过程分为三个阶段：胚种期、胚胎期和胎儿期。胚种期主要发生在前两周，胚胎期是第3~8周，从第9周开始到出生为胎儿期。在胎儿期，听觉、视觉、味觉、嗅觉和触觉等感觉器官已经发育完成。研究表明，母亲的营养、疾病、情绪以及服用某些药物等都能影响胎儿的发育，甚至导致个体出生后生理和心理方面的异常。

（2）主要危机

在这一阶段，个体所面临的主要问题就是出生缺陷问题。所谓出生缺陷，是指婴儿出生前发生的身体结构、功能或代谢异常，通常包括先天畸形、染色体异常、遗传代谢性疾病、功能异常如盲、聋和智力障碍等。卫生部发布的《中国出生缺陷防治报告（2012）》显示，我国出生缺陷发生率约为5.6%，每年新增出生缺陷数约90万例，其中出生时临床明显可见的出生缺陷约有25万例。报告显示，出生缺陷不但是造成儿童残疾的重要原因，也日渐成为儿童死亡的主要原因，在全国婴儿死因中的构成比顺位由2000年的第4位上升至2011年的第2位，达到19.1%。同时，出生缺陷还加重了因治疗、残疾或死亡导致的疾病负担，严重影响儿童的生命和生活质量，给家庭带来沉重的精神和经济负担，也是我国人口潜在寿命损失的重要原因。出生缺陷问题已成为影响儿童健康和出生人口素质的重大公共卫生问题。

> **【思考】**
> 儿童出生缺陷会给家庭和社会带来什么后果？社会工作者应该如何应对？

（3）社会环境的影响及社会工作的应对

先天的遗传和后天的社会环境是影响出生缺陷的两大原因。关于先天与后天、遗传与环境究竟如何主导个体行为及发展，这是几个世纪以来一直争论不休的话题。在这里，我们不再讨论先天遗传和后天的社会环境孰优孰劣的问题，而是探讨哪些社会环境对出生缺陷产生影响以及社会工作应该如何应对。

📚 **专栏 4-13**

资料

中国新生儿缺陷发生率逐年上升的背后

《中华人民共和国婚姻登记条例》（后简称《条例》）从 2003 年 10 月 1 日开始实施，强制婚检变成自愿婚检。2004 年全国婚检率由 80% 降至 2.67%，一些地方甚至直接归"零"。北京大学生育健康研究所所长任爱国指出，婚检不仅是医学检查，还包括婚前健康教育、婚育咨询指导等，婚检率下降导致这些工作无法开展，出生缺陷一级预防明显被削弱。

北京大学生育健康研究所的一项地区调查显示，《条例》实施前，80% 以上的妇女从卫生保健机构获得叶酸知识，取消强制婚检后，这一比例不足 30%，孕早期妇女对叶酸的知晓率和服用率均降低 20% 左右。任爱国说："孕妇叶酸服用率的降低，神经管畸形及与叶酸缺乏相关的其他出生缺陷如唇腭裂、先天性心脏病等有可能不同程度地升高。"调查还表明，取消强制婚检后，妇女怀孕前及孕早期服用禁用药物、接触放射线、饮酒等有各种妊娠危险因素的比例均较之前增长一倍，不良妊娠结局发生率也随之上升。

[资料来源] 李惊亚，鲍晓菁. 中国新生儿缺陷调查：缺陷发生率逐年上升 [J]. 半月谈，2013（7）.

所谓环境影响，不仅包括通常所说的环境污染、食品安全，更重要的还包括一些社会环境因素。这些社会环境因素主要表现为人口政策、婚育文化和家庭等。其中，人口政策在中国主要是计划生育政策，婚检政策等。专栏 4-13 的数据表明，新的《条例》的实施，使出生缺陷预防明显削弱，不良妊娠发生率明显提高。中国传统的婚育文化，特别是"重男轻女"、养儿防老、传宗接代的观念仍然是影响出生缺陷的一大社会因素。另外，家庭中的夫妻关系、家庭结构、家庭经济条件、父母的受教育程度等都对胎儿的发育产生不可忽视的作用；再加上现代生活的快节奏，工作和生活压力大，高龄产妇越来越多，增加了出生缺陷的潜在危险。

可以说，出生缺陷干预是一个社会系统工程，它涉及人口计生、卫生、科技、环境保护、民政、宣传、教育等多个环节，政府必须加大投入，破除体制障碍和协调机制的缺失，建立多部门参与、运转高效的出生缺陷防治体系，保证提高出生人口素质工作措施的顺利实施。社会工作作为一支重要力量，在这个阶段的作用主要体现在优生优育方面。社会工作者可以宣传计划生育政策、孕前健康检查等知识，对孕妇及家庭进行"胎教"辅导，帮助孕妇和家庭成员从心理卫生上保证胎儿的健康发展，使个体在胎儿期获得良好成长。

2. 婴儿期（0~3 岁）

婴儿期指的是个体从出生到 3 岁左右这段时期，它是人生发展中最快的时期。在这一时期，婴儿的身心发展极为迅速，从襁褓生活到直立行走，从不会说话到用简单语言表达自己的情感，从感知到思维，从完全依赖他人到初具一定的生活能力。婴儿在生物生理、心理和社会性等方面都取得了长足的进展。

（1）行为特征

婴儿在这一阶段语言能力、认知能力、记忆力、情绪体验都迅速发展起来。这一阶段的婴儿逐渐形成了自我意识，自控能力开始发展，同时也会变得独立与自主。2岁以后，婴儿开始变得越来越叛逆，对父母的要求频繁说"不"。但是这一时期的婴儿仍然需要他人的照顾，父母或其他照顾者要随时预见婴儿可能会面临的危险，防止婴儿摔伤、灼伤、溺水、噎塞、中毒等危险事件发生。另外，这一时期婴儿的免疫系统不够健全，疾病成为婴儿需要面临的另一个生理威胁。

（2）主要危机

这一阶段的婴儿发展的主要特征就是"依恋"。依恋是英国精神分析学者约翰·鲍尔比（John Bowlby）于 20 世纪 50 年代提出的概念，主要是指"一个婴儿和一个照顾者形成一种紧密的、亲密的关系来保证它的存活"[1]。依恋产生于婴儿与照顾者相互作用的过程中，主要表现为寻求身体接触、视觉追踪、啼哭和喊叫。从进化意义上说，依恋是人类适应社会的结果，主要目的是维持生存与获得安全感，激发照顾者给予精心照顾。按照埃里克森的观点，婴儿期处在信任对不信任的心理社会阶段。婴儿对照顾者形成依恋关系，学会信任，从而形成一种自我意识。因此，这一阶段婴儿依赖照顾者，需要足够的营养和温暖，学习与他人建立信任关系。

（3）社会环境的影响及社会工作的应对

在这一阶段，家庭是婴儿最主要的活动场所。家庭教养方式，特别是婴儿与父母亲的交流，对婴儿的成长起着关键性作用。令人遗憾的是，在竞争激烈的现代社会，许多年轻父母迫于生活或工作压力，选择由祖辈代为教养孩子。特别是在农村，留守儿童的隔代教育更是普遍。根据中国老龄科学研究中心的调查，"目前我国帮助子女照顾孙子女的老年人比例达 66.47%。2 岁半以前的儿童，主要由祖父母照顾的占总数的 60%~70%，其中有 30% 的儿童甚至是被放在祖父母家里抚养照顾。3 岁以后，大部分儿童上幼儿园，祖父母直接抚养的比例会下降至 40% 左右"[2]。

【思考】
当前中国独生子女教育在婴儿期有什么特点？

在"隔代教育"中，祖辈家长有经验、时间和耐心，他们本能地对孙辈产生慈爱之心，此外，祖辈家长有丰富的生活和人生阅历，因此，"隔代教育"有自身的优势。但是，"隔代教育"也不可避免地存在溺爱孩子、养育和教育观念保守等劣势。如何扬利除弊，充分发挥隔代教育的优势，是值得探讨的问题。

---

① 乔斯·B. 阿什福德，克雷格·温斯顿·雷克劳尔，凯西·L. 洛蒂. 人类行为与社会环境：生物学、心理学与社会学视角［M］. 王宏亮，李艳红，林虹，译. 王宏亮，校译. 2 版. 北京：中国人民大学出版社，2005：266.

② 罗桦琳. 带孙子的老年人比例达 66.47%　隔代抚养引深思［N］. 广州日报，2014-08-28.

综上所述，这一阶段社会环境对婴儿的主要影响表现为教养方式不当带来的基本衣食不能保证、疏忽与溺爱、生理或心理残疾等问题。社会工作者在这一阶段的功能就表现为提供方案以维持婴儿生理需求，如妇婴保健、亲子教育等，保证婴儿的健康成长与发展。

3. 儿童早期（3~6 岁）

（1）行为特征

我们把 3~6 岁这个阶段称作儿童早期，把处于这一阶段的儿童称为学前儿童。学前儿童在生理成长与发展方面表现为能跑、能跳、能爬和能摔。学前儿童的手眼协调水平与对小肌肉的控制能力迅速提高，精细运动技能也逐步提高。从心理方面看，学前儿童的注意力、理解能力和语言表达能力都得到提高，也有生动活泼的想象力。

（2）主要危机

学前儿童的主要任务就是"形成更为协调的总体运动技能、获得社会技能以增进关系以及大幅度提高认知能力和语言表达技能，所有这一切都在玩耍中得到培养"[①]。玩耍或者我们常说的"游戏"对学前儿童的身体、认知和情感发展至关重要。学习技能和关系技能都在日常的玩耍和游戏中获得。学前儿童面临的危机，被埃里克森称为主动性与内疚感。这一阶段的儿童主动参与到各种游戏活动中去。当他们在这些游戏活动中受到了鼓励和表扬，就会形成自主感，否则就会形成内疚感。

> 【思考】
> 　学前期是个体行为发展最重要的一个时期。从家庭环境过渡到幼儿园，社会工作者应如何帮助家长和幼儿度过这个时期？

（3）社会环境的影响及社会工作的应对

这一时期的儿童已经进入幼儿园接受学前教育。幼儿所面临的社会环境主要包括家庭、幼儿园、教师和伙伴关系，它们共同作用并影响幼儿的行为发展。通过家庭的亲子沟通，幼儿养成自主能力和自信心；幼儿园的游戏活动增强幼儿的语言表达能力、运动能力和游戏能力；在同伴的游戏活动中，他们学习性别角色认同以及与角色相关联的行为规范。如果家庭教养不当、幼儿园活动不适应，则会给幼儿的行为带来偏差，如自我中心、不合群、胆小不自信等。因此，社会工作者在这一阶段的主要功能表现为亲子教育、儿童卫生保健、幼儿园照顾服务，帮助家长学会与幼儿园、教师沟通等，培养儿童建立自我自信心。

4. 儿童中期（6~12 岁）

这个阶段的儿童结束了学前时期并开始进入学校，学习新的知识和技能。

（1）行为特征

从生理维度看，夹在儿童早期和即将到来的青春期两个快速成长期之间的儿童中期，是孩子缓慢成长的时期。但在这一阶段，他们的运动能力得到迅速发展，能够进行持久的、竞争性的运动而不感到疲劳。从心理维度看，儿童中期代表着学习的兴奋

---

① 乔斯·B. 阿什福德，克雷格·温斯顿·雷克劳尔，凯西·L. 洛蒂. 人类行为与社会环境：生物学、心理学与社会学视角［M］. 王宏亮，李艳红，林虹，译. 王宏亮，校译. 2 版. 北京：中国人民大学出版社，2005：312.

阶段。儿童的思维由以具体形象思维为主向以具体形象为支柱的抽象逻辑思维为主转变，虽然抽象逻辑思维逐渐占主要地位，但是思维中的具体形象成分仍然起重要作用。正因为此，皮亚杰把处于该年龄阶段的儿童认知归纳为具体运算思维阶段。

（2）主要危机

这一阶段，儿童所面临的主要任务就是学校的学习和活动。儿童通过学校的学习和活动，提高了智能、身体运动技能和社会交往能力。埃里克森把这一阶段视为勤奋对自卑阶段，儿童面临的是勤奋对自卑的冲突。如果儿童通过自身努力顺利完成学业或与他人建立友谊，他们就会获得勤奋感，在今后独立生活和承担工作任务时满怀信心；反之，则会形成自卑感，并直接影响下一个阶段自我同一性的发展。

（3）社会环境的影响及社会工作的应对

【思考】

在儿童中期阶段，社会工作者可以利用哪些社会环境，激发和培养儿童的自信心？

家庭仍然是影响儿童身心健康的重要环境，特别是在挖掘儿童潜能方面，家庭环境起着关键的作用。在儿童的成长过程中，父爱和母爱有着各自不同的影响作用。母爱代表着人性和社会生活情感方面，父爱则往往象征着事业、思想、秩序、冒险和奋斗，代表的是理性方面。所以说，父亲是儿童个性品质形成的重要源泉，父亲教育严重不足的儿童，容易形成"偏阴性格"，脆弱、胆小、多愁善感、依赖性强、独立性差。儿童最理想的人格是同时兼具了父爱和母爱两方面的内容。然而，随着现代生活节奏的加快，中国家庭教育中普遍存在父亲缺位现象，再加上离婚率上升，单亲家庭数量增加，这些因素成为影响儿童人格形成和发展的重要因子。

这一时期，对于进入学校的儿童来说，随着年龄的增长，在行为养成和性格塑造方面，学校和教师的教育作用逐渐超过家庭和家长的教育作用，成为影响儿童行为发展的重要社会环境因素。同时，朋辈群体对儿童发展的重要性显现出来。儿童在朋辈群体互动中，有效地进行性别社会化和角色扮演，并在朋辈群体中产生友谊，这为儿童群体归属感的形成提供了机会。在朋辈群体中，个体可以摆脱像家庭、学校环境中的那些社会权威的约束，他们可以自由地从事自己喜爱的活动，讨论共同感兴趣的话题，从而使个体在群体成员之间的沟通中发生共鸣，形成明晰的亚文化意识。独特的亚文化包括共同的思想观念、价值标准、兴趣爱好、服饰发型、隐语、符号等，这些都对个体行为的发展产生重要影响。

因此，社会工作者在这一阶段的功能，主要是通过学校社会工作、业余课外活动服务、发展性团体活动（如夏令营）等，协助预防和解决学生问题，促进学生健康成长，形成"家庭—学校"之间的良好互动关系，构筑学生健康成长的和谐环境，使学生更好地适应当前与未来生活。

【思考】

回忆你青春期有什么异样的行为举止，思考哪些环境因素对青春期的成长发展最为关键。

5. 青春期

青春期，也称青少年期，是从儿童转变为成人的重要过渡阶段，也是心理学家所谓的"第二次断乳""第二次诞生"或"第二次反抗期"。青春期通常是指始于 11~12 岁、终于 20~22 岁这个年龄阶段，其中，11~12 岁至 18 岁为青春期早期，18 岁至 20~22 岁为青春期晚期。青春期是人最富有生命力的时期，处于这一时期的人具有所有其他年龄阶段的人所不具备的优势。

（1）行为特征

从生物生理角度看，这一时期的青少年身高和体重飞速增加，出现了继婴儿期之后的第二次发展高峰，也就是所谓的"青春期生长突进"。青春期的发育还明显地反映在第二性征和性成熟上。因此，青春期也常常伴随着诸如超重、痛经、粉刺等生理问题。

青春期剧烈的生理变化给男孩和女孩造成了巨大的心理反应。青少年开始关注身体自我，关心相貌、体重、身高和体格。由于个体发展差异，青少年的身体发育会出现早熟和晚熟两种生理现象，会给青少年带来一定的心理压力，因此在青春期，抑郁症与饮食障碍的发生概率很高。在认知和思维发展方面，青春期迎来了智力发展的高峰期。青少年在这一阶段具备了抽象思维能力，认知水平开始进入形式运算阶段。形式运算给青少年带来两方面的影响：一是提升了青少年的内省能力，使青少年对自己有了更加客观和系统的认识；二是青少年对自己认知能力的变化感到自豪，认同自己独特的想法和行为，表现出"青少年自我中心主义"的现象。这种现象一般要到青春期后期才会逐渐消失。正是如此，处于青春期的个体会出现较多的心理问题，包括内化的问题和外化的问题。内化问题主要表现为抑郁和自杀；外化问题常见的就是青少年偏差行为，如行为障碍或犯罪活动。

（2）主要危机

按照埃里克森的理论，青少年面临的主要发展危机是同一性对角色混乱，即认同危机。进入青春期的个体开始关注自我，思考"我是谁?""我想要什么?"等抽象而严肃的问题。青少年为建立自我认同做出各种尝试性的选择。在这一过程中，青少年往往面临着进食障碍、药物滥用、抑郁与自杀、青少年犯罪、亲子冲突、人际交往冲突和性认知等问题，出现较多的偏差行为。因此，青少年社会工作在社会工作实务领域中占据重要地位，它以青少年为主要的工作对象，在学业辅导、生活辅导、职业培训和职业介绍、心理咨询、性教育、矫治服务等方面，积极为青少年成长营造良好的社会文化环境，引导和保护青少年度过"危险期"。

（3）社会环境的影响及社会工作的应对

青少年所面临的社会环境，如家庭、学校、同辈群体和社会对青少年成长发展的影响凸显出来。家庭对处于青春期的个体有三个重要发展任务：自主性的形成、亲子冲突的解决以及亲子感情的培养。① 家庭父母的教养方式对完成这三个任务的影响尤为突出。美国发展心理学家戴安娜·鲍姆林德（Diana Baumrind）把父母教养方式分为专制型、权威型和放任型三种。后来，麦考贝和玛丁（Maccoby&Martin）在鲍姆林德的研究基础上，"从父母的要求性和父母的反应性两个维度，增加了一种教养方

---

① 乔斯·B.阿什福德，克雷格·温斯顿·雷克劳尔，凯西·L.洛蒂.人类行为与社会环境：生物学、心理学与社会学视角［M］.王宏亮，李艳红，林虹，译.王宏亮，校译.2版.北京：中国人民大学出版社，2005：502.

式，即忽视型教养方式"①。要求性是指父母是否对孩子的行为建立适当的标准，并坚持要求孩子去达到这些标准；反应性是指父母对孩子和蔼接受的程度及对孩子需求的敏感程度。具体内容见表4-1。

表4-1　父母教养方式的类型

		父母的反应性	
		接受性的反应 （以孩子为中心）	拒绝性的反应 （以父母为中心）
父母的 要求性	高要求	民主（权威）型	专制型
	低要求	放任（溺爱）型	忽视型

专栏4-14

教养方式的碰撞

1. "虎妈"：美国耶鲁大学华裔教授，原名蔡美儿，根据自己的育儿经验所著的《虎妈战歌》一书在美国引起轰动，引爆了全世界对东西方教育方式的大讨论。该书介绍了她如何以中国式教育方法管教两个女儿。蔡美儿为两个女儿制定十大戒律，自称"采用咒骂、威胁、贿赂、利诱等种种高压手段，要求孩子沿着父母为其选择的道路努力"。17岁的女儿蔡思慧考上哈佛大学。

2. "狼爸"：香港商人，萧百佑，自称"中国狼爸"。他将中国传统教养方式结合自己的理解，创造出一套别具一格的"萧氏教育理论"。在倡导快乐教育的今天，他常备藤条和鸡毛掸子，只要孩子的日常品行、学习成绩不符合他的要求，就会遭到严厉的体罚。他的四个孩子中的三个被北京大学录取。

3. "猫爸"：常智韬，资深媒体人士，践行"因材施教"的教育原则，主张对子女采用个性化教育。他用民主、宽松的教育方式培养出了"哈佛女儿"。

[**资料来源**] 新浪亲子. "虎妈　猫爸　狼爸"式教育的思考 [EB/OL]. http://baby.sina.com.cn/z/humalangba/. 本书有改动。

【思考】
　中国留守儿童接受的教养方式属于哪一类？在这种教养方式下，留守儿童在心理和社会行为中会有什么表现？

　按照教养方式的分类法，"猫爸"型父母倾向于"权威型"教养方式，而"虎妈狼爸型"父母则倾向于"专制型"教养方式。四种教养方式中，理性且民主的权威型教养方式被认为是最优的教养方式。这种高要求且在情感上偏于接纳和温暖的教养方式，对青少年的心理发展有许多积极影响。这种教养方式下的青少年独立性较强，善于自我控制地解决问题，自尊感和自信心较强，喜欢与人交往，对人友好。而"专制型"的教养方式（比如给孩子强加学业压力）会导致青少年容易形

---

① 佘双好. 毕生发展与教育 [M]. 武汉：武汉大学出版社，2005：313.

成对抗、自卑、焦虑、退缩、依赖等不良的性格特征。

青少年社会工作的主要功能是亲子教育、青春期教育、青少年服务、学校社会工作和团体活动，提供学校与家庭的衔接服务等，引导和保护青少年度过青春期。

6. 成年早期

与青少年关注自我相比，成年人开始转向关注社会以及与他人的亲密关系，正如埃里克森描述的：

"青春期你会发现你喜欢做什么，你想成为什么样的人——甚至不断地变换角色。到了成年早期，你会在工作中或在私人生活中向你想成为的人学习，不仅与他们相互交流而且共同分享亲密的友谊。在成年期，你会逐渐知道自己关心什么样的事和人。"[①]

成年期一般分为三个阶段：成年早期、成年中期（中年期）和成年晚期（老年期）。其中，成年早期是一生中最宝贵的时期，是人生的重要转折期，指的是从22岁到34岁这一阶段。

（1）行为特征

从生物生理上看，成年早期的生理发展呈现出身体发展的顶峰和开始缓慢衰老并存的情况。从心理维度看，成年早期是发展亲密关系和培养自由和独立能力并存的时期。个体在这一时期从关注自我转变到探索与他人建立亲密关系，这种亲密关系将带来爱情、婚姻和职业。同时，他们也认识到独立与自由的重要性，成熟就是在亲密与依赖、自由与独立的能力发展中实现的。

【思考】
成年人的年龄标志是年满18周岁，你认为成年人，也就是我们常说的成熟的标志是什么？

（2）主要危机

阿什福德认为，成年早期的两个关键的发展任务是"经济上的独立和自主决策。这两方面被认为是从青春期过渡到成年期的标志"[②]。具体来说，年轻的成年人从高等院校或职业学校进入社会开始职业生活，实现从学生到职业人的角色转变，在选择爱人、职业、友谊、价值和生活方式中学会独立和自主。因此，这一时期也是人生中重要的社会角色确定的时期。可以说，适应新的社会角色和承担新的责任和义务是这一时期主要的发展任务。在完成这一任务的过程中，个体可能会面临埃里克森所说的主要危机，即亲密对孤独。若任务完成失败，个体将陷入难以自拔的孤独感。若亲密感胜过孤独感，就会使年轻人获得"爱"的品质。

（3）社会环境的影响及社会工作的应对

这一阶段，社会环境除了家庭、学校和朋辈群体外，婚姻、职业地位及声望和社会就业政策等都对个体行为产生重大影响。

婚姻影响个体对新的生活方式的适应，如果适应得好，婚姻双方则享受着婚姻的

①② 乔斯·B.阿什福德，克雷格·温斯顿·雷克劳尔，凯西·L.洛蒂.人类行为与社会环境：生物学、心理学与社会学视角[M].王宏亮，李艳红，林虹，译.王宏亮，校译.2版.北京：中国人民大学出版社，2005：510，509.

甜美和幸福。反之，则会出现种种家庭问题，不利于个体的成长与发展。民政部发布的《2013年社会服务发展统计公报》显示："2013年全国依法办理离婚手续的共有350万对，比上年增长12.8%，粗离婚率为2.6‰。其中民政部门登记离婚281.5万对，法院办理离婚68.5万对。"① 这是自2004年以来，我国离婚率连续10年递增。在"80后"群体中，也出现了"闪婚闪离"现象。离婚对个体会造成多方面的负面影响，包括情感与社会支持下降，家庭观念、婚姻观念淡漠，家庭责任弱化和孤独感与挫败感上升等。

职业地位及声望和社会就业政策是影响这一阶段的成年人应对职业选择的主要环境因素。

因此，这一阶段，社会工作的主要应对表现为职业教育和婚姻教育两大内容。社会工作者引导各方面力量积极参与，在婚姻、职业等环节，引导成年人慎重面对婚姻和职业选择，逐步适应成年人的生活。

7. 成年中期（中年期）

中年期在生物学上，没有明显的年龄界定。不同的学者站在不同的学科背景中对中年期的起始年龄有不同的划分，一般是从30~40岁开始，终于60~70岁。在本书中，我们认为中年期的年龄为35~60岁这一年龄阶段。

（1）行为特征

中年期是个体各种生理机能发生巨大变化的时期。女性在50岁左右经历更年期，男性则稍微晚一些。处于更年期的个体容易出现情绪波动、性格改变、烦躁易怒、消沉抑郁等一系列行为问题，也就是我们常说的"更年期危机"。在心理层面，中年人的认知错综复杂，往往能根据自身的生活阅历，对自我、人生和社会进行反思，并能熟练处理各种社会关系。在社会层面，工作养家、教育子女成为中年人重要的责任。随着年龄的增长，中年人的婚姻关系可能会出现如离婚、丧偶等问题，离婚和再婚使部分中年人重新组建家庭，适应新家庭中的诸多新变化。

【思考】 根据你对周围人群的观察，中年危机存在吗？如果存在，有什么具体表现？

（2）主要危机

中年是创业的高峰时期，也是人生"艰难的年龄期"。中年时期，个体身体及心理疾病发生率开始增多，医学界称中年为"危险期"年龄阶段。同时，他们在事业上承担成功和失败的心理体验，对家庭和社会承担更多的义务和责任。面对工作、家庭、事业中的现实矛盾，中年人如不能正确处理，极易遭遇"中年危机"。

由英国沃里克大学的奥斯瓦尔德和美国达特茅斯学院的布兰奇弗劳尔共同主持了一项关于幸福感的调查。调查显示：人一生中幸福感高低变化呈U形曲线，44岁左右达到最低点。人生低谷一般会持续数年，即中年危机。研究者指出，无论男女、婚否、贫富、有无子女，人人都会遭遇中年危机。

① 民政部.2013年社会服务发展统计公报［N］.新华每日电讯，2014-06-18（4）.

📚 **专栏 4-15**

> **案例**
>
> ### 中年人的路越走越窄
>
> 42 岁的大吴最近一直失眠。他进公司十年，好不容易做到供销科科长的位置。可最近，看着少得可怜的订货单和总经理阴沉的脸，他真担心会不会被炒鱿鱼。可这种事没有办法跟妻子说，说不定不仅帮不上忙反而还唠叨添乱，甚至大吵一架；父母更不能说，老人家受不起刺激；跟朋友也说不出口，太没面子了；就连以前喜欢在网上发发牢骚的欲望都没有了……真是屋漏偏遇连夜雨，正月十五元宵夜，他的父亲突然中风住院，由于住院费和看护费出多出少的问题，又与兄弟姐妹闹得不愉快。现在，大吴觉得世界上没有一个可以信赖和吐露心事的亲人和朋友，内心充斥着孤独和痛苦。他总问自己：我该怎么办？怎么年过四十，人生的路越走越窄？有时候，绝望的他甚至冒出轻生的念头。
>
> ［**资料来源**］章睿齐. 男人，如何走出中年危机［N］. 新华日报. 2009-02-12（B0）.

显然，案例中的大吴患上了"中年危机"症。处于社会转型期的当代中年人，不仅要面临生活待遇、身体状况等方面的问题，还要更多地面临心理、情感、生活方式、精神价值方面的问题。因此，如何顺利度过更年期和"中年危机"成为中年期的主要任务。

📚 **专栏 4-16**

> **资料**
>
> ### 《走出危机：中年人生透视》
>
> 在《走出危机：中年人生透视》一书中，作者黄书泉以同龄人的身份，从对自身的命运沉思、感悟和对社会人生剖析的结合中，揭示了当代中年人面临的种种困惑、矛盾、危机，并探讨了解决危机的方法、途径。他把中年危机归纳为：心理危机、事业危机、家庭生活危机、情感婚姻危机和人际关系危机六个方面。
>
> 这本书真诚地面对读者，实话实说构成了其主要特色。已经步入中年和将要跨越"青春门槛"的人也许会从本书中获得有益的启示。同样，社会工作者也能从中获得关于中年危机的相关知识。
>
> ［**资料来源**］黄书泉. 走出危机：中年人生透视［M］. 合肥：安徽人民出版社，2000.

（3）社会环境的影响及社会工作的应对

中年期面临的社会环境影响主要来自家庭、职业和社会。家庭的代际关系和夫妻关系好坏是影响中年人顺利度过危机的重要因子之一。代际关系包括与父母的关系和与子女的关系，与父母的关系主要表现为对父母的照料和关心，与子女的关系主要表现为沟通和交流；夫妻关系则主要表现为相互扶持和相互帮扶。

职业对于中年人来讲更多的表现为人生成就感。由于已经有了较长时间的从业经历，因此，这一阶段的个体容易从职业中获得自我满足感。与此相对的是，如果个体无法从职业中获得满足感，则会产生停滞感。为了避免停滞感的出现，中年人应学会根据自己的实际情况调整事业目标，并不断更新自己的知识结构，提高自己的技术经验。

可见，中年的社会工作主要围绕婚姻与家庭的辅导、亲职教育、家庭服务、就业与职业辅导、医疗与社会保障、社会支持与社会救助、心理卫生服务等方面开展服务，帮助中年人走出人生危机。

8. 老年期

老年期，也称成年晚期，是人生历程中的最后一个时期，从 60 岁开始，一直到生命终结。

（1）行为特征

老年人在这一阶段的生理、心理和社会性发展方面都有很大的不同。生理层面，老年人的各种生理机能明显衰退，衰老成为老年人的代名词。身体层面，各种健康问题接踵而至，心脏病和癌症成为老年人健康的两大杀手，老年痴呆症也是影响很多老年人的疾病，老年人的身体逐渐需要他人照顾。心理层面，进入老年期，个体思维内容偏重于对往昔生活的回忆和总结，以及对角色转变的认知。随着年龄增加，老年人开始对死亡和生命的意义做出思考。老年人可能会面对无助、孤独和恐惧的心理问题。社会层面，老年人在这一阶段将经历退休、儿女离家、丧偶、丧亲等重大人生事件。虽然休闲时间增加，但社会参与度降低，社会地位下降，孤独感增加。

（2）主要危机

按照埃里克森的理论，在生命的最后阶段，存在着完美对绝望的危机。获得完美感的老人能无所畏惧地面对死亡，因为他们在一生中已经获得受人尊重的地位，有一种内在成就感。他们接受社会现实，能够承认一生中的失败、挫折和失望，并把过去和现在的情况综合起来，对现在的结果表现出满足感。

完美的另一个极端就是绝望，绝望就是"这样一种感觉，对自己的过去感到遗憾，一直唠叨着希望过去活得不一样"[1]。因为认为自己这一生是不完美的，因此，感到绝望的老年人不能平静地面对死亡，有的甚至用自杀来结束自己的一生。

---

① 查尔斯·H. 扎斯特罗，卡伦·K. 柯斯特-阿什曼. 人类行为与社会环境［M］. 师海玲，孙岳，等译. 6 版. 北京：中国人民大学出版社，2006：737.

扎斯特罗提出这一阶段老年人的主要任务是顺利度过老龄化，韩晓燕等则提出更符合中国现实的发展任务，即积极老龄化。积极老龄化从个体角度讲，意味着老年人在生理、心理、精神和文化等各方面都保持良好的状态，他们按照自己的需要、愿望和能力参与社会，当需要帮助时能获得充分的保障；从社会角度讲，意味着社会要从多方面应对老龄化挑战，其中包括老龄化与经济社会协调发展，能向老年人提供各种社会服务，承认老年人是社会和发展的贡献者。积极老龄化"把健康、参与、保障并列为老龄事业的三大支柱，将老龄化变被动为主动、变消极为积极，并积极关注健康照料之外的因素如何影响老年人群体"①。相比较，"积极老龄化"比"顺利老龄化"更符合社会工作专业助人的精神实质。

（3）社会环境的影响及社会工作的应对

【思考】

社会中存在老年人歧视现象吗？如果有，社会应在哪些方面做出努力？

作为一名社会工作者，你应该如何帮助老年人积极老龄化？

专栏 4-17

资料

我国人口老龄化现状

国际上通常把 60 岁以上的人口占总人口比例达到 10%，或 65 岁以上人口占总人口的比重达到 7% 作为国家和地区进入老龄化的标准。2013 年 2 月，由中国老龄科学研究中心编写，也是我国第一部老龄事业发展蓝皮书《中国老龄事业发展报告（2013）》发布。该报告指出："截至 2012 年年底，我国老年人口数量达到 1.94 亿，比上年增加 891 万，占总人口的 14.3%。2013 年我国老年人口数量将达到 2.02 亿，老龄化水平达到 14.8%，16～59 岁的劳动年龄人口，从 2011 年的峰值 9.4 亿人下降到 2013 年的 9.36 亿人，劳动力供给格局开始发生变化。"

[**资料来源**] 王亦君，关尔佳. 老龄政策碎片化 不能只当灭火队 [N].中国青年报，2013-02-28（2）.

在社会环境对老龄化的影响因素中，影响最大的来自社会保障政策。目前我国关于老年人的养老、医疗保障等政策碎片化严重，老龄化政策脱节。所以，积极老龄化需要社会各方面的力量来配合完成。社会工作作为其中一支不可或缺的重要力量，需承担应有的责任和功能。老年社会工作在这一阶段的功能主要表现在养老保险与社会保障、老年生活服务、老人社区照顾、收养服务、老年社区文娱活动、就业服务等方面。

综上，通过对生命周期中各阶段人的行为特征、主要危机以及社会工作的主要应

---

① 韩晓燕，朱晨海. 人类行为与社会环境 [M]. 上海：格致出版社，2009：494.

对的分析，我们不难发现，社会工作在微观层次上帮助个体和家庭完成他们的生命任务，顺利走完生命历程的各个阶段，实质上就是在一定的社会环境中，协助他们建立社会支持系统，协调社会资源，满足其正常需要的过程。

重要结论与启示

1. 人类行为与社会环境就是描述个体生理—心理—社会发展的过程和特点，以及个体成长和发展受这三个系统影响的知识，其核心主题是人类个体本身的自我发现和自我发展。

2. "人在情境中"充分展示人类行为与社会环境的互动和影响关系，是社会工作对人类行为与社会环境关系的概念化的表达。

3. 生物（生理）维度、心理维度和社会维度是评估人类行为和社会环境的三个基本维度，三个维度通过相互的互动和影响构成影响人类行为的生物—心理—社会功能系统。社会工作者在评估人类行为时，需要考虑这三个维度之间的互动关系。

4. 个体在人生发展的每一个阶段都表现出生理、心理和社会三个层面的行为特征；同时，个体在人生发展每个阶段都要完成相应的发展任务，否则就会出现"危机"，影响下一个阶段的发展。

5. 社会工作者需要一个多维框架，把人类发展的生物学、心理学和社会学视角中的相关知识和理论加以综合，并结合社会工作专业价值观和职业伦理，帮助人们适应生活，解决自身问题并提升人们发展潜能的能力。

参考文献

1. 查尔斯·H. 扎斯特罗，卡伦·K. 柯斯特-阿什曼. 人类行为与社会环境 [M]. 师海玲，孙岳，等译. 6版. 北京：中国人民大学出版社，2006.

2. 乔斯·B. 阿什福德，克雷格·温斯顿·雷克劳尔，凯西·L. 洛蒂. 人类行为与社会环境：生物学、心理学与社会学视角 [M]. 王宏亮，李艳红，林虹，译. 王宏亮，校译. 2版. 北京：中国人民大学出版社，2005.

3. 罗伯特·斯莱文. 教育心理学：理论与实践 [M]. 姚梅林，等译. 7版. 北京：人民邮电出版社，2004.

4. 理查德·格里格，菲利普·津巴多. 心理学与生活 [M]. 王垒，王甦，等译. 北京：人民邮电出版社，2003.

5. 戴维·格伦斯基. 社会分层 [M]. 王俊，译. 2版. 北京：华夏出版社，2005.

6. 安东尼·吉登斯. 社会学 [M]. 李康，译. 4版. 北京：北京大学出版社，2005.

7. 韩晓燕，朱晨海. 人类行为与社会环境 [M]. 上海：格致出版社，2009.

8. 李玉杰. 心理学 [M]. 沈阳：辽宁教育出版社，2009.

9. 王思斌. 社会工作导论 [M]. 2版. 北京：北京大学出版社，2011.

10. 侯玉波. 社会心理学 [M]. 2版. 北京：北京大学出版社，2008.

11. 沙依仁. 人类行为与社会环境 ［M］. 台北：五南图书出版公司，1986.

12. 王瑞鸿. 人类行为与社会环境 ［M］. 2 版. 上海：华东理工大学出版社，2007.

13. 郑杭生. 社会学概论新修 ［M］. 3 版. 北京：中国人民大学出版社，2010.

14. 宣兆凯. 新编社会学概论 ［M］. 北京：中国人事出版社，2000.

15. 张敦福. 现代社会学教程 ［M］. 2 版. 北京：高等教育出版社，2010.

16. 佘双好. 毕生发展与教育 ［M］. 武汉：武汉大学出版社，2005.

17. 陆士桢，王方，陈颖. 中国儿童社会工作实务案例精选 ［M］. 上海：华东理工大学出版社，2010.

18. 黄书泉. 走出危机：中年人生透视 ［M］. 合肥：安徽人民出版社，2000.

19. 孙金明. 人本疗法与认知行为疗法相结合的探讨：社会工作介入社交恐惧症的案例报告 ［J］. 社会工作（学术版），2011（12）.

拓展阅读

1. 弗洛伊德. 精神分析引论 ［M］. 高觉敷，译. 北京：商务印书馆，2003.

2. 皮亚杰. 发生认识论原理 ［M］. 王宪钿，译. 北京：商务印书馆，1996.

3. 乔治·H. 米德. 心灵、自我与社会 ［M］. 赵月瑟，译. 上海：上海译文出版社，2005.

4. 张厚粲. 行为主义心理学 ［M］. 杭州：浙江教育出版社，2003.

5. 毛晓光. 人的成长和发展 ［M］. 北京：社会科学文献出版社，1997.

6. 蒂法妮·菲尔德. 婴儿世界 ［M］. 李维，译. 成都：四川教育出版社，2006.

7. 约翰逊. 游戏与儿童早期发展 ［M］. 华爱华，郭力平，校译. 2 版. 上海：华东师范大学出版社，2006.

8. 埃里克·H. 埃里克森. 同一性：青少年与危机 ［M］. 孙名之，译. 杭州：浙江教育出版社，1998.

9. 徐淑莲，申继亮. 成人发展心理学 ［M］. 北京：人民教育出版社，2006.

10. 凯瑟琳·麦金尼斯-迪特里克. 老年社会工作：生理、心理及社会方面的评估与干预 ［M］. 隋玉杰，译. 2 版. 北京：中国人民大学出版社，2008.

11. 马丽庄. 青少年与家庭治疗 ［M］. 台北：五南图书出版公司，2001.

专题五　社会工作者：助人服务过程的主体

内容概览

　　社会工作是专业的助人服务活动，社会工作者是专业助人活动的主体。研究社会工作者这一专业助人群体的职业特点、资质规定、素质要求、角色担当等问题，是深入理解社会工作的性质和要求，顺利开展社会工作服务的基础和前提，也是社会工作成为一种专门职业的需要。本专题将从社会工作者的概念和特征入手，从中梳理出专业社会工作者的价值原则、证照制度、与机构间的关系以及与其他"助人者"之异同，进而分析社会工作者在职业活动中的素质要求和角色担当，并总结我国大陆地区社会工作者队伍建设情况。

学习目标

1. 了解社会工作者的定义、特征、资质要求
2. 清楚专业社会工作者与其他"助人者"的异同
3. 理解并把握社会工作者的素质要求
4. 掌握并运用社会工作者的角色功能

关键词：社会工作者　社会工作者素质　社会工作者角色

专栏 5-1

【思考】
　　社会工作者在灾后救援和重建中可以起到什么样的作用？

案例

从"5·12"地震救援和灾后重建中认识社会工作者

　　2008 年 5 月 12 日 14 时 28 分 4.1 秒，四川省阿坝藏族羌族自治州汶川县发生里氏 8.0 级地震，地震烈度达到 11 度，地震造成 69227 人遇难，374643 人受伤，17923 人失踪。

　　地震发生后，中国政府和民间力量立刻展开救援行动，其中有一支力量，就是社会工作者队伍。来自南开大学社会工作者团队、北川羌魂社会工作服务中心、复旦大学社会工作服务队、无国界社工新北川社工服务中心、西南财经大学绵竹社工站等众多社会工作服务机构的专业社会工作者以专业的价值、伦理和工作方法参与到应急救助和灾后重建中。他们或进行调查评估提供有效数据，或为灾民提供物质和精神支持，或为灾区联系救助资源，

或参与社区重建规划部署，或组织各种社区活动帮助恢复正常生活秩序等。社会工作者在这个特大自然灾害后的表现，彰显了社会工作者的价值，体现了社会工作者的力量，获得了灾区人民和整个社会的高度认可和赞扬。

[**资料来源**] 参见中国新闻出版总社. 社工助力灾害救援和灾后重建：汶川特大地震周年纪念 [EB/OL]. (2009-05-04) [2014-10-31]. http://cbzs.mca. gov.cn/article/zgshdk/zbtj/200905/20090500031089. shtml. 本文有删减。

社会工作具有助人自助、维护社会稳定的功能。面对特大自然灾害，社会工作者的重要性和独特性在震后的应急救援和社会重建实践中得以充分展示。值得一提的是，社会工作者所提供的服务不同于政府职能部门以物质资源分配为重点的工作，而主要是以社会工作专业的特有价值观、方法和技能帮助受灾民众获得自助的主动性和动力，提升自身生活能力，从而促进社会的稳定和谐。同时，我们也看到，社会工作者在"5·12"地震后的助人服务中根据受助者的不同需要表现出了调查评估者、政策影响者、支持者、资源链接者、社区组织者、能力促进者等多重角色功能。

试想，如果没有社会工作者细致入微的入户访谈，如果没有社会工作者生动而多样化的活动项目，如果没有社会工作者的知识宣传和政策建议……灾后的重建工作会遇到哪些困难和阻力？幸运的是，我们的社会工作者队伍越来越壮大。那么，哪些人可以称为"社会工作者"，他们有什么样的资质和特点，又在助人活动中承担何种角色等，这些问题希望读者学完本专题后可以找到答案。

一、社会工作者的界定

绝大多数人对"社会工作者"这个概念很陌生，很多人常常将"志愿者"等同于"社会工作者"。实际上，"社会工作者"有其特定的人群范围和资质要求，一般来说，具备了社会工作的专业知识、技能并获得执业资格的人才可以称为社会工作者。就此而言，社会工作者明显区别于志愿服务者、慈善人士等非专业人士。

（一）社会工作者的定义及特点

1. 社会工作者的定义

"社会工作者"（social worker）指受雇于公、私立社会福利服务机构或组织中，遵循助人自助的价值理念，运用个案、小组、社区、行政等专业方法，以帮助机构和他人发挥自身潜能，协调社会关系，解决和预防社会问题，促进社会公正为职业的专业工作者。简言之，社会工作者即在专门的社会服务机构中从事社会服务的专业的助人者。

专栏 5-2

> **资料**
> ## 不同国家和地区对"社会工作者"的界定
>
> 　　美国社会工作者协会认为"社会工作者"是"毕业于社会工作学院，运用他们的知识和技巧为案主（一般包括个人、家庭、团体、社区、组织和社会）提供社会服务的人员。社会工作者帮助人们提高解决问题的能力，帮助他们获得所需求的资源，促进个体与他人及其环境的互动，促使组织负起对人们的责任，影响社会政策"。
>
> 　　英国社会协会认为"社会工作者"是受雇于社会服务机构或者相关组织，在其雇佣契约中明确规定其社会工作者身份，在社会实务领域内履行义务的专业工作者。
>
> 　　[**资料来源**] Robert L. Barker. The Social Work Dictionary [M]. Washington D. C. : NASW Press, 1987 : 155.

2. 社会工作者的特点

　　根据以上界定，不是随便一个为他人服务的人都可以称为"社会工作者"，"社会工作者"有特定的人群范围和特点。

　　第一，社会工作者是从事社会工作的专门人才。美国《社会工作年鉴》认为，"社会工作是一种专业工作"。为了培养具有社会工作专门知识和技能的人才，许多国家都在大学里设立了社会工作学院或社会工作系。社会工作者需要接受专业的教育，具备专业的知识和技巧，因此社会工作者是具有专业助人知识和技能的专门人才。

　　第二，社会工作者是在一定的社会福利机构中专门以助人为自身职业的人，是受薪人员。它有别于一般利用工余或业余时间从事社会公益事业或社会服务活动的慈善人士、志愿工作者等志愿工作人员，也区别于心理医生、特殊教育教师等机构工作人员。

　　第三，社会工作者要认同并严格遵循社会工作的价值准则和职业伦理。社会工作者的价值准则和伦理原则是专业助人者必须严格遵循的，这也是社会工作之所以成为一个独立职业的重要因素。

　　第四，社会工作者有一定的资格准入要求。要想获得社会工作者的从业资格，需要一定的专业学习经历，并按照所属国家和地区的证照管理制度进行申请。目前，不同国家和地区的证照制度略有不同。

　　下面，我们通过社会工作者与相关工作者的比较，进一步认识社会工作者所具有的职业特征。

（二）社会工作者与相关工作者的比较

1. 社会工作者与志愿工作者

专栏 5-3

案例

奥运会志愿者

北京 2008 年奥运会志愿者招募正式开始了。小林作为首批前期志愿者中的一员，从 2006 年 4 月 10 日至 6 月 10 日，先后服务于奥组委志愿者部筹备组和秘书行政部两个部门，主要负责信件的登记、回复及固定资产的清查、登记工作。目前小林的志愿者服务生涯已经结束，回归到自己原来的工作和学习中。

在北京 2008 年奥运会的筹备和举办过程中，全国共有数十万人参与了志愿者项目，分为"迎奥运"志愿者、前期志愿者、奥运会志愿者和残奥会志愿者等。其中很多像小林一样来自北京高校的大学生，通过所在学校的推荐，到北京奥组委做资料翻译、800 热线电话接听和其他一些日常工作，服务期一般为 3 个月。他们在奥组委指定的时间和岗位工作，接受北京奥组委管理，义务为北京奥运会服务。

赛会期间，北京还有大量的城市志愿者，在全市各个主要交通枢纽、旅游景点、饭店宾馆、商铺市场等场所，提供文明督导、交通协管、治安联防、指引向导、翻译接待、导游导购和医疗救助等多方面的志愿服务。

这些志愿者都被称为奥运会志愿者。

[**资料来源**] 引自搜狐 2008 奥运新闻，本书有改动。

[思考]

奥运会志愿者是社会工作者吗？他们和社会工作者有何不同？

奥运会志愿者是社会工作者吗？从表面来看，他们也从事着助人的活动，有些志愿者经过专业培训也具有一定的专业知识和素养。但是从社会工作者的界定来看，他们却不是严格意义上的社会工作者。

社会工作者是在一定福利机构中专门从事社会工作的人员，具有社会工作专业知识与技能，将社会工作作为其职业生涯。而现实生活中，人们常常看到的志愿服务者、心理医生等人尽管也为人们提供各种具体的社会服务，但却不符合社会工作者的定义。下面我们就对照社会工作者的特点来体会一下志愿工作者与社会工作者的不同。

志愿工作者在我国简称"义工"，指的是出于个人意愿而提供人力乃至物力进行社会公益事务，但不求报偿的人士。① 志愿工作者提供的服务非常广泛，凡是对他人能够提供帮助，对社会公共福利有益的事务，他们都可义务提供服务。比如，帮助照顾养老院的老人，为残疾人提供帮助，为流动儿童提供义务教学等。可以说，社会工作者从事的领域，志愿工作者都可涉及，并且后者的范围更为广泛。

尽管志愿工作者与社会工作者都可以视为助人者，但二者之间存在显著区别。①志愿工作不一定要求严格的专业技术，而社会工作则是有专业知识、技巧要求且遵循严格伦理要求的，并非人人都可担任。②志愿活动一定是非职业的、在本职之外从事的无薪水工作；而社会工作者所从事的是其本职工作，是有薪水的。③志愿者不受专业资格限制，只要愿意参加志愿服务的人都可以担任；而社会工作者有着非常严格的职业资格限制。

【思考】
你还能举出几个志愿活动的事例吗？

2. 社会工作者与相关专业人士

除了志愿工作者，现实生活中还有一种专业群体容易与社会工作者相混淆，如医务保健人员、心理医生、学校辅导员、功能治疗师等人员。这类人员的日常工作与社会工作服务范围相近或相邻，他们的工作是某种职业，也有相应的专业训练，但他们与社会工作者仍有实质性的区别，我们称之为"相关的专业人士"。

相关的专业人士与社会工作者在专业性助人的外在表现上有相似性，但其专业领域是有区别的。比如，学校心理咨询中心的心理医生一般是帮助有心理问题的学生解决其心理问题；社会工作者则不一定以心理为中心，而是关注心理问题对案主社会适应的影响，其服务对象也不一定是有心理问题者。当然，相关的专业人士与社会工作者其工作对象有时候是重叠的，在业务关系上有时候是互补的。比如在养老机构中工作的医疗保健员与为老人提供帮助的社会工作者，面对同一个心理疾病患者时的专业心理医生与社会工作者等。

3. 社会工作者与相关行政工作者

与社会工作者相关的行政工作者是指在我国民政系统、各地共青团组织、工会、妇联等组织从事工作的人员。这类工作人员虽然从事的是职业的助人工作，工作领域与专业社会工作者也非常相近，但与社会工作者还是有显著差别。其一，服务的专业性有所差别。相关的行政工作人员隶属于我国原有的社会福利体系，大多从业人员没有经过社会工作专业训练，他们多从行政的角度开展工作，更多的是援用长年积累的工作经验，其工作手法的运用也缺乏系统理论的指导。其二，受教育内容和所获执业资格不同。当然，相关行政工作者若经过一定的社会工作教育培训，通过相应社会工作师资格考试，就可成为专业的社会工作者。

（三）社会工作者与社会工作机构

社会工作机构是专门的社会工作组织，它为社会工作提供指导思想、信念、目标，确定社会工作的方向和服务内容，培训和调配工作人员，调动各种资源，组织社

---

① 刘华丽. 专业社会工作者的涵义与要件［J］. 华东理工大学学报（社会科学版），2004（2）：47.

会工作活动。如专栏 5-1 中列举的地震救援中的各种社会工作机构，复旦大学社会工作服务队、无国界社工新北川社工服务中心、西南财经大学绵竹社工站等。

1. 社会工作机构对社会工作者的意义

社会工作机构对于帮助我们识别社会工作者的身份有着重要意义。严格意义上，只有在一定社会工作机构中进行专职助人工作的人员才可以称为社会工作者。可以说，从事专职助人工作的社会工作者一定是社会工作机构中的工作人员，而社会工作机构也为社会工作者的助人工作提供各种保障并施加一定影响。

首先，社会工作机构对社会工作者进行管理和物质支持，社会工作者则以机构为依托，与服务对象（案主）一起工作，协助服务对象改变态度、观念或行为，以解决问题。其次，社会工作机构的目标和功能定位的限定对社会工作者的工作实务产生影响，既使工作者的工作领域更加专业化，又可能使社会工作者很难按服务对象的需要为其提供全面综合的服务。再次，社会工作机构的工作规程往往确定了谁被授权与服务对象在机构中互动、采用什么方法和途径、这种方法将提供什么资源用于帮助服务对象，这些工作规程影响着社会工作者的工作方法和途径。

> 【思考】
> 社会工作机构的规定与社会工作者的独立性之间存在什么样的矛盾？

2. 社会工作机构与社会工作者的独立性之间的矛盾

社会工作机构的目标与功能在一定程度上反映了社会工作者为社会做贡献的社会期望，而社会工作机构的效能则决定着社会工作者实现社会期望的程度。社会工作机构是社会工作者的工作载体，为其提供各种工作资源、条件；但是从社会工作者的"助人自助"价值、伦理角度看，社会工作机构的各种限制性规定又与社会工作者的独立性及社会工作的助人理念存在着些许矛盾。以社会救助站为例，很多救助站对流浪儿童的救助工作通常以保证儿童在站期间吃饱、穿暖、不生病、不出事，并安全送出救助站为工作目标。在这种目标定位下，救助站出于管理便利往往忽视儿童的特殊情况和切身利益，对社会工作者的工作定位也进行行政限定，通常仅要求其配合救助站的工作，适当开展心理咨询和做做游戏，而不能根据儿童的特殊情况和切身利益制定"个别化"的解决方案。机构的限定性规定使社会工作者在发挥角色作用和技能上受限。

专栏 5-4

资料

美国的社会工作者与社会工作机构

在美国，社会工作者大多受雇于社会工作机构。但由于不同社会工作机构的服务目标和功能不同，因此在一定社会工作机构中的社会工作者要根据机构的特定目标、功能和规则进行工作。如专门为老人服务的老人中心，服务对象是老人，服务目标是让老人能够安享晚年生活。

[资料来源] O.W. Farley, L. L. Smith, Scott W. Boyle. Introduction to Social Work[M].10 版. 上海：华东理工大学出版社，2005：32.

（四）社会工作者的认证制度

社会工作者必须具备相应的专业知识，且以助人活动为职业，以"人"为服务对象。出于对"所助之人"权益的保障以及特殊职业伦理的要求，专业社会工作者与医师、律师一样，有一套严格的资格认证与注册制度。对"社会工作者"的资质，国际社会工作界有一些普遍认可的标准：①具有社会工作执业证照；②具有社会工作的专业教育背景；③受社会工作伦理的制约；④是社会工作专业组织的成员；⑤以社会工作为一种职业生涯。由于经济文化差异及社会工作专业发展程度差异，不同的国家和地区对社会工作者资格的具体要求也不同。

1. 国外和中国香港地区社会工作者管理制度

美国实施社会工作者资格的执照考试和认证制度。社会工作管理由社会工作教育协会（Council on Social Work Education，CSWE）、社会工作者协会（National Association of Social Workers，NASW）和州政府社会工作委员会三大组织各司其职，各负其责。美国在社会工作者的资格认定和职位等级方面有严格的规定，只有完成了由美国社会工作教育联会认证批准的社会工作专业点学业、持有社会工作学士及以上学位的人才有条件取得会员资格。[①] 下面是美国社会工作者的职业等级制度方案。（1）社会工作者：任职条件为获得了被认可的社会工作教育方案的学士学位。（2）研究生社会工作者：任职条件为获得了被认可的研究生社会工作教育方案的硕士学位。（3）证书社会工作者：任职条件为获得了由证书社会工作者协会颁发的证书，或由州对其实务人员颁发的执照。（4）社会工作研究员：任职条件为获得了社会工作博士学位，或在一个特殊领域有实质性的证书社会工作者之后的经历。

英国实施社会工作者资格的注册制度。2003 年成立的社会照顾总理事会（General Social Care Council，GSCC）取代中央社会工作教育和培训委员会（Central Council for Education and Training of Social Workers，CCETSW），成为全国社会工作教育和职业的管理机构。社会照顾总理事会要求所有行业和所有部门的社会工作者必须取得社会工作学位，即社会工作学位（包括学士和硕士）成为新的国家职业资格。[②] 社会照顾总理事会集社会工作教育认证和社会工作者注册于一身。社会工作职业资格表示持有者具备从事社会工作职业的知识、能力和技巧，但要真正从事社会工作职业，还必须向社会照顾总理事会申请注册。未经注册，任何人不能自称或被称为社会工作者，否则构成违法。成功注册后，社会工作者每 3 年必须更新注册，在这 3 年中，社会工作者必须参加不少于 50 天的继续教育。

同英国一样，我国香港地区实施社会工作者职业资格注册认证制度。1997 年，香港立法局通过了《社会工作者注册条例》，同时颁布了《注册社会工作者工作守则》等政策法规；1998 年，成立社会工作注册局，正式实行社会工作者注册制度。

---

① 张捷，张海英. 试析社会工作者资格认证的重要作用 [J]. 北京航空航天大学学报（社会科学版），2008（3）：28.

② 徐道稳. 社会工作者就业准入制度研究 [J]. 广东工业大学学报（社会科学版），2013（4）：61.

在香港，社会工作者只有注册以后才能以"执业社工"的名义开展工作。社会工作者的注册条件主要看学历，不另设考试。只要是香港六所大专院校的社会工作专业大专以上学历相关科系毕业生或注册局认可的其他国家和地区（如美国、新加坡、英国、中国台湾等）的社会工作相关科系毕业生都符合注册资格，合格的申请人都可成为"注册社会工作者"，所有注册的社会工作者必须接受专业守则的约束。

2. 中国大陆地区社会工作者管理制度

我国大陆地区社会工作专业教育和职业制度发展较晚，但随着近年来社会工作专业的发展，社会工作者管理制度也渐趋成熟。2006 年 7 月 20 日，人事部（现人力资源和社会保障部）、民政部联合发布了《社会工作者职业水平评价暂行规定》和《助理社会工作师、社会工作师职业水平考试实施办法》（国人部发〔2006〕71 号），首次从国家制度上将社会工作者纳入专业技术人员范畴，这标志着我国社会工作者职业水平评价制度正式建立，为中国社会工作的专业化和职业化带来了前所未有的机遇。

经过几年的发展，我国社会工作者职业水平评价制度已基本成型，主要包括证书制度、考试制度、登记制度和继续教育制度。根据国人部发〔2006〕71 号文件精神，社会工作者职业水平评价分为助理社会工作师、社会工作师和高级社会工作师三个级别，高级社会工作师职业水平评价办法另行制定。助理社会工作师、社会工作师职业水平评价实行全国统一考试制度，原则上每年举行一次。职业水平考试合格，颁发人事部统一印制、人事部和民政部共同用印的《中华人民共和国社会工作者职业水平证书》，该证书在全国范围有效。社会工作者职业水平证书实行登记服务制度，水平证书持有者按有关规定到当地民政局办理登记手续和继续教育事宜。

目前，我国主要有两大社会工作专业组织，一是中国社会工作者协会，二是中国社会工作教育协会。这两大组织自成立以来，在引入、推广和规范社会工作专业方面都做出了积极的贡献。

专栏 5-5

资料

我国社会工作者职业水平考试报名条件

我国现行社会工作者职业水平考试报名条件如下。

助理社会工作师考试报名条件：（1）取得高中或者中专学历，从事社会工作满 4 年；（2）取得社会工作专业大专学历，从事社会工作满 2 年；（3）社会工作专业本科应届毕业生；（4）取得其他专业大专学历，从事社会工作满 4 年；（5）取得其他专业本科及以上学历，从事社会工作满 2 年。

社会工作师考试报名条件：（1）取得高中或者中专学历，并取得助理社会工作师职业水平证书后，从事社会工作满 6 年；（2）取得社会工作专业大专学历，从事社会工作满 4 年；（3）取得社会工作专业大学本科学历，从事社会工作满 3 年；（4）取得社会工作专业硕士学位，从事社会工作满 1 年；（5）取得社会工作专业博士学位；（6）取得其他专业大专及以上学历或学位，其从事社会工作年限相应增加 2 年。

[资料来源]《社会工作者职业水平评价暂行规定》（国人部发〔2006〕71 号）.

二、社会工作者的素质要求

专栏 5-6

【思考】

若完成专栏 5-6 案例中的任务，社会工作者需要具备哪些素质？

案例

社会工作个案三则

个案一：李先生的父亲去世前留给三兄弟一套旧房子，近年来城市改造，旧房被列入拆迁范围。李先生和其他两个兄弟因为拆迁补偿的分配问题发生冲突，兄弟反目，关系一度紧张到暴力边缘。社会工作者介入后从法律、亲情等多方面进行说服教育，并寻求派出所、房管、城管等部门的支持，最终成功劝解这起房屋拆迁家庭纠纷。

个案二：活力社区里的专业社会工作者和多名志愿者相配合，定期在各中心开展儿童早期发展、少年儿童发展、家庭教育项目，并且组织各类舞蹈、阅读、节日庆祝等社区活动，为进城务工人员及其随迁子女提供多方位的教育服务。

个案三：刘先生因早年触犯法律曾被判入狱 4 年，现年 38 岁，仍没有稳定工作，生活无保障，家庭关系紧张，刘先生对生活灰心失望。社会工作者认真分析刘先生的优势，细心开导，帮助其介绍工作，最终激发刘先生从挫折中努力克服困难，积极挑战人生。

[资料来源] 本书作者根据媒体报道整理。

以上三则完全孤立的案例生动体现了社会工作者多样化的日常工作和全方位的素质要求：为纠纷家庭化解家庭矛盾；为弱势儿童提供接受多元教育的机会并亲身授课；为工作和生活困难家庭排解困难，并助其自立。而实际上，社会工作者的工作范围要比这广泛得多。

社会工作的对象主要是弱势群体或者遇到困难的人，他们自身的性格、处境、需要解决的问题等千差万别，因此，社会工作者承担的任务和面对的任务环境均十分复杂。在这种情况下，要保证自己职责的完成，社会工作者就必须具备较高的素质。社会工作者的素质不仅包括专业的知识技能和道德准则，还包括通用的综合知识和社会能力。只有同时具备了专业素质和综合素质，才能在各种具体的情境下组合自己的素质，发挥自己的能力，出色地扮演好自己的角色。

（一）专业素质

社会工作之所以成为一门学科，社会工作者之所以成为一种职业，均有赖于特定的专业知识及素养，包括专业的知识技能和专业的道德准则。

1. 社会工作者应具有的专业知识与技能

社会工作中的助人不仅在于帮助服务对象摆脱困境，更重要的是使受助者具有克服困难以自救的意识与能力。这种针对本性的帮助要求社会工作者必须具有较高的专业知识，比如关于人和社会的基本知识、关于社会工作的基本知识和基本技能、关于社会工作的职业道德等。

（1）人与社会的基本知识

一方面，社会工作的直接服务对象及最终着眼点都是人，因此，社会工作者必须对人本身有正确的观点与认识。从人的现实存在来看，他具有生物性和社会性，是社会生物体；从人与群体、社会的关系来看，他既是贡献者，又是享受者，既是责任的承担者又是权益的享有者。人不但有权享受应得的权利，受到社会的保护，而且也有为社会贡献自己力量的责任。另一方面，由于社会工作者的服务对象的问题是在人与环境互动中产生的，这些问题的解决也必须在社会中进行，因此，社会工作者只有充分认识社会的本质，才能更好地认识和了解服务对象的问题，并找到更好的解决方案。

有关人和社会的基础知识可以从社会学、人类学、心理学、行为学等学科知识中获得。

（2）社会工作的专业知识和技能

社会工作有一套独特的知识体系，除了相关基础学科知识如社会学、人类学等学科知识，还包括社会福利制度、社会工作伦理、人类行为与社会环境、个案工作、小组工作、社区工作、社会工作行政、社会政策等专业类知识。由于社会工作的服务领域宽泛，社会工作者还需要了解不同工作领域的实务专业知识，如学校社会工作、医疗社会工作、家庭儿童社会工作、矫正工作、农村社会工作等。当然，服务对象的问题往往伴随着社会的发展而变化，不同的社会阶段，社会工作者还要了解特定主题的社会知识，如贫困、家庭暴力、移民、妇女问题、人际关系、精神健康、犯罪与矫治、成瘾行为、艾滋病与同性恋、压力等。由此可见，社会工作者要想具有较强的适应性，能应对各种问题，就必须同时具备基础学科知识、专业知识、不同领域的实务知识、关于社会现状的知识，努力成为专业知识技能的"通才"。

【思考】
　为什么说人的权利和责任间的平衡是一个动态的系统，在不同的情境下，我们所强调的重点可能会不同？

【思考】
　为什么说社会工作教育的"通才"取向也是我国当前社会工作教育领域的主流取向？

2. 社会工作者应具有的专业伦理

"社会工作实践是一种道德文化的实践。在工作实践中，社会工作者通常要先进行道德判断，再采取行动。这种道德判断的知识和技能，在长期的社会实践中成为社会工作的专业文化，成为社会工作者共同遵守和奉行的价值观念和行为准则。"① 因此，社会工作者必须明确和严格遵守其专业伦理和道德准则。关于社会工作者必须遵守的专业伦理，在专题三中已有详细论述，在此不再赘述。

（二）综合素质

1. 社会工作者应具有的综合知识

社会工作任务的复杂性决定了社会工作者不但要精通专业知识，以处理专业性问题，还要具备更多的综合知识，以增强对工作的适应性。客观地说，除了专业知识外，社会工作者还需要掌握经济学、法学、教育学和政治学等学科知识，并且与时俱进地更新自己的知识体系。比如，当环境污染还未引起人们的足够注意时，社会工作者对自然环境知识的了解、对环境与人类关系知识的了解并不显得十分迫切，甚至自然环境是在社会工作者视野之外的。而在现代社会，自然环境方面的知识已为社会工作者所必需。

除了以上列举的知识领域，在实际工作中社会工作者所要掌握的知识范围要广泛得多。例如，社会工作者要懂得生物个体的成长历程，以及在不同成长阶段因生理因素可能会产生哪些问题，就必须了解生物学知识；社会工作者要承担某些社会行政的职责，或者在一般工作中行使管理职能，就应该具备管理学知识；社会工作者要与服务对象联络或者向社会寻求资源，并取得对方的理解与信任，就有必要掌握公共关系方面的知识；由于社会工作者在处理具体问题时会遇到许多受助者个人隐私、尊严、人格等方面的问题，伦理学知识对社会工作者来说是不可或缺的，同时作为受助者眼中"道德的化身"，也促使社会工作者有必要了解伦理学知识以自戒自律。可见，综合基础知识好似问题解决的"润滑剂"，使社会工作者更为灵活有效地应对各种各样的社会问题。

2. 社会工作者应具有的综合能力

社会工作任务是复杂和困难的，在具备各种专业和非专业知识的基础上，社会工作者还需要具备较强的社会能力，以运用各类知识技能处理和解决问题。社会工作者的综合社会能力是多方面的，如勤奋工作、勇于面对、敏锐洞察、善于聆听、乐于助人、善于合作等，其中较为核心的能力品质有以下几个方面。

（1）社会交往能力

人们要想实现自己的目标就必须同他人交往，这是人的社会性决定的。社会交往是人们之间有目的的相互影响的方式，也是人们为了实现自己的目标而采取的社会活动方式。社会工作是与人打交道的工作，服务对象及其所处环境的复杂性，要求社会工作者具有高水平、熟练的社会交往能力，而不是一般的交往能力。

---

① 陈钟林，黄晓燕. 社会工作价值与伦理［M］. 北京：高等教育出版社，2011：9.

交往对象的多样性要求社会工作者具有较高的交往能力。社会工作者的交往对象一般是在社会互动中处于困境的人，这些人可以是不同阶级、不同阶层、不同职业群体，甚至不同年龄的人，他们往往有着截然不同的生活方式、沟通方式。这就要求社会工作者不仅遵照社会工作伦理进行交往，还要有较强的同理心，设身处地地站在他人的立场来理解其行为与感受；在表达同理的同时，以真诚、平等的态度进行沟通，积极倾听，有效回应。在此基础上发展的交往才是相互信任的交往，才有助于社会工作的顺利展开。除此之外，社会工作者要完成自己的任务，还必须同社会上的资源占有者交往，因此社会工作者必须锻炼同各类社会成员交往的能力。比如，同政府交往，同捐赠人交往，同各种社会机构交往等。

交往情境的复杂性要求社会工作者具有娴熟的交往能力。情境是社会交往的背景，对社会交往有直接影响。由于社会工作者的交往对象、工作任务复杂多样，交往情境是时常变化且不尽相同的，甚至同一工作对象，由于交往态度、行为的变化，也会引起交往的情境的变化。另外，某些社会工作的情境具有综合性，常常要求社会工作者在短时间内同时处理各种问题，这就更需要社会工作者具有协调各方的交往能力。

（2）组织能力

专栏 5-7

案例

社会工作者服务站暑假"陪玩"

7月1日，在郑州市绿城社会工作者服务站的暑期青少年服务启动仪式上，教孩子如何玩的"快乐培训"成为报名人数最多的一个项目。

当天，180名大学生义工和200多名中小学生见面。报名"快乐培训"的学生达70人，超过了"学业辅导""关爱留守儿童"和"关爱小雨人"3个项目。从当天起该项目以10人为小组定期开展下列游戏：下棋、脑筋急转弯、玩电脑等室内活动，以及打篮球、参加社区公益活动等室外活动。

[**资料来源**] 本书作者根据媒体报道整理。

专栏5-7案例中的大学生志愿者为青少年进行义务服务活动需要社会工作者的精心组织和安排，在这里，社会工作者发挥着组织、协调、管理的作用。可见，社会工作面对的服务对象既有个人，也有团体、社区等群体，因此社会工作者要具备较强的组织能力，以应对不同的工作环境，如对志愿者队伍的组织与管理，日常民主会议的组织，团体活动的组织等。一般情况下，社会工作者的组织能力在小组工作、社区工作、社会行政中表现得更为突出。

【小知识】

群体动力学奠基人库尔特·勒温认为，个体的行为是个性特征和场（指环境的影响）相互作用的结果。意思是在群体中，只要有别人在场，一个人的思想行为就会受到其他人的影响。研究群体这种影响作用的理论，即群体动力学。群体动力学作为一个独立的研究领域形成于20世纪30年代后期的美国。

　　小组工作是社会工作者的组织能力的集中展示。小组工作是运用团体动力学的理论将有共同需要的工作对象组织联系起来的活动，在活动中，社会工作者要结合成员的利益需要，根据小组的具体发展目标，制订活动计划，组织大多数成员均能接受的活动。作为小组的中心人物，社会工作者要充分运用自己的组织能力领导和管理团体，使对象群体中的每一个成员都能认识到自己的潜能，积极主动地参与和改善自己的状况，拓展自己的活动范围，实现团体社会工作的目标。

　　社区工作则以更复杂的情境、更艰巨的任务向社会工作者的组织能力提出挑战。社区工作的主要工作是社区组织，要求社会工作者靠自己的能力将社区居民动员、团结、凝聚起来，同心同德地实现社区发展的目标。我国社区工作的任务主要有两个类型，一是帮助落后农村解决发展问题，二是在城市中建设社会支持网络。我国农村地区基层组织分散落后，基层社区工作的任务复杂繁重；城市社区工作者要就某一问题同社区中的精英和一般民众进行磋商、交谈与合作，取得他们的支持，并启发他们的自组织功能，也同样挑战社会工作者的组织能力。

　　社会行政是社会工作者的宏观层次工作，它同样考验着社会工作者的组织能力。社会行政不仅是对物质资源的支配和善用，也是协调组织机构，动员、安排机构成员协调行动，实现机构目标的活动。在社会行政中，社会工作者不但是一线工作人员，而且是社会福利、社区服务机构的管理者，要统筹安排各项活动和协调各类关系，保证组织效能最大化，这些都考验着社会工作者的组织能力。

　　（3）决断能力

　　决断是人们对所处情境的判断及对将要采取的行为的决定。正确的决断首先要求对自己所处情境进行了解、比较、理解和定义，并在此基础上对自己的行为进行正确的选择。

　　如前所述，社会工作者的服务对象是复杂多样的，其工作情境也变化多样，这要求社会工作者时常面对差别化的现实情况，在社会工作基本模式的指导下，针对不同情况做出实事求是的恰当回应。这对社会工作者的决断能力提出了较高的要求。另外，由于社会工作的服务对象大多是社会资源匮乏的弱者，任何不慎的决策都将是对他们的新的打击，所以避免错误决策需要社会工作者具有良好的判断能力。

　　除了以上提到的交往、组织、决断这三个核心能力，社会工作者还需要较强的适应能力、应变能力、创新能力等。

三、社会工作者在专业服务中的角色

　　社会工作中的角色，是指社会工作者在助人过程中或执行计划过程中充当的某个或某些角色，以让服务对象得到更好的服务效果。由于服务对象的问题不同，所需要的帮助不同，因此社会工作者在介入过程中，面对不同的工作阶段以及不同的问题，其角色功能也会不同。很多情况下，社会工作者同时承担着多重角色。社会工作者一般都承担哪些角色功能？让我们首先来看一看专栏5-8中的案例。

专栏 5-8

案例

"5·12"地震灾后重建中社会工作者的多元角色

从社会工作者在"5·12"地震灾后重建的实践来看，灾后社会重建中社会工作者发挥了多元角色功能。

1. 调查评估者：社会工作者对受灾地区的群众安抚需求，需要的专家力量、社会力量，物资投入和分配等问题做初步判断，向政府及其他服务机构提供有效数据，从而增强灾后重建工作的针对性和效率。

2. 政策影响者：社会工作者参与了灾后社区建设与发展的整体部署和设计规划，包括社区发展的目标、社区的结构与功能、社区公共服务设施的布局、社区服务项目等。

3. 情感支持者：地震给人民生命财产以及心灵造成了重大伤害，进行"心理—社会救援"成为灾后重建的极为重要的工作。部分学校社会工作者和心理辅导教师在迅速进行随机调查和了解情况后，对学生提供了心理援助、悲伤辅导、情绪安抚等团体和个别的专业服务。

4. 资源链接者：社会工作者及时了解灾区需求，联系外部资源帮助群众恢复生活，包括联系国际国内部分基金会和慈善组织为灾民捐赠书籍、玩具、办公用品、生活用品等，引导民间组织投资，联系外部资源为灾民外出工作牵线搭桥等。

5. 社区活动组织者：社会工作者组织灾区居民开展多种有益于社会的社区活动，如策划和开展"我的家园"系列活动、儿童趣味运动会、安全小卫士、奥运知识竞赛、奥运乐一夏、社区安全教育、消防知识演讲、包饺子比赛等。

6. 能力促进者：社会工作者组织开展社区能力建设和灾民增能活动，成立了象棋队、舞蹈队、歌咏班、腰鼓队、T台步队、太极拳队、健身队、编织组、小小消防队等诸多居民团队，积极激发安置点各类居民的自身潜能。

[资料来源] 韦克难. 一体多面：灾后社会重建中社会工作者的多元角色 [J]. 杭州师范大学学报（社会科学版），2009（2）：74-75.

【思考】

社会工作者在灾后重建中的角色功能是独立的和确定不变的吗？

　　从专栏5-8中的案例可见，在灾后救援与重建中，社会工作者展现出了调查评估者、政策影响者、情感支持者、资源链接者、社区活动组织者、能力促进者等多种"助人"角色和功能。尽管与普通的"扶危济困"事例相比，大地震的破坏性和灾后重建的复杂性使当时的社会工作具有其特殊性，但上述案例中社会工作者多角度的助人实践表现充分展现了其所承担的多元化角色功能。

　　英国学者贝克（Ron Baker）将社会工作者的角色分为三个部分，即直接服务者角色、间接服务者角色、合并服务者角色。在三种服务中，社会工作者分别承担着照顾者、劝告者、治疗者、支持者的角色；研究者、行政者、咨询者的角色；教育者、协调者、调解者、倡导者、经纪人、增能者的角色。不过，现实工作中社会工作者的角色常常是交叉叠加、不断变化的，因此，绝对的角色划分对社会工作实务的指导意义并不大。下面我们就从更为宏观的层面分析社会工作者的角色功能。

（一）服务提供者

专栏5-9

【思考】
　　假如你是社会工作者，你会如何帮助小李一家？

案例

小李的窘困（1）

　　小李是一名清洁工，有一个8岁的女儿。由于小李的妻子长年卧病在家，无法劳动，孩子还小，小李的微薄工资就成了这个家庭唯一的收入来源。春节前，小李外出摔断了腿，造成残疾。沉重的心理压力和经济压力令这个本不富裕的家庭雪上加霜。经邻居介绍，小李找到了社区社会工作者。

　　［资料来源］引自http://blog.sina.com.cn/u/2800596887，经本书作者整理。

　　为困难人群提供物质救济、进行心理辅导和提供劳务服务是社会工作者的服务范畴，也是社会工作者的首要角色。在此类案例中，社会工作者常常通过募捐等慈善活动，使受困者获得经济上的帮助；通过定期的走访和交谈为受困者排解忧虑，提供照顾；为受困者联系能力范围内的工作机会，使其尽快走出困境。其中前两种方式就是作为服务提供者的角色，即社会工作者对因生理或社会原因而处于特殊情境中的人给予照顾和服务。类似的情况还出现在"独居老人服务中心""留守儿童帮扶站""残疾人之家"等很多地方。

　　国家民政局公布的数据显示，我国每年有6000万以上的灾民需要救济，有2200多万城市低收入人口享受低保，有7500万农村绝对贫困人口和低收入者需要救助。全国1.71亿60岁以上老年人中，有817万过着独居生活，有6000万残疾人、近20万流浪儿童和10万孤儿都是急需得到救助的对象。在经济和社会变迁中，还有大量的失业下岗职工、残疾人、灾民，以及受虐待的儿童、老人、精神病患者、家暴受害者等各类处于弱势地位的人，其总规模在 1.4~1.8 亿人。① 社会工作者有义务以符合社会工作价值的方式对以上人群进行帮助，向其提供合法、适当的照顾和保护。

需要注意的是，社会工作者在合法的照顾与过度的控制之间要掌握一个度。社会工作者对智障儿童、精神病者等进行保护，维护他们的生存权，并创造条件保障这些人的自我发展。而当弱势人员能够参与正常生活并对自己负责时，社会工作者要支持其做出独立自主的选择，避免因为过度保护而影响服务对象的"自决"。此外，社会工作者还有义务与责任向社会公众宣传有关知识，使社会公众认识到这些弱势人员是与正常人一样的人群，并通过各种方式鼓励弱势人员发展自我潜能，实现自我价值。

（二）支持者

专栏 5-10

案例

小李的窘困（2）

小李的家庭遭遇到突如其来的打击，身体行动不便使他不能再像正常人一样从事以前的工作，妻子的医药费和孩子的学费都成了问题。由于担心一家人的生存问题，小李的精神压力非常大。

社区工作者介入后，在给予小李家庭提供慈善捐助服务的同时，还多次上门与小李一家交流沟通，利用专业知识和技能，进行心理辅导与精神支持，舒缓其心理压力和悲伤情绪，鼓励其振作起来勇敢面对现实，重燃希望。

［**资料来源**］引自 http://blog.sina.com.cn/u/2800596887，经本书作者整理。

在专栏 5-10 的助人案例中，直接的照顾服务或是物质帮助只能解决服务对象一时或短期的困难，而不能解决其长期的生存发展问题。这就要求社会工作者通过专业的工作技巧和价值观，对服务对象的困难予以心理上的理解和支持，并且在可能的情境下鼓励服务对象自立自强，勇敢面对困难，并创造条件实现服务对象的"自助"。在这个服务过程中，社会工作者就扮演了支持者的角色。

特别是当服务对象面临突如其来的灾难和变故，遭遇到巨大的生活和工作压力时，社会工作者以支持者的角色对服务对象进行心理安慰和精神支持是非常必要的。支持服务对象在心理、性格方面进行适当的改良和重建，有利于其尽快从困境的阴影中走出来。

在行使支持者角色的过程中，需要注意的是，社会工作者在表达理解和支持时，一定不能使服务对象感受到威胁与贬抑。因此，社会工作者需要了解社会互动的复杂性，并掌握人际互动的技巧，通过恰当的语言或非语言的信息，探寻服务对象的困难及原因，让服务对象感觉到社会工作者愿意与他一起面对和解决问题，从而使服务对

---

① 裴小茹. 发展型社会政策视角下社会工作介入社会救助研究［J］. 社会福利（理论版），2012（11）：26.

象乐于接受社会工作者的安慰和支持。

（三）使能者

专栏 5-11

【思考】

扮演使能者角色的社会工作者可以从哪个角度出发帮助小李一家？

案例

小李的窘困（3）

小李的意外伤残使原本贫困的家庭陷入了更大的困境中。妻子和他由于身体原因，都无法正常劳动，以至于夫妇二人曾经一度对未来生活失去信心。紧张的家庭气氛和强烈的家庭压力让 8 岁的女儿也每天郁郁寡欢，不愿意再出门与小朋友玩耍，整天待在家中。

［资料来源］引自 http://blog.sina.com.cn/u/2800596887，经本书作者整理。

案例中小李一家的紧张和自卑是出于自身缺陷和经济贫困所造成的无助感，其表现就是对现有的生活或工作感到"无能为力""什么都做不了"的悲观情绪，甚至出现"注定一辈子受穷"的宿命论。实际上，这种无助感在社会弱势群体身上经常发生，类似的情况还出现在康复中心的老年人、各类失业人群、贫困人群（自身或外部原因导致①）、得不到有效社会网络支持的青少年群体（如城市打工子弟）等很多人群身上。由于长期生活在不利的环境中，他们会比其他群体感受到更强烈的压力，这种无助感或无力感反过来又对弱势群体发挥其潜能造成直接或间接的障碍。

社会工作者在面对以上人群时，不仅要给予其直接的物质帮助和心理疏解，缓解其眼前的困难和压力，更要着眼长远，利用各种手段唤醒他们对自己潜能的认知，促使其对自身前途负起责任并使其与各种资源连接起来，从而使自身自助能力得到重建和发挥，这即是"使能者"的意义所在。"使能者"就是社会工作者运用自身拥有的专业知识和技巧，调动服务对象自身的能力和资源，发挥服务对象的潜在能力，促使服务对象自身发生有效改变。

社会工作者使能者角色的产生源于增能理论，该理论认为社会环境中存在直接或间接的障碍，使人无法实现其权能，但这种障碍是可以改变的。权能不是稀缺资源，经过人们的有效互动，是可以被衍生出来的。权能通常发生在三个层次：一是个人层次，指个人感觉有能力去影响或解决问题；二是人际层次，指个人和他人合作促成问

---

① 王丽蓉. 就业与经济自主的助贫策略 [J]. 社区发展季刊，1996（76）. 从贫穷与工作的关系来看，造成贫穷的原因也有来自"个人"和"结构"两个方面。个人层面包括：一是个人懈怠和懒惰；二是个人经济或谋生能力的严重不足与缺乏；三是个人生理、心理、社会缺陷。社会层面包括：一是经济机会结构或就业机会结构本身有问题，机会不足；二是为个人提供的就业服务和职业训练无法发挥人尽其才或达成人力资本的适度开发；三是就业市场上人力资源缺乏人性化管理，导致人们对工作没有兴趣，还存在严重的性别歧视等。

题解决的经验；三是环境层次，指能改变那些不利于个人权能发展的环境要素。社会工作者的作用就在于通过共同的活动帮助服务对象消除环境的压制和他们的无力感，使他们获得权能，并正常发挥他们的社会功能。

专栏 5-12

资料

增 能 理 论

　　增能理论，即个人能在与他人和环境积极互动的过程中获得更大的对生活空间的掌控能力和信心，以及促进环境资源和机会的运用，以进一步帮助个人获得更多能力的过程。增能（empowerment）又可译作"充权"或"赋权"，意指让人有更大、更多的责任感，有能力去做自己应该做的事。"增能"一词的使用可追溯到 20 世纪 70 年代，美国哥伦比亚大学学者所罗门（Barbare Solomon）提出对被歧视的美国非洲裔黑人增能的工作（《黑人的增能：被压迫社区里的社会工作》，1976），首先提出了增能的概念，从而把增能注入了社会工作，甚至社区工作。20 世纪 90 年代，增能成为社会工作领域提倡的重要价值观念和工作模式之一。

　　[**资料来源**] 何雪松. 社会工作理论 [M]. 上海：上海人民出版社，2007：78.

　　我们可以通过专栏 5-9 至专栏 5-11 中案例的解决过程来了解社会工作者的使能者角色的表现。为了帮助小李一家摆脱无助感，激发其自身潜能发挥，社会工作者首先要不断纠正小李夫妇对自身能力的错误认知（"无能为力"），给予心理辅导，使其增强自我信心。同时，社会工作者可以通过各种途径给予服务对象一些就业辅导和职业训练，提升其工作能力，使其在自身身体条件允许的范围内重新适应劳动力市场需求，重建对工作的自信，进而解决经济困难。针对小李女儿的表现，社会工作者要鼓励其对自身能力的正确认识和对未来生活的责任感，还可以帮助其建立包括同学、邻居、老师等在内的社会支持网络。

　　为了帮助老年人康复中心的瘫痪老人重拾康复训练的信心，社会工作者首先要不断鼓励服务对象，澄清服务对象的消极想法，及时纠正服务对象的不正确认知，强化服务对象的正确认知与行为。① 同时，社会工作者可以通过定期探访，帮助服务对象寻找简单、有趣的康复训练方法，及时对服务对象的进步给予肯定和鼓励，使其认识到训练的有效性。社会工作者还可以组织康复小组，让服务对象通过与其他组员互动摆脱"年老无用"的无助感，增强自己掌控身体和生活的能力，在团队氛围中获得美好的情感体验。

---

　　① 李璐龄. 助老人重拾康复信心 [EB/OL]. (2014-02-28) [2015-03-02]. http://practice.swchina.org/case/2014/0228/11138. shtml.

由此可见，使能者的角色可以在两个层次上发挥作用：其一，运用技巧直接增强服务对象应付问题的能力。社会工作者首先要减少服务对象焦虑的情绪，取得服务对象信任，以同理心进行鼓励和支持。其次，协助服务对象成长，使其感悟自我，澄清问题，获得改变的动力，增强应对问题的能力。再次，寻求物质资源的帮助，提供服务对象改变的物质条件，这是增强能力的重要措施。最后，社会工作者在协助一群面对共同问题的人时，还要促使他们组织起来，发展新的互助与自我支持系统，激发服务对象自动自发解决问题的动力。其二，改善服务对象所处团队的工作效能及政策环境。比如制造一种气氛，使团体能够很快地将工作目标、任务和争论的问题确定下来，以便协助服务对象；此外，在制度层面呼吁修改政策，强化福利资源的提供等。

值得注意的是，在充当使能者角色的工作中，社会工作者应避免以权威的姿态出现，而应主要以协同的伙伴关系出现。在帮助服务对象解决问题时，需要强调信任、对话、分享等。

（四）资源链接者

缺乏必要的资源是很多陷入困境的人所面对的共同问题。社会工作者在对服务对象进行工作服务的过程中，不仅要提供直接有效的专业服务，还需要应服务对象的需要进行资源方面的链接。专栏5-13介绍的是"雅安芦山4·20地震"后成都市社会工作者协会对灾区伤员进行资源链接的一则事例。

专栏 5-13

> **资料**
>
> **链接社会资源　践行社工使命**
>
> 2013年5月中旬，成都市社会工作者协会积极联络四川省残疾人福利基金会，为"雅安芦山4·20地震"4名在院伤员办理了申请基金会捐赠拐杖的手续，并于5月20日迅速送至伤员手中，解决了伤员在院期间康复行动的燃眉之急。
>
> ［**资料来源**］成都市社会工作者协会. 成都市社会工作者协会积极链接社会服务资源　认真践行社工使命［EB/OL］.（2013-05-22）［2015-03-02］. http://cncasw.blog.163.com/blog/static/16913796820134222 4237185/.

专栏5-13中的资料是社会工作者在了解灾民需求的基础上，联系外部资源帮助群众恢复生活的一个普通事例。在社会工作中，这种链接服务的表现形式还有很多，如联系国际国内基金会和慈善组织为服务对象捐赠生活用品、学习用品、办公用品、医疗用品或费用等；联系外部职能部门（医疗、气象、公检法、相关技术等）为服务对象宣传和讲授相关知识；为需要谋求一份工作的服务对象牵线搭桥找到合适的工作等。通过链接社会资源，社会工作者既缓解了服务对象的困难，又激发了整个社会的助人热情，还起到了社会宣传教育的作用，可以大大提高社会工作的价值和效果。

具体来说，社会工作中的资源链接，就是指社会工作者在专业理念的指导下，根据服务对象的需求，对服务对象身边、社区周边的资源进行有效的争取和链接，满足服务对象需求。从社会支持理论的角度，可以较好地理解社会工作中的资源链接角色。20世纪七八十年代，受到广泛关注的社会支持理论认为，可以通过不同方式从家庭、社区、制度等多层面，提供正式或非正式的帮助和支持，这对个体或特定群体摆脱危机能够产生积极影响。在社会支持理论看来，社会工作者的角色就是要帮助服务对象动员网络中的资源，弥补和拓展社会支持网络，助其提升建立和运用社会支持网络的能力，从而达到助人自助的目的。

增加服务对象的资源是社会工作的重要工作方法之一，也是社会工作者的重要任务之一。由于服务对象本人、社会工作者及其机构具有的自身资源条件总是有限的，人们往往不知道其周围存在什么资源，哪些资源可以为己所用，而问题的解决又常常需要多方资源的联合，所以社会工作者在助人过程中，需要将服务对象与提供资源、服务的系统之间建立必要的联系。社会工作者一方面要协调资源的占有者，动用、获取和利用相关资源，为服务对象提供服务、解决问题；另一方面要引导人们拓展和提供这些资源与服务，使服务对象在需要时能够充分利用网络资源，满足其需求。此外，社会工作者还要进行社会资源系统之间的联络工作，做好各网络间的沟通，协调各种资源机构的活动，并最大限度地节约资源，提高互动中的效率与效果。从来源看，可供链接的资源包括个人身边资源、社区内部资源和外部资源等；从类型看，可供链接的资源包括人力资源、物力资源、财力资源、文化资源、组织资源和政策资源等。链接资源的路径包括：①建立邻里组织、宗族、家庭、亲戚朋友等强关系的内部整合系统；②建立松散而广泛的社会弱关系的外部链合系统；③建立社会福利和社会救助的主要提供者——国家政府部门提供的社会资源。①

资源链接在社会工作实务中发挥着关键作用，它对社会工作者的理论基础和实践能力都有很高的要求，其中，对资源本身的了解和判断能力、对资源能否提供帮助及帮助的程度、与资源拥有者的沟通和互动等方面的能力尤为重要。因此，社会工作者在链接资源时，需要注意以下问题：一是资源的可获得性，即资源拥有者能否将资源共享；二是资源的有效性，即资源在多大程度上能为增能提供服务；三是资源的交换性，即有的资源是需要用金钱购买的，有的资源是需要用其他资源来交换的；四是服务对象的能动性，即服务对象能在多大程度上合理地使用资源。

> 【思考】
> 经济社会学家格兰诺维特等认为，在既存的社会网络中个体有两条途径与他人联系，即强关系和弱关系。强关系主要是基于血缘、地域等亲密情感关系而形成的纽带。弱关系主要用于群体、组织之间建立纽带联系，它比强关系更能充当跨越社会界限去获得信息和其他资源的桥梁。
> 此处所谈到的"强关系""弱关系"对于资源链接的意义是什么？

① 邹光剑. 社工动用社会资源的路径分析［EB/OL］.（2008-01-13）［2015-03-02］. http：//blog. sina. com. cn/s/blog_ 496e3921010086v6. html.

（五）倡导者

在日常生活中，我们常常可以在公开场合或媒体上看到一些以慈善、公益为主题的宣传教育栏目和活动，如社区内设立的公益宣传栏，在社区或主题活动中进行的公益大讲堂，在一定社会网络中举办的慈善活动等。诸如此类的宣传和倡导是社会工作的重要内容和方式。社会工作者的倡导者角色就是社会工作者通过各种专业手段向服务对象、社会公众、相关机构和政府组织等进行某个主题的倡导活动，引导服务对象行为和认知的改变，促使社会环境的改变，影响政策和制度层面的不断完善，推动积极健康的价值观念和生活方式，从而使社会氛围变得更为和谐进步。

专栏 5-14

【思考】
面对打工子弟学校学生的健康问题和社区环境卫生问题，社会工作者该如何利用倡导方式解决？

案例

社区卫生健康服务项目

林某，10 岁，在某市一所打工子弟学校上学。近期他和同学都不同程度地发生痢疾、手足口等疾病。经探访，学生们的健康问题大多与不良生活习惯有关，如能早发现、早治疗，便能防止疾病的发生。进一步了解发现，班内学生大多居住在学校附近的城乡接合部，由于缺少公共设施，垃圾随意堆放，社区环境卫生很差。学生家长中也有很多存在不同程度的健康问题，还有部分家庭因病陷入困境。

[**资料来源**] 引自 http://www.docin.com/p-715653942.html，经本书作者整理。

专栏 5-14 中问题的有效解决呈现出作为倡导者的社会工作者所起的作用。要解决学生及其家庭的卫生健康问题，首先要引导学生及家庭养成良好的卫生习惯，其次要改善社区环境卫生。宣传倡导在问题解决的过程中发挥着重要作用。一方面，社会工作者可以与学校配合，教育学生养成良好的卫生习惯，同时引导学生和家长养成良好的日常生活习惯。另一方面，社会工作者还可以发放"倡导信"，提倡健康的生活方式；在社区开展社区卫生主题活动，呼吁大家共同努力；呼吁有关部门在社区内建设公共卫生设施；挖掘社区榜样，形成群体激励等。

以上行动策略体现了社会工作者作为倡导者的角色。倡导者就是社会工作者与服务对象一起或作为他们的代表，抵制或增进一个有目的的行为，为有需要的个人与群体争取权益和尊严，通过改进社会制度、社会规范来保护和促进新的权利。倡导者的角色基于以下假设：服务对象问题的产生与其生存环境有直接关系，需要社会环境做出改变；社会工作者此时充当"代言人"，代表服务对象协调问题，为他们争取利益。当然，倡导者的角色首先要求社会工作者有对服务对象的同情和对环境问题的愤慨，还要求具备动员、倡导的专业技巧，具备分析问题的能力，以及运用一定政策、策略的手段。

社会工作者的倡导主要围绕弱势群体及其社会环境的改变而展开，包括三个层次：①对服务对象及其家庭的倡导，着重个人或家庭的需要，引导他们争取所需的资源，改变负向态度。②对组织或机构的倡导，着重建立一个推力，以改变机构中对服务对象无益的组织结构、政策或服务。③对立法和政策层面的倡导，以社会行动为主要策略，通过双方协商等策略，寻求社会政策的改变，重新分配权利和资源。从第三个层面来看，社会工作者在工作过程中发现问题，向政策决策部门反映，从而对现有的政策以及政策实施中的问题施加影响，为决策者更科学地决策提出自己的建议。因此，社会工作者在发挥倡导者角色时，也同时是政策的影响者、制度的建设者和推动者。

专栏 5-15

> **案例**
>
> **反邪教中社会工作者发挥的倡导角色**
>
> 　　2014 年 5 月 28 日晚上，在山东招远市的一家麦当劳餐厅里，一名女子在就餐时因为拒绝了一伙全能神邪教徒索要电话号码的要求，招来了杀身之祸。在短短几分钟内，她被一伙人围打致死，行凶者下手之狠毒令人发指。这起打人致死事件，让人们再一次认识到邪教恐怖分子的残暴。有媒体报道指出，法律知识的淡薄，部分地区尤其是农村经济、文化的落后，中老年人的无知、无望和盲信，是邪教横行的主要原因。
>
> 　　[**资料来源**] 立德社工事务所，刘传莹，张跃豪. 在反邪教斗争中社工可从三方面提供服务 [EB/OL]. (2014-06-05) [2015-03-02]. http：//theory. swchina. org/exchange/2014/0605/14732. shtml.

专栏 5-15 中的案例引发我们思考：社会工作者在反邪教斗争中应发挥什么样的作用？在反邪教斗争中，社会工作者除了扮演好协调者、支持者、辅导者等角色外，更要从根本上提高大众反邪教的意识和能力，这就需要倡导。比如举办反邪教知识讲座、普及法律知识；以宣传展板、知识讲座、随堂问答等形式向人们传授"什么是邪教""邪教的危害""遇到邪教该怎么做"等相关知识；将这些知识改编成小组游戏、戏剧演出等，提高大众的反邪教意识和能力等。[①]

（六）研究者

越来越多的社会工作者认识到，利用生活常识已无法应付社会工作"与人打交道"。社会工作者要想达到专业工作的目标，必须有科学的事实根据，这表明"研

---

① 立德社工事务所，刘传莹，张跃豪. 在反邪教斗争中社工可从三方面提供服务[EB/OL].(2014-06-05) [2015-03-02].http://theory.swchina.org/exchange/2014/0605/14732. shtml.

究"对社会工作的重要价值。例如，吸毒不仅会给个人和家庭带来很大的经济损失，更会带来巨大的心理创伤和负累。是什么原因导致吸毒、如何防范吸毒等问题，都需要社会工作者进行针对性的研究才能解决。再如，一个社会工作项目在某个地方取得成功，但移植到另一个环境下，则需要经过系统化的分析和研究才能做出正确的决断。

社会工作者作为一个研究者的目的与功能体现在两个方面。第一，为了提高专业服务水准，达到专业服务的目标，以及发展社会工作专业的知识与理论。"对于正在进行的调研活动，社会工作者要与时俱进，保持不落伍；对于发展中的情况与技术技巧，社会工作者要及时掌握。社会工作者必须将科研中的客观技术方法应用到他们所做的事情上，这样做并不意味着他们消减或抛弃了个人对人的热情和兴趣，而是意味着他们要将科学的态度和技巧引入到实际工作中，以此帮助他们更好地走进生活的现实，更好地解决问题。"①。第二，作为决策影响者，为社会政策的制定提供研究依据。社会工作研究成功影响政府政策制定的例子很多。例如，1899 年美国芝加哥市第一所少年法庭的创立，即美国社会工作的先驱亚当斯（Addams）对当时芝加哥市社会与青少年问题进行研究后倡议，之后被政府接受。英国 1969 年的《儿童与青年法案》与 1970 年的《地方当局社会服务法》的立法，也是社会工作者的两篇研究报告——《儿童、家庭与少年犯罪》《困难中的孩子》影响所致。因此，社会工作者作为研究者的角色也是决策影响者，是社会工作专业价值与专业使命的规定性及其自然、逻辑的结果。

每一个社会工作者都是一个研究者，这是社会工作对服务对象和专业的承诺，也是发展专业知识的途径。理查德·M. 格林内尔（Grinnell）指出了社会工作者在研究中的三种角色②：第一，作为研究成果的运用者，社会工作者有义务以知识为工作基础；第二，作为知识的传播者，社会工作者有责任通过系统的努力为问题解决确定行之有效的实际工作方法，并将这种方法与同行交流传播；第三，作为研究成果的共创者，与他人协同拓展专业知识基础，或加入与自己有相似使命和问题的人的工作，共同填补知识空白。简言之，研究者可以同时是资料的收集者、分析者和结果应用者。

在社会工作实务中，社会工作者作为研究者有其科学、系统性的做法：定义问题（确认需要）——基于已察觉的事实建立暂时性的假设（预估）——决定行动计划（研究设计）——选择用来达成目标的角色和任务（资料的收集与分析）——用问题已被改善的情形评估结果（验证假设，确定或推翻）——对结果做解释（发展理论）。一个合格的社会工作者要不断总结和探索，进而发展理论，从而使科学理论成为进一步实务工作的指引，以提高服务质量，更好地帮助服务对象解决问题。

---

①② 威廉·法利，拉里·L. 史密斯，斯科特·W. 博伊尔. 社会工作概论［M］. 隋玉杰，等译. 11 版. 北京：中国人民大学出版社，2010：150，151-152.

四、中国大陆社会工作者队伍建设

社会工作者专业人才队伍建设是推动社会工作服务于人类社会发展的关键。首先，当前中国正处于社会转型期，地区和城乡发展不均衡，贫富差距大，社会矛盾和问题多发，专业社会工作者在解决社会矛盾、促进社会和谐方面发挥着重要作用；其次，社会工作者队伍建设是转变政府职能、建立"小政府、大社会"、创新社会管理体制的重要举措；再次，社会工作者队伍建设是推动社会工作职业化、专业化的必然要求。改革开放以来，我国大陆地区社会工作和人才队伍建设均获得了快速发展，同时也面临一些问题。随着有关社会工作者人才队伍建设的国家战略不断推出，我国大陆地区社会工作者队伍建设将迎来一个全面发展的契机。

（一）大陆社会工作者队伍现状

1. 人才队伍总体发展概况

第一，人才队伍规模不断扩大。根据 2013 年 8 月 13 日民政部社会工作研究中心在北京发布的社会工作蓝皮书《中国社会工作发展报告（2011—2012）》，我国的专业社会工作人才已达 30 万人，其中通过考试持证的社会工作专业人才已超过 8 万人。据统计，截至 2012 年年底，我国共进行了 5 次社会工作者职业水平考试，有 84126 人考试合格成为持证社会工作专业人才，其中包括 19525 名社会工作师和 64601 名助理社会工作师。而另据 2014 年 3 月民政部资料显示，仅 2013 年全国就有近 27 万人次参加社会工作者培训。[①]

第二，人才队伍教育体系不断完善。目前全国已有 320 多所高校设立了社会工作专科和本科学历教育，其中 266 所高等院校开设了社会工作本科教育，60 所高职高专院校开设了社会工作专科教育，每年可培养 1 万多名社会工作专业的毕业生。共有 61 所高校招收社会工作专业硕士，每年可培养 1000 多名社会工作专业硕士生。[②]

第三，人才队伍政策体系初步确立。民政部资料显示，我国从中央到地方各层面均出台了社会工作人才建设的综合政策规划。国家层面，将社会工作人才提升为国家六支主体人才队伍之一，确立了社会工作人才在我国人才发展大局中的重要地位；制定了专项配套政策；明确了民政事业单位的社会工作专业定位，确立了社会工作在民政事业单位的主体岗位地位。地方层面，北京、上海、广东、天津、河北等 26 个省、区、市出台了加强社会工作专业人才队伍建设实施意见或发展规划。

第四，人才队伍建设经验不断积累。近年来，民政部门积极探索适合中国国情的社会工作人才队伍建设的有效途径，在上海、深圳等地形成了一些有益的地方经验。

---

①② 社会工作蓝皮书：我国专业社会工作人才已达 30 万 [EB/OL]. (2013-08-13) [2015-03-02]. http://news.sina.com.cn/o/2013-08-13/173027938812.shtml.

作为我国最早发展社会工作和建立社会工作者职业水平考试及登记注册制度的地区，上海在社会工作人才培养上坚持"党委统一领导、政府主导推动、社团自主运作、社会广泛参与"的战略思路，通过制度法规改革、体制机制完善、服务体系升级、服务领域拓展等手段积极推进社会工作专业人才队伍建设，如在职业资格、注册管理和岗位配置方面进行职业化制度设计和管理，开展社会工作者岗位培训和搭建信息交流平台，重视社团机构培育，推行人才激励机制等。截至 2014 年，上海已有取得职业资格的社会工作者 1.5 万余名，专业社会工作机构突破百家，活跃在民政、司法、卫生、信访矛盾化解、灾害救援以及工、青、妇、残等 20 多个领域。深圳市实行"政府推动、民间运作"的机制，政府以公平公开的方式购买社会工作者服务，同时积极动员民间社会工作机构等社会力量参与，坚持社会工作从业人员的专业化和职业化发展方向，不断健全制度体系，优化社会工作发展环境。截至 2015 年年底，深圳持有社会工作者职业证书人数累计达 8304 人，全市登记的社会工作服务机构 150 余家，社区服务中心 668 家，累计通过 1500 个岗位及近 400 个项目，以及 668 家社区服务中心为服务群体开展专业社会工作服务。

2. 人才队伍建设存在的问题

尽管近年来社会工作人才队伍建设取得了可喜的成就，但仍存在一些亟待解决的问题。

首先，人才队伍规模和素质仍不能满足社会发展需要。在美国，几乎每 500 个人中就有一位是专业社会工作者，且在几十万名社会工作者中，约四分之一是协会的注册会员。注册会员中 88% 有社会工作专业硕士学位，7% 有社会工作专业学士学位，5% 有社会工作专业博士学位。[①] 社会工作专业的学士学位是进入社会工作岗位的最低要求，其中很多社会工作岗位都要求具有硕士学位。相比之下，我国社会工作者群体规模小，具备专业学历、执照和实务经验的专业社会工作者非常缺乏。参照美国 2‰ 的社会工作者与人口比例，我国应该有约 260 万名社会工作者，而实际规模与之相比还有很大差距。在我国有很多长期从事社会工作实践的人员，如街道、居委会工作人员，学校辅导员等，虽然他们承担了类似社会工作者的职能，但由于绝大多数没有受过专业教育和训练，很难提供专业化、个性化、系统化的服务。[②]

其次，社会工作者职业地位总体偏低，自我发展动力不足。在很多人眼中，律师、医生等专业人士都是高收入人群，但同为专业人士的社会工作者却迥然不同。2013 年 9 月，因发展前景等原因，南海人民医院医务社会工作者集体离职，这一事例充分地说明了社会工作者待遇低、发展动力不足的问题。[③] 除了经济报酬，职业的

---

① 孙建春，闫湜，甄炳亮. 关于美国、加拿大社会工作者专业化职业化的考察报告 [EB/OL]. (2010-03-18) [2015-03-02]. http://www.chinanpo.gov.cn/web/show Bulltetin.do? id=29826&dictionid=1632&catid.

② 邵宁. 论我国社会工作人才队伍的建设：基于国际经验与本土实际 [J]. 福建行政学院学报，2010 (2)：45.

③ 水至清. 社会工作者是专业人才　需要匹配的待遇 [EB/OL]. (2014-06-17) [2015-03-02]. http://trade.swchina.org/trends/2014/0617/15039.shtml.

社会认可度和声望较低也是导致社会工作者自我发展动力不足的原因。大多数民众对社会工作及社会工作者的领域和功能没有清晰的认识，甚至常常将社会工作者与义务志愿者混为一谈，这种状况影响了社会对专业服务的需求和对社会工作者的正确评价。研究表明，从 1988—2003 年的 15 年间，约有 8 万名社会工作本科毕业生流失到其他行业。① 由于社会认知缺乏、发展环境和平台受限，许多高校投入大量资源培养的社会工作专业学生转移到其他领域就业；即便是从事社会工作，他们对职业发展的信心、自我发展的动力也显著不足。这种状况进一步加大了人才供应与社会需求之间的矛盾。

再次，社会工作者队伍的管理机制仍不完善。近年来，中国社会工作在政府支持下获得了快速发展，但这种政府主导型的发展路径也带来了消极影响。作为职业团体，社会工作者队伍并非政府的一个部门，因为它所服务的对象既包括社会公益和社会福利部门，也包括社会组织和个人，其中后者是社会工作的重点领域。然而，我国政府主导型的管理和发展模式造成民间组织参与不足，社会影响有限。各级政府通过公共投入设立社会工作岗位，使之承担起社会管理职能，使社会工作岗位出现在政府部门、事业单位，以及相关的附属单位（如社区组织）。以这种方式培育起来的社会工作者队伍必然会限制社会工作领域的拓展，使其不能有效地回应民间组织、社会团体和福利个体的服务需求。② 另外，我国社会工作者的用人管理方面尚存在多头管理、责权不分的现象，使社会工作者队伍整体积极性的发挥受到影响。

（二）大陆社会工作者队伍建设思路

近年来，为顺应进一步改革开放的社会需要以及构建社会主义和谐社会的总体思路的要求，我国从国家战略层面对大陆地区社会工作者人才队伍建设进行了总体规划部署。党的十六届六中全会提出了"建设宏大的社会工作专业人才队伍，提高专业化社会服务水平"的宏伟目标，自此，中国大陆社会工作者人才队伍建设迎来了重要的发展时期。其中以 2011 年颁布的《关于加强社会工作专业人才队伍建设的意见》和 2012 年颁布的《社会工作专业人才队伍建设中长期规划（2011—2020 年）》为契机，大陆社会工作者队伍建设思路更加明确。

1. 社会工作专业人才建设的指导纲领

2011 年 11 月 8 日，中央组织部、中央政法委、民政部等 18 个部门和组织联合发布了《关于加强社会工作专业人才队伍建设的意见》（以下简称《意见》）。《意见》是中央第一个关于社会工作专业人才建设的专门文件，是当前和今后一个时期，我国社会工作专业人才队伍建设的指导性纲领，在我国社会工作事业发展史上具有里程碑意义。

《意见》围绕社会工作专业人才队伍建设提出了一系列思想和举措，主要体现在七个方面。

第一，明确了发展定位。第一次将"社会工作专业人才"界定为"具有一定社

---

① 李迎生，韩文瑞，黄建忠. 中国社会工作教育的发展 [J]. 社会科学，2011（5）：88.
② 赵怀娟，林卡. 需求与供给：中国社会工作职业发展环境分析 [J]. 山东社会科学，2014（6）：10.

会工作专业知识和技能，在社会福利、社会救助、慈善事业、社区建设、婚姻家庭、精神卫生、残障康复、教育辅导、就业援助、职工帮扶、犯罪预防、禁毒戒毒、司法矫治、人口计生、应急处置等领域直接提供社会服务的专门人员"，这一界定既反映了社会工作专业人才的本质要求，也赋予了社会工作专业人才新的时代内涵。

第二，明确了发展思路。针对人才数量缺口大、素质不高、岗位结构不合理、职业待遇低、发展空间不足、社会工作政策制度不完善等问题，第一次明确了"以人才培养为基础，以人才使用为根本，以人才评价激励为重点，以政策制度建设为保障"的总体要求。

第三，确立了发展方向。在既遵循社会工作专业人才队伍建设的一般规律，又立足于我国历史传统和现实国情的基础上，第一次确立了坚持"党的领导、政府推动、社会参与、突出重点、立足基层、中国特色"的指导原则。

第四，提出了发展目标。第一次系统提出了今后一个时期社会工作专业人才队伍、制度、环境建设的战略目标。在队伍建设上，到2015年，我国社会工作专业人才总量达到200万人；到2020年，社会工作专业人才总量达到300万人。在制度建设上，逐步建立比较完善的政策法规体系。在环境建设上，在全社会形成认知认同社会工作专业人才、共建共享社会工作专业人才队伍建设成果的良好社会氛围与发展环境。

第五，提出了发展政策。第一次围绕"培养、评价、使用、激励"四个重要环节提出了一系列创新性、配套性政策措施，确立长效机制，推动社会工作专业人才队伍创新发展。

第六，在发展举措上，设计了一批具有引领性、示范性的重大人才工程与计划，这些工程和计划涵盖了人才队伍建设的主要方面，其组织实施对整体推进社会工作专业人才队伍建设具有重要意义。

第七，明确了发展力量。第一次明确了党委政府统一领导、组织部门牵头抓总、民政部门具体负责、有关部门密切配合、社会力量广泛参与的社会工作专业人才推进格局。

2. 社会工作专业人才队伍建设的中长期规划及部署

2012年4月，经中央人才工作协调小组审议通过和中央领导同志同意，中央组织部、中央政法委、中央编办、国家发改委、教育部、公安部、民政部、司法部、财政部、人力资源和社会保障部、文化部、卫生部、国家人口计生委（现与卫生部合并为国家卫计委）、国家信访局、国务院扶贫办、全国总工会、共青团中央、全国妇联和中国残联19个部委和群团组织联合发布了《社会工作专业人才队伍建设中长期规划（2011—2020年）》（以下简称《社工规划》）。

《社工规划》是我国第一个关于社会工作专业人才队伍建设的中长期规划，是继中央18个部委和群团组织发布《关于加强社会工作专业人才队伍建设的意见》之后出台的推进社会工作专业事业发展及其人才队伍建设的又一纲领性文件。

《社工规划》强调要按照实现全面建设小康社会奋斗目标、构建社会主义和谐社会的总体要求，切实增强推进社会工作专业人才队伍建设的使命感和责任感，高度重视选拔培养社会工作专业人才。同时，提出到 2020 年，我国一线社会工作专业人才总量增加到 145 万人，其中中级社会工作专业人才达到 20 万人，高级社会工作专业人才达到 3 万人。

《社工规划》明确了社会工作专业人才队伍建设的主要任务：一是大规模开发社会工作服务人才，培养造就一支数量足、结构优、能力强、素质高的社会工作服务人才队伍；二是大力培养社会工作管理人才，培养造就一批善于推动事业发展的社会工作行政和行业管理人才，培养造就一批社会工作机构管理人才，培养造就一批能够带动社会工作服务人才成长、推动专业实务发展的社会工作督导人才；三是加快培养社会工作教育与研究人才，培养造就一批能够推动本土社会工作理论和政策实务发展、具备开展国际交流合作能力的社会工作教育与研究人才。

《社工规划》针对社会工作专业人才队伍建设中的薄弱环节，提出要实施好社会工作服务人才职业能力建设工程，管理人才综合素质提升工程，教育与研究人才培养引进工程，知识普及工程，专业人才服务社会主义新农村建设计划，服务边远贫困地区、边疆民族地区和革命老区计划，专业人才培训基地和教材建设工程，民办社会工作服务机构孵化基地建设工程，服务标准化建设示范工程，信息系统建设工程 10 项重点工程和计划，不断加快推进我国社会工作专业人才队伍建设，切实增强构建社会主义和谐社会的人才支撑能力。

3. 社会工作人才队伍建设经验的积极探索

按照《国家中长期人才发展规划纲要（2010—2020 年）》的要求，多部委和群团组织出台了关于社会工作人才队伍培养和使用的《关于加强社会工作专业人才队伍建设的意见》和《社会工作专业人才队伍建设中长期规划（2011—2020 年）》，各级地方以政府购买社会工作服务为突破口，结合社会建设和社会管理，推动地方性试点探索并取得丰富的经验，从而创造了"上下联动"的社会工作发展机制。期间，上海、深圳等地形成了一些有益的地方性经验。[①] 上海最早建立社会工作行政管理机构和专业服务组织，最早建立社会工作者职业水平考试和登记注册制度，上海市民政局并最早联合教育、卫生、司法、人口计生等十多个政府部门出台了发展社会工作的政策法规。近年来，上海又探索出了社区、社会组织、社工"三社互动"和社工、志愿者"两工联动"的服务运行机制，探索了政府、高校与社会协同合作的社会工作发展路径，建构了党政领导、部门联动、基层落实的社会工作格局。深圳采用"社工岗位购买"模式将服务方式项目化、实体化，并创立了"社会建设、社会管理和社会工作"三位一体、共同发展的新模式。江苏太仓通过建立社区、社会组织、社会工作者和志愿者"三社联动"社区服务运行机制，进一步规范了政府与基层群众自治组织的权责关系，构建了"政社互动"的中国特色城乡新型治理结构。

中央文件精神为推进社会工作人才队伍建设指明了方向，各类地方经验为人才队伍建设提供了借鉴。今后一个时期，我国大陆地区社会工作者人才队伍建设的实施策

---

① 王杰秀，邹文开. 中国社会工作发展报告（2011—2012）［M］. 北京：社会科学文献出版社，2013：2.

略主要有以下几点：一是建立社会工作人才管理制度，推进社会工作人才队伍的职业化建设，如制定社会工作职业发展水平的评价制度、人才激励制度、人才培训制度等；二是大力开发社会工作岗位，扩大社会工作人才队伍的规模；三是促进社会工作教育与研究，推进社会工作人才队伍的专业化建设；四是通过各种方式发展社会公益性民间组织，推动政府职能向服务型政府转变，加强社会服务机构建设，为社会工作人才队伍建设提供平台；五是通过社会宣传、制度设计、法制建设完善社会工作人才运行机制，营造人才队伍建设的社会环境。[①]

随着制度建设和政策建设的不断推进和落实，社会工作专业人才必将在社会转型和发展实践中展现出自身独特的优势，更好地为全面建设小康社会贡献力量。

重要结论与启示

1. 社会工作者是社会工作服务的主体，是助人活动的核心和关键，但不是所有的"助人者"都可以被称为"社会工作者"。社会工作者特指受雇于公立或私立社会福利服务机构或设施中，遵循助人自助的价值理念，运用个案、小组、社区、行政等专业方法，以帮助机构和他人发挥自身潜能，协调社会关系，解决和预防社会问题，促进社会公正为职业的专业工作者。

2. "社会工作者"资质在国内外都普遍执行一定的证照制度，且需要专业的培养和考核。作为一名专业社会工作者，必须具备包括专业知识技能和专业伦理道德的专业素质，还必须具备包括综合知识和社会能力的综合素质。

3. 社会工作者在"助人"工作中根据不同的问题、不同的阶段、不同的对象和需求会展现出多重角色。作为服务提供者，社会工作者应为困难人群提供救济、照顾、心理服务等，这是社会工作者的首要角色。作为支持者，社会工作者应通过专业的工作技巧和价值观，对服务对象的困难予以心理上的理解和支持，并且在可能的情景下鼓励服务对象自立自强。作为使能者，社会工作者应运用自身拥有的专业知识和技巧，调动服务对象自身的能力和资源，发挥服务对象的潜在能力，促使服务对象自身发生有效改变。作为资源链接者，社会工作者应根据服务对象的需求，争取和链接其身边、社区周边的资源，为其增能所用。作为倡导者，社会工作者应与服务对象一起或作为他们的代表为有需要的个人与群体争取权益、尊严，甚至制度和规范的改变。作为研究者，社会工作者应在提供服务的同时，对其专业知识和技能进行总结与发展，以便更好地为对象服务及更好地提升自我。尽管理论上社会工作者的角色划分非常明确，但是在实践中社会工作者常常同时身兼多重角色。角色分析将有助于社会工作者在服务时进行清晰的目标定位，从多个角度为服务对象排忧解困。

4. 近年来，我国大陆地区社会工作者队伍建设成就显著。以 2011 年颁布的《关于加强社会工作专业人才队伍建设的意见》和 2012 年颁布的《社会工作专业人才队伍建

① 毛英. 论社会工作人才队伍建设的国家战略与具体实施 [J]. 西南民族大学学报（人文社会科学版），2010（10）：238-240.

设中长期规划（2011—2020 年）》为契机，大陆社会工作者队伍建设思路更加明确。但社会工作者人才队伍的成长壮大仍有待于我国社会工作事业的进一步发展和完善。

参考文献

1. Robert L. Barker. The Social Work Dictionary ［M］. Washington D. C. : NASW Press，1987.

2. 刘华丽. 专业社会工作者的涵义与要件 ［J］. 华东理工大学学报（社会科学版），2004（2）.

3. 张捷，张海英. 试析社会工作者资格认证的重要作用 ［J］. 北京航空航天大学学报（社会科学版），2008（3）.

4. 徐道稳. 社会工作者就业准入制度研究 ［J］. 广东工业大学学报（社会科学版），2013（4）.

5. 陈钟林，黄晓燕. 社会工作价值与伦理 ［M］. 北京：高等教育出版社，2011.

6. 韦克难. 一体多面：灾后社会重建中社会工作者的多元角色 ［J］. 杭州师范大学学报（社会科学版），2009（2）.

7. 裴小茹. 发展型社会政策视角下社会工作介入社会救助研究 ［J］. 社会福利（理论版），2012（11）.

8. 邵宁. 论我国社会工作人才队伍的建设：基于国际经验与本土实际 ［J］. 福建行政学院学报，2010（2）.

9. 李迎生，韩文瑞，黄建忠. 中国社会工作教育的发展 ［J］. 社会科学，2011（5）.

10. 赵怀娟，林卡. 需求与供给：中国社会工作职业发展环境分析 ［J］. 山东社会科学，2013（6）.

11. 王杰秀，邹文开. 中国社会工作发展报告（2011—2012）［M］. 北京：社会科学文献出版社，2013.

12. 毛英. 论社会工作人才队伍建设的国家战略与具体实施 ［J］. 西南民族大学学报（人文社会科学版），2010（10）.

拓展阅读

1. 曾家达，等. 微光处处：28 位社会工作者的心路历程 ［M］. 北京：中国社会出版社，2009.

2. 彭秀良. 一次读懂社会工作 ［M］. 北京：北京大学出版社，2014.

3. 莫拉莱斯，谢弗. 社会工作：一体多面的专业 ［M］. 顾东辉，等译. 曾群，顾东辉，校. 10 版. 上海：上海社会科学院出版社，2009.

4. 罗伯特·施奈德，洛丽·莱斯特. 社会工作倡导：一个新的行动框架 ［M］. 韩晓燕，等，译. 上海：格致出版社，2011.

5. 王杰秀，邹文开. 中国社会工作发展报告（2011—2012）［M］. 北京：社会科学文献出版社，2013.

专题六　社会工作的介入方法：影响和改变服务对象的手段

内容概览

　　本专题所介绍的介入方法是专业社会工作者知识结构的重要组成部分。社会工作介入方法一般分为直接方法和间接方法。直接方法包括个案工作与个案管理、小组工作和社区工作等方法；间接方法包括社会工作行政、社会工作督导、社会工作咨询和社会工作研究等方法。

学习目标

　　1. 了解社会工作介入方法的一般原理、价值理念与内容。

　　2. 理解和把握社会工作服务对象的一般特性及工作目标。

　　3. 结合所学的社会心理学原理，进一步掌握并运用影响和改变社会工作服务对象的基本原理。

　　关键词：社会工作介入方法　直接介入方法　间接介入方法　个案工作　小组工作　社区工作　社会工作行政

专栏 6-1

[思考]

　　对于李老太太，社区老人服务机构中的社会工作者该做些什么？

案例

　　一个在社区老人服务机构中工作的社会工作者接到一名女士打来的电话。在电话中，社会工作者得知该女士的邻居 82 岁独居的李老太太已经 3 天没有出门，敲门及打电话都没有回应，但可以听见公寓内有声音。

　　根据这个电话，社会工作者立刻去查询机构档案，发现李老太太先前并没有接受过服务。于是，他决定查漏补缺，马上为李老太太这类独居老人建立个人档案。

　　[**资料来源**] 本书作者根据实务工作经历编写。

　　作为一名专业的社区社会工作者，对于社区生活应该有什么作为？该怎样作为（介入）？通过本专题的学习，相信读者会对这一问题有深入的思考和清晰的认识，并给出符合专业身份的答案。

一、社会工作介入方法概述

📚 **专栏6-2**

案例

一位社会工作者去农村某社区做项目考察，发现村里有一名中年男子成天都在围观一群打麻将的人，只看却从来不打麻将。社会工作者跟这名中年男子聊天，了解到这名中年男子叫M，40岁，自己从不打麻将是因为穷，而且因为穷，至今未婚。M告诉社会工作者，自己很想结婚，但因为太穷，村里村外的姑娘都看不上自己，所以想放弃婚姻，一个人吃饱，全家不饿，每天只要工作2个小时，就可以维持自己的生活。社会工作者问M："一天工作2小时就可以维持基本生活，如果工作8小时呢？"M表示很想工作8小时。于是，社会工作者为M量身定做了一套服务方案：在县城里一家单位找到一份安全保卫工作；工作熟悉了以后，再做一份帮社区里空巢老人看病拿药以及陪护的工作，由社会工作者为M和空巢老人安排签订工作协议。工作一年以后，M带着自己存下的2万元回乡把房子翻修一新。这时，M发现村里人对自己的态度有所转变。老乡们开始对他尊重，同时也有媒人上门为他提亲了。

[资料来源] 本书作者根据实务工作经历编写。

在专栏6-2的案例中，社会工作者按照介入计划，采取了如下行动：第一，为M找到更多的工作机会，对于M来说，增加工作时间就意味着增加收入。这一行动帮助M在村里村外找回了被人尊重的感受，他很享受这份尊重。第二，帮助M建立婚姻的信心，这对于他的责任感的建立非常有帮助。第三，为M争取到社会生活环境的改善，由于能够走出村里，找到工作，工作面扩大，这对于M个人的见识和人格的拓展有正面的影响。

> 【思考】
> 社会工作者是如何帮助M改变的？

（一）社会工作方法"介入"的含义、特点及分类

1. 介入的含义

介入也称社会工作实施、介入、行动、执行和改变，是社会工作助人过程中的重要行动。介入阶段是社会工作者和服务对象采取行动，按照服务协议落实社会工作计划的目标，帮助服务对象改变，解决预估中确认的问题，从而实现助人计划的重要环节。

2. 介入的特点

第一，介入是有计划、有目的的行动。介入是以提升服务对象的社会能力为核心，进行周密认真的设计，目的在于实现服务协议中各方同意的介入目标。所以，在介入阶段，行动取向以及行动介入的结果是这一阶段的核心特征。

第二，干预是介入的核心。介入形式可以是行动的，也可以是非行动的。介入最主要是按照工作计划采取行动，对服务对象和其所处的环境进行"干预"，实现改变服务对象的态度或行为的目标。

第三，物质帮助和精神支持并重。人的需要有不同层次，包括从物质援助到精神支持以及辅导服务。介入行动就是社会工作者根据服务对象的需要选择和提供适当服务的过程，这其中往往既包括物质帮助，又包括精神支持。

第四，介入有短期效果和长期效果。社会工作的介入有些在短期内就能带来服务对象的明显改变，但有些短期内效果不明显，这需要社会工作者坚持不懈地努力，日积月累，如此才能收到长期的实效。

3. 介入的分类

直接介入方法和间接介入方法是最基本的介入分类方法。

直接介入是指以个人、家庭、群体和社区为服务对象，针对个人、家庭和群体采取的行动，重点在于改变家庭或群体内的人际交往，改变个人、家庭和小群体与其环境中的个人和社会系统的关系和互动方式。

间接介入是指不与服务对象直接接触、产生直接影响，而是为社会工作服务提供保障和支持的社会工作服务方法，包括社会工作行政、社会工作督导与咨询、社会工作研究等。

（二）介入的原则

社会工作的介入行动，从理论上讲，应根据预估阶段对服务对象的需要和问题的认定进行，但很多时候也要根据变化了的情况随时调整。介入原则主要包括以下几个方面。

第一，以人为本，服务对象自决。介入行动要体现以人为本的原则，从服务对象的需要和利益出发，并且在决定介入行动时要有服务对象的参与。由服务对象决策和参与的介入行动，将会使他们有更大的动机去承担责任和完成任务。

第二，个别化。社会工作者针对服务对象系统的特殊性采取个别化的介入行动，才能有助于解决问题。

第三，因地制宜，因人而异。方法介入要考虑服务对象的发展阶段和他们的特点。对于个人，介入行动应集中在协助其完成相关阶段的生命任务上；对于家庭或者群体，介入行动则要考虑与家庭和群体发展的特殊阶段相连的特殊任务。

第四，服务对象积极参与。社会工作者要依靠服务对象，与他们紧密配合，双方共同合力参与介入行动，如此才能最大限度地发挥服务对象系统的积极性与能动性。

第五，瞄准服务目标。介入行动应围绕着介入目标进行。

第六，考虑经济效益。介入意味着社会工作者和服务对象都要付出时间和精力，介入行动的原则是量力而行，优先考虑投入时间和精力最少的行动，以最小的成本投入获得最有效的改变结果。

二、直接介入方法

直接介入方法是给受助者直接提供社会服务，社会工作者与服务对象建立直接的专业关系，进行心理接触的工作方法。直接介入方法通常包括个案工作与个案管理、小组工作、社区工作。

（一）个案工作与个案管理：以个人或个别家庭为对象的工作方法

1. 个案工作的含义

什么是"个案（社会）工作"？对此，学者有不同的诠释。[1]

社会工作创始人之一瑞奇蒙德认为："个案工作包含着一连串的工作过程，从个人入手，通过对个人以及所处社会环境做有效的调适，以促进其人格的成长。"

美国卫生教育福利部的社会安全署在 1947 年出版的《联邦安全机构年报》指出："个案工作是一种协助遭遇困难的个人的方法，以协助个人了解其个人和家庭困难的发生原因，并协助个人发现和运用其个人之内在力量及家庭或社会福利与卫生机构等所有的社会资源，以重建个人及家庭生活。"

美国社会工作者协会 1965 年出版的《社会工作百科全书》认为："个案工作所注重的不是社会问题本身，而是'个案'，特别注重为社会问题所困或无法与其社会环境或关系圆满适应的个人或家庭。个案工作的目的是对个人与个人或个人与环境的适应遭遇困难的个人及家庭，恢复、加强或改造其社会功能。"

在国内也有学者在总结西方各种定义的基础上，认为个案工作是以个人或者个别家庭为对象，通过面对面的沟通方式，运用有关人和社会的专业知识和技术，对个人或家庭提供心理调整和环境改善等方面的支持和服务的一种专业服务方法。[2]

我们认为，个案工作是以单个的人或个别家庭为服务对象，旨在从个人或个别家庭入手，解决个人或个别家庭所感受到的，靠自己不能解决的困难或问题，从而保障和促进个人或个别家庭的生活幸福的一种社会工作方法。

2. 个案工作的出现及特点

个案工作起源于早期慈善服务中一对一的服务方式。1819 年，英国牧师查默斯（Thomas Chalmers）在英国圣约翰教区任职时，创造出了"程序指引"的救济理论。

---

①　李迎生. 社会工作概论 [M]. 2 版. 北京：中国人民大学出版社，2010：186.

②　翟进，张曙. 个案社会工作 [M]. 北京：社会科学文献出版社，2001：6.

他提出以了解、激励、自助为济贫的准则，强调对每个个案分别予以处理，以提供适合服务对象个别需要的适当救助。这种强调"个别化"的方法是个案工作方法的开端。

1843年，美国成立"改进贫穷状况协会"。该协会人员以个别化的方式来协助贫民，他们访问贫困家庭，提供咨询，鼓励就业，提高其自尊、自立的精神，促进了个案工作方法的进一步发展。

早期的个案工作的应用领域仅限于一般的救济机构，如慈善机构中的救济实务。随着社会工作的发展以及社会对社会工作需求的增加，个案工作的实施范围日益扩大，除了传统的个案工作机构之外，还产生了新的个案工作应用领域，如医院个案工作、学校个案工作、矫治个案工作、精神治疗个案工作等。

从对个案工作的含义及其产生过程的分析，我们可以发现它具有如下特点。

【思考】
如果你是专业的个案工作者，应该掌握哪些个案工作技巧，发展出什么样的独特的个人工作风格？

个案工作在方法上，运用有关人类社会关系和个人发展的各种科学知识和专业技能；在目标上，改善服务对象的人际协调能力，完善其人格与自我，以协助服务对象认识和了解自身的困难和问题，发掘个人潜能，并协助调整服务对象的社会关系，发掘、运用社会资源，从而改善和解决个人或家庭问题，维护和发展个人或家庭的功能，改善他们的生活，以增进其幸福；在工作领域上，由于个人、家庭在社会生活中常常会面临一些社会适应问题，如贫困、失业、疾病、酗酒、吸毒、人际关系紧张、工作压力、家庭破裂等，当这些问题超出了个人和家庭的解决能力以后，他们就不得不向社会工作机构提出申请，社会工作者就经常使用个案工作方法协助个人和家庭解决这些问题。

3. 个案工作的模式

在个案工作的发展过程中，为了实现其科学性和有效性，已经发展出许多个案工作模式。这些个案工作的模式既是用来指导社会工作者针对某个服务对象开展专业服务的理论依据，也是帮助社会工作者决定个案工作的程序和服务方法的重要依据。个案工作的服务模式差别很大，这里着重介绍四种常用的个案工作服务模式：心理社会治疗模式、危机介入模式、行为治疗模式和人本治疗模式。

（1）心理社会治疗模式

心理社会治疗模式是个案工作最基本的理论分析模式之一。其理论假设是：个体的生存和发展是在特定的社会环境中，受到生理、心理和社会这三个方面的因素的影响，这三个因素又相互作用，共同推动或者阻碍个人的成长和发展；服务对象的问题与服务对象感受到的压力有关；人际沟通交流的状况是保证个人与个人之间进行有效沟通交流的基础，也是形成个人健康人格的重要条件；每个人都是有价值的，即使是暂时面临问题困扰的服务对象，也具有自身有待开发的潜能。

【思考】
举一个个案工作实例，尝试运用心理社会治疗模式技术解决其中的问题。

心理社会治疗模式可以运用的技巧比较多，比如支持、忠告和提议等，依据治疗技巧对服务对象的影响，可以把这个模式的治疗技巧分为直接治疗技巧和间接治疗技巧两大类。

所谓直接治疗技巧，是指直接对服务对象进行辅导、治疗，不需要借助第三者。可以根据社会工作者与服务对象（案主）的沟通交流状况，以及反映服务对象内在想法和感受的状况，将直接治疗技巧分为非反映性直接治疗技巧和反映性直接治疗技巧。如果社会工作者直接向服务对象提供各种帮助，而服务对象只是处于服从地位，这种治疗技巧称为非反映性直接治疗技巧。反映性直接治疗技巧是指社会工作者通过各种技巧引导服务对象对自己的问题进行理解和分析。

间接治疗技巧是指通过辅导第三者或者改善环境间接影响和改变服务对象。其核心是辅导第三者和改变服务对象的生存环境，包括服务对象的父母、朋友、同事、亲属、邻里和社区管理人员等，把个案工作服务介入的焦点从服务对象个人扩展到服务对象周围的其他社会成员。①

心理社会治疗模式的特点是注重从人际交往的场景中了解服务对象；运用综合的诊断方式确定服务对象问题产生的原因；采用多层面的服务介入方式帮助服务对象。

（2）危机介入模式

危机是指一个人在正常生活过程中，突然受到意外危险事件，带来个人无法克服的困难而产生的身心混乱的状态，是由危机、转机和有限时间构成的混合体。危机通常可以分为两类：一是成长危机，即每个人在成长过程中需要面对不同的任务而产生的危机；二是情境危机，即因生活情境的突然改变而引发的危机。危机介入是指对危机状态下个人、家庭或者团体提供短期治疗或调适的过程。危机介入模式则是以危机调适作为主要工作方法的社会工作模式，是一种简略的治疗模式。

> 【思考】
> 　个案工作中，什么情况属于"危机"？什么情况下社会工作者使用危机介入模式？

危机介入的原则：第一，及时接案与处理。由于危机的意外性强、造成的危害性大，而且时间有限，需要社会工作者及时接案、及时处理。第二，限定目标。危机介入的首要目标是以危机的调适和治疗为中心，尽可能降低危机造成的危害，避免不良影响的扩大。第三，输入希望。在危机中帮助服务对象的有效方法是给服务对象输入新的希望，让服务对象重新找回行动的动力。第四，提供支持。社会工作者需要充分利用服务对象拥有的周围他人的资源，如父母亲的关心、朋友的支持等，为服务对象提供必要的支持。当然，同时也需要培养服务对象的自主能力。第五，恢复自尊。危机的发生通常导致服务对象身心的混乱，使服务对象的自尊感下降。社会工作者要帮助服务对象恢复自信。第六，培养自主能力。实际上，整个危机介入过程就是社会工作者帮助服务对象增强自主面对和克服危机能力的过程。②

危机介入模式的步骤：第一步，了解主要问题。这一步首先要采用开放式的方法，给服务对象充分表达的机会，这有助于社会工作者引导服务对象叙述自己面临的问题和苦难。尤其要有意识地关注服务对象最近的生活状况，包括服务对象的普通人

---

① 许丽娅. 个案工作 ［M］. 北京：高等教育出版社，2004：147.
② 翟进，张曙. 个案社会工作 ［M］. 北京：社会科学文献出版社，2001：193.

际关系、代际关系、工作及学业、背景资料、认知功能，以及情绪控制力等。第二步，迅速做出危险性判断。第三步，稳定服务对象的情绪，获得信任。第四步，协助服务对象解决当前问题。

危机介入模式的特点：一是即时性，社会工作者迅速了解服务对象的主要问题，快速做出危险性判断，这样既可以有效减少或者阻止服务对象的破坏行为，又可以预防或者减轻对社会工作者自身的伤害。二是有效性，社会工作者需要有效稳定服务对象的情绪。三是简洁性，社会工作者需要借助简洁易懂的语言、专心的聆听、感情的支持等技巧稳定服务对象的情绪，与服务对象建立相互信任的合作关系。四是积极性，社会工作者需要积极协助服务对象解决当前问题。

（3）行为治疗模式

【思考】
　　举一个个案工作实例，尝试运用行为治疗模式技术解决其中的问题。

行为治疗模式以经典条件作用理论、操作性条件作用理论、社会学习理论作为自身的理论基础。

行为治疗模式有五种治疗技术：一是松弛练习，通过服务对象身体的放松，缓解其生理和心理的紧张。二是系统脱敏，主要用于消除服务对象的各种恐惧症状，按服务对象的担心和害怕程度，由低到高依次让服务对象做放松练习，直到消除所有的担心和害怕。三是满灌疗法（又称快速暴露法或者快速脱敏法），是从服务对象最害怕的对象开始，迫使服务对象直接面对最担心的处境，经过不断重复，让服务对象对害怕的处境变得习以为常。四是厌恶疗法，让服务对象的不适应行为与某种厌恶性反应建立联系，迫使服务对象体会到不愉快的经验并逐渐放弃不适应的行为。五是模仿，首先由社会工作者或者其他工作人员示范需要学习的行为让服务对象观察，然后让服务对象练习需要学习的行为。此外，还有代币管制法以及果敢训练法等方法。[①]

行为治疗模式的特点：注重服务对象行为评估；关注服务对象行为修正；侧重修正行为效果的评估。修正行为效果的评估对于了解行为治疗模式的服务效果起着非常重要的作用。

（4）人本治疗模式

【思考】
　　人本治疗模式与其他治疗模式有什么不同？试举一个个案工作实例，尝试用人本治疗模式技术解决其中的问题。

人本治疗模式的理论假设是：人在本质上是善良的、理智的、仁慈的、可以信赖的，人与人有和谐相处的愿望与能力；人性具有发挥自身内在各种潜在能力、追求不断发展的基本趋向，自我实现是人的基本需要；如果服务对象的自我概念依赖周围他人的价值标准，并以此确定自己的行动方式，就会与自己的真实需要发生冲突，如心理适应不良和心理适应失调；当他人的价值标准内化为服务对象的内心要求时，就会使服务对象的自我概念与真实的经验和感受相冲突。

人本治疗模式的特点：注重社会工作者自身的品格和态度，认为社会工作者只有提供真诚、同感和无条件的积极关怀，全身心地与服务对

---

① 许丽娅. 个案工作 [M]. 北京：高等教育出版社，2004：165-170.

象交流，才能为服务对象创造和谐、信任、宽松的辅导环境，促进服务对象的自我发展；强调个案工作中的专业关系需要具备真诚、同感和尊重以及简洁、具体等充分必要条件；关注个案辅导过程，认为借助具体的个案辅导过程，社会工作者才能与服务对象进行真诚的沟通交流，让服务对象体会此时此地的各种内心冲突和不安，了解自己的真实需要，发挥自己的各种潜在能力。

4. 个案管理

个案管理"泛指以服务对象（案主）为中心的一系列活动，包括计划、统筹，以及安排合适的以社区为本的服务给符合资格的服务对象，目的在于推动即协调各项服务的使用机会，并通过服务的整合使服务对象受益，以致能达到延续全面照顾之目标"①。

（1）个案管理的特点

个案管理的特点包括：其一，整合服务对象遇到的多重问题；其二，整合的工作方法。个案管理包括两个工作重点：一是为面临多重问题的服务对象寻找所需的服务网络；二是协调这个网络中的各项服务并提供彼此的互动关系。个案管理的运作具备双重功能：经过各项服务的协调后实行服务的合理配置与强调助人的效率，并在成本效益的原则下运用社会资源和提供服务。

（2）个案管理的实施原则

个案管理的实施原则包括以下几个方面。

第一，服务对象参与。强调服务对象与个案管理者一起工作，包括需求评估、包裹式服务的规划与组织。

第二，服务评估。评估是个案管理的核心任务，包括服务对象需求和其生理状况、社会环境、非正式网络，甚至个人偏好，评估的目的是切实提供符合服务对象需求的服务，并维持服务的公平性。

第三，照顾协调。个案管理工作对个案管理者的角色要求使得个案管理更注意协调能力。

第四，资源整合。个案管理者要尽可能掌握有助于满足服务对象需求的各方面资源，并加以整合运用。

第五，包裹式服务与专业合作。包裹式服务是指经过需求评估和可利用资源的确认后所设计的整套服务，最终目的在于通过各种服务的联结，协助服务对象能够独立自主，而不是片面地或暂时性地解决问题。专业合作是指结合不同专业领域的团队工作方式。团队成员除了专业社会工作者，可能还包括临床心理学家、医生、护士、职业治疗师以及其他专业人士，这种多专业合作是为了更好地为服务对象提供"全人"服务。

第六，评估与监督。为了确保所提供的服务能够达到服务对象认可的标准，评估和监督能够作为结案的参考，同时也可以充分展示服务的效果，保证各项服务之间的

---

① 梅陈玉婵，齐铱，徐永德. 老年社会工作［M］. 上海：上海人民出版社，2009：226.

协调，使服务对象能够获得所需要的服务。

（3）个案管理的工作过程

个案管理是一种服务理念，一种服务体系，也是一种服务过程。个案管理的工作流程包括以下内容。

第一，个案挖掘和转介。个案挖掘的途径包括两种：一是个案本身可能会通过各种转介的途径接触服务机构；二是有些机构可能会通过外展的方式深入社区，寻找潜在个案。

第二，评估和选择。评估和选择就是对服务对象的问题进行评估，衡量服务对象的真实需求，以及服务对象所拥有的资源。内容包括服务对象个人状况，如健康、功能、社交、心理、认知、经济等，服务对象所处的家庭、社会环境和支持体系等。

第三，个案计划与执行。个案管理的主要任务是为服务对象设计一个包裹式服务，这套服务方案主要包括服务计划和治疗计划，包裹式服务不是一个机构和社会工作专业本身能够完成的，通常涉及许多相关专业人士和机构的配合。

第四，监督和评估。个案管理在服务过程中，不断地进行监督和评估是为了及时修正服务，保障服务的适切性；同时通过结果评估，衡量服务的可行性和效果。如果评估结果显示服务对象的问题没有得到解决，必须考虑重新回到"个案计划与执行"阶段。

第五，结案。

📚 **专栏 6-3**

【思考】
　　个案工作技巧在个案工作中具有哪些意义？社会工作者应如何运用这些技巧？

资料

个案工作的常用技巧

　　个案工作的技巧很多，根据个案工作的过程，可以将个案工作的技巧划分为会谈、建立关系、收集资料、方案策划和评估等不同方面的常用技巧。

　　会谈技巧：个案会谈是指社会工作者与服务对象进行面对面的有目的的专业谈话（又称个案面谈），主要包括以下三方面技巧。（1）支持性技巧。支持性技巧是社会工作者借助口头和身体语言让服务对象感受到被理解、被接纳的一系列技术，主要包括专注、倾听、同理心和鼓励等。（2）引领性技巧。引领性技巧是社会工作者主动引导服务对象探索自己过往经验的一系列技巧，主要包括澄清、对焦、摘要等。（3）影响性技巧。影响性技巧是社会工作者为服务对象提供必要的信息或者建议，让服务对象采取不同的理解和解决方法的一系列技巧，主要包括提供信息、自我披露、建议、忠告、对质等。

　　建立关系技巧：这里所说的建立关系是指社会工作者与服务对象初次接触建立相互信任的专业合作关系，以便个案工作的顺利开展，主要包括以下四方面技巧。（1）同感。社会工作者把自己置于服务对象的位置上，倾听服务对象的经历、感受并给出同感的回应。（2）建立有利于服务对象积极表达的关系模式。社会工作者要借助澄清服务对象的目标、彼此的希望和角色等方式，与服务对象建立有利于服务对象积极表达的关系模式。（3）制造气氛。通过选择和安排与服务对象初次见面的环境，营造良好的气氛，促进专业合作关系的建立。（4）积极主动。服务对象寻求帮助时通常内心充满矛盾，社会工作者积极主动的态度和友善的行为可以减轻服务对象的紧张和不安，增强服务对象的改变信心。

　　收集资料技巧：资料的收集过程是社会工作者通过与服务对象及其周围他人的接触、会谈和自己的观察，以及调查整理与分析服务对象问题产生的原因和发展变化的过程，其中主要涉及以下一些技巧。（1）会谈的运用技巧。对于服务对象自己的经历和内心感受的资料可以采取由服务对象自我陈述的方式，允许服务对象按照自己的方式讲述自己的情况。而对于一般性的情况，可以采用严格的对答方式，保证信息的完整。（2）调查表的运用技巧。对于一些涉及隐私或者不便于在社会工作者面前表达的资料，可以采用调查表的方式，让服务对象能够自如地表达自己的想法和感受。（3）观察的运用技巧。对于服务对象与周围他人之间互动交流的方式，最好采用观察的方式，直接了解服务对象与周围他人的交流方式和过程。（4）现有资料的运用技巧。有些资料都有记录，像学生的成绩单、低保户家庭的基本状况等，社会工作者可以通过有关机构查阅和收集这方面的资料。

　　方案策划技巧：服务介入工作是否能够顺利展开，很大程度上取决于是否能够制订一个好的服务工作方案。而制订一个好的服务工作方案，需要社会工作者掌握以下一些方案策划的技巧：（1）目标清晰而且现实；（2）服务对象的范围明确；（3）策略合理。

　　评估技巧：评估是服务介入总结结束阶段的工作，目的是对整个服务介入过程进行检查和反思，其中主要涉及以下一些技巧。（1）正确运用评估类型。评估通常有两种方式：对介入活动的效果评估和对所运用策略、方法和技巧的评估。（2）合理运用评估的方法。评估的方法有很多，社会工作者需要根据评估工作的要求以及服务对象的情况选择合理的评估方式。（3）服务对象的积极参与。在评估过程中，社会工作者可以通过不在场、不记名等方式让服务对象有充分的空间表达自己的想法和感受，参与评估过程。（4）坦诚保密。在评估之前，社会工作者就需要向服务对象说明评估是为了改进现有服务工作，表达自己的诚意，并且承诺为服务对象保密的原则，以减轻或者消除服务对象的担心。

　　[**资料来源**] 全国社会工作职业水平考试教材编写组. 社会工作综合能力（中级）[M]. 北京：中国社会出版社，2009：146-150.

（二）小组工作：一种团体活动或经验

1. 小组工作的含义

小组（社会）工作亦称团体（社会）工作，是一种群体活动或经验。在社会工作实践中，专业人员将小组既作为过程也作为手段，通过小组成员的相互支持，改善小组成员的态度、人际关系和应付生存环境的能力，特别强调通过小组过程及小组动力去影响服务对象的认知和行为。

柯义尔在美国《1954年社会工作年鉴》中的《团体工作方法》一文中专门指出："团体工作是一种教育的过程，通常由各种志愿结合的团体，在团体工作者的协助下，于闲暇时间内实施。其目的是在团体中通过个人人格的互动，以促进个人成长；以及为了达成共同目的，而促成团体成员间互助合作的集体行动，以创造团体的情景。"

美国社会工作教育委员会在1959年指出："团体工作是社会工作的方法之一。它通过有目的的团体经验，协助个人增进其社会功能，以及更有效地处理个人、团体或社区的问题。……团体工作的对象包括由健康的个人所组成的团体，以及有疾病的个人所组成的团体。当团体工作人员运用其专业知识和技巧，去帮助一群在功能上有困扰的个人所组成的团体时，他便是进行团体治疗工作。"

《社会工作百科全书》认为：团体工作是一种在面对面的小团体内以及通过此团体为个人提供服务的方法，以使在参与团体活动的成员中促成预期的变迁。①

我们认为，小组工作旨在协助小组及其成员解决困难和问题，并协助小组及其成员正常地、创造性地发展，利用有组织有计划的小组活动来调剂个人的生活，挖掘个人的潜能，开发个人的创造力，培养小组成员合作的能力和习惯，从而改善他们的生活，增进其幸福。

2. 小组工作的出现及演变

现代意义上，专业的社会工作产生之前就有了类似于小组工作的救助形式，1844年英国创立的具有教会背景的青年会组织便是一个典范。其创始人乔治·威廉目睹许多与他同样的学徒和青年店员因工作之余无所事事，结果沾染上了许多都市恶习。为了让青年人在工作之余有一个活动场所，从而相互学习、相互促进，他发起创建了基督教青年会组织。青年会定期聚会从事各种宗教、社会及有益于会员身心健康的活动。

1935年，美国全国社会工作会议增列小组工作部门。次年，全美小组工作者协会成立。1946年，在纽约水牛城举行的全美社会工作会议上，柯义尔代表美国小组工作研究协会发表演说，认为小组工作应是一种广义的社会工作方法。她的意见为大会所接受，小组工作从此正式成为社会工作方法之一。此后，许多社会工作方面的权威人士和机构总结各种形式的小组工作，开始从理论上认可并界定小组工作的概念。至今，小组社会工作形成了多种实施模式，并进一步朝专业化方向发展。

---

① 范克新，肖萍. 团体社会工作 [M]. 北京：社会科学文献出版社，2001：4.

3. 小组工作的种类

根据小组的性质和目的，可以把小组工作分为以下几种类型。

（1）社交小组

这类小组的目标是组员关系的改善和互动，小组活动围绕着提升组员社会交往能力开展。

（2）教化小组

这类小组有明确的角色指引和行为规范指导，通过小组工作教化和训练组员的品德、行为、纪律等方面的规范化，提升小组成员的自觉意识并达到改变成员的目标。

（3）成长小组

通过组员之间的互动，促使组员从思想、感情和行为等多方面觉醒并反思，从而不断成长。这类小组的目标是帮助组员了解、认识和探索自己，激励组员最大限度地启动和运用自己的内在资源，充分发挥自己的潜能，解决问题并促进个人正常健康地发展。

（4）支持小组

这类小组是把具有同质性的人聚集在一起，其组员一般都有相同的问题、经历或经验，通过相互支持的方式，达到解决问题和改变成员的效果。

（5）治疗小组

通过小组互动，帮助有"问题"（如社会功能丧失、违反法律和道德等）的组员恢复社会功能，改变不良的行为和态度，治愈身心疾病等。因此，这类组员通常都是曾经在生命中有过创伤的人。

此外，还有任务小组、意识提升小组、社会化小组、自助和互助小组、服务或志愿者小组以及兴趣小组等。

4. 小组工作的模式

在社会工作发展的历程中，由于不同的机构希望达到的目标不同、实施的领域不同以及建立的理论背景和价值体系不同，小组工作具体实施的原则与方法有很大的差异，因此形成了小组工作不同的实施模式。其中最常用的有社会目标模式、互惠模式、治疗模式和发展性模式。这里介绍两种最基本的小组工作模式——互惠模式和发展性模式。

【思考】
小组工作有哪些模式？它们的基本假设和理论基础是什么？你能尝试运用这些模式开展小组工作吗？

（1）互惠模式

互惠模式也称交互模式或调解模式。这一模式关注小组中组员与小组和社会环境间的关系，希望通过个人、小组和社会系统之间的开放和相互影响达到增强个人和社会功能的目的。互惠模式将小组工作的重点集中于组员与组员之间为满足共同需要而开展一定的互动过程。

互惠模式的基本假设：个人与社会系统之间存在依赖关系，小组为个人的社会功能发挥提供了有效的情境，小组带领者通过组织小组组员互动，能够使组员发掘自身潜能，增加社会交往信心、知识和技巧，以能更好地适应社会生活。

互惠模式的特点：小组目标在于使组员在社会归属和相互依存中得到满足，组员在团体中应有平等互惠的动机和能力；小组工作者扮演的角色是中介者和使能者。

互惠模式的实施原则：第一，自主原则，社会工作者作为协调者必须启发组员主动思考问题，寻找共同点，自主确定并强化发展目标；第二，契约原则，社会工作者应该向组员澄清和说明自己与小组的角色，从而订立一个明确的契约；第三，真诚原则，社会工作者以真诚的态度提供信息，协调关系，充分利用社区资源为小组服务。

（2）发展性模式

顾名思义，发展性模式是强调以人的发展为核心，以关注人的社会功能的恢复、预防人的社会功能的缺失、发展人的社会功能为目标。发展性模式的理论基础主要由三个方面组成：发展心理学、社会关系和社会结构理论、小组动力学。发展心理学强调个人具有成长的可能性和潜能；社会关系和社会结构理论重视小组的现状与小组组员之间的互动功能；小组动力学重视小组组员之间的关系，强调小组内部的机制能够解决组员之间的矛盾，帮助组员获得成长。①

发展性模式的运用主要体现在三个方面。一是发展成员的认知，形成小组共识；二是建立小组目标，形成小组动力；三是激发小组成员的潜能，增强小组成员的能力。

在小组工作实务中，越来越多的学者和实务工作者主张对各种小组工作模式进行整合，强调社会工作者在小组中的领导角色和小组结构是随着小组的工作进程而出现、变化和发展的。2008年"5·12"汶川大地震后，地处四川省的社会工作专业教师和学生在开展社会工作专业活动中均采取了这一策略。

5. 小组工作的工作过程

小组工作中的小组有一定的生命周期。它一般分为五个阶段：小组准备期、小组初期、小组中期、小组后期和小组结束期。每个阶段都有各自的工作重点。

第一阶段：小组准备期。它是在小组工作正式开始之前，社会工作者对组成小组进行的全面而充分的工作准备阶段。在这一阶段，社会工作者的任务和角色包括：①明确工作目标；②制定工作方案；③选择（招募）组员；④申报并协调资源；⑤物质准备。

第二阶段：小组初期。从第一次聚会起，小组工作就进入了小组初期，也是小组的正式开始。小组初期的最开始阶段，组员心理与行为是比较矛盾的。组员的主要表现：①两极情感困境。对他人有既想接近又想回避的戒备心理。②以往经验的影响。组员以往的经历会被自然地带进小组，从而影响他们在新小组中与人的相处。③试探。组员对于小组、其他组员、社会工作者都会有不同的试探。在小组工作初期，社会工作者处于小组的核心位置，工作角色主要表现为：①领导的角色。社会工作者要计划与引导发展小组的活动，对所有的具体程序和细节做出安排。②鼓励的角色。社会工作者要鼓励组员接纳小组的内部和外部条件，鼓励每个组员介绍自己，尽量放松地表达自己对小组和其他组员的各种期望，尽快适应小组环境。③组织者的角色。社

---

① 刘梦. 小组工作［M］. 北京：高等教育出版社，2003：209.

会工作者要组织一些能够有助于组员之间相互了解的活动，打破僵局，帮助和促进他们尽快相互熟悉。④统筹的角色。社会工作者要有目的地设计并引导小组按照特定的路径与方向发展。在这一阶段，社会工作者的任务包括：①充分理解组员进入小组初期时矛盾的两极心理状态。②把工作焦点集中在帮助组员建立相互信任上。③创造可信赖的环境，促进组员间相互了解，澄清小组目标并促进与目标相一致的小组规范和小组结构。④承担好领导者、组织者、鼓励者和统筹者的角色。

第三阶段：小组中期。这是小组组员之间形成亲密关系的阶段，也是开始出现小组的权力竞争和控制的阶段。这一阶段，组员的能力不断增强。社会工作者在其中的作用是协助者和引导者。社会工作者以协助组员处理好冲突为重心，以焦点回归的方式，把问题抛回组员，同他们一起寻找解决问题的办法。这一阶段的工作重点，就是围绕冲突的处理来实现小组目标和控制小组进度。组员的特点包括：①关系亲密。组员之间的熟悉程度增加了，相互之间更开放，关心其他成员的想法增强。②认同小组。组员心里承认自己是这个小组的一员，也愿意在小组中表达自己的想法。③权力竞争与控制。组员之间慢慢熟悉之后可能会出现竞争，以确立自己在小组中的角色与位置。④组员在冲突中的特殊表现。在小组因权力竞争出现冲突时，有些组员的语言和行为会出现攻击性，有些组员会表现出沉默不语，还有一些组员成为小组中不满情绪的发泄对象，成为替罪羊。

【思考】
小组工作各个阶段的工作重点是什么？为什么？

第四阶段：小组后期。这一阶段也称小组的工作阶段，是形成良好的小组状态，小组可以依靠自己的动力发展运作的时期。社会工作者在这一阶段主要起到资源提供者、能力的促进者、引导和支持者的角色。这一阶段组员们更联合、更客观、更合作，以至于能提出更现实的建议或计划，并实施大型的方案、项目。这一阶段组员的特点：①小组成员彼此熟识和聚合，能接纳其他成员的个性、实力、态度和需要；能够相互支持，自由地沟通。②对小组有较高的认同，开始经常用"我们"而不是小组。③家庭式的情感减弱，次小组出现。④成员之间权力的竞争和情感波动趋于缩小，组员会以不同的方式塑造小组的权力结构。这一阶段社会工作者的工作重点：①关注小组目标的转化与追求。有些组员可能会对小组目标提出新的要求和需求，可以自己决定调整转换目标。②要关注小组凝聚力的状况。鼓励正面意义的凝聚力，抑制会导致一些组员有从众行为而放弃个人的不同意见的负面凝聚力。

第五阶段：小组结束期。这一阶段，小组进行到终结并且小组目标已经实现。组员的情绪表现：①离别情绪。小组结束时，组员可能同时有正面和负面两种情绪感受，否认小组应该结束。②情绪转移。组员们面临分离，开始在其他地方寻找新资源以满足他们自己的需要。③两极行为。组员因为对于结束期的无可奈何，由焦虑到出现逃避行为，不参加活动，逃避现实。这一阶段社会工作者的角色主要体现为：①引导的角色。面对组员的离别情绪，社会工作者要予以适当的接纳与支持，引导他们做好情绪表达和学习处理离别。②领导的角色。社会工作者以领导的角色和专业职责，协助小组成员完成理想的结束过程。社会工作者在这一阶段的任务：①认识小组组员以离别情绪为主的心理行为特点。②要以帮助组员处理离别情绪和维持小组经验为介入的焦点。③做好结束期的工作和小组评估。④担当好小组引导和领导的角色。

专栏 6-4

【思考】

小组工作常用技巧有哪些？社会工作者需要怎样的付出和努力才能掌握这些技巧？

资料

小组工作的技巧

小组工作过程中常用的方法和技巧主要有：沟通和互动的技巧、控制小组进程的技巧、掌握小组会议的技巧和策划小组活动的技巧等。

沟通和互动技巧：（1）全神贯注倾听；（2）积极给予回应；（3）适当帮助梳理；（4）及时进行小结；（5）表达鼓励支持；（6）促进互动交流。

控制小组进程技巧：（1）适当给出解释；（2）提供精神支持；（3）促使承担责任；（4）避免行为失当；（5）联结集体和个人；（6）严格设定界限；（7）适当挑战内心；（8）分类妥善处理；（9）整合小组行动。

掌握小组会议技巧：（1）做好开场讲演；（2）设定会议基调；（3）把握中心话题；（4）播种未来希望；（5）善于等待求变；（6）真诚流露自我；（7）告知可选方案；（8）灵活运用眼神；（9）订立行动同盟。

策划小组活动技巧：（1）小组活动的设计。由于小组过程是动态的，因此小组活动的设计一定要与小组的发展阶段和态势相适应。①小组初期活动的主要任务是促使组员相互熟识，主要是创造轻松和谐的小组气氛，以利于组员相识。②小组中期的活动在于巩固组员已经形成的共识，进一步消除分歧，促进小组整合及使组员获得认同感和归属感。这一时期的活动设计也包括两个部分：其一是增加信任、促进合作；其二是自我探索、发掘潜能。③小组结束期活动设计的重点应该放在两个方面：巩固组员在小组中的学习成果和准备小组正式结束。④巩固学习成果。常用的方式有：通过角色扮演回顾小组历程中的重要事件和分享自己的收获；组员间彼此介绍对方在小组过程中的变化与成长，并进行讨论等。⑤着手小组结束工作。目的是为了帮助小组顺利地告一段落，减轻或消除组员由于小组工作即将结束可能产生的不安或抗拒的情绪和行为。（2）设计小组活动需要考虑的因素：①小组的最终目标。②小组组员的特征及能力。③物质环境及资源提供的状况。当然小组活动只是一种辅助手段，它是为实现小组目标、完成小组工作任务服务的。因此，在开展活动时要注意分寸，适度控制。只有能够实现小组目标的活动才会对小组工作有帮助。

[资料来源] 全国社会工作职业水平考试教材编写组. 社会工作综合能力（中级）[M]. 北京：中国社会出版社，2009：184-189.

（三）社区工作：动员、整合与发展

1. 社区工作的含义

社区工作也称社区组织和发展，是指社会工作者从社区入手，了解服务对象的问题或需要，动员社区内一切资源，在外界协助下解决社区问题，满足社区需要，以增进社区成员福利的一种社会工作方法。[①]

2. 社区工作的特征

（1）社区工作是以社区为对象的社会工作介入方法

【思考】
什么是社区工作？社区工作的具体目标是什么？

社区工作通过组织社区成员参与集体行动界定社区需要，合力解决社区问题，改善生活环境及生活质量。在参与社区工作的过程中，让社区成员建立对社区的归属感，培养自助、互助与自决的精神，加强社区成员在社区参与及影响决策方面的能力和意识，发挥其潜能，以建设更和谐的社区。

（2）社区工作是一种在社区内动员、整合与发展的工作技巧与方法

社区工作的任务主要是了解社区的问题与需要，利用社区的人力、物力、资源，通过社区动员、社区资源整合与社区发展，争取社区外的配合、协作与支持，帮助社区及时解决面临的困难与问题，促进社区福利事业的发展，使社区在社会发展中发挥更好的作用。

（3）建立和谐的社区关系是社区工作的关键

社区工作的关键是通过适当的形式把那些各自发展的人们组织起来，使他们相互支持、相互帮助，从而恢复并发展传统社区那种"出入相友、疾病相扶、守望相助"的社区关系，以便能够及时迅速地利用社区资源解决服务对象的问题。从这一角度，社区工作又称社区组织和发展。

（4）社区组织和发展是社区工作的两个不同的阶段

社区组织是在社区经济文化有了一定发展的基础上，把社区居民闲散的财力、物力、人力集中起来，解决本社区所遇到的问题，其目的是调整社区生活、避免冲突，并尽可能地营造社区居民互帮互助、相互支持的关系网络。社区发展则侧重于发展，其主要目的是引导社区发生变迁，打破束缚社会发展的旧传统，将静止的社会转变为动力的、创造的和进步的社会。

---

① 李迎生. 社会工作概论 [M]. 2版. 北京：中国人民大学出版社，2010：254.

3. 社区工作的特点

作为一种工作方法，社区工作与个案工作和小组工作相比有其独特性。首先，分析问题的视角注重结构取向。社区工作认为问题的产生并不完全是个人自身的原因，而是与社区周围的环境及社会结构有密切的关系。其次，介入问题的层面更为宏观。社区工作较多涉及社会层面，牵涉社会政策分析以及政策的改变，注重资源和权利的分配。再次，具有一定政治性。社会工作者有时会采取多种行动为社区居民争取合理的资源分配。最后，富有批判和反思精神。社区工作总是在关注问题，并且试图从根本上找出问题的症结，由此引发对现存社会结构和政策的反思。

4. 社区工作的具体目标

（1）推动社区居民参与

社会工作者相信社区居民有能力解决影响其生活的各种问题，只是当时缺乏一些知识和技巧，因此，在社区行动中应鼓励居民参与。

（2）提高社区居民的社会意识

社区工作要让社区居民认识到，反映和表达自己的意见是其拥有的权利，而个人也有责任去履行公民的义务，关心社区问题，改善社区关系，使社区资源和权利能够平等分配。

（3）善用社区资源，满足社区需求

社区工作要使社区资源能有效地回应社区需求。

（4）培养相互关怀和社区照顾的美德

社区工作要促进社会的互相关怀，达到社区照顾的目的。

5. 社区工作实施模式

【思考】

社区工作有哪些模式？在这些模式中，社会工作者分别扮演什么样的角色？

这里介绍的是目前在国内外应用较普遍，并取得了良好成效的地区发展、社会策划和社区照顾三个实施模式。

（1）地区发展模式

这一模式强调社会工作者要重视协助社区成员分析问题，发挥其自主性的工作过程，提高社区成员及地区团体对社区的认同，鼓励他们通过自助和互助解决社区问题。

地区发展模式的特点：较多关注社区共同性问题，即对社区中绝大部分居民的生活造成影响的问题；注意通过建立社区自主能力，以实现社区资源的重新整合；重视过程目标，并不排除任务目标，两方面的目标是相辅相成且互相促进的；特别重视居民的参与，居民是组成社区的分子，是社会工作者的工作对象或服务对象，居民的参与是应对和解决社会问题的一种方法。

地区发展模式的实施策略：主要集中于推动社区成员的参与和互助合作，改善沟通和合作的渠道，更好地运用地区资源，解决现存的社区问题。第一，社会工作者促进居民的个人发展，通过一些有目的性的活动，让居民相互熟悉、交往、沟通，并让部分有积极性的居民承担一些任务，或参与活动的策划或管理，以增强居民处理事务的能力和责任感。第二，团结邻里。社会工作者一般会组织多元化的活动鼓励居民参与，推动建立社区归属感和认同感。第三，社区教育。社会工作者主要解决的是居民对社区资源不熟悉、社区认同感不强的问题。第四，提供服务和发展资源。社区工作主要针对的是社区服务和社区资源缺乏的问题。第五，社区参与。主要是处理社区面对的共同问题，动员居民参与解决。

由于地区发展模式注重居民参与，并强调参与者的自立、自助和成长，因此，社会工作者在地区发展模式中主要扮演的角色有：①使能者，即协助居民表达对社区问题的诉求和意见，鼓励和协助居民组织起来，帮助他们建立良好的沟通渠道及人际关系，促进共同目标的产生，促成共同目标的实现；②教育者，即通过培训，帮助居民掌握解决问题的技巧和组织技巧，培养他们积极参与和自助互助的精神；③中介者，即协调各方面的社区团体和个人，促进他们之间的沟通和合作，调动社区资源，解决社区的问题。

（2）社会策划模式

社会策划模式是指社会工作者在了解社区问题的基础上，依靠专家的意见和知识，通过理性、客观和系统化的分析，对解决社区问题的过程和方法进行计划的工作模式。

社会策划模式的特点：注重任务目标的实现。它所关注的社区存在着多重问题，而以解决实质问题为主要工作取向，强调运用理性原则处理问题。一方面，它强调过程的理性化；另一方面，强调运用科学方法，注重由上而下的改变。社会工作者在社会策划模式中主要扮演专家的角色，运用知识、科学的决策能力及其权威，推动策划改变。策划指向社区未来变化，目的是尽量降低将来的不稳定性及变化无常程度。此外，社会工作者还扮演方案实施者的角色。

社会策划模式的实施策略主要是完整地执行一个策划的过程，具体步骤如下：了解组织的使命和目标；分析环境和形势；自我评估；界定和分析问题；确定需要；确定目标和达成目标的标准；寻找、比较并选择好的方案；测试方案；执行方案；评估结果。

（3）社区照顾模式

社区照顾模式是指社会工作者动员社区资源，运用非正规支援网络，联合正规服务所提供的支援服务与设施，让需要照顾的人士在家里或社区中得到满足，过正常生活的工作模式。

社区照顾模式的特点：协助服务对象正常地融入社区，强调社区责任，非正规照顾是重要因素，提倡建立相互关怀的社区。

社区照顾模式的实施策略：将服务对象尽可能留在社区内，由家庭、亲友、邻里、志愿者等提供照顾和服务，具体采取以下三种形式：一是照顾者迁回他们熟悉的社区中的家庭里生活，并辅以社区支援性服务；二是将社区内的大型机构改造为更接近社区的小型机构；三是将远离市区的大型机构迁回社区内，使服务对象有机会接触社区。积极协助弱势群体和有需要人士在社区中重新建立支持网络，是解决他们问题的基本策略，包括提供直接服务的网络、服务对象自身的互助网络、社区紧急支援网络。

社会工作者在社区照顾中的角色是治疗者、辅导者和教育者、经纪人、倡议者、顾问。

6. 社区工作阶段划分

社区工作是一个解决社区问题，满足社区需求的复杂过程，需分阶段进行，一般划分为以下几个阶段：准备阶段、启动阶段、巩固阶段和评估阶段。在不同的阶段，社区工作都有其工作的重点。

第一，准备阶段。社会工作者要了解社区状况，进行社区基本情况的分析，包括社区的地理环境、社区内的人口状况、社区内的资源、社区内的权力结构、社区的文化特色；进行社区需求分析，包括对按规定要求具有一定专业知识、技术人员的规范性需求，社区居民对某一服务的感觉性需求，社区居民把自身的感觉性需求通过行动来表达和展现的表达性需求，社区居民与其他社区及其居民进行比较而得出的比较性需求等。

社会工作者了解社区居民对社区的看法和需求主要有两种方式：一是访问法，即通过与各类社区居民面对面的谈话，深入了解社区的需要。通过访问过程，社会工作者也容易与社区居民建立良好的专业关系。二是社区普查，即社会工作者通过问卷或访问，对社区中的每一家庭进行调查，了解他们对社区需要的想法。

准备阶段的工作重点：确定主要任务和行动方案，确定介入策略和工作方法，社会服务机构做好自己的准备。

第二，启动阶段。启动阶段的行动方针是发动资源，成立社区小组，训练社区居民带头人，巩固社区居民的参与；主要任务是寻找和发现社区居民中的带头人，并进行培训工作，提高其对参与社区事务意义的认识，确定工作目标的优先次序，加强社区中的互助合作气氛；介入策略是发掘资源，进行社区教育，通过社区服务和活动，发现居民中有影响力、权威性和号召力的居民带头人，开展互助合作，通过组织社区内的资源，共同解决社区问题，推动成立居民小组，根据居民的兴趣、爱好，组成自娱自乐的自助性小组，创造互动机会，让居民通过服务过程相互认识；阶段性工作目标实现的标志是，社区内组成了不同性质的小组，培养了一批社区带头人群体，并能够协助社区解决一些问题。这一阶段须注意的事项是，由于社会工作者依靠专业能力提供了较多的服务和活动，居民在信任社会工作者的同时也会不自觉地依赖他们，对社会工作者的认同度高而对居民带头人的信赖度低，居民带头人因此有挫折感，也造成了社会工作者培养居民带头人的困难。另外，各类居民小组成立后，小组内部和小组之间也会有人事和权力的争夺，需要社会工作者谨慎处理。

第三，巩固阶段。这一阶段，社区中新组成的各类小组朝气蓬勃，居民带头人积极努力并充满理想，但是他们的工作兴趣也会因为工作压力大，一些居民有过高期望，社区普通居民仍然不太支持社区的工作，也不愿意承担监督责任，只乐于享用更多的社区服务和设施而逐渐消退。此时的行动方针是成立或巩固居民组织，让社区工作系统化，社会工作者的主要任务是让居民支持社区居委会的工作。这一阶段的介入策略和工作方法，一是互助合作，用不同的策略服务于居民带头人和普通居民，帮助小组成员建立对小组的归属感；二是社区教育，继续培养居民带头人并提高居民带头人的办事能力；三是行动竞争，用行动争取更多外来的资源。当社区居委会得到大部分居民的支持，社区小组的居民带头人能够系统化地开展组织工作，并得到辖区内有资源的单位支持时，这一阶段的工作目标就实现了。巩固阶段的注意事项：一是社会工作者要防止把注意力过分集中在少数居民带头人身上，忽略了多数普通的社区居民；二是不断提醒居民组织既要提供服务，又要考虑维持居民持续参与社区活动的问题。

第四，评估阶段。随着工作的推进，社区需要和问题发生了改变，居民参与社区事务的意识得到提升，同时居民对社会工作者和居民组织的期望也在提高。此时，社区工作进入评估阶段。这一阶段的主要任务包括：根据社区的变迁重新评估社区需要和问题；社会工作者对专业工作过程进行总结，决定未来专业工作方向；社区居委会对工作进行经验总结，重新界定组织的方向，对未来发展进行安排。这一阶段的主要介入策略是策划和倡导。社会工作者要利用科学和客观的标准衡量社区居委会的独立办事能力，协助界定未来工作方向，在需要的时候，也可以邀请义务的专业人士做顾问，降低社会工作者对决策的影响。当社会工作者专业小组和社区居委会能够用客观方法总结以往的工作，并系统地计划未来时，这一阶段的目标就实现了。评估阶段注意事项：总结工作不能过分依赖感性或太注重数据统计，总结工作要着眼于未来方向，而不是走过场。

专栏 6-5

资料

社区工作的常用技巧

在社区工作中，社区居民是最有价值的资源，他们的社会意识提升和能力成长也是社会工作者最关注的。

1. 与居民接触的技巧

（1）事先准备：接触社区居民是一个有意识的工作过程，根据接触居民的目标选择"合适"的接触对象；对于接触时间也要认真选择；事先要对所接触的居民的需要和问题有所认识，从对方的兴趣入手；要预估接触居民时他们的反应，保证接触时能以热忱的笑容和冷静的态度应对具体情境；对所接触居民居住的区域情况有所准备；等等。

（2）与社区居民的接触过程：①介绍自己；②展开话题；③维持对话；④结束对话等。这些方面都需要社会工作者做好精心的准备。

【思考】

举实例，尝试运用专栏 6-5 中的社区工作的常用技巧解决其中的实际问题。

2. 会议召开技巧

召开居民会议是社区工作中最常用的工作方式，居民会议一般分为四个步骤：会议前—会议中—会议后—行动。

（1）会议前：会议前的主要工作是明确开会的目的，准备会议议程和会议所需文件资料，邀请和确保会议关键人物出席会议，布置会场，准备设备和安排座位。会议正式开始前要提前半小时或10分钟到达场地检查设备，通知提醒重要参会者出席会议，营造良好的会议气氛，会议应尽量准时开始，如果居民没有到齐，可将重要事项拖后讨论等。

（2）会议中：会议中的主要工作是尽可能按照会议议程一项一项地讨论，对与会者的意见，会议主持人不要急于自己回应，应将意见抛给大家回应、讨论；协助与会者多沟通意见，多回应其他人的意见；多做集中、归纳、摘要和总结工作，保持客观、中立和公正的态度，仔细聆听与会者的讨论和意见，协助与会者做出决定。会议要有效率，时间不要拖得太长；会议主持的音量要适当，语速不要太快；等等。

（3）会议后：会议后的主要工作是让所有与会者清楚会议的决定；着手立即要做的工作，把重要内容和决定告诉没有参加会议的人；尽快做好会议记录，分发给有关人员，以便工作的开展。

（4）行动：行动是根据会议的决定，落实工作；如果有突发情况，要考虑召开紧急会议或征询意见；要及时将工作进展告诉居民。

3. 居民骨干培养技巧

社区工作最重要的不是社会工作者如何运用专业能力改善社区，而是如何推动社区居民的参与，建立居民组织，培育居民骨干和挖掘人力资源。培养社区居民骨干的工作技巧如下：（1）鼓励参与。社会工作者应不断向居民骨干灌输"当家做主"的精神，协助他们建立自主和自立意识。（2）建立民主领导风格。社会工作者应积极培养居民骨干的民主意识，多组织居民会议，共同协商处理社区问题。（3）培训工作技巧。社会工作者一般通过训练、实习、示范、阅读文章、观看影像教材、亲身体验、观察、讨论和角色扮演来提升居民骨干的能力。社会工作者要帮助居民骨干从实践中学习和吸收知识与经验，培养总结和自省的习惯。（4）增强管理能力。社会工作者应强化居民骨干的权责分工意识，让他们认识到只有分工合作，才能做好社区工作。

[资料来源] 本书作者根据《社区工作》（徐永祥）、《社会工作综合能力（中级）》整理、编写。

上述个案工作、小组工作和社区工作即社会工作的直接方法，是社会工作最基本的三大专业工作方法。掌握这类方法是专业社会工作者的立身之本。

三、间接介入方法中的社会工作行政

社会工作间接介入方法包括社会工作行政、社会工作督导与咨询、社会工作研究等。其中，社会工作督导与咨询、社会工作研究在本书已设专题阐释，这里不再赘述，重点介绍社会工作行政。

（一）社会工作行政的定义

社会工作行政又称社会行政、社会福利行政。在社会工作方法中，它产生最晚，但影响最大，现在已成为间接服务方法的主体。

肯德内（Kidneigh）认为，社会工作行政可称为社会政策转化成为社会行政的过程。此一定义尚包括利用社会政策转化成为社会服务所获得的经验以建议修正社会政策的过程。因此，它是一种双向的过程：社会政策转化成为具体社会服务的过程以及利用经验以建议修正政策。史坦因（Herman Stein）则指出社会工作行政是通过协调、合作的系统，以确立社会工作机构的目标的一种程序。他强调社会工作是一种行政程序，而不仅仅是传统的管理工作。琼斯（Ray Johns）则认为，社会行政是确定目标及制定政策，创立并维持一个机构，制定并实施社会工作计划，并评估其结果的一种程序。它是包含社会工作一切的一个过程。在这一组织内，每个人各有其份……它是一种协作的功能，一种有渗透力的功能，社会工作机构的每个人都参与，每个人都受到这种过程的影响。梅约（Leonard Mayo）认为社会工作行政是决定和解释，是政策和手续的系统化。授权，工作人员的选择、督导及训练，发掘并组织一切可运用的适当的资源，以更好地贯彻社会工作机构的目标。①

我们认为，社会行政是社会工作发展到一定阶段产生的一种间接的专业工作方法。它是由社会工作行政人员实施，使社会机构的所有工作人员都能依照自己的功能担负起相应的责任，同时都能充分发掘、运用资源，以便有效地为服务对象提供最佳服务的一个过程。它是一种把社会福利、社会保障政策转变为各种社会服务活动的程序，是对社会工作机构进行科学合理的协调、组织、领导、管理，以使其顺利实现工作目标，同时也确保其服务对象得到合格有效的服务的一种工作方法。总之，社会工作行政是指依照行政程序，通过运用各种资源，将社会福利政策转变为具体的社会服务，以实现政府或机构特定社会目标的过程。② 其本质是指定、执行、实施社会政策，提高服务机构的工作效率及服务品质。

（二）社会工作行政的内容

社会工作行政有广义和狭义之分。广义的社会工作行政包括政府办理的所有一般

---

① 张曙. 社会工作行政 ［M］. 北京：社会科学文献出版社，2002：2.
② 李迎生. 社会工作概论 ［M］. 2 版. 北京：中国人民大学出版社，2010：280.

福利项目中的行政工作，如教育、卫生、公共住宅、社会救济、就业辅导和就业训练、社会保险、各种社会福利和福利设施等的行政工作；狭义的社会工作行政仅指社会保险、社会救济和社会福利服务等行政工作。

社会工作行政的机构是各级社会行政部门和各种社会福利机构，一般分为全国性机构、地方性机构和单一性机构。中国社会工作行政实施项目的范围比较广泛，包括劳动保护、劳动保险、职工生活补贴、改善职工居住条件、公费医疗、合作医疗、妇婴保健、儿童保育、优抚安置、社会福利事业、社区服务、老年人福利、残疾人福利、农村"五保"（保吃、保穿、保烧、保医、老人保葬或儿童保教）、自然灾害救济、社会困难户救济、集体福利事业、婚姻管理、社团管理、社会风俗改造和社会基层管理等。

中国的社会工作行政组织主要是民政部门以及人力资源和社会保障部门、卫生部门。

社会工作行政主要职能有两类，专业性职能和行政性职能。社会工作行政的专业性职能主要有：实现社会立法，将社会政策转化为社会服务行动或社会方案；使社会服务组织与社会政策的实施要求合理配合；使资源得到最合理的运用和分配；建立有效的社会服务输送网络；提高社会服务的效果与效率。社会工作行政的行政性职能主要有：领导决策单位及实施部门的工作；了解社会工作机构可以满足的社会需要；负责制定或重新确立社会工作机构的目标；制订适应社会环境及新的需要的短期和长期计划；与社区的社会机构、各种力量维持积极的关系；向社区阐释社会工作机构的目的、服务计划与内容等，建立适当的公共印象，争取获得财力上的支援；与社会工作机构当前及未来的服务对象建立并维持积极的关系；做好预算计划并争取财力资源；征召、任用、培训及组织、领导工作人员；管理各种资源，保存各种记录和报告资料；根据机构的目标及标准，评价计划执行情况及工作人员的效率；向相应的立法机构和社区报告整个社会工作机构的计划和工作情况。

社会工作行政既是现代行政的一部分，又是现代社会工作的专门方法之一。它与政府其他业务一样，需要确立明确的目标，划分职责，规定政策，建立有效的组织管理系统，合理地调配人事，健全人员招聘选择和晋升制度，调整合适的工作环境，健全会计审计制度等，如此才能保证社会工作行政的有效运转。

社会工作行政的方法和程序主要有：制订计划或社会方案，包括实质计划和程序计划，各种计划的范围和内容都应做到具体和周密；社会工作组织的设计，即规定社会工作机构的结构；人员部署，包括社会工作机构中有关工作人员的招聘、任用、培训及管理人事行政的实现；评估，包括机构评估和方案评估；对各种方案、各部门的工作以及全机构的行政措施予以评审，检查过去一段时间服务的实际效果、原定行政计划目标与机构政策的执行情况，评估的方法主要是社会工作研究方法和团体评定方法。

重要结论与启示

1. 方法介入是一种行动。社会工作介入方法可以分为直接介入方法和间接介入方法，是社会工作者理解社会工作专业的重点，是做好社会工作的根本。社会工作的直接介入方法包括个案工作、小组工作和社区工作；社会工作的间接介入方法包括社会工作行政、社会工作督导与咨询和社会工作研究。社会工作专业起源于西方的基督教文化，但是在自身的发展中形成了自身的专业特质。它以实现公民自助和社会和谐为专业主旨，以爱和尊重、真诚等为核心价值理念，指导社会工作实务活动。

2. 在当今复杂、多元的社会环境中，通过直接和间接的社会工作介入方法，才能完成社会工作实务的使命，更好、更专业地实现服务案主、服务社会的宗旨。社会工作介入方法是手段，社会工作伦理及其核心价值理念和伦理原则是行动指南，是社会工作者理解自身专业的关键。

参考文献

1. 马尔科姆·派恩. 现代社会工作理论 [M]. 冯亚丽，叶鹏飞，译. 3 版. 北京：中国人民大学出版社，2008.

2. 桑德拉·黑贝尔斯，理查德·威沃尔二世. 有效沟通 [M]. 李业昆，译. 7版. 北京：华夏出版社，2005.

3. 张曙. 社会工作行政 [M]. 北京：社会科学文献出版社，2002.

4. 戴维·A. 哈德凯瑟，帕翠霞·R. 鲍沃斯，斯坦利·温内科. 社区工作理论与实务 [M]. 夏建中，等校译. 北京：中国人民大学出版社，2008.

5. 戴维·罗伊斯，苏瑞提·S. 多培尔，伊丽莎白·L. 罗姆菲. 社会工作实习指导 [M]. 屈勇，译. 北京：中国人民大学出版社，2005.

6. 梅陈玉婵，齐铱，徐永德. 老年社会工作 [M]. 上海：上海人民出版社，2009.

7. 范克新，肖萍. 团体社会工作 [M]. 北京：社会科学文献出版社，2001.

8. 陈钟林，黄晓燕. 社会工作价值与伦理 [M]. 北京：高等教育出版社，2011.

9. 翟进，张曙. 个案社会工作 [M]. 北京：社会科学文献出版社，2001.

10. 许丽娅. 个案工作 [M]. 北京：高等教育出版社，2004.

11. 刘梦. 小组工作 [M]. 北京：高等教育出版社，2003.

拓展阅读

1. 帕森斯. 社会行动的结构 [M]. 张明德，夏翼南，彭刚，译. 南京：译林出版社，2003.

2. 方文. 社会行动者 [M]. 北京：中国社会科学出版社，2002.

3. 李迎生. 社会工作概论 [M]. 2 版. 北京：中国人民大学出版社，2010.

专题七 社会工作过程：工作要素和介入方法

内容概览

本专题从社会工作过程观及其要素入手，着重阐述社会工作中的通用过程模式，说明接案、预估、行动、评估、结案实施过程中的主要任务、工作内容、注意事项、技巧。社会工作过程的每个阶段并非独立存在的，而是按顺序前后衔接，构成一个较为完整的助人模式：接案是起点，预估规划了计划与方向，行动提供直接或间接的服务，评估是对工作的总结与检查，结案是评估工作效果并进行跟进服务。本专题内容是社会工作者必须熟练掌握的专业知识与技能。

学习目标

1. 掌握社会工作过程的步骤。
2. 熟悉接案、预估、行动、评估、结案中的主要工作内容。
3. 了解社会工作过程中可能存在的问题及注意事项。

关键词：社会工作过程 接案 预估 行动 评估 结案

按社会工作的基本理念，人是可以改变的，人的处境、困难也是可以改变的。这种改变是需要条件的，需要社会工作者及所服务的机构、服务对象及其所要解决的问题、资源条件、社会工作方法手段等要素共同发挥作用。在诸条件作用下，为保证专业服务助人目标的实现，社会工作的实施必须是一个有计划和有步骤的结构化的操作实施过程，即有结构的解决问题的过程。无论是个案工作、小组工作，还是社区工作，都不是杂乱无章地进行，而是按一定程序，前后相继，即按接案、预估、行动、评估和结案的社会工作实务的通用模式进行，体现了社会工作过程自身所具有的内在逻辑结构。下面，我们对社会工作的过程观、社会工作过程的要素、社会工作实务通用模式进行阐释。

一、社会工作是一个过程

社会工作是一个过程。具体来讲，社会工作是社会工作者运用社会工作方法，有意识、有目的地帮助服务对象走出困境，发挥自己的功能，参与社会生活的过程。

（一）社会工作过程观的含义

社会工作的服务对象是人，是社会工作者与服务对象的互动过程，具体来讲，是社会工作者同服务对象一起工作，向服务对象提供社会服务的过程。在这一过程中，社会工作者帮助服务对象提升社会功能，预防或解决问题的产生，帮助服务对象获得正常生活和发展所需要的物质支持或社会关系支持。这就需要经过一个结构化的操作实施，以有计划、有步骤地达到改变的目的。因此，社会工作的助人活动是一个连续的、有目的的改变过程。如何正确、全面理解这一过程？

【思考】
　　一个人在什么情况下会向社会上其他的人求助？

首先，在助人活动中，社会工作者依据自己的价值观设计和实施助人活动，表面看，这似乎是一个以社会工作者为主体的过程，实则不然。虽然社会工作者在工作过程中设计并引导助人活动，是服务提供的主体，但科学的社会工作必须站在服务对象的角度，以服务对象的真实需求为基础。只有了解服务对象的真实需要，社会工作者提供的服务才能不偏离有效助人的目标。而且，要达到有效助人的目标，社会工作者还必须考虑到服务对象对问题的感受和理解，考虑到服务对象接收服务的能力。可见，社会工作者只是协助服务对象改变现状的媒介体，是改变系统中的要素之一。能否在与服务对象的接触过程中建立起一个良好的专业助人关系，是社会工作者有效协助服务对象改变的关键和前提，是达到有效助人目标的基石与灵魂。因为，只有通过建立专业关系，社会工作者才能与服务对象一起探讨如何处理困难和解决问题，才能改变服务对象的态度和行为，才能在行动过程中达到助人的目标。因此，社会工作专业助人关系的建立是一个过程，专业的助人活动是社会工作者与服务对象双方互为行动主体和客体的互动过程，而且，在这种互动中，双方的每一个反应都包含了对对方行动的意义、处境的理解，是一个持续的、连锁式的复杂过程。

其次，改变是一个渐进的过程。社会工作面临的往往是一个复杂的问题系统，因而，社会工作服务常常不是一次单纯的行动或服务就能改变服务对象的困境。而且，这种改变是一个内部的过程，是一个渐进的、不断促使服务对象逐步形成自我改变意识，逐渐由量变到质变的最终达到目标的过程，而不是一种突变。在这个过程中，改变从系统内部开始，只有服务对象有了改变的动机，社会工作者才能引导服务对象在自我觉悟和自我行动中改变自己，进而，才能以同行者的角色与服务对象一起去发现与分析问题，实现改变的目标。

再次，改变是一种具有高度的自动性与自发性的行为，必须是服务对象主动与自觉的过程。在工作过程中，不能把服务对象仅仅看成行为的客体或对象，因为服务对象在接受服务的过程中并不是纯粹被动的，实际上，服务对象也是行动的主体，通过将自己的意识、态度、目的以及对社会工作者助人行动的理解融入接受服务的过程，并影响这一过程。服务对象如果被动地接受社会工作者为其处理困难与解决问题的安排，而不是发自内心的主动要求改变，那这种改变只能治标不治本，并不是真正的改变。因此，社会工作者的工作目标之一，就是启发与促进服务对象内心改变的动机与愿望，使改变成为一种自觉的意识和行为。这样的目标不是一蹴而就的，而是要经过一个双方复杂的社会互动过程才能实现。

综合以上三点，从实际过程的角度讲，社会工作过程可以理解为一种社会行动，即它是社会工作者有意识、有目地服务于服务对象的活动。社会工作者作为行动者，有自己的价值理念和理想，同时应用专业方法开展服务活动。这种活动是一个专业关系建立的过程和资源传递的过程，社会工作者需要整合各种工作方法进行介入，在服务过程中时刻强调服务对象的参与性和自主性，通过服务对象自觉、自发的参与过程，在倡导、鼓励、支持等方式下相互配合与协助，社会工作者和服务对象形成互为主体的关系，在互动中学会帮助他人和获得帮助。因此，社会工作者必须具有很高的专业价值水准，信守尊重、权利、平等、公平等专业原则，同时具有一定的文化敏感性、观察力和分析能力。

（二）社会工作过程观的意义

社会工作注重人与社会系统的协调，因而十分讲求改变的动态程序。改变寓于过程之中，没有改变的过程，就不可能有改变的结果。社会工作的助人，不是停留在就事论事地解决某一具体问题上，而是要通过这个过程达到服务对象态度与行为的改变、社会环境的变迁和服务对象能力的提升，从而使社区与个人能够面对共同的问题情境，在过程中学会解决问题的方法，获得发展与成长。这就是社会工作助人的过程观。举例来说，在社区工作中，社会工作不单强调具体的任务目标，如改善社区的环境卫生或是社区治安，而更注重在完成这些具体任务过程中，唤起社区公众的参与意识与社区归属感，建立互助合作的人与人关系，培养合作与关心社区的态度与行为，使社区公众自觉、自发、自助，并由此自我组织起来。这是解决社区问题的根本途径。这些都必须在社会工作的过程中才能实现。

（三）社会工作过程的基本要素

社会工作关注的重点是人、人群在其所处社会环境中的互动，致力于改善人、人群所处的社会环境。不同的社会环境构成了不同的个人与人群系统，人们完成生命任务的状况取决于人们的不同处境，这些都是社会工作实践过程的基本要素。

1. 服务对象

社会工作者直接服务或帮助的对象即服务对象，也称受助者、案主（client）、当事人或工作对象，指的是在正常的社会生活中遇到困难需要接受帮助而摆脱困难的人。

"服务对象"和"受助者"这两个概念在一定意义上反映了对社会工作的不同理解，但也有相近之处。相近之处在于，这两个概念都指遇到困难需要帮助的人。区别在于，"受助者"是自己不能解决遇到的困

【思考】
你认为社会工作中的"服务对象"和"受助者"哪个称呼比较好？为什么？

难并愿意接受社会工作者帮助或服务的人，这一概念反映的是社会工作者向对方提供帮助，对方是遇到困难的人。从某种意义上讲，社会工作者和受助者之间的关系带有"自上而下"、帮助与被帮助、给予与接受的含义。"服务对象"概念把社会工作者的工作看作提供服务的过程，接受服务者即服务对象。这里的服务过程不是资源拥有者对资源缺乏者的给予，它包含了这样一层含义，即为有需求、有困难的人提供社会工作专业服务是社会工作者的责任。社会工作者和服务对象二者的关系是平等的，不具

有自上而下的意义。从这个角度讲，"服务对象"概念比"受助者"更能体现社会工作的理念和价值。

在社会工作过程中，服务对象的存在是社会工作得以发生的基本前提。没有服务对象或者没有他们遇到的问题，社会工作就失去了对象和必要性。所以，服务对象是社会工作的基本要素之一。当然，社会工作的服务对象不只是个人，还可能是家庭、群体和社区。在工作过程中，社会工作者应把他们看作有主动性、有潜能的人，而不是被动接受帮助的人。

2. 服务资源

人依靠社会系统得到物质、情绪与精神资源，获取服务与机会，实现愿望，满足需要，完成生命任务即生存发展。平克斯与米纳汉（Pincus & Minahan）将能够协助人们完成生命任务的资源系统划分为三类。

第一类是非正式的或自然的资源系统，包括家庭、朋友、邻居、同事、亲戚等。非正式资源系统能够提供物质与精神的帮助，如情感支持、建议、信息；同时还能提供具体的服务和资源，如帮助照顾孩子、料理家务、临时性的帮助、借予钱财等。非正式资源系统还常常通过帮助填写申请表格及与有关部门、机构联系来获取和使用正式的社会资源。

第二类是正式资源系统，包括党派、专业团体、群众组织、各种协会等。这些组织致力于提升成员的福利和利益，直接给成员提供资源，并帮助他们与各种社会系统打交道。如工会组织为会员提供娱乐、社交活动，也为会员的利益与雇主打交道，维护工人的合法权益。农村妇联组织为农村妇女提供各种培训班，组织她们学习科技知识和技能，发挥她们在农村经济发展中的作用等。

第三类是社会性资源系统，是为适应社会公共生活与活动建立起来的满足人们短期或特别需要的机构，是人们社会生活的重要支持系统，包括学校、医院、各种社会服务机构、派出所等。现代社会，除了从非正式和正式资源系统获取支持和帮助外，人们越来越多地与社会性资源系统联结起来，获得长期或暂时的帮助，完成生命任务。作为社会公民与社区成员，人们经常与各种政府机构和服务部门打交道，如街道办事处、社区服务中心、派出所等。

以上三种资源系统组成了人们完成生命任务与履行社会角色的支持网络，构成了人们生活于其中的社会处境。社会工作者在考察一种社会处境（或社会情境）时，首先关注的是人们所面对的生命任务，以及能保证人们完成生命任务的资源与条件。这些资源帮助人们实现价值、愿望并减轻痛苦与压力。这是社会工作实践过程中最重要的参考要素。只有先认定服务对象所处的社会情境，分析服务对象完成生命任务的条件与资源状况，才能决定提供哪些帮助。

例如，一个 25 岁的男青年，患有精神病，刚出院。社会工作者在分析他的社会处境时要考虑这样一些问题：从医院回到社区他此时所面对的生命任务是什么？"精神病患者"这个标签对他有什么影响？他有家吗？有工作吗？家庭和工作单位接受他吗？他是否有家庭或其他非正式资源网络的支持？在帮助他适应社区生活的过程中，非正式助人者的任务是什么？他们准备怎样提供帮助和能够提供哪些帮助？社区有哪些正式或社会性资源系统能够提供这些他所需要的帮助？

社会工作过程中，工作者经常会碰到这样的问题：满足需要、解决问题的资源或条件就摆在那里，但服务对象却不能发现它们，不知道如何获取和使用它们。因此，社会工作者的一个基本任务，就是使服务对象与资源建立联系，帮助服务对象掌握获得资源的方法和手段。假设在居民区设立了一个社区医务室，可是很少有居民来。是居民不愿意使用它呢，还是医务室并不适合居民的需要？社会工作者在研究这种情境时，关注点集中在居民与医务室这两个系统的互动过程上，并致力于加强两个系统的联结。如果是因为居民不知道有这样一个医务室，那就通过居委会来做宣传工作；如果是一些老人因为行动不便不能到医务室来，那就要考虑送医上门。其他影响居民对医务室态度的原因可能是，从前他们在医务室就医时有过不愉快的经历，或者是因为医务室设立时没有征求他们的意见而不能满足他们的需要等。

社会工作关注社会情境中人与资源系统的互动关系。这种互动有三种类型：人在资源系统中的互动、人与资源系统的互动和资源系统之间的互动。这三种互动已超出了简单的"人和资源系统"二分法观点，而是关注到互动各系统之间联结的性质以及人与各种资源系统之间的关系。

3. 社会工作者

没有社会工作者，社会工作就不会发生，因此，社会工作者是社会工作的基本要素。或者可以说，社会工作者与服务对象（受助者）是社会工作的缺一不可的两个要素。

社会工作是专业助人的活动。在社会工作过程中，社会工作者通过了解、评估服务对象的困难与需要，设计和实施助人活动，通过与对方的相互配合与合作，达到助人的目的。在这个过程中，社会工作者是助人行动的主体，他设计并引导助人过程的进行。

社会工作者是接受一定的专业教育或培训从事职业化社会服务的人。社会工作者的素质、能力和经验直接影响着社会工作的进程和成效。应该说明的是，社会工作者不仅是一个个体概念，也是一个群体概念。从事社会工作的人不仅指单个社会工作者，也指一个机构或一个团队。

谁是社会工作者？国际社会工作认可的社会工作者要具备的条件是：具有社会工作职业执照；具有社会工作专业教育背景；受社会工作伦理的制约；是社会工作专业组织的成员，将社会工作作为一种职业生涯。

社会工作学界关于助人及怎样有效助人有不同的观点。

卢卡斯（Alan Kwith-Lucas）对"助人"的定义是，由一个人或一个团体向另外的人提供实质性的或非实质性的东西，所采取的方式是让受助人或群体能用来获得不同程度的自我实现。

缪勒（Edward Mullen）认为，助人者更多的是发挥个人的影响力而不是运用技术，他指出，助人者在助人过程中要运用自己，助人者自身是决定成功与否的关键因素。对助人者而言，技巧和方法只是社会工作者的工具，社会工作者如何运用它们更为重要。这些工具是否能与社会工作者个人的影响力结合到一起运用，是具体助人的有效性的最为关键的因素。

卢卡斯认为，助人者应该很好地了解助人者的角色，应该清楚助人的含义。助人者必须具备三个因素：关心、勇气、谦恭。约翰（D. W. Johnson）提出了另一套助人者的属性：自我剖白的能力、信任的能力、沟通的技巧、表达感受的能力、接纳自我和他人的能力、建设性地与他人对抗的能力、强化和示范适当的行为的能力。

显然，学者们列出的内容和条目可以进一步扩展。如何成为有效的助人者的正确途径没有定论，重要的是，社会工作者应认识到，助人要有人情味，社会工作的目的不仅仅是运用技巧和机械地对待服务对象。

4. 工作方法

社会工作是专业的助人活动，助人方法作为达到助人目的的手段和措施，在服务过程中占有十分重要的地位。社会工作的助人方法不仅指实际工作中所使用的一般方法，而且指社会工作者群体在长期的助人实践中形成的，经过实践检验后行之有效的做法，它们作为一种知识被社会工作者共享，并有效地支持着社会工作者的实践。科学的助人方法是现代社会工作的核心组成部分，以至于有相当多的社会工作者认为社会工作的核心就是一整套助人的方法。特别是在微观社会工作中，助人方法更显示出其重要性。

社会工作的实施由于方法不同，具体过程也会存在一些差别。但社会工作各种方法可以整合起来，形成一种解决服务对象面临困境或满足需求的系统方法。从整体上看，这种系统方法的工作过程是有计划、有步骤的，基本遵循了一套比较固定的程序规则，即接案、预估、行动、评估和结案，这就是社会工作实务的通用模式。下面对通用模式的五个步骤做具体介绍。

> 【思考】
> 　　社会工作过程的通用模式与个案、小组、社区工作的一般过程的异同是什么？

二、接　案

📚 **专栏 7-1**

> **案例**
> 　　小王，男，23岁，离开大学后没有出去工作，在家赋闲已经半年了。他性格比较内向，喜欢在家里打游戏，通过网络认识了一群"志趣相投"的网友。网络上的小王善于交流，与现实中判若两人。由于大学期间沉溺于网络，小王没有拿到大学的毕业证与学位证。
> 　　小王的父母对孩子的表现十分着急，在劝解无效的情况下，他们找到社区，社区工作人员对此一筹莫展，于是为小王父母联系了青少年社会工作者。社会工作者通过电话与小王取得了联系，经过几次沟通，初步建立了信任关系，小王同意与其面谈。
> 　　[资料来源]本书作者根据成都市某社会工作服务中心督导案例整理、编写。

> 【思考】
> 　　小王的问题属于青少年网瘾。社会工作者在与他联系前，可以收集哪些资料以利于成功接案？

上述案例中，社会工作过程第一阶段的"接案"环节是：小王的父母在无奈下找到了社区，社区工作人员又找到了社会工作者，社会工作者在了解情况后与小王进行联系、沟通，初步建立了社会工作者与服务对象之间的专业关系。

接案是社会工作实务整个过程的起点，是社会工作者与服务对象建立专业关系的初始阶段。在这一阶段，社会工作者需要搜集相关资料信息，与服务对象或潜在服务对象接触并了解需求，获得信任并让其接受服务。作为社会工作过程的第一步，接案工作对其后的工作能否顺利进行具有重要作用，也为助人活动获得成效奠定基础。在这一阶段，社会工作者与服务对象之间建立良好的专业关系，是社会工作专业活动成功的前提。因此，社会工作者应该了解该阶段活动所需的知识与技巧，熟悉影响成功接案的要素。

（一）接案的主要任务

1. 确定服务对象的来源

社会工作服务对象的来源有多条途径，来源不同的对象需要社会工作者采取不同的方法或技巧与其建立专业关系。因此，确定服务对象来源是社会工作接案阶段要做的一项重要工作。虽然服务对象的具体来源差别很大，但总体上可以划分为三种类型：主动求助性、他人介绍型和社工自联型。

（1）主动求助型

主动求助型是指个人或其所属群体（家庭、朋辈群体等）带着困难或问题主动寻求社会工作者帮助的一种服务对象来源类型。这种类型的个人或其所属群体通常对社会工作有一定的认识，且比较了解社会工作服务机构的相关信息，带有较强的针对性来寻求服务与帮助。因而，这类服务对象的需求与社会工作机构可提供的服务之间在一般情况下是接近的。

专栏 7-2

> **案例**
>
> 　　张某是一位单亲母亲，她有一个 14 岁的儿子小天。小天最近经常闯祸、欺负同学，张某对其批评教育也没有效果，反而引发了小天的逆反情绪。张某对此感到十分担心，于是打电话给市青少年法律和心理咨询中心，请求帮助。市青少年法律和心理咨询中心的社会工作者在初步了解情况后，请张某抽出时间来中心面谈。
>
> 　　[**资料来源**] 本书作者根据成都市某社会工作服务中心督导案例整理、编写。

专栏 7-2 的案例中的张某就属于主动求助型，她对相关社会工作服务机构的性质和工作内容比较了解，因而能够有针对性地找到机构寻求专业帮助。

（2）他人介绍型

他人介绍型是指他人（如社区内相关机构、邻里等）发现服务对象存在较为严重的困难或问题，且服务对象自身及其家庭、亲友均无法或无能力解决，从而请求社会工作者提供帮助的一种服务对象来源类型。这种类型的个体及其所属群体通常并不了解社会工作服务机构，而作为中介方的"他人"，也不十分清楚不同社会工作机构由于服务职能的专门性，因而无法满足不同服务对象的多样性需求。如此，就常常存在社会工作机构可提供的帮助与服务对象需求不匹配的情况。这就需要社会工作者筛选服务对象。例如，专栏7-1中的案例就属于他人介绍型：小王的父母求助于社区，但社区工作人员无法为其提供专业服务，于是转而介绍与其有联系的青少年社会工作服务机构，专业机构在初步摸清情况后选择接案。

（3）社工自联型

从社会工作者的角度出发，主动求助型与他人介绍型都属于被动型的接案类型。社会工作从本质上讲，是主动助人的活动，因此，社会工作者"主动出击"，主动联系服务对象，与他们建立专业关系，是社会工作的本质属性要求。

主动求助型服务对象的需求与社会工作机构可提供的服务之间一般存在着较高的匹配度，但这种类型的服务对象往往不了解，甚至不信任社会工作服务机构。因此，社会工作者的首要任务，是消除他们的疑惑和不信任感，引导其接受专业服务。例如，某市流浪儿童收容机构的社会工作者，从保护儿童权益的角度出发，不仅收容主动请求帮助的人，而且还安排了街头巡回流动收容车，车身上印有宣传内容，一旦发现有需要救助的流浪儿童，即刻由社会工作者对其进行引导，使他们接受流浪儿童收容机构提供的帮助，以保护其生存权和受教育权。这种类型即是社工主动自联型的接案。

2. 确定服务对象的类型

（1）自愿型服务对象

自愿型服务对象是指那些认识到自己无法解决当前困境，需要帮助，通过直接或间接的方式，主动求助于社会工作服务机构，愿意成为其服务对象的人。这类服务对象对社会工作服务的接受度和配合度较高，与社会工作服务的契合度也较高，接案工作一般会比较顺利。

（2）非自愿型服务对象

非自愿型服务对象是指那些由其他社会服务机构、部门或个人转介给社会工作服务机构，并与其专业服务内容相吻合的人，或是社会工作服务机构自行联系的服务对象。这类服务对象对社会工作服务的接受度和配合度都存在不确定性，有可能对社会工作服务产生无视、抗拒等情绪和行为。如果社会工作者放任其抵触情绪而不与之建立专业关系，就有可能产生不良后果。因而需要社会工作者对需要帮助的人群进行识别，主动劝服他们接受专业服务。与这类服务对象建立专业关系可能不会一帆风顺，需要社会工作者运用相关知识与技巧，如此

【思考】

社会工作者在接案时，面对主动求助型、他人介绍型与社工自联型的服务对象，应该注意的事项有什么异同？

【思考】

在专栏7-1的案例中，小王若愿意配合社会工作者的专业工作，就属于自愿型服务对象；反之，则属于非自愿型服务对象。这样讲对吗？

才能成功地接案。

（二）接案的步骤

作为一种系统、规范的活动，接案遵循着一套既有的办事步骤。整体而言，我们可以将接案的步骤分为五个阶段：准备工作、面访、资料收集、初步预估、订立服务协议。

1. 准备工作

"凡事预则立，不预则废"，做任何工作都应该有准备，避免盲目性，使整个工作有条不紊，接案工作也不例外。接案工作是否顺利，有赖于前期精心的准备工作。接案的准备工作主要是了解多方信息以拟定面谈提纲，具体内容包括以下五个方面。

第一，了解服务对象的大致情况。社会工作者要对服务对象的年龄、经历、现状等基本情况进行了解，并标记面访重点咨询的问题。

第二，了解服务对象接受社会工作者工作服务的历史。考察其是否曾经接受过相关的专业服务，如果接受过，还要找到以前的机构与咨询服务的记录。

第三，了解服务对象的身心特殊情况。例如，是否有精神健康方面的问题，是否有身体疾病方面的问题等，如有，还需做好充分的预防工作，以便面访涉及该问题时能从容妥善地应对。

第四，了解服务对象的社会交往网络。通过对服务对象的家人、朋友、邻里、社区等进行当面访问或电话访问，初步了解服务对象的社会交往网络情况，这有助于社会工作者加深对服务对象情况的认识，同时也有助于确认其帮助来源。

> 【思考】
> 在专栏7-1的案例中，社会工作者对小王情况咨询的注意事项及其作用有哪些？

第五，拟定面访提纲。面访提纲的内容可分为两大类，一类是基本介绍，包括自我介绍、面访目的和内容的介绍、机构功能和服务的介绍、相关政策和工作内容的介绍等；另一类是情况咨询，包括服务对象情况的咨询，他（们）对面访安排意见的咨询及其对社会工作机构和社会工作者期望与要求的咨询等。

2. 面访

面访主要是为了成功接案，使社会工作者顺利地开展助人工作。因此，面访带有较强的目的性动机，具有相应的特征，要求社会工作者掌握较高的面访技巧。

（1）面访的任务

第一，确定服务对象的问题及需求。这就需要了解服务对象对自己存在问题的看法，由此判断其需要帮助的内容和程度；了解服务对象存在问题的原因，以便追本溯源；了解服务对象对解决该问题的期望，以便界定专业服务的内容。

第二，澄清角色期望和责任。社会工作者要向服务对象澄清社会工作机构及其个人的角色及责任，并征求对方对社会工作者的期望和对社会工作机构及专业人员的角色期望；在达成一定共识的基础上，社会工作者还可酌情提出对服务对象的期望。社会工作者通过对比多方期望的内容，并结合工作责任的要求，找出与服务对象想法的相同之处，确定分歧和差异，使双方明晰各方期望与责任，以免工作一段时间后由此引发矛盾和争议。

第三，引导服务对象进入受助角色。社会工作者要采取多种方法和技巧，引导面访工作的顺利进行，使服务对象了解专业社会工作服务内容，认同社会工作服务的作用，接受双方的角色及责任要求，并促进服务对象的态度和行为朝良性方向发展，为建立专业关系奠定良好的感情基础。

（2）面访的特征

第一，沟通的双向性。面访工作的过程是社会工作者和服务对象面对面交谈的过程。在这一过程中，社会工作者就情况咨询类问题向服务对象进行询问，服务对象酌情回答；同时，服务对象亦可就基本介绍类问题进行咨询，由社会工作者解释说明。可见，整个面访过程实现的是交流与沟通的双向互动，而非简单的一问一答。

第二，规划性。面访实施前，常需要社会工作者就面访时间、环节等具体事项，向服务对象征求意见、协商确定，需要事先考虑多种可能发生的情况并制定针对性的处理措施；并且这种访谈的内容、步骤顺序也在一定程度上受到面访技术的规范。因此，面访具有比较明晰的规划性特征。

第三，以语言为主要媒介。面访工作主要以语言的形式开展，因此，面访对社会工作者的依赖性较大，要求其具备一定程度的语言思维能力和口头表达能力，社会工作者要熟悉面访过程中的语言艺术和操控技巧。

【思考】
面访工作中还存在诸如手势、姿势、表情、眼神等非语言交流。和语言交流相比较，非语言交流在面访工作中有什么作用？

第四，目的性。面访工作是带有一定的目的和任务的，在进行过程中要始终围绕工作任务来进行，以任务达成为主要工作目标，而非脱离任务目标开展盲目"漫谈"。

（3）面访的技巧

第一，进行印象管理。社会工作者在进行面访时，常常是作为"陌生人"出现的，因此，要注重"首因效应"。"首因效应"是人与人在初次交往中留下的印象，这种最先输入的信息对客体以后的认知会产生影响作用。人们习惯于按照前面的信息解释后面的信息，即使后面的信息与前面的信息不一致，也会屈从于前面的信息，以形成整体一致的印象。因此，如果社会工作者能够给服务对象留下一个较好的第一印象，这对于接案及后面工作的顺利进行会有很大帮助；反之，如果服务对象对社会工作者的最初印象不好，很难想象他会花费时间与精力有效地配合专业工作。也就是说，面访能否顺利进行，在一定程度上与双方最初的见面和接触有关。

正式、普通、礼貌，是社会工作者进行印象管理的基本标准。正式标准是指社会工作者要以合理、合法和正规的身份而非私人身份进行面访，这种正式身份可以引起服务对象的重视并打消猜疑。普通标准是指社会工作者的外表和打扮要简单、整洁，看起来要和平常人一样，不要有引人注目的打扮。礼貌标准是指社会工作者对服务对象的态度要友善、诚恳、真实，它可以使社会工作者更易于被服务对象接受。

第二，打开"话匣子"。刚开始面访时，由于双方对彼此的了解还不够深入，

【思考】
　　在专栏7-1的案例中，如果你是社会工作者，面对小王这种情况，应该如何打开他的"话匣子"？

服务对象可能会出现拘谨的情况，这时社会工作者要有技巧地打开对方的"话匣子"。打开"话匣子"，首先要选择适当的称呼，称呼恰当，就为接近服务对象开了一个好头；称呼不恰当，就可能引起对方的戒备甚至反感，不利于面访的顺利进行。其次要说好开场白，好的开场白标准是：简明扼要、意图明确、重点突出、亲和力强。开场白的内容主要说明社会工作者的身份、面访的目的、服务对象的基本情况等。通过恰当的开场白，可以初步建立起信任关系，为后面的工作顺利进行奠定基础。

　　第三，营造融洽的氛围。虽然面访工作有着目的性的要求，但在面访过程中，社会工作者为了营造良好的谈话氛围，也可以聊一些非任务性话题，可以寻找双方的一些共同点，如同乡、同行等共同的经历或共同的爱好；可以聊服务对象最关心的问题，如当时当地最吸引人的新闻或社会问题；也可以聊服务对象最熟悉的事情，如家庭、子女、工作等。社会工作者通过话题的寻找，激发服务对象的同感。此外，社会工作者还要注意恰当地表示友好关怀，谈话过程中，面对服务对象叙述的一些挫折或困难，如家中有病人、个人不幸的经历等，要及时表示同情，进行安慰和开导，这种友好关怀也有利于建立信任和感情。

【思考】
　　倾听是一种修养，也是一门学问；交谈是一种技巧，也是一种艺术。交谈和倾听在社会工作的面访中都十分重要，试比较、分析二者的作用。

　　第四，善于倾听。善于倾听是指社会工作者不仅要专心听取服务对象的回答，同时还要积极思考和理解，推测言外之意，并反复记忆和考虑如何做出反应。它大体上包含三个步骤：一是接收和捕捉信息，即认真听取服务对象的回答，主动捕捉有用的信息，包括语言信息和非语言信息。二是理解和处理信息，即正确理解已经获得的信息，并及时做出判断或评价，舍弃无用信息，保留有用信息和存疑信息。三是记忆和做出反应，即记忆有用信息，并判断对有用信息和存疑信息做何反应。有效倾听的过程，就是这三个步骤交替出现、循环往复的过程。社会工作者要做到有效倾听，就需要从以下三个方面着手：首先，要有礼貌地耐心倾听，不要做无谓的小动作；其次，要虚心地听，如果服务对象说得不清楚，应适当引导和询问，而不能无礼地打断对方说话；再次，要注意非语言符号的交流，在面访过程中，不仅要仔细观察服务对象非语言符号传递出的信息，还要善于运用信息进行面访的控制，例如，社会工作者可以观察服务对象的表情，捕捉其感情信息，可以通过点头的方式鼓励其将话题深入，等等。

3. 资料收集

　　面访是有目的的与服务对象建立专业关系的过程，事实上也是从服务对象那里收集第一手资料的过程。这些资料是其后预估工作的基础。面访所收集的服务对象资料大致包括以下四个部分内容。

　　第一，个人特征资料。个人特征资料包括性别、年龄等自然特征，以及籍贯、受教育程度、职业、收入、婚姻状况、政治面貌等社会特征。

　　第二，身体状况资料。身体状况资料包括身体健康状况、营养状况、既往病史、遗传病史等以及身体状况与当前问题之间的关系；亦可了解服务对象家庭主要成员的身体健康状况及其与当前问题之间的关系。

第三，心理状况资料。心理状况资料包括当前的心理健康状况、认知状况、情感状况、个性特征等个人心理方面的资料。

第四，社会环境资料。社会环境资料包括家庭情况，在学校、工作单位的人际关系情况，邻里、社区环境，与朋友（恋人）之间的关系等资料。

4. 初步预估

即使是社会工作者自联的服务对象，也有可能出现专业人员对其问题爱莫能助的情况。因此，在面访工作后，社会工作者需要界定并确认服务对象问题的性质和程度，并对照自身所在机构的功能，判断提供的服务是否能够满足服务对象的需求，以确定是终结服务（社会工作机构功能不能满足服务对象的需求）、转介其他服务，还是接案进入下一个工作阶段，这就是初步预估工作的主要内容。

> 【思考】
> 在专栏 7-1 的案例中，如果社会工作者了解到小王的情况严重到成为精神疾病的程度，是否需要转介至更专业的精神疾病服务机构？

5. 订立服务协议

社会工作者在决定接案后，可就如何解决问题与服务对象进行深入联系，确定双方的共识目标和时间架构等问题。在此基础上，双方可以签订一个初步的服务协议，协议内容大致有四点：一是服务对象的问题及需求，二是社会工作机构和专业人员可以提供的服务，三是双方共识性的目标，四是预定的工作时间安排。服务协议可以是书面协议，也可以是口头协议。

（三）接案的注意事项

1. 注意服务对象的意愿

有的服务对象对社会工作机构始终抱有疑惑，不愿意配合工作，即使社会工作者多方努力仍无法消除这种疑惑。这种情况下，社会工作者不能强制性地进行服务，而应尊重服务对象（或其监护人）的意愿。

2. 注意社会工作者的能力

社会工作机构和专业人员能够提供给服务对象所期望的服务，必须是其能力范围之内的。如果服务对象的期望和社会工作机构的功能之间存在较大差异且无法调和，社会工作者就很难成功接案并开展后续服务。

3. 注意权衡工作的进程

虽然接案工作大多按照一定的程序进行，但也有一些特殊情况例外。在遇到紧急情况时，如遇到离家流浪的儿童，社会工作者需要及时将其安置在当地的儿童保护机构，那么社会工作机构或社会工作者可以调整工作的进程，直接进行介入工作。因此，所谓接案的程序或者是社会工作过程，事实上是有弹性的。

4. 注意遵守相关规范

社会工作机构和社会工作者的专业助人活动，需要遵守相关社会规范，尤其是当地社会文化、习俗所赋予的非强制性社会规范，避免与社会文化规范产生激励的冲突。

三、预 估

📚**专栏 7-3**

案例

　　专栏 7-1 中的接案工作完成后，社会工作者进一步详细考察了小王的情况。小王小时候，由于父母工作忙碌，主要是由爷爷带大，爷爷在他 12 岁那年去世，他就回到父母身边。他小时候不擅长男孩子比较喜欢玩的一些户外游戏，久而久之使得他被同辈群体排斥，交好的小伙伴几乎没有。上了小学，老师眼中内向的小王是一个安静的、喜欢看书的孩子。但是到了初中以后，小王开始叛逆起来，不遵守纪律，而且对老师和家长的批评并不服气，小王父母一直认为这是孩子叛逆期的表现，只要通过这个时期，孩子长大了、懂道理了，自然就能改了。但是这种情况到了高中也没有什么明显的改善，而且，高中时的小王接触到了电脑游戏及网络，在老师教育和父母打骂无效的情况下，他本来尚可的成绩也出现了大幅度的下滑，高考并没有考上他理想的学校。到了大学，理想和现实的落差使小王放弃了自己的专业学习，也没有对将来的规划，沉溺于网络游戏和虚拟世界中，出现了专栏 7-1 中的案例情况。

　　在了解到这些情况后，社会工作者要进一步有针对性地寻找小王问题产生的原因，这就开始了预估的工作。

　　[**资料来源**] 本书作者根据成都市某社会工作服务中心督导案例整理、编写。

　　是什么原因使小王这样一个原本聪明的孩子表现出专栏 7-3 案例中的问题？社会工作者还需要收集哪些资料，才能全面地认识和了解小王，并对他的问题予以合理的解释呢？对于这些问题的回答，有赖于社会工作过程中"预估"阶段的工作。所谓预估，是指社会工作者收集服务对象的详细资料，了解其问题形成的过程及原因，得出暂时性结论的专业活动过程。预估工作是在一定目的指导下进行的，有着既定的工作步骤，需要使用一些十分专业的预估方法。

（一）预估的主要任务

1. 尽可能收集详尽的资料

　　包括服务对象自身（生理及心理）的资料，生活环境与重要系统（包括家庭、邻里、工作单位、朋友等）的资料，服务对象问题产生、发展、性质、程度以及曾用处理方法的资料，服务对象自身对问题的认识及影响资料，等等。也就是说，社会工作者要尽量收集可能与服务对象问题相关的一切资料。

2. 分析服务对象问题的原因及影响因素

在收集到尽可能多的详细资料后，社会工作者要对这些资料进行分析，从中提炼出服务对象问题产生的原因，并思考当前还有什么因素影响到服务对象问题的延续和发展，这样才能抓住问题的本质，制定卓有成效的服务方案，使问题得以缓解或解决，这是预估工作中十分关键的一步。

【思考】
服务对象问题产生的各种原因及影响因素之间既可能有联系，也可能有区别。请对专栏 7-3 案例中小王问题产生的原因进行分析。

3. 识别服务对象的优势

在预估工作中，收集资料认识问题固然十分重要，但社会工作的主要目标是助人自助，因此，社会工作者还需要利用专业的优势视角进行思考和寻觅，辨别服务对象的各种能力有哪些有利于问题的缓解或解决，并寻找出服务对象系统内外可以利用的资源，采取措施帮助他们运用这些资源来缓解或解决问题。

4. 决定提供服务的内容和方式

在做完上述工作后，预估还未完成，社会工作者还需制定正确的介入方法，如利用专业的个案工作、小组工作、社区工作等方法或是将其结合起来，达到帮助服务对象的目的。从这个层面讲，预估工作最终成果是从社会工作专业角度提出解决问题的可行性对策建议。

（二）预估的步骤

1. 收集资料

预估的第一步是收集资料，收集资料的内容在预估的主要任务中已经做了介绍，就不再赘述。我们在这里列举一些收集资料经常使用的方法。

（1）调查法

调查法是人们为了了解和解决问题而有目的、有意识地运用问卷或访问的方式，系统、直接地收集信息资料，并通过分析和综合来认识问题的一种研究方法，这种方法能够十分迅速地获得资料数据。用调查法收集服务对象的资料，有两种有效的资料收集方法：访谈法和问卷法。

第一，访谈法。访谈法是指社会工作者通过询问的方式，向服务对象及其所处系统有关人群收集资料信息，以获取决定介入方法的依据。访谈法既可以是个别访谈，也可以是集体访谈；既可以是直接访谈，也可以是间接访谈。个别访谈是指社会工作者对受访者进行一对一的访谈，这种方式的优点是可以获得较为真实的资料，同时有利于受访者详尽、深入地阐述自己的看法，更容易获得内容丰富、生动的资料。集体访谈即座谈会，是指由社会工作者亲自召集一些受访者（一人以上），由训练有素的专业人员为主持人控制会场，使受访者围绕主题展开谈话的一种访谈形式。用集体访谈的方式收集资料，可以集思广益、相互启发、相互探讨，在较短时间内收集到较为广泛和全面的信息。直接访谈也叫当面访问，是指社会工作者和受访者之间进行面对面的交谈。这种访谈法的优点在于它不仅能够收集到受

【思考】
在专栏 7-3 的案例中，社会工作者若要使用调查法收集资料，应主要使用访谈法还是问卷法？说明理由。

访者提供的语言信息，还能收集到一些非语言信息，从而对受访者提供语言信息的真实性与言外之意做出适当的判断。间接访谈是社会工作者通过电话、网络等媒介与受访者进行交谈的一种方式。在间接访谈中，双方并没有发生面对面的接触，社会工作者借助于现代通信工具展开访谈，这实际上是直接访谈的延伸，也是新兴的访谈方式。与直接访谈相比较，间接访谈拥有节省时间、经费和人力的优点，还具有更好的匿名性。[1]

第二，问卷法。问卷是资料收集时常用的一种工具，特别是在收集群体的态度、意愿、问题时特别有用。问题和答案是问卷的主体，从形式上看它们可以分为两大类：开放式问题和封闭式问题。

> 【思考】
> 在专栏7-3的案例中，社会工作者如果使用问卷法收集资料，该怎么设计具体的问题及答案？

所谓开放式问题，就是只提出问题，但不为回答者提供具体答案，由回答者自由填答的问题，如例1、例2。开放式问题的一个突出优点是允许回答者按自己的方式，不受任何限制地、充分自由地对问题做出回答。因而，答案能够最自然地反映出他们的行为、态度和社会事实，所得的资料丰富生动，而且可以获得一些社会工作者事先未曾想到的资料。但是它也存在不少缺点，如要求回答者具有较高的知识水平和文字表达能力、需要花费较多的时间和精力、常会产生许多与问题无关的资料等。

例1：请问您对当前居住社区的卫生治理有哪些建议？

_____

例2：当前您最为困扰的问题是什么？

_____

所谓封闭式问题，就是在提出问题的同时，还给出若干特定的答案，让回答者根据自己的实际情况选择答案的问题，如例3、例4。封闭式问题的优点是回答者回答问题十分方便，而且避免出现开放式问题中答案内容不同但意义相同或者答非所问的情况。但是封闭式问题可能存在诱导回答的缺点，所得的资料缺乏自发性和表现力，在回答中产生的各种偏误也很难被发现。

> 【思考】
> "尺有所短，寸有所长"，社会工作者再能干，也不是全能的超人，因此一定要重视专家咨询法。运用专家咨询法时应注意什么？

例3：请问您对当前居住社区的治安满意度如何？
①非常满意　②比较满意　③一般　④不太满意　⑤很不满意
例4：您最喜欢看哪类电视节目？
①新闻节目　②体育节目　③科教节目　④广告节目　⑤文艺节目
⑥少儿节目　⑦其他节目____（请注明）

（2）专家咨询法

服务对象问题的表现、形成原因、影响因素可能是多方面的，分属不同领域，而社会工作者常常不会样样了解、行行精通。为了更好地收集专业领域的资料，社会工作者需要向其他专业人士咨询意见，以获得

---

① 谭祖雪，周炎炎. 社会调查研究方法［M］. 北京：清华大学出版社，2013：147-148.

对服务对象全面、准确的认识。例如，社会工作者为多动症儿童提供服务的时候，就可能需要向有关医生或专家咨询多动症的行为表现、心理特征及临床治疗一般措施等知识，从而对服务对象问题的性质、成因以及发展有更为深入的了解，为其后的工作打好基础。

（3）观察法

观察法是社会工作者有意识、有目的、有步骤地运用自己的感觉器官或借助科学的观察仪器，直接从社会生活的现场能动地了解处于自然状态下的观察对象，进行资料收集的一种方法。观察法可以被分为局外观察和参与观察。局外观察也称非参与观察，是指观察者处在被观察的群体之外，完全不参与其活动，尽可能不对群体或环境产生影响，完全以局外人或旁观者的身份进行观察。"冷眼旁观"就对局外观察的形象说明，但可能出现不准确的观察资料。参与观察，也称局内观察，是指观察者深入到观察对象的生活背景中，在实际参与观察对象日常社会生活的过程中所进行的观察。参与观察根据参与程度的不同又可以进一步分为完全参与观察和不完全参与观察。完全参与观察需要观察者融入被观察者群体中，作为其中一名成员进行活动，并在这个群体的正常活动中进行观察；不完全参与观察需要观察者作为一个可靠的"外人"或"半客半主"的身份，参与到被观察者群体之中，并通过这些活动进行观察。参与观察的资料感性、真实，但易带主观感情的成分而导致资料的误差。①

（4）文献法

文献法是社会工作者利用已有的相关文献，摘取有用信息来收集资料的一种方式。已有相关文献可以是服务对象的个人资料、相关机构拥有的服务对象家庭资料、机构转介的资料、已有专业服务的资料、调研报告等。社会工作者使用的文献法具有比较鲜明的间接性（无须与服务对象发生直接接触）、历史性（不仅可以考察服务对象及其系统的现状，还可以考察已发生过的事件）和稳定性（不会产生社会工作者和服务对象之间的干扰效应）的特征。文献法收集的资料对了解服务对象的问题具有重要的参考价值。②

【思考】

对于专栏7-3中的案例，社会工作者如果运用观察法，要观察什么？如果运用文献法，要查找哪些文献？

2. 分析资料

分析资料的内容包括审核、分类与识别资料。第一，审核。在获得大量资料后，社会工作者不要急于分析，而应先对资料进行审核，主要是对资料真实性和可靠性的审核。第二，分类。社会工作者要根据资料内在的共同性与差异性情况，将资料区分为具有一定从属关系的不同类别，通过分类，可以将纷杂的原始定性资料条理化和系统化，从而将零散的资料组成脉络分明的整体，为识别服务对象问题的内在联系提供基础。第三，识别。社会工作者在资料分类的基础上，进一步通过经验论

【思考】

没有经过资料审核与整理直接进行分析，会给社会工作专业服务带来什么负面影响？

①② 谭祖雪，周炎炎. 社会调查研究方法［M］. 北京：清华大学出版社，2013：164，172-173.

证、比较分析、因果分析等方法，对其进行描述、综合和归纳，以达到识别问题的现状及形态、识别问题的成因及影响程度的目的，并在识别的基础上经整理和组织，形成知识性的认识，清楚明确地解释问题。

3. 认定问题

第一，认定问题的现状。包括问题的性质、发展程度、原因、持续时间等。

第二，认定问题的成因。包括问题产生的若干原因，这些原因的先后次序、主次轻重及其之间的联系，服务对象对这些原因的认识和行为反应等。

第三，认定服务对象的系统情况。包括服务对象的自身系统、目标系统、行动系统的发展阶段和特征，以及各系统之间的联系。

第四，认定问题的影响因素。即认定服务对象当前问题无法解决的阻碍要素，包括个人要素、系统要素、文化要素、政策要素等。问题的影响因素常常是十分复杂的，诸要素可能会相互联系组成庞杂的因果网络。

第五，认定服务对象的资源状况。包括个人能力资源、家庭资源、社区资源、政府资源等，多方选择其中可以为问题缓解或解决提供帮助的资源。

4. 撰写预估报告

在收集与分析资料并认定问题后，社会工作者就可以着手撰写预估报告了。预估报告的行文应坚持精练、客观、准确的原则，结构一般包括两大部分。第一部分是资料和事实，这部分要简洁全面地展示服务对象的问题；第二部分是专业判断，主要包括社会工作者从专业角度对服务对象问题的理解和评估，对资料的辨别和解释，以及专业判断问题改变的可能性和后果等。

（三）预估的主要方法

预估的方法是多样的，其中社会历史报告法、家庭结构图法、社会生态系统图法和社会网络表法等方法是进行预估时的常用方法。

1. 社会历史报告法

【思考】
社会历史报告法在预估工作中具有什么意义？

社会历史报告是通过梳理服务对象既有的社会生活历史情况，将相关资料信息进行综合、归纳、概括后形成的一种综合报告，社会工作者可以就这些信息进行思考和预估。一般情况下，社会历史报告应涵盖四个层面的内容：一是服务对象系统的资料；二是服务对象现在的需求、期望及其发展过程；三是与服务对象需求、期望相关的问题；四是服务对象现在的能力和不足等。表7-1展示的是专栏7-3的案例中小王的社会历史报告。

表 7-1 小王的社会历史报告信息表

接案信息	详细说明
重要事件导致现在的问题及求助行为	小王离开大学后在家赋闲已经半年了，他性格内向，在网络上朋友很多，而现实中不善与人交往，不出去工作或找工作。不仅如此，大学期间由于沉溺网络导致多门学科考试成绩不及格，小王到现在还没拿到毕业证和学位证。 小王虽然沉溺网络，但对没拿到毕业证和学位证仍然十分在意，表示愿意接受辅导。
处理和有效性	小王在面谈中不愿意多谈他在学校中的表现，他也认为这并不是什么光彩的事，但对毕业证和学位证的获得仍抱有期待，只是还没有具体行动，也没有和父母谈过。 小王在处理个人危机时的做法是，不让父母过多干涉自己的事，自己有心愿但无行动，并用网络来逃避现实。他的表现反映出他完全没有处理好当前问题，问题带来的影响仍然存在。
情绪状况	在面谈中，小王表现得安静、紧张，对于问题的回答有所保留，他的肢体语言（如小动作、眼神游离）表明他当前还不愿意太过深入地讨论这个问题，或者是公开讨论这个问题，同时也不愿意对问题的严重性后果做深入的设想。 在从 1 到 10 的压力测量指标中（1 到 10 表示压力从低到高，10 是最高），小王对自身压力测评的得分为 8.5。 小王的父母在面谈中表现得情绪激动，表现出对孩子过去忽视的自责和对孩子现状与未来的强烈担忧。
精神疾病记录	无。
健康情况	过去未有重大疾病，当前健康状况良好。
经济情况	小王经济上主要依靠父母，自身没有独立的经济来源。
暴力、被虐待史	无。
支持网络	小王的父母。小王与其他亲友保持距离，其父母也很少向他们寻求帮助。 小王的老师。小王的老师愿意对小王提供帮助，但小王的同学和现实生活中的朋友与他关系比较淡漠。
接案社会工作者的评价——有风险处需进一步调查分析	小王首先需要支持和鼓励，帮助他从自暴自弃的情绪状态中释放出来，也需要与家人沟通，告诉他们自己的问题。 通过小王在游戏中的角色扮演，社会工作者帮助小王认识到，他当前最应该做的是转变沉溺网络的行为，弥补自己的大学课程。社会工作者建议小王不要急于寻找工作，而是先与学校老师取得联系，安排重修课程。 与整个家庭进行会谈有助于小王和父母的相互理解，小王的精神健康状况需要进一步检查跟进，他可能有抑郁症的倾向，因此在必要的情况下可以转介心理帮助机构。
转介	暂无。

2. 家庭结构图法

　　家庭结构图也称家庭图谱或家庭树，是用图形来表示家庭成员健康状况、交往关系和家庭结构的方法。家庭结构图可以直观、形象地提供有关家庭的历史、婚姻、健康、成员交往等重要家庭信息，帮助社会工作者了解服务对象的家庭现状及模式。

　　家庭结构图的绘制原则有三个：第一，至少应包括三代人，长辈在上，晚辈在下；第二，同辈关系中，年长的在左，年幼的在右；第三，夫妻关系中，男性在左，女性在右。在家庭结构图中，要使用一些特定符号来表示特定含义。例如，用方形和圆形分别表示男性和女性；用线段来表示家庭成员的关系形态和婚姻状况，实线和虚线分别代表已婚和未婚，父母与子女、子女之间用粗实线和细实线分别表示关系的紧密和不紧密（虚线表示关系有问题或关系紧张）；夫妻分居或离婚分别用"/"和"//"表示；家庭成员死亡用"×"表示。亦可在家庭结构图上标注出成员名字、年龄、婚姻、健康等。当然，还可以用一些简单明了的符号来记录家庭中的重大事件，如工作、搬迁、意外事故等。① 图7-1展示的是专栏7-3的案例中小王的家庭结构图。

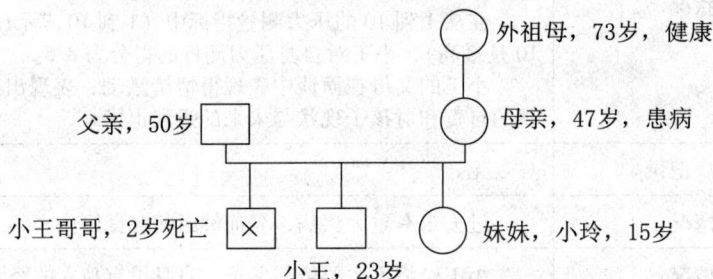

图7-1　小王的家庭结构图

3. 社会生态系统图法

　　社会生态系统图是用图示的方式，展示服务对象的生态系统，即展示服务对象的社会生活全貌。社会生态系统图以生态系统理论为基础，是对家庭结构图的深化。它不仅能呈现个人与家庭内部成员的关系，还能展现个人系统与外在社会之间的关系，说明系统之间能量的流动和各系统间的关系本质，进而说明服务对象面临的问题与资源系统之间的关系。

　　在绘制社会生态系统图时，社会工作者一般要考虑如下几个问题：第一，服务对象的收入、饮食和居住等个人基本情况；第二，服务对象的医疗或社保等资源的情况；第三，服务对象获取资源的渠道及其畅通性；第四，服务对象与亲人朋友的关

---

① 全国社会工作者职业水平考试教材编写组. 社会工作实务（中级）[M]. 北京：中国社会出版社，2007：51-52.

系；第五，服务对象的邻里关系；第六，服务对象所参与的文化群体（或兴趣小组）；第七，服务对象的价值观与主流文化和习俗的协调度；等等。图 7-2 展示的是专栏 7-3 的案例中小王的社会生态系统图。

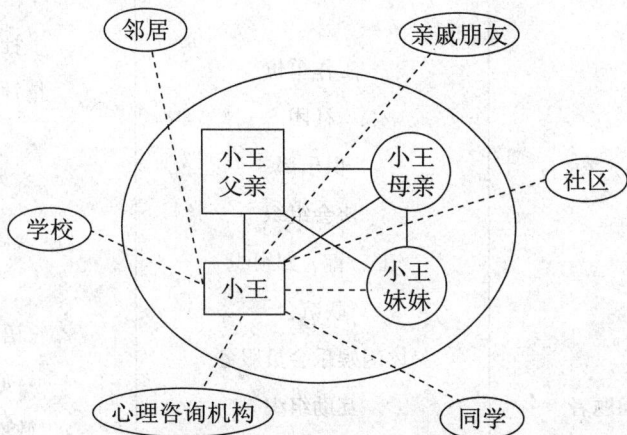

图示说明：强关系用"——"表示；弱关系用"┄┄"表示

图 7-2　小王的社会生态系统图

　　图 7-2 中大圆内是小王的家庭系统，外围则显示了他当前所处的社会环境，主要是对小王的问题有影响或对其家庭有作用的不同社会系统，这些系统与小王及其家庭相互作用、相互影响，构成了小王及其家庭的社会生态系统。

【思考】
　　哪些周围环境资源对解决小王当前的问题最能起到帮助作用？

　　从小王的社会生态系统图来看，小王的社会生态系统处于失调的状态，主要体现在以下几个方面。第一，小王的家庭中虽然有一些问题，但家庭成员的关系并未失调，小王父母当前对他保持了一种强关系，对他的精神帮助和物质帮助比较大，是小王最主要的社会支持来源。第二，小王的家庭系统与周围环境系统之间缺乏良性的交流和互动，它们之间的关系都是弱关系，小王并未从周围环境系统中得到足够的支持。

4. 社会网络表法

　　社会网络表（表 7-2）是指社会工作者用图表的形式，从服务对象主观经验的角度将其社会支持网络的种类和规模、性质和数量等呈现出来。社会网络表既可以反映服务对象的正向支持网络，也可以反映他们的负向支持网络，其目的在于帮助社会工作者准确理解人们是为什么，以及怎样通过各种社会资源的流通而相互作用和相互影响的。

　　社会支持网络包含非正式系统和正式系统，正式系统又分为社会性系统和专业系统。社会性系统指个体处于一个稳定的、关系密切的群体中，与群体中成员建立相互关系，形成持久、完整、丰富的社会性系统，如个体的家庭、单位、国家等；专业系统指由专业人员构成的支持系统，如社会工作者、教师和医护人员等。

表 7-2　社会网络表①

非正式系统	正式系统	
	社会性系统	专业系统
配偶 子女 家人 朋友 同学 邻居 同事 合作者 相同或相似问题者 志愿者	工作单位 社团 俱乐部 协会组织 工、青、妇组织 联谊会 休闲娱乐会员服务 互助组织	社会工作者 精神健康工作者 教师 律师 医护人员 营养师 语言治疗师 心理学家 政府公职人员

表 7-3　服务对象正式和非正式社会网络评估表②

姓名： 地址： 电话：	关系（亲戚、朋友、邻居、同事、专业社会工作者等）	帮助他人愿望（高、中、低）	助人能力（简略说明）	资源、物资（简略说明）	接触次数（每日、每周、每两周、每月、更少）	相识时间（一月、六月、一年、一至五年、更长）	关系密切程度（简略说明感情和舒服程度）
1							
2							
3							
4							
5							
6							
……							

① Dale R. Evaluation Frameworks for Development Programmes and Projects [M]. London：Sage，1998：52.

② 全国社会工作者职业水平考试教材编写组. 社会工作实务（中级）[M]. 北京：中国社会出版社，2007：59.

四、行　动

专栏 7-4

案例

帮助小王的计划书

一、工作目的和任务

1. 目的

帮助小王正确面对困难和挑战，提高其适应、利用环境的能力，帮助小王改善其发展环境。

2. 任务

第一，帮助小王解决不适应环境的心理困扰，树立面对困难的健康心态，戒除网瘾。

第二，帮助小王获得毕业证和学位证。

第三，帮助小王找到一份工作，解决自立问题。

第四，介入小王的朋友系统和邻里系统，改善他们对小王的看法，为小王与他们恢复正常关系奠定基础。

二、介入系统和介入行动

根据对小王个人和他所处社会环境的预估，社会工作者可以认识到小王个人与其社会环境中的资源和障碍。根据这些资源和障碍情况，可以制订如下介入的计划。

第一，帮助小王澄清现在的心理状况及展现的心理问题。小王当前无疑是有心理问题的，而且还不算小，任其发展下去很有可能带来更大的心理困扰甚至造成心理疾病。因此，社会工作者应首先从他不愿意面对现实的心理根源入手，并联系与咨询相关的青少年心理健康服务机构，使其从心理上能够面对当前的困难并愿意为此采取行动。这一过程是小王心理的一个自我成长的过程，也有利于小王自身抗挫折能力的体验和增强。在处理这一问题时，社会工作者更多地应借助相关心理健康服务机构，他们要做的更多是澄清事实，帮助小王去面对，而非教小王如何去做，这样才能真正使小王提高判断力和处理问题的能力。

第二，与学校取得联系，尽可能地帮助小王获得毕业证书和学位证书。这能解决当前小王和他父母心目当中最严重的困扰，而且也是让他勇于承担责任的一个重要措施，可以为小王恢复信心、较为顺利地融入社会创造良好的心理条件。

【思考】

　　联系专栏 7-4 案例中的计划内容，分析社会工作者撰写计划书的原则和主要内容是什么。

第三，帮助小王进行自我就业能力的建设，使他找到合适的工作。小王个人当前最为严重的困扰是学业，但学业问题解决之后，重要的就是他重新融入社会的行动，这一行动最直接的体现就是找到并从事他适合的工作，首先解决他的经济独立性问题。社会工作者应在适当的时间，鼓励小王寻找工作，使他承担起家庭成年成员的责任，这是他开始正常生活极为重要的一步。

由于小王在校期间荒废了学业，所以专业知识并不丰富，技能也不够扎实，加之耽误了应届毕业生找工作的黄金时期，使得他在就业市场中并不占有优势，可以预期他会遭遇到许多障碍。社会工作者可以联系相关部门，让小王参加一些培训，增加就业的竞争力。同时，参加工作也可以帮助小王恢复信心、建立自信，有利于其他问题的解决。

第四，为小王争取社会环境，尤其是人际关系的改善。这是一项重要而长远的行动计划，关系到小王的成长问题，实际上也是一个在更为宏观的社会层面增能的问题，行动起来比较复杂，难度相对更大。

小王的父母在社会工作行动过程中应发挥积极的作用，父母在这一时期对儿子的支持是小王行动的重要情感资源之一。同时，小王在行动中的改变，邻里、亲友会关注到，他们会因此逐渐改变对小王的印象，以实际行动消减已有的负面印象。同时，社会工作者可以通过访问、说服等方式，帮助邻里、亲友等人保持与小王的良好关系，使他能感受到社会环境中的善意，体会到社区的和谐。这通常需要采用集体行动来实现。

[资料来源] 本书作者根据成都市某社会工作服务中心督导案例整理、编写。

在完成预估工作后，社会工作者就要切实开展行动了。开展行动的第一步并不是介入或服务，而是制订行动计划，它可以帮助我们有规划、有目的地循序开展工作。专栏7-4中的案例，展示的就是针对服务对象小王设定的一个简要的工作计划。在工作计划制订的过程中，我们要始终坚持制订计划应遵循的原则，并熟悉计划应包括的主要内容。

（一）制订计划

1. 制订计划的原则

【思考】
在制订计划时，若完全依靠社会工作者，而不遵循服务对象参与的原则，可能会产生什么后果？

计划是社会工作介入的行动指导，直接关系到如何进行介入和服务的成效，因此，计划的制订要遵循相应的原则。

（1）服务对象参与原则

在制订计划时，社会工作者要充分考虑服务对象系统的意愿，在与其交流任务目标并达成一致后，还应在介入行动中充分考虑服务对象介入的问题，以服务对象介入为中心，制订相关的计划策略。服务对象在解决问题过程中付出努力是一个自我成长与能力提升的过程。因此，在制订计划时，要注意发掘服务对象自身的特长和优势，让他们不仅在介入阶段发挥作用，还要从计划阶段就参与进来。

（2）详尽性原则

计划是行动的指导，具体详细的计划可以为社会工作者的介入工作提供更多的指导性建议，影响整个介入行动的过程。而且，具体的计划要求社会工作者对阶段性的目标和成果的规划更为详尽，即具有可测性、可行性，如此才能更为清晰地知晓介入是否完成了规定性的目标并取得预期的成果。

（3）评估性原则

一项计划不仅要围绕解决服务对象的问题来制订，还应具有可评估性，能够量化地评测，清晰地展现介入行动的成果。因此，社会工作者在制订计划时，应考虑能不能评估、如何评估介入行动等内容，否则可能会影响其后的评估工作。这是制订计划所应遵循的另一重要原则。

2. 制订计划的内容

（1）设定介入的目的和任务

社会工作者可以通过向服务对象征询等方式来确定他们的需要和问题，由此有的放矢地设定介入的目的。在设定介入目的的过程中，还需要及时与服务对象联系，使其明确自己在制订计划过程中的作用和介入活动中将履行的角色。

在设定任务的过程中，有可能会出现许多任务有待解决的情况。社会工作者需要和服务对象协商讨论，以选择和制订出具体的初步任务、重要任务、根本任务等。在无法判断任务性质时，可以通过评分的方式，选择出服务对象最期望、最紧迫的要求，以确定任务的重要性程度。并在考虑可行性的基础上，决定任务的主次和任务完成顺序等。

（2）构建行动框架

当介入的目标和任务确定之后，社会工作者还需与服务对象商议如何实现这些任务，这就需要制订一套行动框架，选择有效的介入系统和行动内容。

第一，选择介入系统。

社会工作的介入系统包括服务对象，以及为帮助服务对象解决问题而需要介入的其他社会系统。社会工作的介入系统大致可以分为直接介入系统和间接介入系统，二者在服务对象、基础目标、应用资源和介入效果等方面都存在一定的差异。因此，社会工作者要全面考察服务对象需求、问题及其系统资源（包括正式社会资源和非正式社会资源），在权衡介入目标与介入系统功效后，选择和决定介入系统和介入策略。

> 【思考】
> 社会工作直接介入系统和间接介入系统的具体区别有哪些？

第二，确定行动内容。

社会工作者在选择介入系统后，还应进一步分析确定其行动的内容。社会工作的介入行动可以分为不同的类型，以内容为标准进行划分可以分为五类：危机介入、资源整合、经济援助、安置服务和专业咨询。危机介入是指服务对象遭遇突发性事件，如自杀、突发公共事件、地震等问题，社会工作者实施的联系相关机构、安置与安抚、物资救助与心理支持等介入服务。资源整合是指社会工作者根据服务对象存在的

【思考】

结合专栏 7-4 中的案例，思考社会工作者应为小王提供的介入服务大致有哪些内容。

问题，确定其需求的资源和资源提供者，设定如何动员和使用资源，构建资源网络的介入服务。经济援助是指社会工作者利用正式资源和非正式资源，为服务对象提供常规性或临时性经济援助的介入服务。安置服务是指社会工作者将服务对象带离原有居住场所，进行暂时性安置、短期安置、长期安置或永久性安置的介入服务。专业咨询是指社会工作者掌握相关资源系统的资料信息并为服务对象提供必要的咨询，或当咨询内容超出社会工作专业范围时安排相关专家咨询的介入服务。

（二）签订服务协议

服务协议即服务合同，是社会工作者与服务对象经过协商达成的工作方案，是双方为解决问题制订的合作计划，体现了双方的权利、义务与伙伴关系。服务协议的主要内容包括：介入服务的目的与目标、社会工作者与服务对象的角色与任务、为达成目标所采取的步骤与方法、期望的结果、进行评估总结的方法等。需要特别注意的是，签订服务协议的本质是为了更好地达成目标而明晰行动的过程、任务与方法，因此，服务协议的内容必须具有可行性，否则只能是一纸空文。

（三）介入

专栏 7-5

案例

帮助小王的行动

在专栏 7-4 中，社会工作者制订了工作计划。为了帮助小王，社会工作者按照计划实施了介入行动。

第一，帮助小王减轻心理压力。小王的心理问题主要是现实不如意与父母期望间的矛盾使其自卑和逃避。为了处理好他的心理问题，社会工作者咨询了相关心理健康服务机构，在其指导下联系了小王的父母，使小王父母明白了孩子现在的心理现状以及自己应做的事情。小王父母和小王进行了有效的沟通，使他知道父母对他的关心和期望（既不是一定要他出人头地也不想看到他逃避现实，而是融入社会正常生活中），这种期望是他当前可以达成的，减轻了小王的心理压力和负担。

第二，帮助小王与学校老师取得了联系。在咨询了学校老师意见和相关部门政策后，社会工作者获知小王经过努力还有可能获得毕业证和学位证。在社会工作者的帮助下，小王来到学校和相关的专业老师取得了联系，补习功课备考。

第三，协助小王戒除网瘾。社会工作者介绍小王参加了兴趣小组，并鼓励和帮助他结交新朋友；在返回学校复习备考期间，社会工作者建议他联络昔日的同学，并限制上网的时间。通过这一系列举措，小王恢复与建立了现实人际交往网络，为小王脱离虚拟网络重新融入社会奠定基础。社会工作者还充分调动小王父母、妹妹等资源，为其戒除网瘾提供情感支持。

　　第四，协助小王找到工作。对小王来说，找到工作、解决独立生存问题是他真正融入社会、开始正常生活、恢复信心的重要一步。小王的专业功底薄，能力不突出，也错过了应届生找工作的最佳时间，因此找工作并不容易。为此，社会工作者结合小王对网络比较熟悉的实际情况，为其提供网络技能培训的相关信息；与社区联系，为其物色合适的工作岗位；并积极引导小王通过多种途径找工作，疏导心理压力，提升抗挫折能力。

　　第五，努力为小王争取社会环境的改善。社会环境影响到小王的就业、人格发展与成长，改善社会环境是一个在宏观社会层面增能的行动。社会工作者一方面鼓励小王为他人和社会多做益事，从小事做起，助人为乐；另一方面通过多种沟通方式，让小王周围的人消除对小王的刻板印象，为其重新融入社会创造有利环境。

　　[资料来源]　本书作者根据成都市某社会工作服务中心督导案例整理、编写。

1. 介入的原则

　　在社会工作介入的过程中，社会工作者还需要注意一些原则，并结合现实来规范和调整介入行动。一般来讲，介入行动应遵循以下五个原则。

　　（1）目标性原则

　　介入行动应始终围绕介入目标来进行。例如，专栏7-5的案例中，社会工作者开展了心理建设、与家人沟通、与学校沟通、戒除网瘾、能力建设等具体工作，这些具体工作的最终目标都是使小王重新适应社会。同时，在介入过程中，社会工作者可能会发现服务对象的新情况和困难，要切忌受其他因素干扰而改变本次行动的基本目标。

　　（2）以人为本原则

　　介入行动过程中，要始终坚持以人为本的原则，从服务对象的角度出发，与其紧密配合，双方共同参与，这样才能最大限度地发挥服务对象的能动性，使其主动完成任务。例如，在专栏7-5的案例中，社会工作者通过帮助小王复习备考、上培训班、找工作等方法实行介入行动，但如果没有小王的配合，任务也将无法顺利实施或达不到预期的效果。

　　（3）个别化原则

　　社会工作者要根据服务对象的特点采取有针对性、个别化的介入行动，如此才能取得最佳的效果。例如，对于留守儿童，介入行动要着重满足其生活照料、个性发展与学习的需求；对于空巢老人，虽然同样需要生活照料，但应注重其医疗保障和精神生活问题；即使服务对象同为留守儿童，由于每个留守儿童的成长经历、个性特点、需求、资源环境等仍可能有或多或少的区别，行动时不能搞"一刀切"，应注意个体差异。

　　（4）灵活性原则

　　社会工作者在介入行动过程中，可能出现一些预想不到的新情况和新问题，再完善的计划也无法完全避免这种情况的出现。因此，社会工作者还常常需要根据时时变化的情况随机调整介入行动，不必完全按照计划一板一眼地进行工作。

（5）经济性原则

介入行动常常需要社会工作者和服务对象付出大量的时间、精力，也需要一定的费用。因此，在行动过程中，需要考虑投入的时间、精力、金钱与取得成效之间的比例关系，尽量以最小的成本获取最大的收益。例如，专栏7-5的案例中，社会工作者以家庭为单位进行介入，就比以小王个体为单位进行介入更具有经济性。

2. 直接介入

直接介入是社会工作者和服务对象运用多种方式，为达成目标一起进行的介入行动。直接介入包括资源利用介入、危机介入、调解介入、活动介入等。

（1）资源利用介入

【思考】
社会工作者在帮助服务对象分别利用内在资源和外在资源的过程中，所扮演的角色有何异同？

在资源利用介入的行动中，社会工作者的主要工作是促使服务对象运用现有资源，以满足服务对象需求，解决问题，消除危机。一般来讲，服务对象在面临问题和困难的同时，常伴随着他们缺乏解决问题的资源，或者不知道、不善于利用这些资源的情形。因此，社会工作者要采取介入行动，促使服务对象妥善利用现有的资源，包括内在资源和外在资源。

社会工作者帮助服务对象利用内在资源的主要任务是帮助服务对象面对问题，端正态度，并能运用正确方法分析问题；帮助服务对象明确其不同社会角色的定位，并改进履行角色的技巧；挖掘服务对象的特长与潜能，增强自身能力。社会工作者帮助服务对象利用外在资源的主要任务是运用多种方式，将服务对象的各类系统（包括正式资源系统，如各类服务结构，非正式资源系统，如家庭、邻里、朋友等）进行有效联结，增强服务对象利用资源的能力和效果。

（2）危机介入

【思考】
社会工作者在危机介入中主要扮演的角色是什么？

危机是由于个人在生活中的压力爆发或突发性事件，使个人原有的平衡状态发生改变，骤然出现的不平衡、不稳定的一种状态。每个人在一生中都可能出现危机，危机是一种正常的个人事实，而非反常的甚至病态的个人事实。危机介入是指服务对象遭遇压力或突发性事件，如自杀、突发公共事件、地震等问题，社会工作者实施的相关介入服务。

由于危机具有突发性，因此危机介入是一种强调时效、目的集中的特殊介入。其主要目标在于帮助服务对象缓解或解除当前情绪上的紧张与失衡，恢复常态与正常的社会功能。社会工作者要帮助服务对象通过宣泄、转移等方式平衡心理、明了现状，将工作的焦点放在帮助当前服务对象恢复能力以应对危机上。当服务对象逐步恢复正常社会功能时即可结束介入行动，无须将介入目标设定过高。可见，社会工作者在危机介入中主要提供了保护、接纳、鼓励及指导的服务。

（3）调解介入

调解介入是指社会工作者帮助服务对象缓解与环境中系统或个人的尖锐矛盾冲突，退一步来寻找矛盾双方的共同利益，从而缓解或解决现实问题的介入策略。调解介入虽然可能涉及服务对象和其他个人的冲突，但大多是关于服务对象与环境系统中的矛盾冲突，因此社会工作者调解的重点在于通过服务对象与环境系统的联系互动，达到相互理解、满足共同需要的目的。例如，我国城镇化进程中出现的拆迁问题，居民与开发方在拆迁补偿方案上有矛盾，僵持下去双方利益都会受损，社会工作者可以将他们的意见进行沟通，互陈利弊，经协商提出双方都能接受的折中调解方案，达到化解矛盾冲突的目的。

在调解介入的过程中，社会工作者的主要任务是帮助服务对象与环境系统进行接触，协助环境系统回应服务对象的问题，并为双方协商实现共同目标创造有利条件。在此过程中，社会工作者务必保持中立原则，不偏不倚，如此才能取得双方的信任，以客观立场帮助他们找到利益共同点。

（4）活动介入

在直接介入过程中，社会工作者主要运用活动来帮助服务对象，达到解决问题的目的，这里的"活动"是指针对特定目标的社会工作任务行动。例如，运用小组活动设计角色扮演学校老师如何与"问题学生"打交道，使束手无策的老师通过扮演与练习获知与"问题学生"进行沟通并获取信任的要点技巧，帮助他们在现实生活中顺利开展工作。这种社会工作者通过活动介入提升服务对象能力的方法，比单纯的一对一辅导服务对象提升能力的方法效果更好。

在活动介入的过程中，社会工作者要设定介入目标，了解服务对象的能力和需求，并落实资金、设备等资源。活动介入的目的和任务，在于帮助服务对象树立信心，增强自决能力，提高处理问题的能力和技巧，发展兴趣，改变行为，适应环境，在活动中提升自我并建立与外部环境的关系。

3. 间接介入

间接介入是指在服务对象不具备行动条件的情况下，由社会工作者代表服务对象采取行动、争取资源，以满足需要或解决问题。间接介入包括争取社区资源、协调资源系统和发展新的资源等。

> 【思考】
> 　　直接介入和间接介入关注的侧重点有何不同？

（1）争取社区资源

社区是某一地域里个体和群体的集合，社区成员在生活上、心理上、文化上有一定的相互关联和共同认识。服务对象生活在社区中，社区是他们最为主要并常见的外部环境资源之一。因此，社会工作者代表服务对象进行间接介入时，首先需要考虑的是可争取的社区资源。

社会工作者在争取社区资源时，特别需要注意识别与联系社区内具有影响力的成员，将他们团结起来参与行动，更有效地让服务对象获益。社区内具有影响力的成员一般具有如下特征：具有合法的权威，具有声望和社区地位，掌握社区信息，拥有已建立的社会网络。社区组织领导有可能是社区内具有影响力的成员，但有影响力的成员并不局限于社区组织内部，也包括社区居民中一些德高望重的人。社会工作者要深入社区，了解社区情况，以令人信服的表达技巧和专业能力取得社区内有影响力成员的支持与配合，使争取社区资源的间接介入行动事半功倍。

（2）协调资源系统

社会工作者在为服务对象寻找资源时，有时可能会发现能够提供服务的不止一个机构或组织。这些机构或组织有的时候可以互补，但有的时候也会存在冲突。比如，不同机构有各自的工作规章，有各自不同的助人条件和方式。在这种情况下，社会工作者需要代表服务对象与这些服务机构或组织进行协调沟通，使每一个机构或组织了解其他机构或组织的计划、工作内容和进度，尽量减少工作中服务缺失、内容冲突和资源浪费等情况的产生。

社会工作者代表服务对象协调资源系统的主要工作内容：联系各机构或组织以实现帮助服务对象的共同目标；了解各机构或组织的观点与优势；识别各机构或组织的功能并划分职责；与各机构或组织进行沟通，协调工作内容和进度。

（3）发展新的资源

当外部社会资源不能满足服务对象的需求时，社会工作者还可以思考发展新的资源。例如，在专栏 7-5 的案例中，为了帮助小王戒除网瘾，社会工作者鼓励他参加兴趣小组，而周围没有这一资源，可以创造性地建立与发展兴趣小组，如开展志愿服务等。可见，发展新的资源是社会工作者进行间接介入的一个有效途径。

发展新的资源需要有一定的成本，社会工作者要把握好成本与收益之间的关系。有的创新资源其实不需要很高的成本，就能起到良好的效果，关键在于联系现实、集思广益、敢想敢干。发展创新资源需要注意：考虑成本，控制规模；争取其他机构或组织的支持；在具备一定规模的条件下，可以建立必要的组织以管理新资源。

此外，社会工作者在进行间接介入时，还要分析服务对象所处的环境，促成外部环境发生有利于服务对象的转变；同时，面对变化的环境和服务对象的需求，社会工作者也可以积极促成机构政策、工作程序、工作方式的转变，以满足服务对象的要求。

五、评　估

📚 专栏 7-6

案例

帮助小王的工作评估

1. 目标评估

介入行动的主要目标，一是帮助小王树立面对困难的正确心态，戒除网瘾，解决不适应环境的心理困扰；二是帮助小王获得毕业证和学位证，并找到工作，解决他的自立问题；三是帮助小王改善他的朋友关系和邻里关系。这些目标的定位是准确的，适合小王的需求。

首先，小王在成长过程中产生了一定的心理失调。与小王感情深厚的爷爷过世给小王带来了一定的打击。小王回到父母身边后，父母忙于工作和小王的情感交流较少，使小王在成长中性格出现了较大的变化，但并未引起父母足够的重视，这为小王不适应社会埋下了心理隐患，而后的学习生活更加重了这一心理问题。所以，要从根本上解决小王当前面临的问题，就应先从他的心理问题入手，提升他适应社会的心理能力。

其次，提升小王的自立能力。提升小王适应社会的心理能力固然重要，但若现实一再给予他打击，也不利于小王问题的解决。所以，在提高小王心理适应能力的同时，还应帮助他提升自身的现实适应能力。具体到小王当前的情况，就是帮他获得学位证和毕业证，找到工作，这不仅有利于小王的独立，学习并掌握适应社会的现实技能，还有利于进一步稳固其心理适应能力。

再次，小王个人能力的建设是社会工作者介入的主要目标，但想要达成这一目标，仅靠服务对象或社会工作机构的努力是不够的，更有效的方法是动员社会各方面的力量共同参与。因此，在介入行动中还需妥善运用与协调各种资源，通过对小王朋友系统和邻里系统的社会动员，达到改善他周围系统环境的目标，为他更好地适应社会创造良好的外部条件。

2. 方法与实施过程

为了实现上述目标，社会工作者采取了一系列的具体介入措施，应当说，这些介入措施被事实证明是有效的。首先，小王的心理问题来源于其父母缺乏与他的有效沟通，很多错误行动来源于他对父母期望的误解和对现实挫折的逃避，社会工作者在初期起到"传声筒"的作用，后来则进一步安排双方面对面沟通，为双方搭建沟通的桥梁。其次，为了戒除小王的网瘾，社会工作者不仅从家庭入手，还从其周围社交环境入手，鼓励他参加兴趣小组或社团，严格限制其上网时间。再次，小王的问题除了心理原因，还源于现实的挫折，因此，社会工作者联系了学校和培训机构，使其能学习专业知识技能，减少适应社会的阻力，增强小王抵御挫折的实际能力。最后，社会工作者在社区内劝导邻里消除对小王的刻板印象，并鼓励小王多做善事，如帮助老人拿重物等，以期改善小王的社会环境。可见，这些措施分别侧重于建设小王的心理能力、生存技能和环境条件，在功能上实现了互补，是达成介入目标的有效工具。

【思考】

评估可以在行动结束后进行，也可以在行动开始时进行。分析两种情况的利弊和适用范围。

3. 效果

通过上述措施的实施，介入行动取得了应有的效果。首先，社会工作者成功地链接和小王及其父母的互动，通过沟通加深理解，小王减轻了心理压力和负担，表示要戒除网瘾，愿意为改变现状而努力。其次，经过努力，小王获得了毕业证和学位证，在社区找到一份计算机网络管理员的工作，而且开始建立实际生活中的社交圈子。再次，为改善社会环境而采取的种种措施或多或少地转变了周围人对小王的一些不良印象，周围人开始不用"古怪孩子"的有色眼镜来看待他了。

[**资料来源**] 本书作者根据成都市某社会工作服务中心督导案例整理、编写。

【小知识】

有的书将评估分为三类：行动前的评估（即本书中的预估）、行动中的评估（主要指过程评估）和行动后的评估（主要指结果评估）。

在社会工作专业服务行动开始及结束后，社会工作者需要系统汇集各种资料，思考工作过程中运用的方法和遇到的问题，检查效果与目标之间的匹配程度，将上阶段的工作进行进一步总结提升，这就是社会工作过程中评估阶段的主要工作内容。专栏7-6中的案例展示的就是对小王服务项目进行简单评估的主要内容，主要考察了三个方面：一是工作的目标定位，二是工作的方法及过程，三是工作的效果。

（一）评估的含义

所谓评估，是指运用科学的方法和技术，系统、规范地总结和评价社会工作介入的目标、过程和结果的过程，主要考察目标是否达成与达成的程度、工作方法及过程、介入是否有效（包括成功的经验和失败的对策）等内容。一般来讲，任何一项社会工作专业服务都需要进行评估，这不仅有利于总结相关经验教训，而且是检查确认工作成效、实现社会价值的必要环节。

根据评估的具体目的和侧重点的区别，社会工作评估有不同的策略，可以被划分为不同的类型。本阶段常用的评估有两类：过程评估和结果评估。过程评估是在服务过程中进行的、对整个服务过程中若干细则内容进行的估计与评价。社会工作是一个连续性的过程，过程评估的重心在于监控和保障社会工作的介入按既定的要求实施并达成目标，同时根据现实的变化适时调整具体行动方案使之与目标相吻合。结果评估是在服务结束后对服务效果的估计与评价，常见的有效果评估、影响评估和收益—成本评估。效果评估侧重于评估社会工作专业服务对服务对象产生的作用，影响评估侧重于考察行动结果与对照组或替代项目结果之间的差异，收益—成本评估则侧重于了解社会工作投入与产出之间的关系、确定社会资源的使用率。在现实中，社会工作者采取哪种评估方法，并没有一个统一的标准，主要由社会工作者根据自己的价值观和专业判断来决定。

（二）评估的目的

社会工作评估是社会工作者或机构实施的有目的的活动，评估活动的复杂性使评估目的也具有多样性。社会工作评估的具体目的与服务具体内容有关，大致可以划分为两大类：一是促进社会服务，二是促进专业发展。

促进社会服务是评估的直接目的和显性目的。从评估的内容上看，无论是评估服务目标与需求、方法、进度、效果，还是进行服务总结、提炼经验教训、提出改进建议，甚至是为了节省资源、实现行动效益的最大化等，最基本的目的指向仍是促进社会服务水平的提升，为服务对象提供高质量、高效率的专业服务，更好地给机构、服务对象及社会大众一个答复。

促进专业发展是评估的间接目的和隐性目的。评估的直接目的虽然是促进社会服务的发展，但在此过程中也汇总、积累、检验了社会工作的知识，验证、修改、完善了社会工作的方法，使这些知识与方法有效运用于社会服务的实践中，进而达成促进社会工作专业发展的目的，这是社会工作谋求自我发展的必由之路，是隐含于显性目的下的隐性目的。

（三）评估的步骤

1. 过程评估的步骤

过程评估又叫形成性评估，是在服务过程中进行的、对整个服务过程中若干细则内容进行的估计与评价。按评估侧重点的不同，过程评估可以分为服务对象改变的过程评估和服务方案执行的过程评估，其逻辑框架结构如图7-3所示。

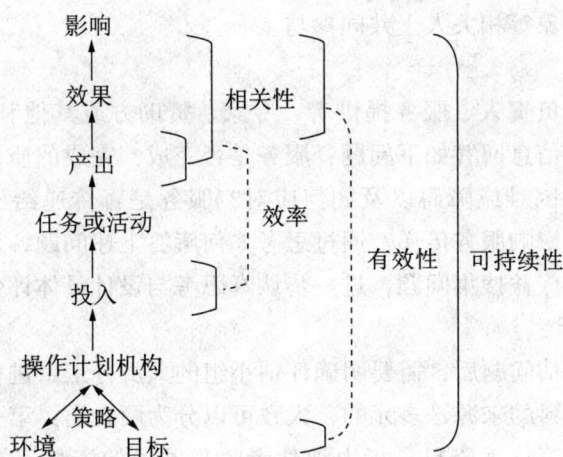

图7-3 过程评估的逻辑框架①

---

① Dale R. Evaluation Frameworks for Development Programmes and Projects [M]. London：Sage，1998：59.

（1）确定评估时间

过程评估要注意评估的时间，不同阶段的评估应满足不同的要求，也会出现不同的结果。如果要检测服务的可持续性，需要全过程评估；如果要检测服务的效率，需要对服务的投入和效果进行评估；如果要检测服务的相关性，需要对产出、效果和影响进行评估；如果要研究服务的有效性，则需要对服务的目标、效率和相关性同时进行评估。

过程评估是一种进行式的过程，而不是在孤立时间点上的分析，在什么时间点上进行过程分析，常常是由委托方或机构自身根据需要决定的。需要注意，评估正在进行的社会工作专业服务是比较困难的，因为行动本身就处在不断的变化中，难以对其做出定论，且评估活动可能会影响正在进行的行动。因此，选择合适的评估时间就显得尤为重要。至少要考虑以下两个因素来综合确定评估时间：第一，是否能提供初步评估报告，以利于社会工作者提高服务水平和效果。第二，是否能对分析评估的干预结果进行衡量，使干预结果的时效性和功用得到最大限度的发挥。

（2）考虑一些因素

【思考】
过程评估需考虑的因素，除了文中指出的，你还能想到哪些？

进行过程评估还需要综合考虑多方面的因素：第一，机构或服务的目标、任务是否合适，是否具备足够的资源与专业知识。第二，在已有的相关文献、文件和报告等资料中记载了多少相同或相关信息，成功信息和失败信息都可以为评估者提供参考。第三，确定评估范围，主要是确定评估的目标人群，是否有服务人口过多效应（即未包括在目标人群中的人是否可以接受服务）及差距效应问题（即服务对象在介入开始前的状况和介入开始后的理想状态之间的差距以及如何缩小差距）。第四，吸纳决策者、专业人员、服务对象等相关人士共同参与。

（3）提出评估问题

评估问题一般由项目负责人、服务提供者、专家、赞助方或其他利益群体提出。评估问题必须能提供足够信息回答如下问题：服务是否完成？完成的质量如何？服务是怎样实施的？遇到哪些困难或障碍以及如何应对？服务是否传递给了既定目标人群？哪些因素影响及如何影响服务传递？通过思考如何解答上述问题，可以大致界定出评估问题的范围并集思广益搜集问题，进一步认真思考与设计具体评估问题。

（4）资料收集与分析

【小知识】
资料收集与分析的具体方法，可以参考介绍社会研究方法的相关图书。

确定评估问题后，需要明确评估小组的人员分工，进行资料收集工作。评估资料的来源是多元的，大致可以分为两大类：第一手资料和第二手资料。第一手资料是指由评估者收集的原始资料，如问卷调查资料、焦点小组资料、观察资料和访谈资料等。第二手资料是指由评估者收集的现存资料，如工作计划、年度总结、活动记录、会议记录、当事人记录、申请书等。资料收集方式主要有调查法、访谈法、观察法、文献法等。

一般情况下，收集的评估资料包括定性资料和定量资料两大类，这两类资料由于性质不同，也相应地有着不同的整理和分析方法。对于定量资料，可以按照一定的程序进行资料审核、清理、编码、录入，并结合 SPSS 软件进行数据的统计分析。对于定性资料，可以按照一定的程序进行审核、筛选、分类、编码，并结合经验论证、比较分析、因果分析等方法进行资料的分析。

（5）撰写评估报告

评估的结果是以报告的形式展现出来的。评估报告一般包括了以下几方面的内容：

第一，概况。简要介绍评估的目的、任务和具体要求。

第二，总结。具体总结服务的目的、任务、进展、已取得的成果等。

第三，评估过程。介绍评估的范围、问题、方法和评估人员的组成、组织结构和时间安排等。

第四，资料收集。介绍各种第一手资料和第二手资料的收集过程。

第五，分析结果。展现资料分析的结果，回应评估问题。

第六，思考。评价行动的运行，总结经验教训，提出改进的建议措施以及对其他同类项目的启发。

在规范性要求比较高的评估报告中，通常还需要列出参考文献和附录（指和评估相关但不宜放入正文的其他资料）。

2. 结果评估的步骤

结果评估是以测量和判断社会工作介入结果为主要目的和内容的一种评估模式。常见的结果评估类型有效果评估、影响评估和收益—成本评估，其评估模型如图7-4所示。

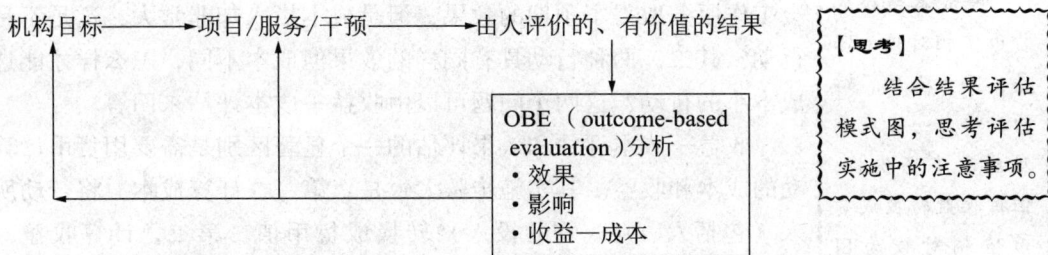

图7-4 基于结果的评估模式[①]

（1）效果评估的步骤

效果和结果这两个概念是有区别的，有结果不一定意味着有效果，效果是正向结果达到一定程度的表现。效果评估是为了评价行动的结果是否或多大程度达成了预期的目的。

效果评估一般包括三个步骤：第一，了解预期目标，包括短期、中期、长期目标和最高、最低目标等，将所有预期目标清楚明确地陈述出来。如果预期目标不清晰，

---

① R. L. Schalock. Outcome-based Evaluation [M]. New York：Plenum，1995：16.

需要评估者与各方沟通，达成清晰描述预期目标的共识。第二，通过前测、后测等方法，测量服务对象在介入行动后发生的与之相关的变化，确定行动产生的结果。第三，比较行动的现实效果与效果基线（即社会工作者在行动前或初期，设定的衡量介入效果的标准线，通常由介入目标、测量工具和对服务对象实际测量的结果来确定），如果现实效果超过基线，表明介入行动达到预期效果，反之则表明未达到预期效果。

（2）影响评估的步骤

有的情况下，服务对象在社会工作服务结束后发生的变化，并不完全是由介入行动自身引起的，还可能出于其他因素的影响。影响评估就是要评估除去其他因素影响后，社会工作介入行动本身的净影响。为了测量净影响，常需要进行实验设计，设立对照组或替代组，比照实验组与对照组/替代组的结果，两组结果之差就是介入行动的净影响。

可见，影响评估主要采用实验研究的方法来进行，因此有其特定的实施步骤：第一，建立实验组和对照组（替代组），并按随机的原则分配服务对象进组。第二，对实验组进行介入干预，对对照组不进行干预或对替代组进行替代干预。第三，测量两组的结果并进行比较，得出介入行动的净影响。需要注意的是，现实生活中很多条件的限制常常使严格的随机实验设计不可行或不合适，因此也可以采用准实验设计的方法来进行测量和比较。

（3）收益—成本评估的步骤

在评估一些社会工作服务时，还涉及以下两个问题：其一，有的社会工作服务取得了预期的效果，但是成本投入却非常大，这是不是好的行动？其二，两种行动具有同样的效果但成本不同，怎么样才能选择到成本小的行动？这两个问题可以由收益—成本评估来回答。

收益—成本评估和效果评估的一个显著区别是需要用货币计算出行动的成本和收益。其实施步骤大致是：第一，计算成本，将行动所有投入（包括人、财、物的投入）转换成货币值。第二，计算收益，将行动所有效果（包括经济、能力、心理效果等）转换成货币值。第三，计算收益与成本之差或比率，据此对行动进行评价，凡是收益大于成本的就是好的行动，相同成本的两种行动采用收益更大的。

六、结　案

专栏 7-7

> **案例**
>
> **帮助小王项目的结案**
>
> 　　专栏 7-1、7-3、7-4、7-5 中的案例展现了社会工作者为解决小王的问题和满足其需求，进行了面谈、联系资源、心理疏导等介入活动，通过专业服务帮助小王及其父母实现了有效的沟通和相互理解，帮助他增强了自身的知识技能并找到工作，协助他戒除网瘾并开始建立新的社交圈子。至此，小王及其家人和社会工作者都感觉已经达成了当初的服务目标，决定结束专业协助的关系。
>
> 　　[**资料来源**] 本书作者根据成都市某社会工作服务中心督导案例整理、编写。

　　在专栏 7-7 的案例中，社会工作者介入行动后，服务计划确定的目标已经实现了，可以结束专业协助的关系。但整个社会工作过程还并未完全结束，此时社会工作者和服务对象小王还需要对整个介入过程进行总结，即进行结案工作。

（一）结案的含义

　　所谓结案，一般是指当介入行动已经结束、介入目标已经实现时，社会工作者和服务对象按双方协议，有步骤地结束工作关系的过程。结案是社会工作过程中的最后一环，也是一个不可或缺的必要组成部分。

> 【思考】
> 　　结案在社会工作过程中具有什么作用？

　　通常意义下，结案意味着行动目标的实现，但也有一些情况例外。一是因服务对象不愿继续接受服务而终止关系的结案，如在专业服务开展过程中，遇到服务对象强烈的抗拒与抵触，按照自愿性原则，双方可以结束服务关系，进行结案工作。二是客观障碍导致目标无法实现的结案，如在专业服务开展过程中，社会工作者可能会发现服务对象的需要远超出自身和机构的实际能力，于是将服务对象转介给其他有能力解决该问题的机构或社会工作者，或是办理终止手续，这也是一种目标未达成的结案类型。三是社会工作者或服务对象身份发生变化的结案，如社会工作者的工作调动，或服务对象搬家至机构无法实行有效服务的地方，也只能不得已进行结案。

（二）结案的主要任务

　　在结案阶段，社会工作者的主要任务：对服务进行认真回顾和总结，巩固已有的成果，解除工作关系并撰写结案记录。

1. 总结工作

即规范、翔实地对之前社会工作各阶段做一个系统总结，它和评估阶段的总结既有联系又有区别。在评估阶段的总结中，主要介绍、分析服务的目的、任务、进展、已取得的成果等，常常是报告给机构或赞助方的；而结案阶段的总结既包括评估总结，也包括将结果与服务对象分享、处理服务对象因结案带来的有关情绪和感受等内容，常常是社会工作者的自我工作总结。

2. 巩固成果

【思考】
你能想出哪些具体措施来巩固工作成果？

在解决服务对象问题，或服务对象有能力应付和解决问题后，社会工作者还需要在结案阶段巩固已经取得的成果。社会工作者可以通过回顾工作过程的方式，帮助服务对象形成和巩固有关解决问题的过程与方式的知识；也可以通过强调服务对象自己取得的成绩、表达积极支持的态度等方法，增强服务对象解决问题的自信，为服务对象能力的提升奠定知识基础和心理基础，并最终达到助人自助的目的。

3. 解除工作关系

社会工作者与服务对象在结案阶段订立了正式或非正式的工作协议，结案阶段工作协议终止，双方解除正式的工作关系。但这并不意味着社会工作者绝对不再与工作对象发生后续接触，事实上，在因客观障碍导致目标无法实现的结案中，或服务对象提出还需要其他专业服务，社会工作者还可能要进行转介工作，如此才能妥善结案。

4. 撰写结案记录

结案还需要撰写书面的结案记录。结案记录的主要内容包括：服务对象求助的时间、求助的原因、工作过程中提供了哪些专业服务、服务对象产生的变化、结案的原因、社会工作者的评估、建议与反思等。撰写结案记录需要注意两个方面：一是用简单平实的语言进行撰写。因为结案记录不同于文学作品和新闻报道，它十分强调准确性、严密性和简洁性，所以应该尽量用平实的语言清楚明确地表达。二是用客观的态度进行撰写。结案记录的多数内容是具体的客观事实；即使涉及一些主观性较强的内容，如建议与反思等，也是基于客观事实提出的对策与思考。因此要求社会工作者在撰写过程中始终秉持客观的态度。需要指出的是，在专业服务过程中我们强调社会工作者要有"同感""投入式理解"，但这与结案记录的客观性并不矛盾。

【思考】
为什么说服务过程中社会工作者的"投入式理解"与结案记录的客观性并不矛盾？

（三）结案的注意事项

面对结案，服务对象会产生相应的情感反应，一种是对取得成效的兴奋、成就感和对未来的期待等正面反应，另一种是对分别产生的难过或对目标未达成的失落等负面反应。对这两种反应，社会工作者要清晰认识、分别对待，有技巧地强化服务对象的正面反应和灵活应对其负面反应。

1. 强化服务对象的正面反应

在社会工作专业服务过程中，多数服务对象可以从中获益，他们可能会感到取得了预期效果，对未来成长充满期望，对与社会工作者的关系感到满意，因而表现出满足、喜悦、感激、信心等正面情绪。社会工作者应该不着痕迹地对这些正面情绪予以适时、适度的激励与肯定，强化服务对象的自信心，鼓励其不断取得新的成绩和进步。

2. 灵活应对服务对象的负面反应

无论专业服务有没有达到预期目标，社会工作者在整个工作过程中都秉持真诚、理解、尊重服务对象的态度，并切实为解决他们的问题而努力，这也是社会工作专业的基本要求和特征。大多数服务对象可以感受到来自社会工作者的善意和服务，并回报以相应的信任、接纳。因此，在结案阶段，结束工作关系，尤其是良好的工作关系，可能会使一些服务对象表现出难过、依赖、抱怨、愤怒等负面反应。服务对象的负面反应大多表现为负面情绪，但有的情况下还会上升为冲突（如在由于社会工作者离职而造成的结案中，服务对象可能会由于愤怒、冲动而产生身体攻击）。这些负面反应因人、因事而异，社会工作者要善于分辨服务对象的这些反应，并灵活处理。

为了更好地应对服务对象的负面情绪，社会工作者可以采取一些方法使服务对象尽快适应和接受结案的事实：第一，与服务对象一起进行结案准备，提前告知结案时间，使其有时间做好心理准备。第二，在结案即将到来之际，社会工作者要有意识地减少与服务对象的接触，这一方面有利于其减少依赖、自我成长，另一方面也有利于顺利结案。第三，引导服务对象察觉与宣泄情绪，完全避免负面情绪在有的情境下并不可行，需要社会工作者引导服务对象自我察觉，并通过适当的方式宣泄、转移负面情绪。第四，开放后续求助之门。很多情况下，服务对象的负面反应来自对未来的担心，他们不能确定将来会不会出现新问题或旧病重犯。因此，社会工作者可以让服务对象了解到社会工作机构的大门是随时敞开的，会一直给予其心理支持；但同时也应提醒他们自信自立，并可以一起拟定下一阶段成长目标。第五，社会工作者还可以在必要的时候安排分享会，让服务对象分享成长的经验及结束的感受，双方共同完成结案阶段的最后活动，相互鼓励，正式道别。

重要结论与启示

1. 社会工作的助人活动是一个连续的、有目的的改变过程。社会工作专业助人关系的建立是一个过程，专业的助人活动是社会工作者与服务对象双方互为行动主体和客体的互动过程，而且，在这种互动中，双方的每一个反应都包含了对对方行动的意义、处境的理解，是一个持续的、连锁式的复杂过程。改变又是一个渐进的过程，改变从系统内部开始，只有服务对象有了改变的动机，社会工作者才能引导服务对象在自我觉悟和自我行动中改变自己，进而，才能以同行者的角色与服务对象一起去发现与分析问题，实现改变的目标。改变是一种具有高度自动性与自发性的行为，必须是服务对象主动与自觉的过程。

2. 通用社会工作实务模式是一个整合的程序，工作历程包括接案、预估、行动、评估和结案，每个阶段的工作有着各自的工作内容、方法与技巧，同时各个阶段前后衔接、相互呼应。多数社会工作的实施过程都遵循了通用社会工作实务模式，它可以用来面对不同的服务对象，如个人、群体、组织、社区等，为社会工作者提供基本的助人过程的知识与方法。

参考文献

1. 王思斌. 社会工作导论 [M]. 2 版. 北京：北京大学出版社，2011.

2. 张乐天. 社会工作概论 [M]. 3 版. 上海：华东理工大学出版社，2007.

3. 朱眉华，文军. 社会工作实务手册 [M]. 北京：社会科学文献出版社，2006.

4. 全国社会工作者职业水平考试教材编写组. 社会工作实务（中级）[M]. 北京：中国社会出版社，2007.

5. 谭祖雪，周炎炎. 社会调查研究方法 [M]. 北京：清华大学出版社，2013.

6. 艾尔·巴比. 社会研究方法 [M]. 邱泽奇，译. 11 版. 北京：华夏出版社，2009.

拓展阅读

1. 顾东辉. 社会工作概论 [M]. 上海：复旦大学出版社，2008.

2. 方青，董根明，汪志国. 社会工作概论 [M]. 合肥：合肥工业大学出版社，2006.

3. 查尔斯·H. 扎斯特罗，等. 社会工作实务应用与提高 [M]. 晏凤鸣，译. 7 版. 北京：中国人民大学出版社，2005.

专题八 社会工作督导与咨询：教育、支持与发展

内容概览

　　社会工作督导作为一种间接的社会工作服务方法，已被视为影响社会工作服务品质的重要因素。研究社会工作督导的对象、模式、过程与方法，是保障社会工作服务对象权益和提升社会工作服务品质的需要，是社会工作专业化和职业化的重要保证。本专题从阐释社会工作督导的概念入手，进而分析社会工作督导的"导"与"督"相结合的行政、教育、支持与发展功能，最后结合我国大陆的社会工作督导发展现况，提出在社会工作督导发展过程中存在着督导功能断裂与冲突、督导关系界限不清、督导专业性水平总体不高及督导制度有待建立等重要议题。

　　社会工作咨询是一种与社会工作督导相似的间接社会工作服务方法，在了解社会工作督导的基础上，本专题简要介绍社会工作咨询并分析其与督导的异同，以使读者全面认识社会工作的督导—咨询服务方法。

学习目标

　　1. 了解社会工作督导的定义、对象、过程与方法，认识社会工作督导在社会工作中的重要意义。

　　2. 熟悉社会工作督导的不同模式，分析不同社会工作督导模式的优势及局限性。

　　3. 了解中国大陆社会工作督导面临的重要议题。

　　4. 区分社会工作督导与社会工作咨询的异同。

　　关键词：社会工作督导　督导模式　中国大陆社会工作督导　社会工作咨询

专栏 8-1

案例

　　阿力是一名社区家庭综合服务中心的见习社会工作者，在刚参加工作不久，便开办了一个以安全为主题的预防性小组。小组的服务对象为四点半课堂的小学生，小组目标是提高组员面对陌生人的自我保护意识。虽然在开组前阿力也做了充分的准备，可是小组却因场面混乱、组员不听指挥、活动无法控制、小组目标无法实现等而告终。这让阿力备受打击，对自己非常失望……了解了阿力的情况后，服务中心的督导梁先生便对阿力进行了一次专门的辅导。在谈话过程中，梁先生耐心倾听阿力述说，一边听

[思考]

　　从专栏 8-1 的案例中，你能了解到什么是社会工作督导吗？督导是如何帮助社会工作者解决实际工作中的困难的？

一边鼓励阿力说下去，这让阿力感觉很舒服，很安心；同时，梁先生还引导阿力自我反思，对总结出来的内容逐一分析和引导。当归因到"第一次带小组"这一客观事实时，督导顺势开导阿力，让阿力觉得自己也没那么失败。此外，梁先生还分享了带小学生开小组的经验，并向阿力强调了开小组的核心理念和评估服务对象需求的重要性。经过一个半小时的谈话，阿力的失望情绪得到了缓解，并且也意识到了自我反思对于一名专业社会工作者的重要性。

　　[**资料来源**] 本书作者根据广州市某社会工作服务中心督导案例整理。

　　上述案例中提到的梁先生对社会工作者的辅导过程，就是社会工作督导。社会工作督导，作为一种间接社会工作服务方法，早在 19 世纪七八十年代就已出现。在早期慈善组织会社（Charity Organization Society，COS）年代，大部分机构的访视人员均未受过专业训练，因此教育督导在当时显得非常必要。但由于受到当时盛行的平等主义观念的影响，机构工作人员之间经验的分享和技术的传授更多依赖的是咨询而非督导。直到 20 世纪社会工作成为一门专业之后，社会工作督导才开始正规化、制度化。现今，社会工作督导已被视为影响社会工作者的工作满意度和服务品质的重要因素之一。

一、社会工作督导的含义

1. 对社会工作督导的不同概括

　　社会工作督导一词是从英文 supervision in social work 直译而来。美国社会工作协会 1965 年出版的《社会工作百科全书》认为：督导是社会工作专业的传统方法，通过这种方法将社会工作知识和技术，从训练有素的工作者传授给新进者或学生。[①] 该定义指出了社会工作督导具有教育的功能。

　　威廉森（Margaret Williamson）认为：督导是一种程序，借助这种程序对执行机构方案计划有直接职责的工作人员，由机构指定专业工作者协助其根据需要来学习，协助其运用知识和技术，协助其增进自己的能力，以便使其更有效地工作。[②] 该定义指出了社会工作督导兼具行政和教育的功能。

　　我国台湾学者廖荣利则认为，督导是社会工作专业训练的一种方法。它是由机构内知识渊博、经验丰富的专业工作者，对机构内的新进工作者，透过一种定期和持续的督导程序，传授专业服务的方法和技术，以增进工作人员的专业技巧，并确保对服

---

① National Association of Social Workers. Encyclopedia of Social Word［M］. Washington D. C.：NASW，1965：785.

② Charles S. Leny. The Ethics of Supervision［J］. Social Work，1973，18（2）：14-15.

务对象提供专业服务的素质。该定义强调了社会工作督导作为专业训练手段的作用。

综观以上关于社会工作督导的不同界定，不难发现，它们都侧重于强调社会工作督导的教育功能，向被督导者提供知识和技术。然而只强调教育方面的功能，无法把社会工作督导的行政监督、专业技能传授及情绪疏导等方面的内容涵盖进来，使督导与辅导、咨询区别开来，也无法体现出督导的主动性特征。社会工作督导最终是要通过持续的督导过程，既提升服务品质，又促使受导者得到专业成长与获得全人发展。

2. 社会工作督导的定义

我们认为：社会工作督导是一种专门的社会工作方法或程序，是由机构内资深的社会工作者，对新进的工作人员、实习学生或志愿者，通过一种定期和持续的督导程序，进行行政监测和服务评估，传授专业服务的知识和技术，增强自我功能，进而促进他们专业成长并确保服务质量的活动。在专栏 8-1 的案例中，督导梁先生是社会工作服务机构的资深社会工作者，他通过对新进社会工作者开展每周一次的督导，使得经验不足的新进社会工作者在较短的时间提升了专业技能，恢复了自信，既使这名新进社会工作者促进了自我的成长，又提升了服务的品质。

3. 社会工作督导的主体与客体

（1）主体——谁是督导者

所谓督导者，是指在社会福利机构中从事督导工作的人员，他们主要负责对受导者提供督导工作。首先，督导者必须受过充分的专业教育，并且具备丰富的实际工作经验。其次，督导者还必须掌握深入的督导知识与方法，熟悉机构的政策和措施，知道可利用的各种资源以及有关条件的限制。再次，督导者还要善于启发他人的学习能力，具有强烈的社会责任感和事业心。

专栏 8-2

资料

督导者终身发展的整合要素

Heid（1997）提出了督导者终身发展的整合模式，她所设定的基准线如下：

1. 具备专业认同。
2. 具备称职的信心与能力。
3. 专业自主性。
4. 健康的自我崇拜需求。
5. 均衡地关注自己和他人。
6. 承认在督导关系中无法避免的权力落差。
7. 了解督导者对被督导者的影响。

【思考】

根据 Heid 的看法，你能归纳出一个优秀的社会工作督导者应该具备的素质吗？

8. 切实了解自己的能力与优点。

根据上述基准，Heid（1997）还系统地整理了构成督导者整体发展的十个部分：

1. 作为督导者的认同感。

2. 担当督导者的信心感。

3. 自主或依赖他人的程度。

4. 与被督导者之间的权利以及职权的行使（包括评价被督导者的方法与过程）。

5. 组织能力、弹性及处遇变通的程度。

6. 关注被督导者或自我的需求。

7. 个人投入在被督导者与服务对象成效的程度。

8. 对督导关系及督导过程的强调与运用。

9. 对自我在督导关系和督导过程中影响的觉察度和评估程度。

10. 对于胜任能力与限制的实际评估程度，连同对个人的议题、偏见与反移情反应的觉察与抑制。

［资料来源］Ming-Sum Tsui. 社会工作督导：脉络与概念［M］. 张淑英，校阅. 陈秋山，译. 台北：心理出版社，2010：112.

（2）客体——谁是被督导者

对于不同类型人员的督导工作，重点应该分别放在哪里？

被督导者也称受导者，是指在机构中接受督导训练的人员。一般来说，被督导者包括四类人员。第一类人员是新进入社会服务机构的社会工作者，他们一般都受过社会工作专业教育，但服务年限较短，经验不足；第二类人员是正在接受专业教育的社会工作实习学生，他们往往缺乏实际工作经验；第三类人员是未接受过社会工作专业教育的社会工作从业人员，他们虽然从事实际的社会工作服务，但未受到专业教育训练，中国传统的民政工作人员绝大部分就属于此类；第四类人员是志愿服务人员，俗称"义工"或"志愿者"。对各类人员的督导是有所区别的。在社会工作督导发展的早期阶段，对第一类人员和第二类人员的督导是重点，它充分体现了社会工作督导中的行政和教育功能。但随着社会的不断发展，大量的非专业人员开始加入到社会工作者队伍中来，因此，对第三类、第四类人员的督导也日益受到重视。在专业的社会工作服务机构中，一般都聘请专业督导针对以上四类人员提供不同程度、不同内容的督导服务。

4. 社会工作督导的意义

《中共中央关于构建社会主义和谐社会若干重大问题的决定》中指出："建设宏大的社会工作人才队伍，造就一支结构合理、素质优良的社会工作人才队伍，是构建社会主义和谐社会的迫切需要。"在当前中国大力推进社会工作的进程中，社会工作督导在促进社会福利服务专业化发展方面发挥着重要作用。

（1）促进社会工作专业人才培养

人才培养是社会工作专业化、职业化发展的前提和基础，而社会工作督导则是社会工作人才培养中的重要一环。在美国，自 2001 年华盛顿和维尔京群岛实行社会工作者注册立法以后，所有 50 个州都要求拥有职业资格证书的社会工作者或注册社会工作者只有获得正规的督导，才能在机构开展社会工作服务或独立执业；要成为注册社会工作者（ACSW）则必须在获得社会工作硕士（MSW）学位以后接受至少两年的督导。① 可见社会工作督导在美国社会工作专业化、职业化过程中起着重要的推动作用。在我国，许多已经获得社会工作师、助理社会工作师的社会工作者，并没有接受正规的督导，使得服务效果不佳，专业性不强，不能很好地满足工作需要。因此，大力加强对第一线社会工作者的定期、持续的督导工作，有助于促进社会工作者不断成长，真正实现社会工作人才的专业化。

（2）促进专业社会工作服务机构的发展

社会工作专业化、职业化的重要表现之一，就是社会上要有足够数量并且管理规范的社会工作服务机构提供专业服务。近几年来，各地的社会工作服务机构如雨后春笋般纷纷建立，为社会工作事业发展做出了重大贡献。然而，当前我国的社会工作服务机构在规模、能力和服务水平等方面参差不齐，不利于推进社会工作的职业化发展。社会工作服务机构作为社会工作职业化人才孵化的重要基地，无论其规模大小，都需要建立科学的管理体系，来保证不同部门和个人的工作能够充分地协调和配合。机构通过实施社会工作督导，制定社会工作服务标准，健全社会工作督导制度，完善社会服务评估机制，有助于提升机构社会工作服务专业化水平，从而促进机构发展。

（3）提升社会工作服务品质

任何一个向社会工作者求助的服务对象都希望能够获得高质量的服务。社会工作督导的工作目标就在于通过对第一线社会工作者的督导，使其能够为服务对象提供有效和高质量的服务。因此，在社会工作服务过程中实施社会工作督导，协助被督导者开展工作，使他们的工作更具有效力，既可以保障和提升服务品质，又可以保障服务对象的权益。

（4）促进社会工作者的专业发展

社会工作专业实务性较强，仅靠学校里专业知识的教育和短期的职前教育既无法满足工作需要，也不能很好地回应服务对象的需求。社会工作者必须能够适应工作环境和服务对象的复杂性和多元化，只有把理论与实践相结合，才能有效解决服务对象的问题。只有这样，社会工作专业才能获得社会的认可和肯定。借助社会工作督导，社会工作者可以获得相关知识和技能的训练，能够更好地胜任实际工作，从而也能促进社会工作者的专业发展。

---

① 郭名倞，杨巧赞，刘赤单，等. 机构社会工作中督导的功能 [J]. 社会福利，2010（6）：38.

二、社会工作督导的功能

专栏 8-3

【思考】
从专栏 8-3 的案例中，你能概括出社会工作督导的功能吗？

案例

Melichercik（1984）针对督导者进行了一项深度的研究调查。他以日志作为收集资料的方法，以非随机的抽样方式，从加拿大安大略省的 12 个社会福利机构中选出 85 名社会工作督导者，请他们持续记录自己的日常活动，为期一周。此研究为安大略省的社会工作督导提供了清晰的图像，督导者将大部分的时间花在履行计划管理的行政责任上，教育活动也占据督导者很多的工作时间。教育活动可以分成两种：第一种是教导员工如何处理程序、政策、指导方针和标准的问题；第二种则聚焦员工的发展和技能的提升。不过，尽管该研究报告有其重要性，给出了有关社会工作督导的清晰图像，但却未提供督导的操作指南。

[资料来源] Ming-Sum Tsui. 社会工作督导：脉络与概念 [M]. 张淑英，校阅. 陈秋山，译. 台北：心理出版社，2010：62.

长期以来，虽然学术界对社会工作督导的关注不是很多，但作为一种关键的使能过程，社会工作督导不仅关系着服务对象所接收到的服务品质，也会对社会工作者的专业发展产生深远影响。具体来讲，社会工作督导具有以下功能。

1. 行政功能

行政功能是社会工作督导在 20 世纪初期最早出现的功能，主要体现为机构中有经验的员工对访视人员进行职前与在职训练，以帮助他们了解如何提供帮助给需要的人。当时资深员工的主要职责就是行政督导，比如规划方案、分派工作给社会工作者、评估服务输送的结果等[1]。经过一个多世纪的发展，社会工作督导的功能已有了更多的内容，但行政功能依然是不变的传统。

在现代社会服务组织中，社会工作督导的行政功能主要体现在如下几个方面：第一，监测一线社会工作者的工作绩效，对社会工作者在某个特定时间内履行职务的状况进行评价，并评估其工作完成的品质。通过对社会工作者完成工作的状况进行测量和评估，其结果既可为员工制订发展计划和进行任务分配提供重要依据，也可作为一

---

① Ming-Sum Tsui. 社会工作督导：脉络与概念 [M]. 张淑英，校阅. 陈秋山，译. 台北：心理出版社，2010：2.

线社会工作者专业成长的重要参考。此外，考察社会工作者服务提供的品质，既能维护服务对象的利益，也能确保机构对服务对象应有的责任和信誉。

第二，根据服务机构的服务方向提供建议，确保任务妥善执行及社会工作者的行为符合机构的中心目标。社会工作服务不只讲求服务的最终效果，同时也注重服务提供的过程，社会工作督导考察服务提供是否遵循了社会工作的价值理念及符合职业伦理要求。督导者可以通过阅读个案记录和工作进展报告来监督社会工作服务提供的过程是否符合机构的工作程序及遵守社会工作者职业操守，是否履行了机构和资金赞助者的行政要求。当在服务运作中遇到困难或问题，督导者必须与受导者一起设法解决，改善服务提供的状况。

第三，沟通与协调工作中遇到的各种关系，确保工作顺利开展。在中国大陆的社会工作服务组织中，虽然绝大多数督导并不直接担任机构的行政领导职务，但其工作内容依然充分体现了作为行政管理者的角色。首先，督导者必须为员工沟通与协调工作中的各方关系；其次，督导者必须缓和机构管理高层与一线社会工作者之间的矛盾与冲突；再次，督导者还要积极促进机构政策的完善与服务对象整体环境的改善。

2. 教育功能

社会工作督导的教育功能可以说是一线社会工作者最期待督导具备的功能之一。国外学术界对于社会工作督导的教育功能与行政功能之间的平衡关系，有着极具争议的观点。在实务领域，有部分督导者主张将教育功能与行政功能分开，单独聘请专家顾问担任教育督导，重心放在提升一线社会工作者的专业知识与技巧上，而传统的行政督导则将注意力集中在工作绩效的监督与品质的保证上。我们认为，在社会工作服务实践过程中，社会工作督导的教育与行政功能是很难明确区分的，理由是：如果行政督导不发挥教育功能，那么管理者的行政要求与员工的服务活动之间就会有差距；而且督导者同时具备教育与行政功能，才能既给予指导与建议，又能提供适当的行政支持与奖励。在本书的论述中，我们将行政功能与教育功能分开阐述，只是为了理论阐述上的方便，在实际工作中，这些功能显然是同时具备的，区别仅在于不同的社会服务组织、不同的督导者，其体现的功能侧重点不同。

【思考】
　你能说出学校安排的校内指导老师对社会工作专业学生实习进行的实习指导（体现的也是教育功能）与服务机构对社会工作者进行的教育督导有什么不同吗？

社会工作是一门注重实践的学科，光有社会工作的理论知识是远远不够的，还必须在充分、全面训练的基础上，了解何种社会工作的策略是有效的。而这一方面，又恰恰是我国社会工作教育所欠缺的。因此，在社会工作服务机构中，督导者还承担着教育功能，既要传授社会工作服务所需要的一般价值、专业知识和实务技巧，以弥补学校教育的不足，同时又要协助新进的社会工作者熟悉并适应新环境，给他们提供处理与服务对象事务有关的具体策略和技巧。

社会工作督导的主要目的是提升被督导者的专业成长，促进自我觉醒。因此督导者必须进行教育评估和引领社会工作者的发展。在教育督导的过程中，工作重点体现在如下几个方面。第一，向一线社会工作者提供直接服务的知识、技巧和态度，给予临床指导；第二，从一线社会工作者的"本然面"出发，了解他们在直接实务工作上的困难，扮演有用的资源人士，给予建议与引导；第三，根据一线社会工作者的发展状况，确认他们在专业成长上的需求，然后规划出量身定做的教育督导计划，以帮助其获得发展；第四，向一线社会工作者提供有关服务对象群的特殊知识、社会服务机构的知识、社会问题的知识、工作过程的知识和有关工作者本身的知识。

3. 支持功能

给一线社会工作者提供支持是督导者的一项非常重要的任务。早在社会工作督导出现的 20 世纪初期就有记载，督导者们也提供情绪支持给那些在与服务对象工作过程中遭受挫折的机构访视员①。

社会工作督导的支持功能是指督导者向被督导者提供心理和情感上的支持，增进被督导者的自我价值感，从而能够轻松面对工作。当然，这种支持既可以是情绪性的，也可以是实质性的。在具体的社会工作实务过程中，新进的社会工作者不可避免地会遇到各种问题，面临着来自服务对象和服务机构的各种压力，容易导致焦虑与产生挫败感。因此，社会工作督导必须发挥其支持功能，帮助被督导者适应和处理服务过程中遇到的各种困难和由此产生的各种情绪，从而增强工作信念，呈现出良好的工作状态。具体来说，社会工作督导的支持功能表现在如下几个方面。第一，协助被督导者适应和处理服务过程中的挫折、不满、失望、焦虑等情绪，增强其自我功能；第二，给予被督导者关怀与支持，增进其工作安全感；第三，协助被督导者发现工作成效，激发工作情绪和士气，增强工作信念；第四，给予被督导者从事专业工作的满足感与价值感，促进其对专业的认同，进而愿意持续投身于社会工作服务事业中；第五，协助被督导者解除妨碍工作的各项事宜，使工作顺利开展。

4. 发展功能

发展是一个综合性的概念。从严格意义上说，发展功能并不能成为与行政、教育和支持三大功能单独并列的一种功能。原因在于社会工作督导的发展功能是行政、教育与支持功能综合发挥作用的逻辑结果。本书在社会工作督导的三大传统功能基础上独立列出发展功能，只是想强调任何一个一线社会工作者，从入职开始，经过一系列持续的社会工作督导的过程，终将实现个人的专业发展和人格成长。简单地说，社会工作督导的发展功能是指督导者通过为被督导者提供行政监测、专业教育和情感支持，使被督导者在接受督导过程中逐渐成长、成熟，最终实现个人发展。

如今，社会工作督导已成为伴随一线社会工作者专业生涯发展的终身过程。从被督导者第一次与督导者接触开始，双方就开始了一个互相契合、持续互动、促进发展的过程。在被督导者接受督导的过程中，也会经历一个由不成熟到成熟的发展阶段，即"依赖—逐渐独立—相互依存—独当一面—成为准督导者"。在第一阶段，被督导者会接受职前训练，学习专业实务基本技巧，但依然感到焦虑和不自信，处理事务较依赖督导者；在第二阶段，被督导者会逐渐成为自主的社会工作者，其发展也会从依

---

① Ming-Sum Tsui. 社会工作督导：脉络与概念 [M]. 张淑英，校阅. 陈秋山，译. 台北：心理出版社，2010：2-3.

赖者成长为独立者，在实务工作上有高度的自主性；在第三阶段，被督导者开始成为服务团队中的一员，从高度自主的独立个人逐渐成长为团队中的一员，学会与团队成员相互协作，相互依存；在第四阶段，在督导者的协助下，被督导者开始发展专门的服务领域，工作满意度和士气日渐增强；在第五阶段，督导者则开始思考被督导者未来成为督导者的可能性，被督导者也开始为这种发展做准备，同时考虑个人未来的志向与抱负。[①] 由此可见，被督导者经过一段时间的持续接受社会工作督导的过程，就会不断地获得成长和发展，这恰恰体现的就是社会工作督导的发展功能。

专栏 8-4

案例

　　Choy 先生是一位有经验的督导者，服务于留院重建部门，他说：督导者在确保服务顺畅进行方面，要扮演领导者的角色。当你发现有什么事不对劲，或当社会工作者在工作过程中有困难时，你必须跟他们讨论，透过督导来了解社会工作者的观点是重要的。一起想想：这样可行吗？怎么做？有谁愿意这样做？

　　Wong 先生是某辅导中心的负责人，他说：督导的主要目标是设法确保社会工作者的作为符合中心的目标，包括计划和技巧。

　　有位督导者描述她的被督导者的需求：员工告诉我他们是如何进行工作，事实上，他们并不是在问我应该做什么，他们只是需要我的认可。

　　Charles 讨论其所扮演的督导角色时说：有时候（除了做一个督导者），我还是辅导者。有些员工实在太新。协助的过程并无特定结构，当我有空的时候，我就跟他们谈生活。例如，当他们和另一半发生口角时，我也跟他们分享我如何处理这种状况……公事当然要处理，但如果个人的事情摆不平，就会连带影响公事。如果被督导者愿意跟我谈，并且信任我，我会运用我的辅导专业，设法协助他（她），但我们之间并无谁上谁下的主从关系。谈论过后，他们的工作绩效比较好。虽然公、私事不能完全分割得清清楚楚，但他们得处理自己的个人事务，我不会介入。在公事方面，我是他们的督导者；在私事方面，我是他们的朋友。

　　John 是一位经验丰富的社区工作者，根据他的观察，督导者的一个功能是：要让员工之间对任务和服务的执行取得共识，并透过分享，促进团队的向心力。

　　[**资料来源**] Ming-Sum Tsui. 社会工作督导：脉络与概念 [M]. 张淑英，校阅. 陈秋山，译. 台北：心理出版社，2010：135.

【思考】
　　你能从专栏 8-4 督导者的描述中，概括出社会工作督导所具有的功能吗？

---

① Ming-Sum Tsui. 社会工作督导：脉络与概念 [M]. 张淑英，校阅. 陈秋山，译. 台北：心理出版社，2010：114.

三、社会工作督导的模式

传统的社会工作督导模式分为个别督导、团体督导和同辈督导。虽然这三种模式还不足以完全概括社会工作督导的类型，但它们均为国内外社会工作督导的经典传统，且是当前中国绝大多数社会工作服务机构中督导工作开展的主流模式，故下面着重介绍这三种模式。

（一）个别督导

专栏 8-5

【思考】	案例
你能从专栏 8-5 的案例中总结出督导者的工作内容吗？该案例中的督导者采用的是哪种督导模式？	小丹是一名驻院医疗社会工作者，工作半年，刚刚接手了一个"三无"流浪乞讨人员的个案，但却因服务对象的自行离开而被迫结案，小丹感到很失落。于是，督导者在每周进行工作日志回复的基础上，与小丹进行了一次单独的面对面的会谈。会谈中，小丹首先就自己目前跟进的个案同督导者进行了详细的讨论，督导者肯定了小丹在工作中的努力，并及时指出了社会工作者在开展跨专业合作过程中的沟通技巧。其次，小丹就自己在个人专业成长方面的问题与督导者进行了分享，并总结接受督导以来自己的进步及变化。在进行半年来的工作回顾与总结时，督导者与小丹都感慨万分，各自总结了自己的成长与收获，小丹也非常感谢督导者一路以来的陪伴。 　　[资料来源] 本书作者根据东莞市某社会工作服务中心督导案例整理。

个别督导是最传统也最广为采用的一种督导模式。在该模式中，督导者与被督导者是一对一的关系，采取面对面的方式，针对社会工作者在提供服务过程中遇到的各种问题进行讨论。一般来说，个别督导通常一周一次，时间在一小时到两小时之间，持续一至两年。

在进行个别督导的过程中，一般先是被督导者以口头或者书面的形式向督导者汇报近一段时间的工作和所遇到的问题，然后督导者进行回应，并启发被督导者主动思考，引导其寻找答案，讨论不同的解决途径，最终促使其选择和决定比较适宜的解决办法。在这一过程中，除了直接针对被督导者提出的问题给予指导与支持外，更重要的是促使被督导者对问题的专业自觉意识的形成，进而培养其独立的专业思维方式。在专栏 8-5 的案例中，督导者首先认真聆听被督导者小丹提出的在个案开展过程中的困惑和问题，并运用同感等技巧给予小丹支持，消除其失落情绪，并指出服务对象的离开不能全怪自己，是服务对象自行选择的结果；其次，督导者通过提出疑问，引导小丹及时意识到自己在介入个案过程中的心理状态，并进一步检视自己：是否做到了对服务对象的接纳？在自己不愿意接见服务对象的行为背后，是否存在着所期待的服务效果与现实之间的落差？该如何去梳理和认识自身存在的服务盲点？等等。通过与督导者的详细讨论，小丹认为，督导者提出的这些问题，对于促进专业助人思维的形成和自己的专业成长有重要的作用。

由此可见，在个别督导模式中，督导者可以有比较充裕的时间，在不受干扰的情况下与被督导者就服务内容进行充分的讨论，且具有较高的隐秘性。但督导者和被督导者过于紧密地分享彼此的观点，容易发展成共同谋划的关系，且督导的过程较依赖于被督导者对问题的个人陈述，具有较强的个人主观性与片面性。后来，随着单面镜、录音、录像等视听设备的出现及运用，虽然在一定程度上能弥补个人督导模式这种不足，能更客观、全面地了解被督导者的实际工作情况，但由于限制性太大，导致推广性不强。

总的说来，个别督导模式是最受一线社会工作者欢迎的一种模式。在此种模式中，教育功能和支持功能是最主要的，是培养成熟合格的社会工作者的主要方法，因此比较适用于新进的或者资历较浅的社会工作者。

（二）团体督导

专栏 8-6

案例

（一）

某青少年服务中心，一个由 10 人参加的督导会议正在举行。会议由督导者主持，内容是理解社会工作的框架。会议开始，督导者首先通过折纸飞机的游戏引出本次会议的主题；其次组织成员讨论社会工作者的主要角色及如何提供帮助，层层深入地引出社会工作的逻辑框架及专业实施方法；最后提出了社会工作者应有的系统、创意和批判三大思维。在会议中，督导者通过多个案例，深入浅出地向成员说明，社会工作者最重要的是指导服务对象多角度、全面地看问题，并且指导服务对象多体验，开阔视野，而社会工作者也要全面地提供帮助。讨论主题所讲的社会工作框架，其实就是 feel、think、experience。在这个框架中承载着很多手法，需要社会工作者不断思考并使用。

（二）

小雪和小慧分别是两家社会工作机构的社会工作者，同时被派驻到某医院做驻院社工。这是督导者第一次召集他们开会。参

【思考】
专栏 8-6 的两个案例采用的是什么督导模式？你能从中概括出该督导模式的基本特点吗？

加者除了小雪和小慧外，还有医院的社会工作者联络员阿刚。首先，督导者向阿刚了解了医院方面对医务社会工作者的期望，并同时提醒社会工作者要注意的事项。其次，阿刚介绍了目前医院医务社会工作者的状况，随后督导者借机讨论了两个机构社会工作者的合作机制、具体的工作安排和资源共享等。再次，督导者介绍了督导的工作安排、具体要求和机构管理的基本规范、文书要求及工作指标等。最后，在联络员离开后，督导者专门对两位社会工作者交代了一些具体的跨专业合作的沟通技巧、工作目标及医院个案服务的技巧及注意事项等。通过本次督导，小雪和小慧都觉得这是一次很好的体验，同时，也表示希望督导者日后的督导方向能够更加注重社会工作者内心层次的需要和问题。

[资料来源] 本书作者根据东莞市某社会工作服务中心、广州市某社会工作服务中心督导案例整理。

【思考】
你能概出专栏8-6两个案例中两个团体督导会议的内容分别是什么吗？

团体督导，顾名思义，就是由一位督导者同时对多位被督导者进行的督导，是一对多的督导方式。该种模式适用于督导者少、被督导者多的机构，是一种比较经济的督导方式。这一优点使得团体督导一经出现便得到广泛运用。

团体督导模式要求被督导者服务领域相同（或相近），且在专业程度和实务经验上差异不大。通常，团体督导由一位督导者与多位被督导者组成一个小组，小组规模不宜过大，一般两人以上，最好不超过十人。督导会议定期举行，每周、每两周或每个月举行一次，每次大约两个半小时。

团体督导的内容很多，包括被督导者在实际工作中遇到的困难或疑难个案；一些行政性的工作安排，如计划、分工、活动、制度、特定的培训议题等。专栏8-6两个案例中团体督导的内容就有明显的区别。概括来讲，团体督导有四个常规性的工作任务：提供情绪支持、提供实际咨询、建立团队和提出特定议题进行讨论。督导者必须衡量各种任务的情况并平衡团体成员间的关系来安排团体督导的内容。因此，督导的目标越清楚，团体督导的效果就越好。在专栏8-6的第一个案例中，督导者根据各青少年社会工作者的共同服务需求，安排了特定主题的讨论，了解如何在社会工作框架之下运用多种手法来提供青少年社会工作服务。由于讨论主题集中、鲜明，因此效果较好。

通常，在召开团体督导会议之前，每个被督导者要提前把自己想要被督导的议题写成书面的督导建议提交给督导者，督导者则根据提交的督导建议和具体实际情况进行督导会议议题的制订与调整。在会议过程中，督导者主持团体成员围绕主题进行讨论，并做出回应。团体成员可以借团体情境学习不同的经验，最终达到学习和解决问题之目的。一般来说，为使团体督导达到较好效果，督导者在召开团体会议之前，最好已获得解决团体成员提出的问题的方法。督导者在团体中亦应发挥主导作用，掌握会议的议程和讨论的内容，建构一个鼓励员工参与的机制，给每位成员指派不同的任务，发挥不同的作用。

团体督导作为继个别督导之后最受欢迎的社会工作督导模式，其优缺点同样明显。在优点方面，团体成员可以分享更多的学习经验，从团队中获得情绪支持，有利于团队精神和团队凝聚力的培养。在缺点方面，团体督导可能无法顾及个别成员的紧急需求，且在团体讨论中容易发生一些批判性回馈，从而抑制讨论。在一些高度凝聚力的团体中，对团体想法和团体规范的顺从，还有可能扼杀团队的创造力与生产力。因此，团体督导只能作为个别督导的补充，而非取代个别督导。在专栏 8-6 的第二个案例中，由于督导的目标较多，内容较多，既有行政工作的安排，也有专业技巧的学习，在有限的时间内就无法照顾到个别成员面对新环境、新工作的特殊心理需求，因此被督导者希望能够在日后更多地关注社会工作者的内心层次的需要和问题。

（三）同辈督导

📚 专栏 8-7

案例

广东某行业工会活动室，督导者、督导者助理和一线社会工作者（工会社会工作者和看守所社会工作者）共 11 人正在举行一次集体督导会议。会议由两位一线社会工作者主持，主要内容有两个：一是欢送老员工和迎接新员工；二是各岗位社会工作者近期工作总结和分享。会议分两大阶段进行。第一阶段，首先，由两位主持人通过游戏的方式欢迎新成员的加入和促进彼此认识；其次，由督导者助理向全体参加会议的一线社会工作者讲解机构发展规划和管理制度；再次，各岗位社会工作者进行近期工作监测总结和分享；最后，进行下半年工作讨论和梳理。第二阶段，促进认识，开展加深团队协作的系列游戏，在游戏中共同分享和彼此支持。会议持续了 3 个小时。事后，采访其中一位新入职的社会工作者谈对本次督导会议的总体评价。其如是说："感觉挺热闹的，就是在玩，至于收获嘛，虽然督导者也有提一些，但总体意义不大。"

[**资料来源**] 本书作者根据深圳市某社会工作服务中心督导案例整理。

> **【思考】**
>
> 专栏 8-7 的案例中的督导模式是团体督导模式吗？如果不是，你能说出该种模式与团体督导模式有何不同吗？如果你是一名新入职的社会工作者，你更希望得到哪一种形式的督导？

同辈督导，是指具有相同需求、观念或技术层次的一群人（一般不超过七人），以团体的形式，彼此之间相互指导、相互学习的一种方式。参与同辈督导的所有成员一律平等，每个人都对自己的工作负责，不依赖于某位特定指派的督导者。在这种模式中，尽管没有指派专门的督导者，但依然会定期、持续地举行会议。每次会议有一个主持人来主持，主持人可以轮流担任，机构督导者不起主导作用，只是从旁协助或观察。会议讨论的内容由团体成员共同商量决定。在专栏 8-7 的案例中，会议基本上都是由一线社会工作者主持，督导者只是在讨论中做适当的补充。

　　同辈督导模式可以创造一种互助与分享的氛围，也比较能够激发对他人需求与困难的敏感度。此种督导模式成功的关键在于团体中社会工作者的经验。如果所有的团体成员经验都不足，那么，选择此种模式就有可能达不到预期效果，或者效果不佳，因为参与者提不出对解决问题有用的适当知识或者找不出解决问题的策略。所以，同辈督导模式要求团体成员必须是成熟的、有经验的社会工作者，或者至少有部分成员是成熟的、有经验的。他们有能力讨论与分析个案，解决各种困难和问题，并对他们的个案担负主要的责任。

　　在同辈督导的基础上，又衍生出一种新的形式，即协力模式（tandem model）[1]，也叫师徒制模式。它是由两位一线社会工作者组成，其中一位比较成熟，专业经验丰富，另一位则相对经验不足，双方彼此咨询。在此种模式中，没有人担任督导者，他们不定期且非正式地讨论彼此的任务和经验。在工作时间的安排上，彼此错开休息时间，这样既方便代理对方业务，也便于自己有机会学习对方的工作。但值得注意的是，协力模式中的两位成员对对方的业务并不负有责任，协力的目标只是在于分享彼此的专业知识和技巧。协力模式有助于保持一种良师益友的关系，并且双方能够在专业发展的不同阶段发挥社会化、技术协助、生涯发展与情绪支持等作用[2]，因此此种模式在社会工作之外的其他领域也有较为广泛的运用。

专栏 8-8

【思考】

　　结合专栏 8-8 的知识，你认为除了社会工作者的经验外，还有什么因素会影响同辈督导的效果？

资料

决定督导结构的因素

　　Hardcastle（1991）列出几个可能决定督导结构的因素。

　　1. 社会工作者的技术越错综复杂，越反复无常，就越需要密切的督导。

　　2. 社会工作者的技术越不可测、越不确实，且其技术与所产生的结果之间的因果关系越不确实、越不清楚，就越需要密切的督导。

　　3. 社会工作者的技术越看不到，就越需要密切的督导。

　　4. 社会工作者的技术越不具有逆转性，且这些技术对服务对象的冲击和风险越大，就越需要密切的督导。

　　5. 社会工作者的技术越程序化，就越不需要密切督导。

　　6. 一线社会工作者的技术越相互依赖且越需要其他一线社会工作者的配合才能完成工作，就越需要密切的督导和协调。

---

[1]　K. W. Watson. Differential Supervison [J]. Social Work, 1973 (3): 37.

[2]　Ming-Sum Tsui. 社会工作督导：脉络与概念 [M]. 张淑英，校阅. 陈秋山，译. 台北：心理出版社，2010: 28.

7. 一线社会工作者技术运用的经验越不足，就越需要密切的督导。

8. 一线社会工作者对组织的计划与程序越了解、越有经验，就越不需要密切的督导。

9. 工作环境越动荡混乱，对机构的风险就越大，也就越需要对社会工作者密切的督导。

[**资料来源**] Ming-Sum Tsui. 社会工作督导：脉络与概念 [M]. 张淑英，校阅. 陈秋山，译. 台北：心理出版社，2010：27.

总而言之，在社会工作发展历史中，存在着许多种不同的督导模式，不同文化背景下各个国家和地区的社会工作对督导模式亦有多种不同的诠释。在具体的专业助人实践中，究竟采用哪种模式，取决于对实际情况多种因素的综合考虑。

四、社会工作督导的过程与技巧

（一）社会工作督导的过程

舒尔曼（Shulman）在《互动督导》一书中提到，从督导者与被督导者的互动过程来看，督导过程可以分为预备阶段、开始阶段、工作阶段和终止阶段。

1. 预备阶段

预备阶段是督导者与被督导者建立关系的基础时期，在这一阶段中，最重要的任务就是相互熟悉。因此，督导者在正式开始督导工作之前，首先要了解被督导者的背景资料，包括其工作经历、价值观、文化、专业知识与态度、兴趣爱好、个性特征等。在预备阶段，督导者还应时刻提醒自己，避免对被督导者的专业知识、技巧和价值观等抱有理所应当的态度，而应结合被督导者的背景，从被督导者的"本然面"出发，给予足够的同理。对被督导者而言，也应提前做好接受督导的心理准备，正确认识督导过程，避免对督导者抱有不合理的期待。

2. 开始阶段

开始阶段有两项最主要的任务要完成。一是督导契约的签订。在正式开展督导工作之前，服务机构通常会与督导者签订书面形式的督导服务协议，规定督导者的职责、义务、工作目标、角色和界限等。二是信任关系的搭建。督导者与被督导者之间良好的信任关系的搭建，离不开真诚坦率的沟通。因此，在该阶段，双方都应该直接针对问题进行坦诚的交流，彼此信任。督导者要分享自己的想法，向被督导者澄清自己的角色，并且就双方之间的义务与期待进行讨论，根据被督导者的需求安排督导的内容与督导的方式。此外，督导会议的场所、座位的安排和场所的氛围，督导者与被督导者的价值观和行为规范，督导过程中双方表现出来的态度、情绪和心理状态等，都会影响信任关系的建立，从而影响督导效果。

3. 工作阶段

工作阶段是督导过程的核心阶段，督导者要与被督导者分享实践经验与感受、解疑释惑、指导工作、促进发展，支持被督导者做好服务。在这一阶段中，需要用到同理心的技巧、分享感受的技巧、鼓励被督导者说明问题细节的技巧、结束会议的技巧等。①

4. 终止阶段

在终止阶段，督导者应该带领被督导者一起回顾督导过程的各个阶段，并讨论在此过程中被督导者学到了什么，是如何获得成长的。此外，督导者还应帮助被督导者对其优势与不足进行总结和分析，以使被督导者更好地认识自我、提升自我。

（二）社会工作督导过程中的技巧

社会工作督导过程使用的技巧与社会工作者的服务技巧具有较大的相似性，区别仅在于社会工作者面对的是普通的受助者，而督导者面对的是特殊的"受助者"（他们同时又是专业助人者）。本教材着重介绍几种较为常用的督导技巧。

1. 督导的相互契合技巧

相互契合是指督导者要发展出一种为被督导者设身处地着想的初步同理心，培养与被督导者之间的相互适切性。相互契合的技巧在社会工作督导的预备阶段和开始阶段中较为常用。在运用该技巧时，重点在于督导者必须把讨论的焦点放在被督导者已经遭遇到的具体问题上。这些问题既可以是某项为员工带来不便或工作压力的具体政策，也可以是对机构或管理的不满情绪等。督导者既不能回避这些问题，也不能用感情来淡化问题，而应该让被督导者表达其潜在的感觉并协助其处理愤怒情绪。当然，在此过程中，督导者与被督导者都应该以诚挚的态度和正向的动机来面对彼此，如此才能发展出相互信任的关系，为后续的工作奠定基础。

2. 督导会议协议的技巧

尽管督导者在工作的开始阶段就与服务机构签订了督导服务协议，并且每年都会就督导的工作内容和工作目标等制订年度督导工作计划，但这只能作为开展督导工作的暂时性参考规划，每次的督导会议还应视每次的具体状况、被督导者需求而制订或修改具体的督导目标、督导内容与督导形式。一般来说，在督导会议中，往往将重要的、紧迫的、棘手的事项优先列入会议议程，每次会议讨论的议题不宜过多和分散。在会议的前15分钟讨论比较紧迫或紧急的议题，当然也可以放在督导会议的最后部分讨论。会议的中期阶段一般会用来安排讨论难度系数较大的议题。在讨论期间，督导者应该时刻提醒自己，不要立即对被督导者所提出的问题直接给出解决之道，而应该首先了解被督导者对问题的感觉与想法，进而引导和启发其尝试对问题的分析与解决思维。对督导者而言，在督导过程中最重要的是真诚，而不是技巧。在多数情况下，

---

① Ming-Sum Tsui. 社会工作督导：脉络与概念［M］. 张淑英，校阅. 陈秋山，译. 台北：心理出版社，2010：115.

倾听比给予建议或提供资讯更重要，特别是当督导者面对的被督导者是经验丰富的一线社会工作者时，更是如此。督导者首先必须是好的倾听者，否则其建议将受到被督导者很大的心理抗拒。

3. 引导被督导者说明问题细节的技巧

在社会工作督导中，被督导者的个人成长和服务能力提升可以通过督导者引导的问题细节讨论来实现。那么，如何引导被督导者进行有效的问题讨论呢？舒尔曼[①]认为，督导者可以采用五种技巧来引导被督导者阐述所提出问题的具体细节。第一种技巧是从一般性议题转换到特殊性议题。即督导者要通过倾听，详细询问事件发生的具体信息，避免模糊抽象的泛泛而谈。通常可以通过询问是什么问题（what）、问题怎么发生（how）、何时发生（when）、与谁有关（who）、在哪里发生（where）等信息达到具体化的目的。第二种技巧是自我克制。当督导者在还没有清楚地了解被督导者所提出的问题和想法之前，一定要克制自己的行为，保持冷静，避免贸然给出建议或做出评价。第三种技巧是有焦点地倾听（focused listening）。督导者必须专注地、有焦点地倾听，从倾听中了解被督导者的主要关切点、情绪感受、关键议题以及被督导者对该议题的反应。第四种技巧是善于提问。提问是一门艺术，提问不在于多，而在于善问。在督导过程中，被督导者有时会提出令人意外的问题，此时督导者也可以以"提问"来进行回应。善用提问，可以起到收集信息、澄清事实、启发思维、提供支持和给予指示的目的。第五种技巧是沉默的运用。作为督导者，必须具备保持沉默的能力和懂得运用沉默的策略。在督导工作过程中，沉默有时候意味着督导者所了解的信息还不够充分和详尽，还需要收集更多信息，因此沉默有时候可以作为一种策略，起到鼓励被督导者继续表达的作用。

4. 同感与分享感受的技巧

同感与分享感受是社会工作最基本也是最重要的技巧。督导者作为社会工作者的"社工"，更应该具备同感和分享感受的能力。在督导过程中要做到设身处地地从被督导者的角度出发考虑问题，协助被督导者将其情绪表达出来，并给予支持；同时，督导者也应善于分享感受，表达自己的所见、所闻、所感，甚至是自己的脆弱之处，做一个"真性情的人"。如此，在督导者良好的行为示范之下，才能建立起彼此信赖的关系，达到良好的督导效果。

5. 督导会谈结束的技巧

结束一场督导会议是一门艺术，督导者应该在每次督导会谈结束时对已经讨论过的内容做出总结，并指出接下来要达到目标所需要采取的执行步骤。

【思考】
为什么在大多数情况下督导者的倾听比给予建议更重要？为何对经验丰富的一线社会工作者来说更是如此？

---

① L. Shulman. Interactional Supervision ［M］. Washington D. C.：NASW Press, 1993.

五、中国大陆的社会工作督导

（一）中国大陆社会工作督导的基本状况

1. 大陆社会工作督导人才的来源

在我国的社会工作服务机构中，社会工作督导人才的主要来源有以下三个方面：一是香港、新加坡等地区和国家的资深社会工作者，比如深圳、东莞等地的社会工作服务机构聘请香港社会工作者担任社会工作督导；二是高等院校社会工作专业教师，此类督导人才在高校教师创办的社会服务机构中比较常见；三是传统社会服务机构中的资深从业者和自身机构培养的本土资深社会工作者。在以上三类社会工作督导人才中，来自香港地区或其他国家的督导，面临着体制和文化的差异，需要较长的磨合期；高等院校的社会工作专业教师，其实务经验又相对不足；传统社会服务机构的督导人才数量也甚为缺乏。以上几种状况直接导致了当前适合大陆社会服务现实情况的督导服务少之又少。

2. 大陆社会工作督导的实施状况

（1）工作开展方式

中国大陆社会工作督导开展方式，除了传统的个别督导、团体督导和同辈督导模式外，还有日志回复、实务参与等形式。一般来说，督导者开展督导工作的方式会因机构实际情况的不同而有所差异。个别督导模式是大陆督导和一线社会工作者比较倾向于选择的一种方式；团体督导则是目前绝大多数社会工作服务机构中较为常用的督导方式；日志回复则在机构内部培养的督导中使用较多，机构督导者针对新进社会工作者或实习生提交的工作日志中反映的问题进行及时批复、指导和反馈，但日志回复也常常作为一种辅助方式，配合个别督导和团体督导来进行；实务参与则强调通过现场旁观或示范等方式对社会工作者进行督导，但局限性较大，故适用性不强。

（2）工作职责

在工作职责方面，协助一线社会工作者提升专业技能是中国大陆督导的首要责任。这可能与我国高等院校社会工作教育的不足及社会工作实务的发展环境有关。除了专业技能的提升之外，提升服务品质、协助社会工作者全人发展、增强社会工作者工作动力、协调理想与现实之间的落差等工作，也是现阶段大陆社会工作督导者在工作中承担的责任。

（3）工作内容

当前中国大陆督导在开展工作过程中所涉及的工作内容主要集中在如下几个方面：实务指导与专业提升；情绪疏导与情感支持；服务反思及专业思维培养；行政管理及工作审批等。其中，给予被督导者情绪疏导及情感支持，可能是目前大陆社会工作督导所做的一项很重要的工作。这种现象的出现，与我国目前大陆社会工作者所获得的地位、认同感以及经济收入相对较低，压力较大有着密切关系。此外，由于一线社会工作者时常要接触一些带有负面情绪的服务对象，容易被负面情绪感染，影响自己的正常工作和生活，因此，社会工作者在这方面的需求较大。除了情绪疏导与情感支持外，给予被督导者具体的实务指导及专业提升，也是督导工作中的另一重要内容。

3. 大陆社会工作督导的功能

传统的社会工作督导功能可以分为三大类：行政功能、教育功能、支持功能。社会工作督导的这三大功能在中国大陆都有着不同程度的体现。在一项关于大陆社会工作督导运作状态的调查报告中①，研究者发现被访的督导者大部分认为支持功能和教育功能最重要，而行政功能则相对较少被大陆社会工作者认可。在我们所调研的广东地区，走访的机构无一例外都强调社会工作督导的行政、教育与支持功能，三大功能缺一不可。至于哪一种功能更为侧重，与督导者自身的角色定位、督导者在机构所处的职位、督导者与被督导者之间的关系以及被督导者的实际情况等因素有关。

在调研中我们发现，教育功能是大陆社会工作督导比较重视的功能。这一方面是由于中国的大陆社会工作者中有很大一部分人为非专业出身，没有接受过正规、系统的社会工作专业教育；另一方面，专业社会工作者也会因为理论与实践之间的差距，而无法用专业的方法来解决实际的问题。因此，教育功能在大陆社会工作督导过程中具有不可替代的重要性。

对于社会工作督导的行政功能，虽然绝大多数督导者都承认其重要性，但由于受中国大陆行政文化特色的影响，容易使督导者与被督导者之间的关系转变为上下级关系，令被督导者将督导者视为自己的领导，从而变得处事小心翼翼，隐瞒事实真相，甚至避免与督导者不必要的接触，反而容易使工作变得更为糟糕。因此，行政督导往往很难获得一线社会工作者的认可和尊重。

（二）中国大陆社会工作督导的主要问题

社会工作督导作为社会工作服务提供过程中的重要环节，日益受到学者和实务工作者的重视。但在我国大陆社会工作督导工作的开展过程中，还面临着许多问题，需要进行深入思考。

1. 督导者的行政功能与教育、支持功能的发挥存在断裂或冲突现象

在社会工作服务过程中，对一线社会工作来说，督导者扮演着支持者、使能者、倡导者的角色，发挥着情绪支持、教育和行政三大传统功能，这些功能之间应该是相互补充、相互促进的关系。但在实际工作中，社会工作督导的功能并未得到充分发挥。不同的社会服务机构，督导者所承担的职务状况存在较大差异，再加上大陆机构普遍存在行政与实务分开的现象，致使社会工作督导的行政功能与教育、支持功能相断裂。尽管从理想状态来说，三大功能分开，有利于督导的支持与教育功能的有效发

---

① 沈黎，王安琪. 本土社会工作督导运作状况研究：基于上海社会工作实务界的探索性分析 [J]. 社会工作，2013 (1)：91.

挥，但从另一个侧面来看，也有可能因为督导者无法行使行政职责，使得被督导者缺乏相应的约束和管理，导致督导工作无法正常开展，影响服务的提供。

此外，在大陆社会工作督导过程中也存在着专业职责与行政职责之间的冲突现象。由于督导者在开展督导工作时要承担部分的行政功能，其行政角色在一定程度上就会导致专业职责和行政职责之间的冲突。在沈黎、王安琪[①]的调查报告中被访督导者就说："我更加希望督导与行政可以分成两条线路。因为国内社会工作的行政色彩相对比较浓一些，当督导的行政职责与专业职责产生分歧的时候，往往会抑制督导作用的发挥，这其实并不好。"另一被访督导者也说："有时候行政方面的工作很多，对于我来说，就很难兼顾专业督导这一块工作，肯定会受到影响。而且社会工作者也会更多地把我当领导看，就不会和我分享很多东西。"

可见，在社会工作督导过程中，督导者该如何界定和选择角色定位，又该如何将社会工作督导的传统三大功能有机结合，使其充分行使责任，相得益彰，完成相应的使命，这些都是值得我们进一步思考的问题。

2. 督导者与被督导者之间的关系有时会演变成特殊的个案工作关系，使被督导者成为另一种意义上的"个案服务对象"

督导者对被督导者的帮助有时候会导致被督导者的依赖，使其一遇到问题或挫折便向督导者求助；而督导者也容易与被督导者发展较为紧密的关系，给予情绪支持和实质性的帮助。此种关系状态若不保持高度的觉察力和自知力，则易混淆私人关系与专业关系之间的界限，也会不小心使被督导者成为另一种意义上的"服务对象"，从而使得督导工作演变成了"对个案工作者进行个案工作了"。正如有督导者说："我不可以成为社工的救生圈。不能因为我来了之后，所有的专业就靠我了，不能被过度依赖。不过这个真的很难，不知道该怎么去把握这个尺度。"[②]因此，如何在不影响督导关系的基础上，减少被督导者对督导者的依赖，培养被督导者的专业自主性，是需要认真反思的一个问题。

3. 大陆社会工作督导者的专业水平总体不高，专业知识和实务经验有待提升

目前，除了大陆部分发达地区的社会工作服务机构还保持着聘请一定数量的香港督导外（近年来内地的香港督导数量也有明显的下降趋势），绝大多数大陆社会服务机构的社会工作督导者都是从一线社会工作者中选拔出来的，或者直接由管理人员担任，其本身的经验也可能只是比普通社会工作者多了一些而已。再加上许多大陆社会工作督导者未受过系统的督导专业理论、知识、方法和技能的训练，专业水平不高，在实际开展工作过程中自然难以获得社会工作者的认可和取得较高满意度。由高等院校教师担任的督导者，往往又因缺乏实务经验，理论与实践之间的结合存在较大缺陷，也难以满足被督导者的需求。机构领导担任督导者一职，则主要是站在机构管理层面上对被督导者进行业务指导。以上种种情况，使得大陆社会工作督导者在开展工

---

①② 沈黎，王安琪. 本土社会工作督导运作状况研究：基于上海社会工作实务界的探索性分析 [J]. 社会工作，2013（1）：94，94.

作过程中格外需要接受督导专家的指导，需要更多的专业培训和实务训练，提升督导者自身的专业能力。可见，如何挑选和培养未来的督导者，建构一个督导者选拔和培养的合理机制，提升督导者自身的专业水平，也是亟待解决的一个重要问题。

4. 缺乏系统的、规范化的社会工作督导制度，亟待建立和完善大陆社会工作督导制度

目前我国大陆还尚未有一个省份或地区完全形成一个统一的、规范化的社会工作督导制度，也没有一个明确的标准或要求去规范督导者的工作和督导者的行为。许多督导工作都是各个机构根据自身的财力和人脉情况而开展的，督导者的工作基本上都是自己确定，缺乏规范化、标准化、科学化管理。也有一部分社会工作服务机构，尤其是实力、规模较小的机构，对于督导工作往往缺乏统筹安排，只是在觉得有必要的时候，临时请几位专家来上课，做培训，且培训内容或者是学校教育内容的简单重复，或者是培训师的专长，很少考虑培训对象的真实需求，因而无法产生良好的督导效果。从专栏 8-6 和专栏 8-7 的案例中，我们也可以看出，各个社会工作服务组织，同样是集体督导，参与的人数、督导的形式和内容也是由各督导者根据实际情况自己拟定。甚至在专栏 8-7 的同辈督导会议中，参与的人员分属于跨度极大的两个领域，这就影响了督导效果，也无法满足被督导者的需求。以至于有被督导者在会议结束后提到，自己始终不清楚这个会议究竟是集体督导会议还是同辈督导会议，稀里糊涂地参加会议，也不了解究竟在督导谁，督导什么内容。因此，如何建立一个更适合大陆社会工作发展实际的督导制度，切实满足被督导者的专业需求，有效推动大陆社会工作实务的发展，是我们每个社会工作教育工作者和实践者都应该认真思索的问题。

六、社会工作咨询

社会工作咨询与社会工作督导一样，也是一种间接的社会工作方法。在社会工作服务提供过程中，需要综合运用多方面知识来为服务对象解决问题。即使是最资深的社会工作者，也会因为缺乏某一方面的知识，而需要向有关方面的专家请教。同时，社会工作者也会向其他专业的从业人员或社会公众提供社会工作知识的咨询服务。可见，咨询是一种重要的社会工作服务方法。

（一）社会工作咨询的含义

关于什么是社会工作咨询，有以下几种代表性的看法。

普兰卡认为："社会工作咨询是两种专业人员——咨询者与受咨询者之间的互动过程，咨询者是专家，受咨询者需要其协助，以处理工作中所遭遇的问题。"[①]

柏姆认为："咨询是一种过程，通过这种过程，咨询者提供专业知识和技术给受

---

① 隋玉杰. 社会工作：理论、方法与实务 [M]. 北京：中国社会科学出版社，1996：169.

咨询者，以帮助其达到解决问题的目的。"

利迪亚认为："咨询是一种解决问题的社会工作专业方法，包含时间短、有目的和咨询者与受咨询者之间的契约关系等要素。咨询的目的为加强受咨询者在其专业角色上的能力，增强其技术和知识，修正其在解决工作上的问题时的态度与行为。"①

吴桢认为：社会工作咨询是一种以知识和经验进行专业指导的社会服务，包括对服务对象的咨询和对社会工作者的咨询两个方面，其目的在于加强受咨询者的专业角色能力，改进在解决工作问题中的态度与行为。②

综合以上各种定义，我们认为，社会工作咨询就是由经验比较丰富的咨询者向受询者提供所需的社会工作知识和技术的指导，以帮助其解决工作中遇到的难题，达到提升服务品质之目的。

（二）社会工作咨询与社会工作督导的比较

作为一种间接的社会工作服务方法，社会工作咨询不同于社会工作督导，二者之间既有一定的联系，同时也有着明显的区别。

1. 社会工作咨询与社会工作督导的相同点

社会工作咨询与社会工作督导的相同点主要表现在以下几个方面。

第一，目标一致。社会工作咨询与社会工作督导的最终目标都是维护受助者的福利，提升服务的品质；直接目标则是促进机构工作人员的发展与改变。

第二，服务内容具有一定的相似性。无论是社会工作咨询还是社会工作督导，均涉及社会工作知识和技术等内容，在一些服务机构中，社会工作督导者有时也会扮演咨询者的角色，服务内容在一定程度上相似。

第三，主体和客体具有一定的相似性。与社会工作督导的督导者一样，社会工作咨询的咨询者有一部分也是资深的社会工作专业人员；社会工作咨询的受咨询者也有部分是新进的社会工作者。

2. 社会工作咨询与社会工作督导的不同点

社会工作咨询与社会工作督导的不同点主要表现在以下几个方面。

第一，主客体之间的关系不同。在社会工作咨询中，咨询者与受咨询者之间是平等、自愿的关系，二者之间不存在行政隶属关系，咨询者与受咨询者之间没有行政上的权威，对受咨询者的行为没有约束力，受咨询者的行动后果由自己承担。而在社会工作督导中，主体与客体之间的关系相对固定，在身份上有上下级之分，督导者对受导者具有一定的权威性，行动的后果由督导者与受导者共同承担。

第二，范围不同。主要表现在两个方面。首先，二者的主客体所涉及的范围不同。就主体来说，社会工作咨询的咨询者包括社会工作专业人员和其他相关的专业人

①　Lidia Rapoport. Consultation in Social Work ［C］//Encyclopedia of Social Work. Washington D. C.：NASW Press，1977：193.

②　中国大百科全书总编辑委员会《社会学》编辑委员会. 中国大百科全书·社会学 ［M］. 北京：中国大百科全书出版社，1991：299-300.

员；而社会工作督导的督导者一般是本专业的资深人员。就客体而言，社会工作咨询的受咨询者既可以是本专业的人员，也可以是其他人员和社会大众；而社会工作督导的受导者往往仅限于本专业的从业人员。其次，二者的服务内容范围不同。社会工作督导的服务内容主要为社会工作专业的相关知识、技术和方法；社会工作咨询的服务范围则要宽泛得多。[①]

第三，主客体的工作部门不同。一般来说，社会工作咨询的咨询者与受咨询者不在同一机构工作；社会工作督导者与被督导者则隶属于同一机构。

（三）社会工作咨询的种类

目前学术界对社会工作咨询的研究尚不多见，且从现有的为数不多的研究来看，存在着划分标准与内容不一致的现象。我们认为社会工作咨询种类的划分依据比较常见的有两种：一种是以受咨询者为标准来划分，另一种是以咨询内容为标准来划分。

1. 以受咨询者为标准来划分

（1）以社会工作者为对象的咨询

社会工作作为一种专业助人活动，需要各种关于人的需要、解决困难的方法和途径的一般经验和知识，并以这些知识为基础，作为认识、分析、解决问题的出发点。特别是现代社会，服务对象面临的问题日益呈现出复杂性、多样性的特点，使得社会工作者需要具备多元化的知识和方法才能有效应对。然而，对于一名社会工作者而言，其不可能掌握所需要的所有知识，因而也需要向有关方面的专家咨询。一般来说，心理学家、社会学家、精神医学家、律师、教育专家等常常充当社会工作咨询的咨询者。

（2）以其他专业人员或公众为对象的咨询

随着我国社会和经济的高速发展，许多社会问题也相继增加，社会对社会工作这一职业的需求日益扩大，尤其在犯罪预防、老人陪护、弱势群体帮扶等方面更是需要社会工作者的积极介入。然而，目前社会大众对于社会工作的认知度普遍不高，甚至还存在着一些误解，这需要社会工作者作为咨询者向公众提供有关社会工作方面的各种咨询。在跨专业合作中，尤其在社会工作者向家庭、学校、工厂、企业、医疗卫生机构、司法部门等提供社会工作服务过程中，更是需要扮演咨询者的角色，向来自不同行业、不同领域的专业人员提供咨询，以增进彼此之间的合作，提升服务质量。

2. 以咨询内容为标准来划分

（1）以计划或方案为中心的咨询

这类咨询，主要是探讨工作方案或计划，目标在于完善工作方案或计划，提高工作质量等。

（2）以教育与训练为中心的咨询

这类咨询的目标在于通过为咨询者提供一些有关社会工作知识、方法与技巧等方面的教育与训练，提升咨询者的服务能力，改进服务方法，以便更好地满足服务对象的需求。

---

①　李迎生. 社会工作概论［M］. 北京：中国人民大学出版社，2004：245.

（3）以行政为中心的咨询

这类咨询的内容主要涉及机构服务方向以及行政方面的各项规定、制度和政策等，其目的在于推进机构改革、增强机构功能、提高行政效率等，最终促进机构发展。

（4）以个案为中心的咨询

这类咨询主要是针对受咨询者所提供的服务的一种咨询，咨询内容主要与一个特殊服务对象或一群服务对象的困难有关，目的在于使受咨询者获得足够的解决服务对象问题的能力，以便能够为服务对象提供合格的服务，解决服务对象实际面临的困难。

（5）以研究为中心的咨询

这类咨询主要是以研究的视角，对受咨询者所从事的工作进行全面的、综合性的考察与反思，形成结论性意见，为受咨询者的发展提供重要参考。

重要结论与启示

1. 社会工作督导是一种间接的社会工作方法，它主要是由机构内资深的社会工作者，对机构内新进的工作人员、实习学生或志愿者，通过一种定期和持续的督导程序，传授专业服务的知识和技术，以增进其专业技巧，进而促进他们成长并确保服务质量。经过一百多年的发展，社会工作督导已成为影响社会工作服务品质的重要因素之一，且日益被社会工作者重视，成为中国社会工作专业化和职业化的重要保障。

2. 社会工作督导的功能主要体现为行政、教育、支持与发展功能。各功能所体现的内容虽有明显区别，但在实际工作中各功能之间彼此紧密联系。

3. 传统的社会工作督导模式有个别督导、团体督导和同辈督导。不同模式适用于不同情况。在具体的专业助人实践中，究竟采用哪种模式，取决于对多种因素的综合考虑。

4. 社会工作督导过程可以分为预备阶段、开始阶段、工作阶段和终止阶段。相互契合技巧、会议协议技巧、引导被督导者说明问题细节的技巧、同感与分享感受的技巧、督导会谈结束的技巧是社会工作督导过程中的常用技巧。

5. 社会工作咨询是一种与社会工作督导相似的间接社会工作方法。二者在工作目标、服务内容和主客体上具有一定的相似性，但在主客体关系、服务范围及主客体工作部门等方面存在着明显差异。

参考文献

1. Ming-Sum Tsui. 社会工作督导：脉络与概念［M］. 张淑英，校阅. 陈秋山，译. 台北：心理出版社，2010.

2. 沈黎，王安琪. 本土社会工作督导运作状况研究：基于上海社会工作实务界的探索性分析［J］. 社会工作，2013（1）.

3. 顾江霞. 社会工作本土化过程中的督导关系分析：基于东莞H镇督导项目实践的经验［J］. 社会福利，2012（8）.

4. 李迎生. 社会工作概论［M］. 北京：中国人民大学出版社，2004.

5. 张乐天. 社会工作概论［M］. 3版. 上海：华东理工大学出版社，2007.

拓展阅读

1.《深圳市社工督导人员工作职责规定（试行）》。

2.《社工督导工作指引》（社会工作者注册局）。

专题九　社会工作研究：理论发展与实务提升

内容概览

　　社会工作研究是社会工作的间接介入方法之一。它在完善社会工作专业实践中承担着重要的角色。本专题介绍了社会工作研究的含义、内容、功能和伦理原则，阐释了社会工作研究在改善社会服务和提升社会工作理论水平方面的重要意义，讨论了社会工作研究的常用方法和一般过程，力图使读者对社会工作研究的各个方面有初步了解。

学习目标

　　1. 了解社会工作研究的含义、内容和功能。
　　2. 领会并掌握社会工作研究的伦理原则。
　　3. 能够运用社会工作研究的基本方法及具体技术。
　　4. 熟悉社会工作研究的一般过程。
　　关键词：社会工作研究　　社会工作研究方法　　社会工作研究过程

专栏 9-1

案例

谁在从事社会工作研究？

　　小王是一名个案服务计划的督导者，项目出资人要求小王对某个案服务对象的干预（服务）是否产生了效果做一次科学的评估。

　　小杨是一名提供临床服务的社会工作者，他想用单案设计方法来测评使用的一个干预方法对服务对象的行为产生了什么影响，并对自己近期的服务效果做一个评估。

　　小朱正在做一个社区服务项目，他需要通过调查研究来判断该社区居民的最突出和最急迫的需求是什么。

　　小华是一名社区老年服务项目的主管，出于对公众问责的回应，出资人及机构领导要求小华出具一份科学的报告来证明该项目确实正在为服务对象提供计划所预期的服务种类和服务质量。

　　通过无结构式访谈和其他调查方法，社会工作者小苏运用系统理论对8岁的小学生萌萌的需求和问题做了分析与诊断，决定用心理社会治疗模式为萌萌展开干预服务。

　　　何教授是一位从事社会工作教育和研究的高校教师，他正带领他的研究生为国家社会科学基金课题"城市贫困家庭的教育投入研究"做资料收集的工作。

　　　小李是一名非营利组织的工作人员，他正在致力于一项社会改革研究，需要真实、科学的数据证明某项社会政策的有害影响，说服立法机关制定新的、更具人道关怀的社会福利法规。

　　　某市妇联儿童部工作人员为制定一项困境儿童保护计划，对本地流动儿童的家庭经济水平、就学情况和被监护现状等展开社会调查。

　　　……

　　　[资料来源] 本书作者根据社会工作研究实践整理。

　　什么是社会工作研究？社会工作研究的目的是什么？它具有如自然科学研究那样的科学性和严谨性吗？从事研究的人难道不是应该坐在象牙塔里或者是在实验室里研究理论和数据吗？社会工作实务工作者也要学习研究方法，做研究工作吗？研究是如何与实务联系在一起的？这些都是很多社会工作专业学生需要找到答案的问题。在专栏 9-1 里，我们可以看到其实社会工作研究和社会工作者的距离并非想象的那样远，社会工作研究就在我们的职业活动中。除了专门的理论工作者，每个社会工作实务工作者也应是社会工作研究的参与者和研究成果的使用者。

一、社会工作研究的含义与内容

（一）社会工作研究的含义

　　关于什么是社会工作研究，一直以来存在两种侧重点不同的理解。第一种是问题研究的视角。这一视角强调社会科学研究方法，认为社会工作研究是运用社会研究的科学方法探究社会工作实践中的各类现象和问题的原因、本质和规律的科学活动①。第二种是专业提升的视角。这一视角侧重于把社会工作本身作为研究对象，认为社会工作研究是为推动社会工作学科发展，在检验和提升社会工作理论和方法方面所做的研究。

　　以上的两种理解并无冲突之处，它们清晰地刻画了社会工作研究的一体两面。一方面，社会工作研究是社会研究方法在社会工作实务领域的应用，它遵循科学研究的系统性和严谨性。在专业助人服务的每一个阶段，工作者都需要获取与服务对象的需求和问题相关的各类社会事实，研究个体、家庭、群体和社区的生存状态与互动过程，为社会服务活动有效开展提供科学基础。因此，社会工作研究是一个为社会工作

---

　　① 李增禄. 社会工作概论［M］. 台北：巨流图书公司，1986：251.

实务提供技术支持的过程。另一方面，社会工作研究也是社会工作专业的有机组成部分。为了检验既有的理论和技术，提出新的社会工作知识和理论以丰富、发展社会工作学科，我们要对社会成员的需求、社会服务组织和社会服务计划的静态及动态进行探索和研究。

以上两个方面共同揭示了社会工作研究的本质和宗旨——改善和提升社会工作服务社会的功能，创新并丰富社会工作理论。由此，我们可以认为，社会工作研究就是社会工作理论与实务工作者通过运用社会研究方法，收集并分析与社会服务过程有关的事实，协助达成助人目标，提高社会服务的品质和效率，检验并发展社会工作的理论、方法和技巧的过程。

（二）社会工作研究的内容

【思考】

你能借助学者归纳的社会工作研究的内容，对专栏9-1的例子做一些补充吗？

社会工作研究的内容取决于社会工作者在实践中所遇到的问题。随着社会工作实务领域和方法技术的不断丰富，社会工作研究的内容也逐渐广泛而多元。我国香港学者莫泰基认为，社会工作研究的内容主是针对以下课题①。

①专业的价值理念；②不同服务对象的需要评估；③社会问题的分析；④服务对象的观点和次文化；⑤服务缺口和协调；⑥服务的设计与试验；⑦服务的评估与改善；⑧服务机构的效率及效益分析；⑨工作理论的建立；⑩工作技巧的应用和创新；⑪服务的运用模式和管理；⑫服务政策的制定和规划；⑬服务指标的制订和分析；⑭社会政策的分析和改革；⑮社会政策的比较和推进；⑯研究方法的更新。

以上所列的16个方面比较全面地概括了社会工作研究的内容。如果将以上的研究内容进一步整理归类，社会工作研究的内容大致可以包含三个层面：①理论层面上对人类需求的探讨、对社会福利思想和社会政策的研究以及对社会工作的制度分析；②实际服务层面上对具体的社会结构、社会互动、服务过程的研究；③技术层面上对情境性的助人技巧的研究。需要指出的是，这三个层面的研究内容并不是截然分开的，而是相互渗透、有机联系、相互影响的，只是在具体研究时，研究任务的侧重点有所不同。

二、社会工作研究的特性与功能

（一）社会工作研究的特性

社会工作研究既有社会科学研究的共性，也有自身的独特性。其独特性主要体现

---

① 周永新. 社会工作学新论 [M]. 香港：商务印书馆，1994：46.

在以下三个方面。

第一，社会工作研究者既是资料的收集和分析者，也是使用研究成果的实务工作者。很多社会工作研究源于社会工作者在服务过程中发现的问题，这些问题在经过社会工作者探索之后可以为以后的工作提供新的思路和方法。在这一过程中，社会工作者既是研究者，又是成果使用者。这个特征通过专栏 9-1 所列的例子能够比较清楚地体现出来。

第二，社会工作研究特别关注人类需要以及服务模式的多元化、差异性和具体化。现实社会存在着民族、制度、文化、生理、心理等多层面的多元化和差异性，相应地，人类需要也是多元和具体的。社会工作研究不仅解释人类需要的一般问题，也不仅为助人活动找到一些一般性的、普遍性的结论，而且致力于验证那些针对具体需要、具体问题和具体目标的干预方法和程序是否科学和有效，以及怎样科学地优化那些干预方法和程序。进而，社会工作研究要创新出满足不同文化背景下、不同服务对象需求的不同的知识、理论和工作模式。

第三，社会工作研究的目标是提高服务对象的福祉而非研究人员的自身满足。虽然研究者在研究过程中常常体会到知识创新带来的无穷乐趣，但是，社会工作研究的主要目的不是为了科研而科研，而是为舒缓人类痛苦和提升社会服务质量提供有用的信息。可以说，社会工作研究的目标和社会工作实务的目标是一致的，都服务于社会公正和人类基本需要的满足。

（二）社会工作研究的功能

社会工作是科学的、职业的助人活动。采用科学研究方法有利于社会服务项目的选择、服务计划的制订和实施，也有利于修正工作技术、评价和提高服务效果及影响社会政策的修订等。此外，社会工作研究也会检验和推动理论进步。社会工作学科的不断发展、完善和进步是以社会工作研究为基础的。具体来说，社会工作研究具有以下功能。[①]

1. 了解社会需要，制订服务计划

社会服务的开展是以社会需要为基础的，社会问题的影响范围及程度，即社会需要的强度决定着应该制订何种政策和措施，向有需要的人提供帮助和服务。要使社会政策及应对措施具有科学性和针对性，就必须对社会问题、社会需要进行调查研究，分析其成因，探讨解决问题的途径，并对解决问题的方案进行选择。这些都必须以科学的社会调查和对调查资料的科学分析为基础。如在专栏 9-2 里所介绍的，要想为残疾人提供适切的服务，就需首先掌握这个群体生存的微观、中观和宏观系统特征，切实把握其真正的需求。在社会问题比较严重、社会服务资源投入巨大、服务项目较新的情况下，研究工作尤为必要，它可以增加社会服务项目设置的科学性和推进服务的可靠性与有效性。

---

① 王思斌. 社会工作概论 [M]. 2 版. 北京：高等教育出版社，2006：406-407.

专栏 9-2

资料

美国残疾人的生存状态研究

为了更为清楚、全面地掌握美国残疾人群体的生存现状和社会需求，进而制订相应的服务政策，社会工作者根据全美人口统计资料对残疾与年龄、性别、种族或民族、收入以及教育的关系进行研究。发现如下。

第一，年龄和残疾明显相关。年长者比年幼者更易罹患残疾。患病罹伤的概率随年龄增大而增大。生活习惯如抽烟、服药、饮食、运动具有累积效应，更会影响个体晚年的身体功能。但是，并非所有高龄人都患有残疾，年龄与残疾并非必然相关。

第二，残疾与性别也相关，尤其是综合考虑年龄与性别。年轻男性的残疾发生率要比年轻女性低，中年男女比例平均分布，老年女性的残疾发生率最高。但性别对残疾的影响不及年龄。

第三，残疾与民族或种族的关系。亚裔及太平洋岛屿人群和白人的残疾发生率较高。非裔严重残疾的发生率最高，而土著更普遍地罹患非严重残疾。尽管西班牙裔总的残疾发生率比白人低，但他们严重残疾的发生率要比白人高。

第四，残疾发生率和收入水平明显相关。越低的收入水平与越高的残疾发生率相关，但不可由此断定低收入导致残疾。确切地说，两者是互动的。越贫穷的人越不可能享受预防疾病的优质服务，并且越可能从事高危工作，因此越容易发生残疾。另一方面，一旦残疾，往往伴随着失业，个体的收入就会锐减。所以，调查数据不能说明贫穷导致残疾或残疾导致贫穷，能够肯定的是两者互相关联。

第五，残疾还与受教育程度相关。受教育程度越高，残疾发生率越低。并且，发生在童年、青少年或刚成年等阶段的显著残疾可能限制其受教育程度。另一方面，低文化水平的人更可能从事间或伴有致残风险的体力劳动。

以上这些发现不仅在医学和个人生物角度证明某些残疾在不同人群有不同的发生率，如非裔高血压患病率特别高，更为重要的是，这些发现实际上可以从生态系统角度对残疾问题做全景式观照，指出残疾率差异的社会环境和结构原因。这样，研究揭示了各种歧视行为会限制少数群体享有医疗保健和接受教育的权力，影响残疾的程度和社会功能水平，有助于解释不同人群的某些差异，帮助社会工作者了解残疾人受歧视的历史、政府政策的结构影响、社会文化观念中残疾人能做什么不能做什么、残疾人对家庭的影响以及发生障碍的心理和生物上的个体特殊性，从而对症下药。

[**资料来源**] 莫拉莱斯，谢弗. 社会工作：一体多面的专业 [M]. 顾东辉，等译. 曾群，顾东辉，校. 上海：上海社会科学院出版社，2006：298-302.

2. 了解服务对象，推进社会服务

如前所述，社会服务是在复杂的社会、文化等环境条件下社会工作者与受助对象的互动过程。在专栏 9-2 中，我们可以看到传递服务的过程事实上会受到社会制度、文化传统、个体差异等多种因素的影响。因此，有效地传递服务并不是一件简单的事。特别是在进行一项创新性服务或在一种全新背景下开展某项服务时，认真地研究各种因素对服务传递过程的影响，并采取相应的推进策略是必要的。在这一方面，认真研究服务对象的接受心理、接受行为及服务效果显得尤为重要。实际上，如果我们把开展和接受服务看作一个过程，那么，对这种连续活动过程的考察就是必需的，即随着服务的开展，社会工作者与服务对象之间的互动将不断显现出新的情况。社会工作者只有及时、客观地认识这种情况才能有效地将服务推向前进。

3. 评估社会服务，不断改进服务

社会服务不但是一个过程，而且是在一个动态的环境中进行的。随着服务的开展，服务对象的生活状态、心理状况也会发生相应的变化。加上与服务相关的社会、经济、政治等因素的变化，社会服务常会遇到一些新问题。这些问题可能是在服务提供之前已经预料到的，有些则是以前没有注意到，甚至是突发性的。然而无论如何，客观地认识服务的进展状况，分析它面临的新问题，不但是进一步推进服务的需要，也是改善服务的需要。对服务过程进行评估可以使我们及时地调整服务策略，为服务对象提供有效的服务。而总结性评估则可以检验服务的成效，检视投入与成果的比例，有利于将社会福利资源分配给真正需要的人。

> 【思考】
> 如何从微观和宏观层面理解社会工作研究的功能？

4. 发现问题，制定和调整政策

社会服务是在一定的政策指导下进行的，新的社会问题的出现往往与社会政策的不完善有关。缺乏某一方面的社会政策，或社会政策过时、不符合实际常常是产生新社会问题的不可忽视的原因。为了社会公正和社会进步，根据变化了的情况不失时机地调整社会政策是必要的，科学制定政策的依据是社会现实的需要。要客观、全面地反映社会需要，必须进行科学的社会调查和社会工作研究。

5. 检验和发展社会工作理论

与所有的科学研究一样，社会工作研究也追求用证据来说话。自社会工作职业产生以来，社会各界对社会工作质疑的焦点即其"有效性"，而社会工作研究就是用科学的理论、方法和程序，收集足够的科学证据来验证社会工作干预（服务）的有效性。社会工作理论的发展具有不断积累的特征。要实现这种积累，就必须有对社会工作经验的科学提炼。没有普适性的社会工作理论和模式，为保证干预效果，干预方法必须是经过科学验证的。要想在文化、制度、需求多元化和差异性普遍存在的背景下满足服务对象的个性化需求，就需要不断进行科学的社会工作研究。

三、社会工作研究中的伦理议题

社会工作以帮助弱势群体克服困难、满足其基本需求、维护社会公正为使命，是一种富含伦理的社会活动（本书的专题三已经介绍了社会工作的职业伦理）。社会工作研究活动也应该遵守社会工作的伦理要求，保护服务对象和参与者的权益。同时，作为社会科学研究的一部分，社会工作研究者还应该遵守一定的学术道德。由此，社会工作研究者需要遵循以下两个方面的伦理守则。

（一）对研究参与者的道德义务

1. 自愿参与和知情同意

【思考】
欺骗与强迫参与和知情同意原则的矛盾表现在什么地方？

社会工作研究中的研究对象或参与者必须是自愿的，也就是说，研究对象要自愿而不是被迫地或者是因为被许诺报酬而向研究人员提供资料。知情同意是指研究者应当事先告知参与者本次研究的性质和意图以及调查资料的使用、对自身的影响等问题，并在此基础上获得参与者的同意决定以及书面同意。

2. 对研究参与者无伤害

任何研究都可能给研究对象带来生理伤害、心理压力或自尊心的丧失。例如，干预家庭暴力的调查可能会使参与者受到更严重的家暴。[①] 为了观察、研究人们如何应对生活中的压力或其他一些突然的改变，研究对象可能被有意地置入一个充满压力、尴尬和不舒适的环境，甚至有意欺骗参与者使其自尊心大受伤害。尽管绝大部分的社会工作研究者就是社会工作者，且都已经接受过专业价值观的培训，明了面对服务对象时所应持有的工作原则，但是，并不意味着以上的几类伤害在社会工作研究实践中不会发生。那么，如何避免这些可能产生的伤害？美国社会工作者协会的伦理守则指出，社会工作研究者在选题和设计时就要将伦理问题纳入考虑范围，预防可能给参与者带来的伤害，对一些已经造成的伤害，应当尽快采取补救措施，将伤害降低到最小，如可以在研究中或研究后对参与者进行相关的心理辅导。

3. 匿名与保密原则

匿名不仅指在调查时和在资料文件里，参与者处在一个不用名字的状态，还要求研究者删除某些个人信息，使其他人不能认出是谁以及如何回答问题的。保密意味着在研究资料中可能有参与者的名字或者研究者能记起提供信息的人（如面对面访谈）的情况下，研究者必须对参与者及其个人信息加以保密，不得向他人公开其个人资料和所提供的研究信息。有时，研究者甚至要放弃一些可能有用的资料以保护参与者的

---

① 顾东辉. 社会工作概论［M］. 上海：复旦大学出版社，2008：216.

隐私权。① 如果有必要向公众公开一部分研究资料，应保证所公开的信息无法与特定的个人联系起来，并且在公布研究成果时只采用一种组合的方式（如百分比、众数等）。

（二）对学术研究行为的道德义务

1. 价值中立

研究者应该价值中立，也就是说让经验性的知识而不是个人的倾向性作为研究结论的基础。这要求研究者首先尽可能保持客观科学的态度，即在研究主题的确定、研究设计、资料收集和分析过程中，客观地记录信息，不做任何诱导，不凭个人意志选用信息，客观报告分析结果。其次，要求研究者正视并尽可能顶住那些会影响到研究结论的外来压力。这些压力可能来自研究者保住工作、职位升迁的追求，也可能来自研究出资方的坚持，甚至是政治价值观的影响等，这些压力对于研究者进行独立客观的研究来说是巨大的挑战。因此，社会工作研究者应尽量在忠于科学伦理和适应现实世界之间寻求平衡，在一定的时空框架内遵循价值中立的研究立场。

2. 研究者身份

根据研究伦理的要求，研究者应该向研究对象如实地介绍自己，不能通过故意隐瞒身份或者欺骗手段获取研究对象的信息。"欺骗和隐瞒身份，会增加公众对社会工作研究的不信任，降低公众对社会工作研究的尊重。"②

【思考】
你如何看待研究者身份真实和获取有价值的资料之间的矛盾？

但是，在某些情况下，如果暴露真实身份和研究目的，就不可能收集到有价值的资料。例如，研究我国农村基督教家庭教会聚会时信徒的行为，如果研究者提供真实身份，教徒就会将研究者拒之门外，研究者就无法进行观察；而隐瞒身份和研究目的，伪装成教徒则可以获得实地研究的机会。是否隐瞒身份进行研究至今还是一个充满争议的话题。有人认为，所有隐瞒身份的研究都违背了研究伦理；也有人认为，在完全不能对研究对象进行公开观察的情况下，隐瞒身份是合乎伦理的，研究者可以循序渐进地暴露自己的身份，如为进入家庭教会做实地观察，研究者先以"慕道友"（即仰慕教会的非教徒）的身份介绍自己并进入教会，之后在合适的时机向研究对象解释原因，说明自己的工作原则，消除研究对象的担心。

3. 研究发现的公开和分享

研究者应该客观正确地报告研究发现和研究不足以供他人借鉴，不能伪造或歪曲结果。研究成果应公开、与他人分享，并接受检验，因为提高研究效率、提升社会服务质量是社会工作研究的根本要求。

---

① Bonnie L. Yegidis, Robert W. Weinbach. 社会工作研究方法 ［M］. 黄晨熹，唐咏，译. 上海：华东理工大学出版社，2004：50.

② 劳伦斯·纽曼，拉里·克罗伊格. 社会工作研究方法：质性和定量方法的应用 ［M］. 刘梦，译. 北京：中国人民大学出版社，2008：125.

四、社会工作研究的方法

社会工作研究方法总的来说，可以宽泛地分为定量研究和质性研究两种基本范式。定量研究（quantitative research）遵循实证主义方法论，它以自然科学研究方法为楷模，通过大量可进行比较（在某种意义上被视为可重复）的现象的数量分析来发现规律、验证假设和已有理论。定量研究常常运用标准化的工具来测量研究现象，强调变量之间的关系、相互影响和因果关系，其研究逻辑是运用演绎方法来发现事物之间的规律。问卷调查、结构式访谈、实验研究法都属于定量研究的范畴。

质性研究（qualitative research）则是基于人文主义研究的自然传统，即在某种自然的环境和条件下对某个或某类现象的性质和特征做出说明的研究方法。质性研究不用量化手段来获取和处理资料，而是注重现象和行为的自然和社会背景，通过深入接触研究对象、广泛了解和理解研究对象来揭示研究对象的本质。因此，质性研究的研究逻辑是从特殊情境中归纳出一般的结论。典型的质性研究方法包括实地研究、无结构访谈、参与观察、行动研究等。

定量研究和质性研究这两种范式都有各自的科学的基本原则。在社会工作实务和研究活动中，研究者常常将二者结合起来使用，针对不同的研究需要，从不同的角度对社会生活和服务计划提出重要见解。下面介绍几种常用的社会工作研究方法。

（一）社会调查法

社会调查法是社会研究的常用方法，它主要通过收集有关资料，有计划、有步骤地考察社会现象，分析其中各个因素之间的关系，从而把握社会问题的现状。在社会工作实践和研究中，为了了解某一社会群体、组织或社区的需求状况和问题，并在此基础上制定出相应的干预方案，社会工作者常常使用社会调查法收集资料，了解服务对象的真实需要。社会调查法中常用的资料收集方法有问卷法、观察法和访谈法。

1. 问卷法

问卷法是定量研究常用的资料收集方法，它以预先设计好的问卷表格，系统、直接地从一个取自总体的样本那里收集量化资料，用以测量人们的行为、态度和社会现象及其规律。问卷调查常用于对大规模同类现象的调查，并期望通过大规模调查所得到的数据来检验已有假设、发现问题。问卷有自填问卷和访问问卷两种基本类型。

一份高质量的问卷要求研究者对问题进行精心设计，所提问题、用语都应适合调查对象的理解和回答，这样才能提高所获资料的信度和效度。在社会工作研究中，使用问卷要克服许多困难。因为调查研究经常面向社会中的弱势群体，他们在文化水平、理解能力上都可能不及一般民众。因此，社会工作研究的问卷设计尤其需要克服调查对象的主观障碍及其在能力和环境等方面的不足。[①]

一般来说，问卷设计工作需要经历三个步骤完成。第一，进行探索性工作，通过文献回顾或实地考察认识研究问题。第二，设计问卷初稿，依托卡片法先将问题列出后，而再进行排序，或依托框图法先形成问卷结构再补充相关问题。第三，试用和修改，将问卷初稿发给专业人员和调查对象以获其主观评价，根据回收率、有效率、填写错误、不全状况等信息，进行语言、次序、题数等方面的修订，形成正式问卷。[②]

2. 观察法

观察法是收集质性资料的主要方法之一，指研究者在实地研究中，利用感觉器官和其他手段去记录人们的态度或行为。根据研究者是否融入观察对象群体，观察法可分为参与式观察和非参与式观察两种类型。在参与式观察（participant observation）中，观察者和观察对象一起生活、工作，在密切的相互接触和直接体验中倾听和观察他们的言行。[③] 非参与式观察不要求观察者直接进入观察对象的日常生活，而是作为旁观者了解事情的发展动态。事实上，两种观察类型不是截然分开的，在实地研究中它们常常被结合起来运用。在社会工作研究中，观察法特别是非参与式观察法常被用在对服务对象的需要和问题，以及服务对象社会环境的评估工作中。服务对象所处情境中的事件、正式活动、计划外活动、非正式互动、服务对象的本土语言或行为语言、非干扰性指标等都是值得收集的资料，如在专栏 9-3 中，对服务对象与其他家庭成员互动的观察。

专栏 9-3

案例

运用非参与式观察评估服务对象的需求和问题

背景：服务对象陈某，男，42 岁，核心家庭成员有妻子、一子和一女。陈某初中文化，复员军人，自从部队回到家乡以来一直没有固定的工作和收入，做过一些承包养殖工作，但均以失败告终。家里为子女交学费欠下一万元外债，妻子做小学代课教师，平时住在学校，每周回家一次。全家的日常生活依赖于妻子每月的微薄收入。陈某因家庭压力沉重，自己无力改变，产生强烈的自我挫败感，进而有了自杀倾向。家人担心陈某的状况，求助于社区服务中心。服务中心派社会工作者负责处理该个案。为了对服务对象的需求和问题客观地评估，社会工作者分别采用了量表法、会谈法、问卷调查和非参与式观察法等方法，围绕服务对象系统、服务对象家庭系统以及服务对象的社会支持系统进行了有序的资料收集工作。

① 王思斌. 社会工作概论 [M]. 2 版. 北京：高等教育出版社，2006：413.
② 袁方. 社会调查原理与方法 [M]. 北京：高等教育出版社，2000：199-214.
③ 陈向明. 质的研究方法与社会科学研究 [M]. 北京：教育科学出版社，2000：228.

　　非参与式观察的准备：社会工作者事先与服务对象沟通，可能会对其进行一次非参与式观察，以增强对服务对象及其社会环境的了解，使资料收集更丰富和准确。随后，社会工作者按照约定时间来到服务对象家中与服务对象及其家庭成员会谈。期间，服务对象的妻子先行离开，开始准备晚饭。社会工作者同时进行了非参与式观察。

　　观察情况记录：服务对象的妻子准备做晚饭，询问服务对象想吃点什么，服务对象表示自己无所谓，问问儿子和女儿的意思。儿子沉默，女儿回答想吃面条。妻子继而去厨房准备，服务对象随之进入，表示自己来做好了，妻子让服务对象去休息，陪陪孩子们。服务对象出来，和孩子们待在一个屋，儿子、女儿正看着电视。服务对象问他们在学校的情况，儿子默不作声，女儿回答还好，并与服务对象说了学校的一些趣闻，服务对象露出难得的丝丝微笑。接着三人一起看电视，很多时候是沉默，或是女儿说上几句话……

　　观察结果分析：通过观察发现，服务对象的妻子其实很关心服务对象，对由于工作忙而疏于照顾服务对象有所愧疚，因此在难得的休息日下厨，还亲自询问服务对象想吃什么。服务对象对妻子也心存体谅，表示自己来做饭（也由于长久以来自己给自己做饭已成习惯）。服务对象的儿子较为沉默，而女儿则相对活泼开朗，但总的来说，服务对象与子女之间的沟通不多，不充分，只是简单问几句学校的情况。可以看出，服务对象对于一对子女还是很疼爱的，和子女相聚露出了难得的笑容。

　　[**资料来源**] 邓恩远，卞国凤. 社会工作方法与实务 [M]. 北京：北京大学出版社，2009：35-48.

3. 访谈法

访谈法是研究者通过口头交谈等方式探访访谈对象获取资料的方法。社会工作实践和研究中常常采用结构式访谈、无结构式访谈和专题小组法等技术获取服务对象系统及其各环境系统的资料。

（1）结构式访谈

所谓结构式访谈，是指按照事先制定的较详细的提纲或调查表向服务对象提问和收集信息。结构式访谈获得的资料便于整理和分析，它可以在比较了解服务对象情况的条件下使用，因为这时所提问题比较接近实际。例如，在专栏9-3的案例中，社会工作者也可以同时使用结构式访谈向服务对象陈某提问，从而了解服务对象对于自身问题的认知、改变动机、可用资源等方面的真实想法。针对这个案例，社会工作者可以这样设计访谈提纲：

①您对目前自己的状况最不满意的四个方面是什么？
②如果您想改变，您最想做的三件事是什么？
③对您目前拥有的，您满意的是哪些方面？

（2）无结构式访谈

与结构式访谈不同，无结构式访谈只有一个题目或范围，不如结构式访谈那么具有结构性和标准化，研究者与访谈对象围绕这个主题或范围进行比较自由的交谈。无结构式访谈是定性研究的重要手段，它的最大特点是可以调动访谈双方的主动性和积极性。一方面，通过深入细致的访谈，研究者可以获得关于服务对象的丰富生动的信息；另一方面，研究者对访谈内容和过程可以进行主观、洞察性的分析，从中归纳和概括出某种结论。在运用无结构式访谈法收集服务对象资料时，研究者应特别注意做到以下两点。

第一，访谈者要对访谈主要目标和所要了解的主要内容有明确的认识。只有这样，访谈者才能在访谈时主导整个访谈进程，不至于离题太远。

【思考】
　结构式访谈与无结构式访谈有什么不同？

第二，访谈前应对访谈对象的各方面情况和特征，比如职业、文化程度、家庭背景、经历、兴趣爱好等，尽可能地进行了解。这样做的好处是，一方面便于研究者根据实际情况采取适当的角色姿态，尽可能缩小研究者与访谈对象之间的心理距离，尽可能增加二者之间的共同语言，以建立起融洽轻松的访谈关系；另一方面可以使研究者对访谈对象在访谈过程中所谈的各种情况，有更为准确、客观的理解，特别是在对一些不易交谈、不易表达的内容和一些不善于表达的访谈对象进行理解时，这种事前的了解更具有明显的作用①。

社会工作者在使用访谈法时可能要求对某一问题做反复的面对面交谈，较深入地搜寻访谈对象所遇的问题及其反应的主观资料，了解其特定经历和动机的深层原因，这就是深度访谈（in-depth interview）。深度访谈既要用到实证方法又要运用理解的方法。在社会工作实践和研究中，个案工作、家庭社会工作方面的研究常常使用深度访谈法。

（3）专题小组法

专题小组法（focus groups，或称焦点小组）是一种集体访问，是研究者同时访问多个人时采用的方法。专题小组法的优势是研究者和访谈对象之间以及访谈对象之间可以进行充分的社会互动，这样参与者可以互相启发、互相纠正，从而使研究者获得丰富的资料。但是，由于存在群体压力，在参与者互相干扰的情况下，用专题小组法收集资料可能会影响资料的可信度，因此，此法不适用于敏感问题的调查。

4. 社会调查法在社会工作研究中的应用

社会调查法整合了定量研究和质性研究的资料收集技术，是使用最广泛的社会工作研究方法。在运用社会调查法把握服务对象的需求和问题时，社会工作研究者常常将问卷法、观察法与访谈法结合起来，灵活运用。使用问卷可以获得表面的资料，使用观察和访谈法可以获得调查对象的深入细致的资料，多种方法互补，可以实现收集资料的全面性和问题诊断的科学性。

---

① 风笑天. 社会学研究方法［M］. 2版. 北京：中国人民大学出版社，2005：264.

（二）实验研究法

实验研究法是自然科学实验在社会工作研究中的运用，它是指经过精心的设计并按照一定的程序，通过操纵一个变量（如给予处置、干预或治疗），来研究它对另一个变量所产生的影响的方法。实验研究法的优势在于可以检验变量之间是否具有因果关系。在社会工作服务中，实验研究法常常被用来对服务或干预的效果做评估性研究。

1. 实验研究法的基本要素

实验研究法有三对基本要素[1]：①自变量与因变量。自变量又称实验刺激（experimental stimulus），它是研究者对实验组进行前后测之间通过操纵引入的变量；因变量是研究所测量的变量。实验的基本目标是考察自变量对因变量的影响。②前测与后测。在一项实验中，需要对因变量进行前后两次相同的测量。第一次在给予实验刺激之前，称为前测（pre-test）。第二次在给予实验刺激之后，称为后测（post-test）。研究者通过比较前后两次测量的结果，来衡量因变量在给予实验刺激前后所发生的变化，反映实验刺激（自变量）对因变量所产生的影响。这种测量可以是自填式问卷调查，也可以是态度测验。③实验组与控制组。实验组（experimental group）是实验过程中接受实验刺激的那一组对象。控制组（control group）是在实验中不给予实验刺激的一组对象。控制组的作用是显示如果不接受实验刺激那样的处理，实验组将会发生什么。

2. 标准实验设计

社会工作研究中的实验研究法既可以在实验室内进行，也可以在真实的社会场景中进行。前者称为实验室实验（laboratory experiment），后者称为实地实验（filed experiment）。不管哪种类型的实验，其标准设计必须具备一些条件，如随机指派、前测、后测、实验刺激的控制和操作、实验环境的封闭等。社会工作研究中，标准实验设计的基本做法如下。[2]

①将研究对象分为两组——实验组和控制组；②分别测量和记录两个组在所要研究问题方面的状况，如分别为 A_1 和 B_1；③给实验组施加影响（如提供某项服务），而对控制组不施加任何影响；④再次测量两个组在上述待研究方面的状况，如记为 A_2 和 B_2；⑤比较实验组和控制组在这一方面的差异，即（$A_1 - A_2$）－（$B_1 - B_2$）。在排除了其他因素影响的情况下，这一差异可被视为施加条件（如某项服务）带来的效果。

①　风笑天. 社会学研究方法［M］. 2 版. 北京：中国人民大学出版社，2005：194-195.
②　王思斌. 社会工作概论［M］. 2 版. 北京：高等教育出版社，2006：415.

专栏 9-4

资料

标准实验设计的例子

假定我们要验证这样一个假设：观看电影将使大学生减少对老年人的偏见。首先，我们从学校随机抽选出若干名大学生，按姓氏笔画将他们排序，然后采用随机的方法，将其中序号为奇数的一半学生分到实验组，序号为偶数的另一半学生分到控制组。接着，我们在保证两周内无特殊事件会影响到这两组学生的前提下实施这一实验。我们先用一组考察对老年人态度的量表对两组学生同时进行一次态度测验，分别得到实验组和控制组的前测态度得分（记为 Be 和 Bc）。一周后，我们向实验组的学生放映一场反映老年人生活、困难、需求，以及老年人对社会和家庭的贡献等方面内容的电影；但控制组的学生不看这场电影。又过了一周，我们再次对这两组学生进行第二次量表测验，分别得到实验组和控制组的后测态度得分（记为 Ae 和 Ac）。如果偏见表上的得分越高，表明对老年人的偏见越大，且两次测量得到下列结果（尽管两组前测的实际得分可能会由于随机误差而略有差别，这里为方便起见，假定二者相同，都为 84 分）：Be = 84，Ae = 60，Bc = 84，Ac = 82，则 Ae - Be = 60 - 84 = -24，Ac - Bc = 82 - 84 = -2。那么，观看电影产生了影响，即观看电影将明显减少大学生对老年人的偏见。

[**资料来源**] 风笑天. 社会学研究方法 [M]. 2 版. 北京：中国人民大学出版社，2005：208.

由于可能涉及专业伦理问题，研究者有时不能将研究对象随机分配，有时不能完全控制对自变量的操纵（比如，不能随意地把研究对象放进有生命危险或导致焦虑的情境中），因此，社会工作研究者常使用准实验设计（quasi-experimental designs）。

3. 准实验设计

准实验设计是标准实验设计的变体，它可以帮助社会工作研究者在不能采用或不适用标准实验设计的情况下确认因果关系。常见的准实验设计类型有如下几种。

（1）非对等控制组设计

这种设计就是有两个表面相似的组别，一个是有实验刺激和后测的实验组，另一个是只有后测的控制组。例如，为评估针对某小学的儿童欺负的干预项目，研究者挑选了两个学校分别为实验组和控制组。两个学校的儿童欺负发生率都在 6% 左右。对实验组的儿童，工作者进行了为期一个月的、以提升沟通交流能力为主题的小组工作干预，每次的小组活动都设计了一些能够改善认知和供儿童欺负者、被欺负者平等交流的游戏；而控制组则无干预。一个月后，实验组和控制组儿童欺负发生率分别为 3% 和 7%，可以认为干预是有效的。

【思考】
举例说明什么是非对等控制组设计。

（2）有前测和后测的单组设计

这种设计只有一个实验组，不要求有控制组。首先对实验组进行测量，然后进行实验刺激（干预），而后再测量。如果前测得出因变量水平稳定，而后测得出因变量水平变化，就可以认为干预产生了一定成效。例如，在一项关于某社区青少年和父母亲子关系的调查中发现，只有10%的青少年将父母视为自己的好朋友。之后，社会工作者进行了针对本社区家长的家庭教育项目，包括定期讲座、培训，利用咨询热线对家长进行情绪疏导，为家长传授现代教子观念，提供家长与子女有效沟通的技能，等等。项目实施一年后，研究者对该社区的青少年和父母的亲子关系状况再做调查发现，有32%的青少年将父亲或母亲视为好朋友。可以认为，该亲子关系干预项目对于提高父母和子女之间进行尊重、民主、有效、平等的沟通有积极影响。

（3）仅有后测的单组设计

这种设计只有一个实验组，设计有实验刺激和后测，是最简单的实验设计。例如，2004年开始，中华女子学院和加拿大马尼托巴大学社会工作学院合作开展了"中国农村基础妇联干部社会工作能力建设"。项目结束后的培训效果评估发现，38.4%的学员认为培训使他们的工作价值观有所改变，33%的学员表示参加项目后自信心有了很大提高，58.7%的学员认为培训后工作能力有了提高，而93%的学员表示培训对其工作方法有帮助。这说明该项目对提升中国基层妇联干部的社会工作知识和能力有一定的效果。①

4. 实验研究的局限性

实验研究是借鉴了行为主义心理学的一种研究方法，它的优点在于可以控制因果证据，因而具有逻辑上的严谨性。但是，实验研究也存在局限性。第一，伦理冲突。实验研究的逻辑严谨性来自于对研究对象和环境的控制，比如把人放进人为设计的情境中，控制他们的感觉和行为，记录其言行作为因变量。这不仅增加了实验操作和监督的难度，也容易违背社会工作伦理，因此，社会工作研究中的一些问题是无法用实验研究来解决的。第二，实验常常只能一次检验一个或若干个假设，从而打散了知识体系，导致分析片面。② 相比之下，准实验设计的过程没有标准实验那么严密，但仍然可以为因果证据提供适度支持，因此在社会工作研究准实验设计比较常用。

（三）单案设计法

单案设计（single-case designs），是一种非标准实验设计，又叫单主题设计（single-subject designs）、单系统设计（single-system designs）。在社会服务领域，在服务对象的目标问题可以通过反复测量确认的前提下，单案设计法被用来评估社会工作实务者的服务干预效果。20世纪70年代末，单案设计法作为一个能够链接社会工作

① 刘梦，焦开山，胡艳红. 妇联系统社会工作专业能力建设：基于项目的个案研究［J］. 社会工作，2011（4）：8-10.

② 劳伦斯·纽曼，拉里·克罗伊格. 社会工作研究方法：质性和定量方法的应用［M］. 刘梦，译. 北京：中国人民大学出版社，2008：314-315.

研究和实务的桥梁得到了社会工作研究者和教育者的努力推广，产生了大量的实践导向的研究成果。今天，单案设计法是以证据为基础（evidence-based）的社会工作实务的重要组成部分①，其主要作用是帮助实务工作者能够经常性地得到服务对象对某项具体干预（服务）的反馈，评估和了解自己所提供的服务的效果。

1. 单案设计法的基本概念和逻辑

单案设计法借用了标准实验的思想，将时间系列设计应用于对某个具体的目标问题干预（服务）的影响评估。单案设计法的分析单位，即服务对象系统，可以是单个服务对象、夫妻、家庭、组织或社区等，但是其样本规模只能是一个。

单案设计法涉及这几个核心概念。（1）基准阶段（baseline phase）或 A 阶段，指的是被评估的干预尚未产生效果的时间段。（2）干预阶段（intervention phase）或 B 阶段，指干预发生作用的时间段，也是实验阶段。（3）目标问题（target problem），指的是服务对象的问题行为及其变化，目标问题就是研究的因变量，相对地，社会工作者采用的干预（服务）就是自变量。

单案设计法的逻辑是如果某种干预（服务）产生了影响，那么，服务对象或服务对象系统就会做出相应的变化，即干预和服务对象行为之间是有关联的。不管服务对象的行为变化是否是所期望的，其结果对于实务工作者来说都是非常重要的反馈。

2. 单案设计法的形式

单案设计法的形式有多种，包括 B 设计、AB 设计、ABA 设计、ABAB 设计、ABCD 设计和多基准设计等。下面我们着重介绍其中的三种形式。

（1）AB 设计：基本的单案设计

AB 设计包括一个基准阶段（A）和一个干预阶段（B）。研究者在基准阶段对特定的目标问题进行反复测量，当测量的目标问题（因变量）出现稳定趋势时，基准阶段结束，进入干预阶段。在干预阶段（B），研究者引入服务并继续进行多次反复测量。接下来，研究者将 A 阶段的数据与 B 阶段的数据进行比较。研究者可把上述测量资料按时序画在一张图表上，在每个资料点间连上线段，判断数据变化趋势。如果数据趋势的变化点与基准阶段和干预阶段的转换同时发生，一般可以认为干预（服务）发生了效果。

（2）ABAB 设计：撤离/逆转设计

为了给自变量和因变量之间的因果关系提供更多的证据，ABAB 设计增加了一个基准阶段和一个干预阶段，在第一个干预服务撤离后设立第二个基准期，当第二个基准期达到稳定趋势后再次引入下一个干预服务。

ABAB 设计的假设前提是，如果在第一个干预阶段，干预服务对目标问题有所改善，那么当干预撤离，在第二个基准阶段，目标问题会产生逆转，重新回到原始基准阶段的水平。当再一次进行干预，目标问题则会再次有所改善。研究者可以据此推论

---

① 劳伦斯·纽曼，拉里·克罗伊格. 社会工作研究方法：质性和定量方法的应用 [M]. 刘梦，译. 北京：中国人民大学出版社，2008：314-315.

出，如果每当引进或撤离干预时，目标问题的水平都会相应地提升或逆转，那么就可以排除其他无关的、巧合事件对因变量（目标问题）的影响，作为自变量的干预服务的有效性就可以得到进一步证明。

在运用 ABAB 设计时应该注意两个突出的问题。一是伦理问题。如果为了研究效果，人为撤离干预（B），使问题返回基准水平，服务对象会感到迷惑不解，尤其是对有着危险问题而对逆转特别敏感的服务对象来说可能会承受更多痛苦和损失；同时，还可能破坏专业关系，使接下来的干预服务受阻。二是在实践中，对目标问题会逆转到原始基准阶段的假设是不成立的，因为第一次干预服务可能对目标问题已经产生了影响。

（3）多基准设计

在运用多基准设计时，需同时开始两个或多个基准期，在每个基准期测量不同的目标行为，或通过在两个不同环境中或对两个不同个人测量同一目标行为。虽然每个基准期同时开始，但是在不同时间点引入干预服务。因此，当对第一个行为、环境或个人引入干预服务时，其他还都处于各自的基准期。同样，当对第二个行为、环境或个人引入干预服务时，第三个还处于基准期。其假设是：如果无关事件与干预服务同时发生且导致服务对象改进，那么，改善将同时出现在每一个行动、环境或个人的数据标准上。反之，如果是干预服务导致了改善，那么改善将对应于不同干预时间点出现在每个图表中。①

3. 单案设计法的应用和限制

首先，单案设计法虽然是研究方法，但是与其他研究方法不同的是，它是实务工作者较多使用的一种研究方法，其使用者的身份既是研究者，更是实务工作者。单案设计法在运用中和实际服务的界限并不是很明显，事实上，它已经被许多社会工作者看作以证据为基础（evidence-based）的社会工作服务模式的最后一个阶段。

其次，单案设计法并不适用于对所有的社会工作服务效果做评估，而是仅仅适用于对明确、单一的目标问题的解决状况进行评估。如果干预的目标是多重的或者单一的目标不能轻易地被测量，那么单案设计法就不是合适的。②

再次，单案设计的主要研究焦点是对单个服务对象的行为、态度、感受或其他特性的变化进行分析，这是因为行为、态度、感受等相对容易被测量。如果干预（服务）的对象是行为等以外的事项时，则常常利用自填式的指标和量表来衡量。③

【思考】 单案设计法的主要作用和功能是什么？在什么情况下，研究者可以选择单案设计法进行研究？

（四）个案研究法

1. 个案研究法的含义

个案研究法是质性研究的一种，它是指研究者"选择某一社会现象（个案）为

① 顾东辉. 社会工作概论［M］. 上海：复旦大学出版社，2008：225-226.
②③ Bonnie L. Yegidis, Robert W. Weinbach. 社会工作研究方法［M］. 黄晨熹，唐咏，译. 上海：华东理工大学出版社，2004：346，345.

研究单位，收集与之有关的一切资料，详细描述它的发展过程，分析内、外因素的关系，并同其他同类个案相比较得出结论的过程。"[1]　个案研究是社会工作研究中常用的方法之一，其主要功能是深入了解并描述研究对象的生存状态，揭示并解释其问题和需求的独特性。

所谓个案可能是一个人、一群人、一个家庭、一个组织、一个社区和一件事。研究者通常会选择一个和多个个案来说明问题，详细地分析这些个案。个案研究帮助研究者将微观的个人生活或行动与宏观的社会结构和过程联系在一起，说明一般的社会力量如何在特定的环境中影响和塑造某些结果。

研究者需要非常详尽地收集资料，大部分资料都是与研究对象相关的质性资料。个案研究法运用归纳分析的方法，而不是计算的方法。虽然个案研究一般被归为质性研究，但是在实际的个案研究过程中常常会用到定量研究的资料收集技术，如二手资料分析、调查研究和结构式访谈等。

2. 个案研究法的适用情形

社会工作实践中，个案研究法一般适用于以下情形。[2]

其一，研究者对研究领域知之不多。而对那些已经存在大量相关知识的主题来说，最好采用其他研究设计。

其二，研究对象通常涉及非法行为或至少是不符合社会规范的行为方式。采用正统的研究设计如问卷调查是无法对这些行为进行研究的。研究对象对自己的行为被人发现诚惶诚恐，他们通常非常关心研究者如何对他们所透露的有关他们自己掌控的资料采取保密措施。

其三，具有代表性的样本无法获取。因为这些研究通常涉及那些非法的或其他不为社会认同的行为，所以根本不存在那些可能的研究对象的主要名单。

3. 个案研究者的素质

首先，个案研究者必须具有很强的观察力和熟练的访谈技术。这样研究者可以观察和诠释访谈过程中各种不同的语言和非语言的交流形式，因为他们收集的资料既包括对预选问题的答复，也包括研究者对研究对象的观察。

其次，个案研究者应该具有和研究对象建立平等、信任的专业关系的能力。一般来说，研究对象往往会本能地对说些什么和向谁说产生防备心理，他们可能对敏感问题采取含糊其词的回答方式，难以坦诚相告。社会工作者的非批判态度、接纳、尊重等专业价值观和工作原则都有助于研究者获取研究对象的信任。

【思考】

根据以下列举的个案研究应用示例，说一说个案研究在社会工作研究中的功能是什么。

对某一个服务对象系统全面深入的描写；对整个服务过程的记录；描绘"街头帮派"的日常生活和习俗；记录并分析某个社会服务机构的组织架构及其运行机制，记录它们如何影响机构所提供的社会服务；描绘某个社区草根组织的诞生及其发展。

① 王思斌. 社会工作概论 [M]. 2版. 北京：高等教育出版社，2006：414.

② Bonnie L. Yegidis，Robert W. Weinbach. 社会工作研究方法 [M]. 黄晨熹，唐咏，译. 上海：华东理工大学出版社，2004：170.

4. 个案研究法的优势、限制和发展趋势

个案研究法通过对个别事物和现象的分析，可以把握现象和事物的特殊矛盾，了解其真实状况，有针对性地提出解决问题的方案。但是，其不足是代表性差。从个案中得出的结论不能直接代表全体。另外，个案研究法所花费的时间较多。所以，个案研究法常作为其他研究方法的辅助法来使用。

个案工作是最早实现专业化的社会工作助人方法，因此，个案研究法对社会工作研究者来说无疑具有天然的吸引力。在社会工作实践的早期，社会工作的"实践智慧"大多来自于对单个服务对象的临床工作。

【思考】
个案研究法与单案设计法的区别是什么？在实际研究工作中，个案研究法常常与其他哪些研究方法结合起来使用？

之后，个案研究法在20世纪60—70年代因缺乏客观性和实验研究所具有的内部效度受到批评。然而，时至今日，随着人们对质性研究新一轮的热情的兴起，个案研究法被整合进实验研究中。例如，研究者用实验研究法进行项目或干预（服务）评估的时候，常常会同时运用个案研究去发现和评估项目或干预执行过程中的问题，从而了解该项目是否存在失误，进而帮助指出改善和提升服务效果的途径。

此外，实务工作者用单案设计法对某项服务做自我评估时，也常常使用整合了定量和质性方法的个案研究法。比如，我们在单案设计的量化图表上很难判断出目标行为的改变是由于干预（服务）还是某些外部事件的影响引起的。这个时候，对服务对象或服务对象的重要他人做深度访谈就可以帮助研究者了解是否在服务对象的周围环境中发生了与目标行为改变的量化数据同时发生的重要事件。

（五）行动研究法

1. 行动研究法的含义

行动研究法，又称参与式行动研究法，它与激进社会科学研究方法一脉相承，是在批评传统社会科学研究中发展起来的。行动研究法认为，传统的研究模式是一种"精英模式"，研究者对研究对象拥有控制力和权威，而研究的"主体"降格为研究的"客体"。行动研究法的倡导者认为，研究者和研究对象之间不应该是泾渭分明的，研究者和研究对象之间应建立一种权力平衡的关系，研究对象不应仅是研究活动的客体，还应是研究的主体之一，他们参与界定自己的问题，参与制定解决方案，甚至在研究设计中处于主导地位。

【思考】
行动研究法与社会工作"助人自助"原则之间有什么关系？

行动研究法认为知识是权力的一种形式，所以研究不仅是一个获得新知识的过程，还是一种用以教育和动员相关群体展开行动的工具。通过"研究"和"行动"这一双重活动，参与研究的群体获得了相关的知识，从而提高了改变自己现状的能力，习得了如何为自己的利益展开有效行动。

在行动研究中，研究者的角色和功能是站在研究对象（通常是弱势群体）的立场上，为他们采取行动、改变现状充当资源，提供其行动所需要的信息、技术、动力、权利，等等。

2. 行动研究法的类型

卡尔（Carr）和克米斯（Kemmis）将行动研究法分为三种类型，以描述"研究者"吸收"研究对象"参与的不同侧面和程度。这三种类型都以提高实践活动效率和促进专业发展为目标，但在推进者扮演的角色、推进者与参与者的关系方面呈现不同特征。①

（1）技术性的行动研究

即"局外的"专家扮演着推进者的角色，但也形成作为"研究者"的推进者同作为研究对象的实践活动参与者的合作。参与者在研究中带有明显的被动性。例如，在社区工作的预估阶段，社会工作者需要对社区的基本情况和需求进行研究。这时，社会工作者就可以运用行动研究法深入社区生活，鼓励、感染社区居民参与社区事务，激活居民的主体意识，让居民自己界定社区问题、提出需求、描绘社区愿景并进而提出相应的待选方案。

（2）实践性的行动研究

即研究的推进者启发和鼓励共同行动者的参与并进行自我反省。参与者将共同操作、推进实践研究过程，"专家"则扮演"过程咨询者"的角色。例如，在上述社区工作的例子中，当居民接受推进者的鼓励，愿意参与社区事务后，推进者可以"技术专家"的身份教授居民如何获得信息和知识、如何客观评估社区问题和需要、如何民主商议以及如何有效表达合法权利等，并在整个过程中时刻密切观察和反思居民参与研究和行动的有效性。

（3）无束缚的行动研究

即研究者除了在某些环节（如对实践过程更细致的观察分析）体现其专业性外，在其他环节上同参与者是平等的。例如，当上述例子中社区居民的主体意识已建立并且已比较熟知研究和行动的相关知识时，那么，研究者就可以彻底摒弃"精英"研究模式，与参与者平等地共担责任、完全合作，进而改善社区问题。

3. 行动研究法的程序

行动研究是实践活动和研究活动合一的过程，它由计划、行动、观察和反省四个环节组成。第一，计划。行动参与者共同发现前一实践活动中存在的有待进一步改善的问题，分析某一问题的成因，并共同设计解决问题的策略和计划。第二，行动。实施设计的策略，并在共同活动中检验策略。第三，观察。详细观察实践活动，特别是实施改善策略的细节，并采用适当的方法和技术对行动进行评估。第四，反省。对评估的结果、整个行动和研究过程进行反思，得出改善策略正确与否的初步结论，分析其原因或发现新问题。在发现了新问题之后，就可以开始新一轮的计划、行动、观察和反省，直至对已改善的实践感到满意，并写出研究报告。应该指出的是，行动研究

【思考】
技术性的行动研究对未成年人的问题研究适用吗？例如，社会工作者是否可以鼓励流动儿童自己表达情绪感受、参与评估自身所具备的优势？这种研究方法对于发掘和发挥儿童的主体性和内在潜能，提升干预效度，使社会工作者避免陷入"工作者为本"的陷阱是否有用？

---

① 王思斌. 社会工作概论［M］. 2 版. 北京：高等教育出版社，2006：417.

中的后一个循环同前一个循环不同，它是由对最新实践的具体体验、反省、概念化总结以及在新环境下检验这些概念等环节组成的。后一循环比前一循环更高级。[①]

4. 行动研究法的局限性

行动研究法的核心精神是研究对象的平等参与，研究者的作用主要是为弱势群体"赋能"。这与社会工作"助人自助"的原则以及尊重、接纳等价值观具有内在的契合性，因此，行动研究法在社会工作研究中有广阔的应用前景。但是行动研究法也有明显的操作局限性。这是由于应用行动研究法的工作者常常要面临和处理更复杂和更多重的社会关系，不仅要研究和改变微观的服务对象系统，还要研究和改变既有的社会权利关系。这就对研究者提出了更高的要求，不仅要熟知研究程序，具备很强的自我反省能力、信息纠错和组织协调能力，还要能够对社会制度和权利结构做出正确的分析，这样才能有效推进研究活动。因此，行动研究法的使用应该更为慎重，或者由资深的、更有经验的社会工作研究者来使用。另外，行动研究法不能取代其他的研究方法，而是应该互为补充。

（六）项目评估

项目评估和单案设计法都属于社会工作评估研究。所谓评估研究，是指用来评估社会工作实务的研究，而社会工作实务内容大致分为项目服务和单案服务两大类。我们已经在前面为大家介绍了专门用于评估单案服务的单案设计法，在这一部分我们将着重为大家介绍项目评估的相关内容。

1. 项目评估的含义和目的

所谓项目评估，就是研究者运用社会研究方法，对社会干预和人类服务项目的概念化、设计、计划、行政、执行、效果、效率和效用等方面进行诊断和提升。[②]

项目评估是一种应用性研究，其首要目的是改善和提升社会服务项目的品质。事实上，项目评估可以在项目发展的任何阶段进行。例如，在项目策划和制定阶段，评估的重点是要准确阐述项目的需求，并根据需求制订计划；在项目实施阶段，需要一些特定方法来检查项目的运行情况；而在结束阶段，也需有相关的方法和设计来检查项目是否成功，是否达到了预期目标。因此，任何一个项目评估都有以下三个目标中的一个以上的评估目标[③]：①项目最终是否成功，即了解服务项目是否解决了某个社会问题，满足了某项社会需求。②了解项目执行中是否存在问题。③获得在项目策划和开发阶段所需要的全面的信息。例如，通过对某社区的调查，发现居民缺乏预防儿童意外伤害的知识，属于项目策划评估中对社会需求的评估。

2. 项目评估的类型

项目评估是一个连续的过程，根据评估发生的时段，可以把项目评估划分为需求评估、过程评估和结果评估。

---

① 王思斌. 社会工作概论 [M]. 2 版. 北京：高等教育出版社，2006：416.
②③ 阿伦·鲁宾，艾尔·R. 芭比. 社会工作研究方法 [M]. 6 版. 北京：北京大学出版社，2010：306，308.

（1）项目策划评估：需求评估（needs evaluation）

需求评估指的是社会工作者通过客观的方法来判定那些所需舒缓问题的程度和范围、目标群体的特征、表达性需要和愿景，从而指导项目的策划和开发。当前，社会工作研究者用"需求评估"这一概念表示为了收集资料做好项目策划而使用的各种方法和技术，因此，"需求评估"从本质上来讲和项目策划评估是同义语。①

研究者可以借助一些对话性问题来达成评估目标。这里介绍两个最基本的对话性问题：

第一，我们认为存在的问题是真的存在吗？

第二，解决这些问题需要提供哪些服务？

研究者可以围绕具体议题，在这两个基本问题的基础上，尽可能多地提问，通过对问题的思考和回答，帮助研究者全方位地把握目标问题的状况。

【思考】
为什么社会工作的需求评估非常重要？在需求评估中，研究者会用到哪些方法？

需求评估的科学性取决于信息的可信度。为了能精确地回答研究者自己提出的这些问题，做好需求评估，研究者通常采用"三角交叉检视法"从不同视角获取信息。所谓"三角交叉检视法"是指在资料收集上要有三种（或以上）的来源，而且每种来源都从不同视角来审视既定议题。在"三角交叉检视法"中，不同的信息来源可以相互印证或反驳。尽管任何来源都有可能误导研究者，但是当把所有的资料来源放在一起考察时，真实情况会自然浮现。②

为了对特定群体的需求有全景式的了解，研究者可以使用以下这些具体的需求评估方法③。①对一般人的调查，对那些选中的具有一定数量、一定代表性的居民，进行有针对性的访谈；②对特定群体的调查，对选定的群体成员进行访谈；③对服务提供者的调查，即对为特定群体提供服务的群体或组织进行访谈；④关键信息的收集，集中访谈有知识有影响力的领导等人，即关键线人；⑤对现有的关于特定群体的二手统计信息分析；⑥考察社会指标，如特定人群的收入或职业；⑦查阅行政机构或管理部门的记录；⑧收集来自其他机构的有关信息。为真正把握一项服务项目中服务对象的需要、需求量、需求程度等，研究者可以根据情况组合使用上述评估方法（关于以上方法的优点和缺点见表9-1）。

表9-1　各种需求评估的方法的优点和缺点④

方　法	描　述	优　点	缺　点
对一般人的调查	访谈一般居民	可预备一个关于需要内容的详细纲要	要求大量的时间和资金

① 阿伦·鲁宾，艾尔·R. 芭比. 社会工作研究方法 [M]. 6 版. 北京：北京大学出版社，2010：324.

② Bonnie L. Yegidis, Robert W. Weinbach. 社会工作研究方法 [M]. 黄晨熹，唐咏，译. 上海：华东理工大学出版社，2004：315.

③④ 埃伦·内廷，等. 社会工作宏观实务 [M]. 刘继同，等译. 北京：中国社会出版社，2004：231，232.

续表

方　法	描　述	优　点	缺　点
对特定群体的调查	访谈选定的群体成员	直接从特定群体中获得数据	实地调查常常很难得到回答，费时费钱
对服务提供者的调查	访谈为特定群体提供服务者	获取服务提供者的看法	也许服务提供者存有偏见
关键信息的收集	访谈有知识、有影响力的居民	获取社区领导者的看法	社区领导者可能是权力机构的代表，却不是特定群体的代表
二手统计信息分析	分析现有数据	要收集和使用的数据容易得到	只能限定在已有数据上进行分析
考察社会指标	了解关于收入、年龄、职业等数据	数据可以提供关于社区的概况	指标不能提供详细的信息
查阅记录	查阅行政机关或管理机构的文件	获得他们对主要问题和关注点的观察和了解	也许很难切入主题
收集来自其他机构的信息	收集来自其他地方机构的信息	也许获得了在别处得不到的新信息	也许在当地很难获得

（2）项目实施评估：过程评估（process evaluation）

项目实施评估是一种过程评估，就是评价项目实施过程中的相关活动。过程评估的主要工作是回答三个方面的问题：第一，项目能否提供预期的服务？第二，遇到过什么样的困难？第三，如何解决困难？评估者可以利用社会工作者的工作记录和机构的行政记录，了解项目的特征和背景、资源状况、与服务对象的接触次数和地点、阶段性目标实现状况、所遇到的问题、实际项目在原有计划基础上进行了怎样的改进等；也可以直接向服务对象收集数据，运用面谈、观察、问卷等方法了解其接受服务时的感受、认识、想法。社会工作者在服务提供时最好同时成为评估者，从而有利于了解参与者的回应、社区及其他相关者的态度、资源的变动状况、执行效果、目标与方法的接受度等，实时修订计划，保障服务顺利进行。

过程评估主要是描述性的，在很大程度上依靠质性研究方法获得信息，访谈和参与式观察是最常用的两个方法。比如，通过参与式观察和无结构式访谈收集大量的描述性资料来评估项目的启动状况。也可以回答项目实施过程中的其他问题，如服务对象真的得到服务了吗？

（3）项目结果评估（outcome evaluation）

结果评估就是评估一个项目的预定目标是否成功完成、是否是在一个合理开支的基础上完成目标、项目结果是否存在无意的负效应以及和其他目标类似的项目相比本项目的收益率，等等。

【小知识】

结果和产出是不同的。产出是项目活动的直接产品，如为社区青少年提供了多少时数的辅导课程、分发了多少教学资料和书籍；而结果指的是参与者在项目参与期间和参与之后的获益，如参与者是否获得了新知识、其态度和价值观是否获得改变、技能有无提升等。

　　一个项目的品质需要从两个方面加以评估：一是项目目标的完成状况，即项目效果评估；二是项目的效率评估，即项目效果和所投入的成本之间的关系。效果评估就是通过比较服务前后因变量的变化，评判计划目标完成的程度。比如，在过去一年里，某社会工作服务中心的社会工作者为打工子弟学校的 20 名学生进行小组工作以帮助学生挖掘自身潜能，树立自信心，缓解内心压力。服务结束后，小组成员克服了学习上的一些困难，生活能力得到了锻炼和提高，了解了一些有效的人际交往技巧，开始学会正确认识自身的能力和价值，等等。可以认为，该小组工作有一定的效果。效果评估可以看到变量的变化，但是在现代社会服务体制的"问责"（accountability）制的要求下，仅有效果评估是不全面的。因此，将效果评估和效率评估结合起来进行项目结果的综合评价，会更有说服力。

　　效率评估就是将干预结果和服务投入进行比较。在上例中，如果两个小组工作都分别提供了同样的服务，且都达到了上述效果，但是第一组的工作投入少，那么其服务效率就高。因此，效率评估的核心就是要计算项目的投入和开支，即服务成本。但是，应该指出的是，社会服务的成本与效果经常难以数量化和货币化，其成本和效果的多元化和多层次构成是结果评估的困难所在。恰如专栏 9-5 所示，对项目的效果和效率的相对价值做客观的衡量，是项目评估研究者所面临的最困难的工作之一。

专栏 9-5

资料

项目结果评估的两难与思考

　　假定有两个工作培训计划 A 和 B。计划 A 仔细挑选了 3 名服务对象，让其接受 2 年的大专教育，为每个人支付期间的食宿费、全额学费和其他开支，并提供每周一次的免费辅导。2 年后，3 名服务对象都找到了好的工作（成功率 100%）。计划 A 的全部成本是 15 万元。而计划 B 的总成本仅为 4.5 万元，比计划 A 的成本低许多，它通过自己设计和提供强化的工作培训课程来稳定其成本水平。但是计划 B 的成功率也要相应低许多：12 名毕业生中只有 3 名毕业生（25%）找到好工作。不过，从安置了 3 名服务对象就业（和计划 A 的数量相同）以及每名服务对象的成本才 1.5 万元来看，计划 B 也可以声明，它取得了成功。

　　争鸣：有人主张，计划 B 的效率比计划 A 高，因为计划 B 中每个成功就业服务对象的成本不到计划 A 的 1/3。但是，也有人会说，计划 A 的效果比计划 B 明显，因为它的成功率高。还有人指出，两个计划的效果同样，因为两个计划都成功地帮助三名服务对象找到了好工作。但是，哪个计划更成功呢？这很难回答。计划 A 的人均开支太高，但是计划 B 的成功率太低，并且还有 9 名服务对象完成了学业，满心期望，却未能成功就业，与他们有关的人力资本该怎么算呢？

　　[资料来源] Bonnie L. Yegidis, Robert W. Weinbach. 社会工作研究方法 [M]. 黄晨熹，唐咏，译. 上海：华东理工大学出版社，2004：320-321.

结果评估常常是解释性的，既可以用定量的研究方法来设计评估方式，也可以用质性研究方法来设计评估方式。比如，研究者可以用实验法和准实验法对服务对象的状况进行前测、后测等，了解项目活动与成效指标之间的关系；还可以用质性研究方法来检验那些量化数据的效度。特别是在问责制度的要求下，服务使用者和出资者都被纳入其中，对这二者的满意度调查在结果评估设计中具有非常重要的地位。

五、社会工作研究的一般过程

（一）确定研究问题

确定研究问题是社会工作研究的第一步。能够正确地提出研究问题对于研究来说具有事半功倍的效果。这一步的工作任务是指出问题、界定问题并把问题清晰具体地表述出来。但是，正确地提出合适的研究问题有时并不是一件容易的事情，需要经历一个从宽泛的主题中聚焦并提炼出具体研究问题的过程。

1. 研究问题的来源

由于社会工作实践提出的研究课题是多维的，社会工作研究主题的来源也十分丰富。我国台湾学者简春安、邹平仪将社会工作研究问题的来源归纳为以下几个方面[1]。①个人的兴趣引发：专业工作者虽然受过社会工作的专业训练，但会有自己的偏好，而专业工作者在进行研究时，往往会选择自己有浓厚兴趣的问题，并且当未来研究出现难题时，这种兴趣往往会成为工作者攻克难关、继续研究的重要力量来源。②对社会工作实践中常见问题的研究：当专业工作者在日常实践中经常面对一些问题时，一些具有敏锐心智的工作者往往会产生研究的冲动，试图探求问题背后的真相。③对社会工作实践中困扰问题的研究：在日常实践中，专业工作者难免被一些问题困扰，而这常成为其进行研究的好题材，也是对实务困境突破的好机会。④对主要的社会工作实践经验的研究：不同的实践经验会使工作者产生不同的研究灵感，也会使工作者从不同的角度对社会工作实践进行研究，以提升实务的质素。⑤他人的研究的启发：在对他人的研究资料进行研读后，工作者常会有所感触，并寻找到自己的研究问题。

2. 研究问题的选择

面对如此丰富的问题来源方式，研究者如何才能选好题，选准题？在社会工作研究实践中，人们通常采用以下四条标准作为问题选择的依据，即重要性、创造性、可行性和合适性。[2] 除此以外，社会工作研究的选题应更为注重其应用性，要能够解决

---

① 简春安，邹平仪. 社会工作研究法［M］. 2 版. 台北：巨流图书公司，2004：79-81.
② 风笑天. 社会学研究方法［M］. 2 版. 北京：中国人民大学出版社，2005：53.

社会福利事务中的实际问题，也就是说，研究选题要能够为提升社会工作实务水平服务，能够为社会服务机构制定和实施高质量服务方案提供必要的信息和新的知识，能够对社会福利政策有潜在的影响，能够对社会工作实践有某种指导和推进作用。

3. 研究问题的明确

无论是定量研究还是质性研究，一个好的研究问题应该具备这些特征：①有所限定；②具体；③可被证实（证伪）；④可行。前文介绍的几种来源中的兴趣、实践问题、启发等仅仅是一个起点，还不是我们所说的研究问题。研究者应该进一步提炼和浓缩主题，通过对研究问题进行某种界定，给予明确的陈述，从而将最初头脑中比较含糊的想法变成清楚具体的研究问题。

那么，如何使最初的、宽泛的选题浓缩为一个焦点集中的、具体的研究问题？我们可以尝试从以下几个方面努力。

（1）查阅文献

检索并认真研究已有的成果是明确研究问题的重要方法。这其中常用的一个技巧是通过查阅文献去熟悉和了解本领域已有的研究成果，帮助我们选择和确定自己的研究问题。比如，某研究者对"青少年抑郁的原因"很感兴趣，通过文献研究，发现已有一些研究专门探讨了家庭因素、学校因素、角色转换因素等对青少年抑郁的影响。但是，很少有研究去探讨人际关系因素对青少年抑郁的影响。这时，研究者就可以专注于这一特定因素，选择一个类似于"社会疏离与青少年抑郁"或"人际缺陷对青少年抑郁的影响研究"这样的研究问题。

（2）与他人进行讨论

研究者可以就自己关注和思考的问题向对该问题有深入研究的人士进行咨询，也可以与其他相关人士讨论，找出那些与自己意见不同的观点，发现自己关注的焦点、思路中的逻辑问题以及客观条件对研究的限制等，这些工作都可以帮助研究者对问题进行可行性分析。

（3）缩小问题的内容范围

研究者可以尝试用以下两种方法来将宽泛的、一般性的问题内容缩小为聚焦的、具体的问题。其一，在某一个特定的时间或空间情境中再次审视最初选定的问题。比如，"贫困家庭未成年人的教育问题研究"可以缩小为"贫困家庭未成年人的学校适应问题研究"。其二，关注目标群体和相关群体中的次团体或次人群，确认或突出其中的一个（些）变量。比如，"城市居民社会救助现状研究"可以缩小为"城市'三无人员'医疗救助现状研究"。

（4）清晰地陈述研究问题

用语言把研究问题清晰地表述出来是明确问题内涵十分重要的一个步骤。陈述问题的作用是划定与研究相关的资料范围，确定变量，继续提炼问题，从而最终使研究问题具体化、明确化、清晰化。怎样正确地进行问题的陈述？以下三个方面的工作至关重要①。

第一，应聚焦几组变量，运用变量的语言，并采用提问的形式进行问题陈述。比如，"社区茶馆会谈是否明显地改善了参与者的人际沟通交流能力？"常用的提问形式是："现象（或变量）A 与现象（或变量）B 之间存在什么关系？"比如，"残疾发生率和收入水平之间存在什么关系？"

第二，问题陈述应至少包括两个变量（单纯的描述性研究除外）。比如，前面两个问题陈述中，第一个包含了"参加社区茶馆会谈"与"人际沟通交流能力"两个变量；第二个陈述包含了"残疾发生率"与"收入水平"两个变量。而"当前女大学生具有什么样的择偶观？"就只包含了"择偶观"这一个变量。

第三，问题陈述必须是可检验的。可检验的含义是指对所研究的问题的回答必须且可以经过实证验证。比如，"堕胎是正确的吗？"就是一个无法进行实证验证的问题，而前面提到的"社区茶馆会谈是否明显地改善了参与者的人际沟通交流能力？"则是可以通过实证研究来证实或证伪的，我们获得的研究证据可能支持"参加社区茶馆会谈"能够改善参与者的"人际沟通交流能力"，也可能不支持。

以上介绍的明确研究问题的方法更多适用于定量研究。相对来说，质性研究明确问题的过程要灵活一些。大部分的质性研究不会在研究计划阶段确定研究问题，而是由一个比较宽泛的主题开始，伴随着资料收集工作逐步地聚焦、提炼问题。这个过程是一个不断归纳的过程。

（二）文献回顾与研究

文献回顾也称文献考察、文献探讨、文献综述等，指的是对到目前为止的同类研究进行系统查阅和分析，熟悉和了解该领域的研究现状、已经有哪些理论成果和论述、现有的研究中存在什么不足、还需要进一步做什么研究，等等。

在整个研究过程中，文献回顾处在研究的最初阶段，它和研究问题的明确以及研究设计这两个部分之间的关系最为密切。② 首先，文献回顾是选择研究问题的重要途径之一。虽然文献回顾会对一项研究的各个部分提供有用的信息，但它尤其与研究课题的选择密切相关。研究者先围绕某一问题领域开展相对宽泛的文献查阅工作，初步确定自己的研究主题，之后围绕这一主题展开内容更为集中的文献查阅，以帮助研究者形成具体明确的选题（关于这一部分内容还可参阅前文的"研究问题的明确"中相关内容）。其次，文献回顾还有助于研究设计。研究者可以在阅读和评论以往的研究成果的同时，关注以往研究者探讨问题的特定视角、研究方式、收集资料和分析资料时所采用的方法和具体技术，进而主动思考自己的研究应该或者可以采用什么研究方式、方法和技术。总之，正是因为文献回顾与这两个对整个研究来说至关重要的环节密切相关，其对整个研究所具有的重要意义就不言而喻。

---

① 风笑天. 社会学研究方法 [M]. 2 版. 北京：中国人民大学出版社，2005：58.

② 风笑天. 社会研究：设计与写作 [M]. 北京：中国人民大学出版社，2014：44-46.

对于一项具体的社会工作研究，文献回顾的作用主要有以下四个方面。[①]

其一，展现研究者对某个知识系统的熟悉度，建立研究的可信度。文献回顾可以使研究者比较全面地了解某个问题领域的研究情况，并且知道目前的主要问题和不足是什么。

其二，显示已有研究的路径、目前的研究与已有研究的联系。文献回顾可以展示某问题领域知识发展的过程以及各种研究方法的运用，把自己的研究放进某个情境中，比较全面地了解问题的历史渊源、范畴，明确自己的研究与已有研究的关联。

其三，整合并总结某领域中现成的知识。高质量的文献研究应该明了已有的研究中比较一致的观点是什么，争议是什么，没有解决的问题是什么，等等；还会收集目前人们已经了解的知识，并对未来的研究指出方向。

其四，向他人学习，激发新的想法。文献回顾可以展示既有的研究发现，并通过文献研究明确指出哪里是研究的盲点，还可以发现他人研究中有价值的、值得复制的程序、技术和研究设计，从而帮助研究者找到研究焦点，获得新的成果。

那么，可以从哪里获得社会工作研究文献？

最常见的文献来源有四个渠道：学术杂志上的论文、书籍（专著和论文集）、学位论文和学术会议论文。除此以外，我们还可以从以下几个方面获得文献资料：相关的统计资料和档案材料（如统计年鉴等）、政府文件（包括政府赞助的研究及研究报告）、工具书（如社会工作手册）、专题研究报告和资料、互联网、工作坊资料、各类媒体资料、对权威人士的访谈以及社会服务机构发布的资料，等等。

专栏 9-6

> **资料**
>
> **社会工作及相关领域的学术杂志**
>
> 1. 《社会工作》
> 2. 《中国社会工作》
> 3. 《社会》
> 4. 《社会学研究》
> 5. 《社会工作与管理》
> 6. 《社会福利（理论版）》
> 7. 《中国社会工作研究》
> 8. 《社会与公益》
> 9. 《中国民政》

[①] 劳伦斯·纽曼，拉里·克罗伊格. 社会工作研究方法：质性和定量方法的应用［M］刘梦，译. 北京：中国人民大学出版社，2008：566.

10.《中国社会保障》

11.《社区》

12.《残疾人研究》

13.《青年研究》

14.《中国青年研究》

15.《妇女研究论丛》

16.《中国特殊教育》

17.《中国老年学杂志》

18.《少年儿童研究》

19.《社会学评论》

20.《中国社会导刊》

21.《中国社会科学》

22.《社会科学研究》

23.《中国统计》

24.《社会科学论坛》

25.《社会心理科学》

26.《人口研究》

27.《社会与公益》

28.《中国行政管理》

[**资料来源**] 风笑天. 社会学研究方法 [M]. 2 版. 北京：中国人民大学出版社，2005：58.

专栏 9-7

社会工作信息网址

社会工作和社会工作人才队伍建设 http://sw. mca. gov. cn/

中华人民共和国民政部 http://www. mca. gov. cn/

中国社会工作协会 http://sgxh. mca. gov. cn/

社会工作注册局 http://www. swrb. org. hk/

中国社会学网 http://www. sociology2010. cass. cn/

中国社会工作人才服务平台 http://cncasw. blog. 163. com/

国际社会工作人员协会 http://ifsw. org/

中国社工信息网 http://www. swcn. org. cn

中国城市反贫困网 http://www. dibao. org

中国社区服务网 http://acsc. org. cn

中华社会工作网 http://chinasocial work. gov. cn/

社区参与行动服务中心 http://www. ssca. org. cn

中国妇女研究网 http://www. wsic. ac. cn

中国青年志愿者网 http://www. zgzyz. org. cn/

中国社会福利网 http://shfl. mca. gov. cn/

中国社会组织网 http://www. chinanpo. gov. cn/index. html

青翼社会工作网 http://www. sowosky. com/forum. php

北京社工 http://www. bjshegong. com/forum. php

广州市社会工作协会 http://www. gzsg. org/

广州社工服务网 http://www. gzcs. gd. cn/

广州市社会工作学会 http://www. gzsg. org/

广东省社会工作师联合会 http://www. gdsgs. org/

深圳社工网 http://www. szsg. org. cn/

东莞社会工作网 http://dgsg. dg. gov. cn/

珠海市社会工作协会 http://www. zhsgxh. com/

浦东社工 http://www. pdswa. org/

上海市社会工作者协会 http://www. shsw. cn/ssw/index. html

福建社工网 http://www. fjsg. org/index. asp

厦门社会工作网 http://social. xmmzj. gov. cn/

苏州社工 http://www. szsgxh. org/

成都社工在线 http://www. swonline. com. cn/

江西社会工作网 http://www. jxshgz. cn/

济南社工 http://www. jnshegong. com

青岛社工网 http://www. qingdaoshegong. com/

潍坊社工 http://www. wfsgxh. org/

江淮社会工作网 http://www. jianghuaisw. com/Pages/WebSite/Default. aspx

台湾社会工作专业人员协会 http://www. tasw. org. tw/

台湾社会工作师公会联合会 http://www. nusw. org. tw/

无国界社工(香港总部) http://www. swab. org. hk/

香港社会服务联会 http://www. hkcss. org. hk/c/

社会服务发展研究中心—香港 http://www. socialservice. org. hk

香港社会工作人员协会 http://www. hkswa. org. hk/chi/

澳门社会工作人员协进会 http://www. mswa. org. mo/

澳门特别行政区政府社会工作局 http://www. ias. gov. mo/tw/home

[**资料来源**] 本书作者社会工作研究实践收集、整理。

（三）研究设计

研究设计是在收集资料前对整个研究进程进行严格周密的规划，制定出详细的研究方案、操作步骤，选择恰当的研究方法，等等。一个全面的研究设计一般包括以下几个方面。

1. 提出研究假设

【小知识】

在质性研究中，"假设"通常不是事先拟定的，而是随资料收集的开展而逐步形成的。

研究问题明确并进行文献回顾以后，定量研究一般要提出研究假设。研究假设基本上就是未来的研究问题，因为在研究问题明确化过程中，已经包含了研究假设的要素。我们通过下面的一个例子来了解如何从研究问题到研究假设。例如，"夫妻年龄差距与离婚率有关吗？"是一个研究问题，用变量的语言提问就是"'年龄差距'（变量 a）与'离婚率'（变量 b）之间的关系是怎样的？"这时，我们可以提出研究假设："夫妻年龄差距越小，离婚的可能性就越大。"这个假设回答了研究问题，但是应注意，研究假设只是对变量之间关系的未经验证的判断。如果我们在文献回顾中获得了足够的信息，我们还可以发展出若干个假设，比如，我们还可以提出另一个假设："结婚时配偶的年龄越小，离婚的可能性就越小。"当然，并不是所有的研究都要建立理论假设，在探索性研究和一些描述性研究中，我们只要对情况有一个客观的、初步准确的描述就可以了，不需要在调查之前一定提出一个理论假设。比如，为了给社区居民提供好的服务项目，我们的研究只需要全面了解社区内存在的真实需求是怎样的。

2. 选择研究方法

【小知识】

在质性研究中，样本的代表性通常不是主要的关注点。

社会工作研究方法可以分为定量研究方法和质性研究方法。研究者选定何种方法来收集和分析资料，需要依据多种因素综合考虑，这些因素一般包括：研究的性质和类型，研究的目标和要求，样本规模的大小，投入研究的人力、物力、时间等。一般来说，研究类型不同，相应的资料分析方法也会有不同的选择。例如，"探索性研究主要依赖于定性分析方法；描述性研究主要侧重于基本的描述统计和推论统计；而解释性研究则主要依赖于双变量与多变量的相关分析及其他一些更为复杂的统计分析方法。"① 也就是说，定量研究方法和质性研究方法的选择不是非此即彼的，在同一项研究中研究者可以根据研究的实际情况将二者配合使用。

社会工作研究中常用的研究方法有社会调查法、实验研究法、个案研究法、行动研究以及评估研究等。

3. 决定分析单位并设计抽样方案

在社会工作研究中，决定分析单位就是研究者通过明确研究对象，从而有针对性地收集所需要的资料。特别应指出的是，研究者要注意把研究层次和研究单位区分开，研究者做结论时使用的分析单位和运用证据时所使用的分析单位是一致和匹配

---

① 风笑天. 社会学研究方法 ［M］. 2 版. 北京：中国人民大学出版社，2005：85.

的。接下来的抽样将涉及如何选取有代表性的研究对象。因此，在抽样工作中，研究者应该明确：①抽样的总体是什么；②采用什么样的方法和程序进行抽样，即是以某一种抽样方法单独进行，还是采用集中方法结合进行，抽样的具体步骤又是如何；③样本规模的大小及样本准确性程度的要求等。[①]

4. 制定具体的测量指标（操作化）

在社会工作研究中，当研究问题用变量语言明确表述之后，相关概念的内涵也得到了界定，接下来的任务就是对相关概念或变量进行具体的测量，亦即把抽象的概念转化为与概念的内涵相对应的普通人可以观察到的和可测量的事物，即指标。这个过程就是操作化。

操作化是社会工作定量研究中十分重要的一环，它为研究者在实际研究中测量核心概念或变量提供了关键的手段。例如，埃斯平-安德森在研究西方工业国家福利体制时使用了"非商品化"这个抽象概念，通过操作化，研究者发展出对"非商品化"程度进行测量的指标，这组指标包括社会成员享受福利待遇的资格标准、社会成员收入替代水平、社会成员享受福利权利的范围三项。这样，我们不仅可以看到现实生活中的"非商品化"，并且也可测量它。对社会工作研究者来说，制定出一组与核心概念内涵相一致的经验指标常常是一项具有挑战性的工作。我们通常首先要对核心概念做进一步分解，列举出概念的不同维度。例如"婚恋观"这个概念可以先操作化为"恋爱动机、择偶标准、婚姻基础、婚前性行为评价、婚外恋观"等几个不同的维度。而后，在每一个维度下面，研究者再建立若干个具体的指标。

社会工作研究者可以尝试采用以下两种方式来建立测量指标[②]。

（1）寻找和利用前人已有的指标

前人的指标往往经过多次的运用和修改，有的可以直接为我所用，有的经过一定的修改和补充，就可以成为适合我们研究概念的指标。

（2）进行一段时间的探索性研究

研究者采用实地观察、无结构式访谈和深度访谈，进行资料收集的初步工作。这样做可以帮助研究者从研究对象的角度来看待事物，了解研究对象的所思所想，以及他们考虑问题、描述问题的方式。这些都会对研究者发展出一套适合该研究的测量指标大有帮助。

需要注意的是，操作化是定量研究的关键一环，它必须在设计调查内容之前完成。而定性研究的操作化过程和定量研究这种事先计划的操作化过程正好相反。定性研究的操作化是对事实事后的描述，主要描述研究者如何收集资料，如何展现和思考资料以及如何利用现存的技术和概念在资料收集过程中发展新的概念。

（四）收集与分析资料

1. 资料的收集

在社会工作研究中，常用来收集资料的主要手段有观察法、问卷法、访谈法等。

---

①② 风笑天. 社会学研究方法 [M]. 2 版. 北京：中国人民大学出版社，2005：99-100，99-100.

这些方法在前文已有阐述，这里不再重复。

2. 资料的整理与分析

（1）定量资料的整理与分析

资料收集完成以后，要对调查所获得的资料进行检查、审核和整理。对于定量资料来说，资料的整理分三个步骤：首先，对原始资料进行审核，使其具有较好的准确性、完整性和真实性；其次，将资料转换为计算机可识别和统计的数字，即编码，并把转换后的数据资料录入计算机；再次，为减少录入时的差错，研究者可以在计算机帮助下对数据的有效范围和逻辑一致性做整理工作。资料整理完后就是使用单变量、双变量以及多变量统计对数据进行分析。

（2）质性资料的整理与分析

质性资料由于自身的特点，其整理工作比定量资料更为繁重。一般来说，对质性资料的整理与分析需要经过四个主要程序。

①整理原始记录并建立档案。质性资料是以文本、文字、短语或符号的形式来描述社会生活。质性资料整理的方法是将实地记录或现场笔记全部输入计算机，变成可以随时调用、不断复制、任意组织和无数次处理的文件。另外，研究者还需根据不同指标为资料分门别类地建立档案。

②编码。质性资料的编码不是简单的文字处理工作，而是在研究问题的引导下对资料进行缩减和主题分类，从而帮助研究者在其后的工作中快速找到相关资料并从中发现新的研究问题。Strauss（1987）认为质性资料编码有三种方法：开放式编码、主轴编码和选择性编码①。

③形成概念。与定量研究的概念化程序不同，质性研究是在收集、整理和分析资料时形成概念。"概念化是质性资料分析过程中用以组织资料、概括资料含义的一种主要方式。"② 研究者常常通过对资料提出评论性的问题来形成概念。比如，"这是社区成员利益一致、团结一心的一个表现吗？""这是一般性的现象吗？""关闭社区四点半学校的后果是什么？"在根据这样一些问题对资料进行分类编码中，资料的概念化就完成了。接下来，研究者就可以在概念和分类的基础上对资料做进一步分析，发展出新的概念，形成概念化的定义，并考察概念间的关系，最终将概念相互联结，整合到研究者的理论陈述中去。

④撰写分析型备忘录。质性研究要求研究者养成做笔记的习惯，在收集资料、整理资料或其他形式的编码过程中，随时记录示例、方法、问题和研究中的思想火花等。分析型备忘录是关于编码程序的想法与观念的备忘或讨论，是研究者写给自己看的。分析型备忘录是联结原始资料和抽象理论思考之间的桥梁，它包含了研究者对资料和编码的回应和不断思考，研究者将这些回应和思考及时添加到备忘录里，在用各

---

① 劳伦斯·纽曼，拉里·克罗伊格. 社会工作研究方法：质性和定量方法的应用［M］. 刘梦，译. 北京：中国人民大学出版社，2008：536.

② 风笑天. 社会学研究方法［M］. 2 版. 北京：中国人民大学出版社，2005：317.

种资料的编码做分析时研究者将会用到备忘录里的内容。备忘录还可以成为研究报告中分析资料的基础，甚至高品质的备忘录经过修改后可以直接成为研究报告的一部分。

与定量研究的分析方法较单一明显不同，质性研究的分析方法呈现出多样性的特征。其中最为常见的分析方法有连续接近法、举例说明法、比较分析法和流程图法。

（五）撰写研究报告

社会工作研究的最后一个环节是撰写研究报告。这是将研究者的研究成果与他人进行交流的方式。社会工作研究虽然有着浓厚的实践性，但是也是严谨的科学研究。因此，与其他社会科学研究报告一样，社会工作研究报告撰写者需详细交代本研究的目的和意义、研究方法、过程及工具等；在表达方式上，要运用本学科的理论、概念、专业术语等；逻辑严密，结构严谨。研究报告在结构上通常包括以下内容。

1. 导言

导言部分的主要任务是说明研究的问题以及为什么进行这一研究。它通常包含三项内容：①说明研究的背景、目的和意义，即阐明所研究的问题是什么、为什么选择这一问题进行研究、此项研究为什么重要、为什么值得研究？等等。②阐明研究问题的范畴和界定有关的基本概念。③简要说明研究过程的基本情况。这包括调查的对象、时间、地点、步骤、方法等。有的研究报告还需交代研究的赞助者、主持者、参加人员以及研究报告的呈现形式等。除以上三项内容外，有的研究报告可以根据行文的安排，在导言部分简要介绍调查的成果和结论。

2. 文献综述

这一部分的主要任务是概述前人的研究成果并做评论和总结。文献综述的撰写应该考虑这样一些问题：①在已有的文献中，是否存在着与本研究问题领域有关的模式、理论和发现等；②在本研究问题的哪些方面前人做了哪些研究工作，前人的研究采用了什么研究方法，已得到了哪些有价值的成果，还存在哪些不足；③自己的研究与已有的研究有什么不同之处，自己的研究是如何利用及拓展以有的研究成果的。

3. 研究方法

本部分主要是详细阐明本研究的研究设计，具体包括进行研究所采用的方法论、方法、工具和程序等。撰写这一部分应着重考虑以下几个问题：①指出概念、主要变量、研究假设、研究思路以及相关的理论和理论框架；②介绍研究的具体方法与技术过程，包括调查对象的选择、资料收集方法、样本的抽样过程及构成、资料的处理与分析方法；③说明本研究的质量及局限性。

4. 研究结果

研究结果是一份研究报告的焦点和核心所在，其主要任务是清楚呈现资料分析之后的发现和结果。研究者在写作研究结果时应遵循科学严谨和通俗易懂的原则，可以首先将研究结果或发现整理成几个部分，一一陈述，然后在每一部分的表述上，遵循先总体后个别的原则，也就是先呈现研究结果，再陈述证据和具体细节。

5. 讨论

本部分一般是将本研究的结果与已有研究的结果进行比较，指出是否验证了已有研究的结论，进而说明本研究的意义和贡献。另外，还可以讨论本研究的缺陷和仍未回答的问题以及在未来研究中解决这些问题的思路和建议。

6. 结论、应用与建议

结论部分应简单阐明研究的主要发现、获得了哪些新知识等。另外，由于社会工作研究特别强调研究成果的应用性，因此，研究者一般会指出本研究的成果对社会工作实务领域的应用价值和贡献，对如何推广研究发现、改善和提升服务质量提出建议。

7. 参考文献

在研究报告的结尾处，研究者通常要交代其在研究过程中所阅读、评论和引用过的书目、文章等文献。参考文献的写法应遵循相关的规范格式。

8. 附录

附录作为正文的补充资料，放在报告的最后，如调查问卷、各种测验量表等。

重要结论与启示

1. 社会工作研究是提升专业助人的质量和创新专业理论的重要途径。社会工作研究的主要目的是为舒缓人类痛苦和满足社会需要提供有用的信息。因此，社会工作研究必须遵循相关伦理，真诚关心服务对象，运用研究者所具有的知识、价值观和技巧改善服务对象系统及其环境系统，进而协助他们实现自助。

2. 社会工作研究常用的具体方法有社会调查、实验设计、单案设计、个案研究、行动研究和项目评估等。研究者需要了解每一种方法，用好每一种方法，从而深刻理解社会问题和社会需要，为解决问题、检验和创新理论发挥作用。社会工作研究是科学研究，应该遵循严谨、客观、科学的传统。社会工作研究的一般过程包含确定研究问题、文献回顾与整理、研究设计、收集并分析资料、撰写研究报告等阶段。

参考文献

1. 王思斌. 社会工作概论 [M]. 2 版. 北京：高等教育出版社，2006.

2. 周永新. 社会工作学新论 [M]. 香港：商务印书馆，1994.

3. 风笑天. 社会学研究方法 [M]. 2 版. 北京：中国人民大学出版社，2005.

4. 李增禄. 社会工作概论 [M]. 台北：巨流图书公司，1986.

5. 简春安，邹平仪. 社会工作研究法 [M]. 2 版. 台北：巨流图书公司，2004.

6. 顾东辉. 社会工作概论 [M]. 上海：复旦大学出版社，2008.

7. 陈向明. 质的研究方法与社会科学研究 [M]. 北京：教育科学出版社，2000.

8. 风笑天. 社会研究：设计与写作 [M]. 北京：中国人民大学出版社，2014.

9. Bonnie L. Yegidis，Robert W. Weinbach. 社会工作研究方法 [M]. 黄晨熹，唐

咏，译. 上海：华东理工大学出版社，2004.

10. 阿伦·鲁宾，艾尔·R. 芭比. 社会工作研究方法 [M]. 6 版. 北京：北京大学出版社，2008.

11. 劳伦斯·纽曼，拉里·克罗伊格. 社会工作研究方法：质性和定量方法的应用 [M]. 刘梦，译. 北京：中国人民大学出版社，2008.

12. 埃伦·内廷，等. 社会工作宏观实务 [M]. 刘继同，等译. 北京：中国社会出版社，2004.

拓展阅读

1. 劳伦斯·纽曼，拉里·克罗伊格. 社会工作研究方法：质性和定量方法的应用 [M]. 刘梦，译. 北京：中国人民大学出版社，2008.

2. 陈向明. 质的研究方法与社会科学研究 [M]. 北京：教育科学出版社，2000.

后　记

　　当前我国社会工作事业迅猛发展，对社会专业人才的需求越来越大。在社会工作教育事业蓬勃发展的形势下，我们编写了这本《社会工作导论》教材，借以总结学界及个人教学、科研成果，为中国社会工作专业教材建设奉献自己浅薄的知识和智慧。

　　作为社会工作专业的入门教材，《社会工作导论》既应全面、系统地介绍社会工作专业的基础知识，又需简明扼要，通俗易懂，为读者喜闻乐见。为此，本书采用专题式结构，从社会工作基础知识体系中提炼出关键、核心问题，进行专门、深入的探索，而不是如以往教材的面面俱到。写作过程中，主编、参编人员、出版社的编辑对书稿从科学性、专业性、思想性、创新性、通俗性等方面，反复推敲，多次修改，尝试以诠释的方法，即站在读者立场上，以精练、通俗的语言对基本概念、思想理论、方法进行阐述，使他们准确无误地理解专业术语的含义。

　　本书是多位作者共同努力的结果，具体分工如下。主编提出总体编写要求并拟定各专题提纲，副主编协助主编进行修订和统稿；引言：北京师范大学社会学院宣兆凯教授；专题一：山东青年政治学院政法学院魏永娟副教授；专题二：西南石油大学法学院夏延芳副教授；专题三：首都师范大学马克思主义学院张薇讲师；专题四：西南科技大学政治学院周霞讲师；专题五：北京信息技术职业学院通用能力教学部王芳讲师；专题六：西南石油大学法学院魏志明副教授；专题七中的一：西南石油大学法学院夏延芳副教授，二、三、四、五、六：西南石油大学法学院杨世箐副教授；专题八：桂林理工大学人文社会科学学院黄春梅讲师；专题九：中原工学院社会工作系石燕捷讲师。

　　本书作者均为高校长期从事社会工作教学、研究与社会工作服务机构管理、督导的中青年教师。他们在繁忙的教学、科研工作之余，挤出时间，将自己多年的知识积累和实务经验整理出来呈现给读者。由于作者学识、经验的限制，本书还存在诸多不足，恳请各位专家、同行提出宝贵意见和建议。

　　这里，我们要特别感谢教育科学出版社高等教育与职业教育编辑部的韩敬波主任和本书的责任编辑殷欢及其他编辑们，她们对教材的体例、规范、提纲、样张等都提出了非常具体、有价值的建议。她们认真负责、精益求精的工作态度深深地感染着我们，激励我们奋力完成这本教材的编写工作。

宣兆凯　魏永娟